004
고전
아틀리에

치유의 언어 -하 권-

| 논어와 함께 노자, 열자, 장자 읽기 |

004
고전
아틀리에

치유의 언어 -하권

| 논어와 함께 노자, 열자, 장자 읽기 |

최기재 지음

인간사랑

차 례

─────────── 〈상 권〉 ───────────

머리말

일러두기

|제1장| 노자와 장자 그리고 공자

　　　동양의 대표적 인문학, 도가와 유가

　　　사마천의 『사기열전』 속 노자와 장자

　　　사마천의 『사기세가』 『사기열전』 속 공자

　　　『한비자』 속의 노자

　　　노장사상과 『논어』의 시대적 배경

　　　도가사상과 공자가 후대에 끼친 영향

제 4 장

『장자』
읽기

장자와 『장자』

장자는 누구인가?

장자는 BC 369?~286년 중국 전국시대 송나라 몽 출신이다. 그는 도가의 대표적인 인물로 노자 사상을 계승, 발전시켰다. 노자의 사상과 장자의 사상을 합하여 노장사상이라 한다. 도교에서는 남화진인(南華眞人) 또는 남화노선(南華老仙)이라 부른다. 장자는 전자방(田子方)의 제자였다는 설, 안연(顏淵)의 제자라는 설 등이 있다. 이는 『장자』 속에서 이들을 다른 이들보다 비판하지 않은 데서 나온 주장인 듯하다. 장자의 출신은 송나라, 양나라, 초나라 등 이견이 분분하며 약한 나라 출신인 듯하다.

장자는 혜자와 가까운 친구였다. 혜자는 혜시로 위나라 재상이며 변론가, 논리학자였다. 혜자는 장자를 크지만 쓸모없다고 비판한다. 『장자』 본문 속에 많이 등장하는 인물은 공자, 노자, 혜자 등이다. 특히 공자는 장자의 사상과 달리 비판의 대상으로 자주 등장하고 혜자는 다른 이들과 달리

장자를 비판하고 있다.

『장자』는 어떤 책인가?

『장자』는 중국 최고의 문장, 아니 세계 최고의 문장으로 평가받는다. 『장자』는 문학서이면서 철학서이다. 장자의 글은 우언(寓言)이 대부분을 차지한다. 우언이란 우화라는 이야기로 자기가 전하고자 하는 말을 담는 기법이다. 『장자』는 붕새 이야기를 비롯해 호접지몽, 칠규의 죽음과 장자 아내의 죽음 등 수많은 이야기를 담고 있다.

33편 중 장자(莊子) 자신의 저술로 추정하는 「소요유」, 「제물론」, 「양생주」, 「인간세」, 「덕충부」, 「대종사」 「응제왕」 등 내편 7편이 장자의 핵심 사상이다. 대부분 장자 읽기는 이 내편을 중심으로 이루어진다. 내편에 대한 후대인의 해석으로 평가받는 외편이나 잡편도 매우 재미있다. 『장자』는 분량이 65,000여 자이다. 『논어』가 약 15,000여 자로 이루어졌고, 『맹자』는 35,000여 자로 매우 길다. 이에 비해 노자의 『도덕경』은 5,000여 자로 매우 짧다. 이들은 모두 춘추(BC 770~BC 403) 전국시대(BC 403~BC 221)의 사람들이다.

장자의 이야기 방식: 우언, 중언, 치언

『장자』의 가장 큰 특징은 장자의 사상과 사상의 전달 방식이다. 공자나 맹자는 바른말[정언(正言)]밖에 할 줄 몰랐다. 그러나 장자는 돌려서 말한다. 그의 말하기는 알레고리의 방식으로 우언, 우화의 형식을 띤다. 이는 해석의 다양성을 갖는다. 호접몽 이야기는 『장자』의 대표 우화이다. 장자의 이야기 방식은 이솝이라는 노예가 동물에 빗대서 말하는 우화 방식과 유사하다. 남들의 공격에서 피해갈 수 있는 방식이다. 채만식의 『탁류』도일제 강점기하의 문제를 알레고리 방식으로 표현하고 있다.

장자는 「우언」에서 세 가지 방법을 언급한다. 이 글에서 우언은 열에 아홉으로, 빗대어 하는 표현이라고 말한다. 중언은 패러디 혹은 풍자를 위한 방법으로 열에 일곱이라고 말한다. 치언은 반어나 역설에 가까운 방식이다. 장자는 이들의 방법을 사용하여 이야기한다. 연암 박지원이 글을 쓰는 방식 또한 장자의 방식이라 할 수 있다. 장자를 이수광은 글의 귀신, 연암 박지원은 저술가의 영웅이라 말한다.

장자의 사상

장자의 인생론은 허정(虛靜), 염담(恬淡)에 바탕을 두고 자연의 법칙을 따르며 세계의 밖에서 초연하게 노니는 삶이다. 노자가 정치와 사회에 어느 정도 관심을 두고 혼란한 세상을 구하기 위한 무위자연을 주장했다면, 장자는 속세를 벗어나 홀로 유유자적하고자 했다. 노자가 성인의 무위자연의 다스림에 비중을 두었다면 장자는 무위자연한 삶에 자신을 놓고자 하였다. 장자는 양주의 생명 존중 사상을 발전시켰다.

『장자』의 핵심은 소요유와 제물론이다. 소요유는 자유를 뜻한다. 장자는 무엇에도 거리낌 없는 절대 자유를 인간 삶의 최고의 경지로 보았다. 제물론은 만물을 가지런히 한다는 뜻으로 구별과 시비를 초월하라고 다양한 우화를 통해 흥미롭게 말한다.

「장자」 읽을 때 고려할 점

『장자』의 주해는 시대를 반영한다. 공자가 노자를 찾아가 배웠다는 기록이 『논어』에 있다는 사실 때문에 유가에서 노자를 비판하는 것은 공자를 비판하는 것이 된다. 노자를 비판하는 내용이 적은 이유일 것이다. 한무제

(BC 141~BC 87) 때 유교는 국가 정통의 학문이 되어 유교가 이후 중국의 학문과 사상의 대표가 된다. 이후 하안(?-249)과 왕필(226-249)은 유가와 도가를 공존하게 하였다. 당나라에 와서 도교를 국교로 삼자 도교가 성행한다. 이때『장자』를 남화진경이라 부른다. 중국 대부분의 시기에서 유교가 국가의 근본이념이었다는 점을 고려하면서『장자』를 읽어야 할 것이다. 곧, 장자가 원래 쓴『장자』의 글을 제외하고는 유교가 끼어들었을 가능성을 고려하고, 주해서의 주해가 유교적인 관점을 반영한 것인지도 살피며 읽어야 할 것이다. 오히려 노장사상의 주해서는 노장사상을 제대로 읽는 데 방해가 될 수 있음을 염두에 두어야 한다.

장자의 판본

진대 곽상(郭象, 252?-312)은 33편으로『장자』를 정리하고, 가장 오래된 주해본『장자주(莊子注)』를 편찬하였다.『장자』판본과 주석본으로 청나라 왕선겸(王先謙, 1842-1917)의『장자집해(莊子集解)』가 있으며, 청나라 곽경번(郭慶藩)의『장자집석(莊子集釋)』이 있다.『장자집석(莊子集釋)』은 곽상의『장자주(莊子注)』와 당나라 성현영(成玄英)의『장자소(莊子疏)』를 바탕으로 여러 해석을 집대성하였다. 이 책은『장자집석(莊子集釋)』을 원본으로 삼았다.

『장자』를 연구한 외국 학자로는 중국 철학의 권위자인 앵거스 그레이엄(1919-1991, 영국)이 있다. 그의『장자』는 통용본의 배열을 사상이나 주제에 따라 재배열하고 재편집하였다는 특징이 있다.

주요 본문 내용

내편(內篇)

제1편 소요유(逍遙遊), 절대 자유 속에서 놀기

소요유는 소요하면서 논다는 뜻이다. 장자는 낮잠을 자고 거닐기도 하면서 노는 삶을 첫 장에서 이야기한다. 소요유는 무엇에도 구속되지 않는 자유로운 삶이다. 무한의 시간과 무한의 공간으로 날아가는 붕새를 통해 절대 자유의 경지를 말한다. 방황(彷徨), 침와(寢臥), 무위(無爲), 소요(逍遙)가 이 장의 핵심어이다.

곤(鯤)과 붕(鵬)의 우화, 변화와 비상

물고기 곤이 붕이란 새가 되어 날아올라 여섯 달이 되어야 쉰다.
참죽나무가 팔천 년을 봄으로 삼았는데
봄과 가을을 모르는 매미가 어찌 알겠는가!
팔백 년을 살았다는 팽조가 또한 어찌 안단 말인가!
요임금의 앎과 덕과 행실을 웃는 송영자를 넘어
열자는 구름을 의지해 타고 다니나,
지인, 신인, 성인은 내가 없어 의지하지 않는다.
의지함이 없이 세상을 훨훨 벗어나는 경지,
어찌하면 물고기가 변하여 새가 될 수 있다 말하는가!
어찌하면 누에가 나방이 되고 포도가 와인이 될 수 있단 말인가?
의지함이 없이 바람처럼 날 수 있단 말인가!

| **본문** | 北冥有魚(북명유어) 其名爲鯤(기명위곤) 鯤之大(곤지대) 不知其幾千里也(부지기기천리야) 化而爲鳥(화이위조) 其名爲鵬(기명위붕) 鵬之背(붕지배) 不知其幾千里也(부지기기천리야). 怒而飛(노이비) 其翼若垂天之雲(기익약수천지운) 是鳥也(시조야) 海運則將徙於南冥(해운즉장사어남명) 南冥者(남명자) 天池也(천지야)齊諧者(제해자) 志怪者也(지괴자야) 諧之言曰(해지언왈), "鵬之徙於南冥也(붕지사어남명야) 水擊三千里(수격삼천리) 搏扶搖而上者九萬里(박부요이상자구만리) 去以六月息者也(거이육월식자야)" 野馬也(야마야) 塵埃也(진애야) 生物之以息相吹也(생물지이식상취야) 天之蒼蒼(천지창창) 其正色邪(기정색사) 其遠而無所至極邪(기원이무소지극사) 其視下也(기시하야) 亦若是則已矣(역약시즉이의) 且夫水之積也不厚(차부수지적야불후) 則負大舟也無力(즉부대주야무력) 覆杯水於坳堂之上(복배수어요당지상) 則芥爲之舟(즉개위지주) 置杯焉則膠(치배언즉교) 水淺而舟大也(수천이주대야) 風之積也不厚(풍지적야불후) 則其負大翼也無力(즉기부대익야무력) 故九萬里則風斯在下矣(고구만리즉풍사재하의) 以後乃今培風(이후내금배풍) 背負靑天(배부청천) 而莫之夭閼者(이막지요알자) 而後乃今將圖南(이후내금장도남) 蜩與鷽鳩笑之曰(조여학구소지왈), "我決起而飛(아결기이비) 槍楡榜(창유방) 時則不至(시즉부지) 而控於地而已(이공어지이이) 奚以之九萬里而南爲(해이지구만리이남위)" 適莽蒼者三湌而反(적망창자삼손이반) 腹猶果然(복유과연) 適百里者宿舂糧(적백리자숙용량) 適千里者三月聚糧(적천리자삼월취량) 之二蟲又何知(지이충우하지). 小知不及大知(소지불급대지) 小年不及大年(소년불급대년) 奚以知其然也(해이지기연야) 朝菌不知晦朔(조균부지무삭) 蟪蛄不知春秋(혜고부지춘추) 此小年也(차소년야). 楚之南有冥靈者(초지남유명령자) 以五百歲爲春(이오백세위춘) 五百歲爲秋(오백세위추) 上古有大椿(상고유대춘) 以八千歲爲春(이팔천세위춘) 八千歲爲秋(팔천세위추) 而彭祖乃今以久特聞(이팽조내금이구특문) 衆人匹之(중인필지) 不亦悲乎(불역비호)

북쪽 바다에 물고기가 있는데, 그 이름을 곤(鯤)[1]이라 한다. 곤은 크기가 몇천 리인지 알 수 없다. 변하여 새가 되는데, 그 이름을 붕(鵬)이라 한다.

붕의 등이 몇천 리인지 알지 못한다. 힘을 써서 날아오르면 그 날개가 하늘에 드리운 구름 같다. 이 새는 바다가 움직이면 남쪽 바다로 가는데, 남쪽 바다란 하늘의 호수이다.

제해(齊諧)라는 사람은 뜻이 괴이한 자이다. 제해는 말한다.

"붕(鵬)이 남쪽 바다로 날아갈 때 물결이 삼천리가 되며 회오리바람을 타고 오르는 것이 구만리이고 여섯 달이 되어서야 쉰다."

아지랑이와 티끌은 생물들이 입김을 서로 불어 주어 생겨난다. 하늘이 푸르고 푸른 것은 그것이 본래 색인가? 그것이 멀고 끝이 없어서인가? 아래를 보아도 역시 이와 같을 뿐이다. 또한 물이 쌓이는 것이 두텁지 않으면 큰 배를 띄우는 데 힘이 없다. 마루의 우묵한 곳에 한 잔의 물을 부으면 겨자씨로 배를 만들어야 한다. 잔을 띄우면 바닥에 붙어버리니 물은 얕고 배는 크기 때문이다. 바람이 쌓여 두텁지 않으면 큰 날개를 떠받칠 힘이 없다. 그러므로 구만 리가 되어야 바람이 아래에 있어 그런 뒤에야 바람을 타고 푸른 하늘을 등에 지고 막힘이 없게 된 뒤에야 장차 남쪽으로 날아간다.

매미와 작은 비둘기[2]가 이를 보고 웃으며 말했다.

"내가 결연히 일어나 날면 느릅나무와 빗살나무에 갈 수 있지만 가끔 이르지 못하여 땅에 떨어진다. 무엇 때문에 구만 리를 날아 남쪽으로 가는가?"

근교의 푸른 들판에 가는 자는 세 끼의 밥이면 돌아올 때까지 배가 부르

---

1. 큰 물고기 이름, 물고기 뱃속의 알. 한자(漢字)는 때로 한 글자가 반대의 의미를 갖기도 한다. 곤은 큰 물고기 이름이면서 물고기 뱃속의 알이다. 리(離)는 떠나다는 뜻도 있지만 만나다는 뜻이 있는 것과 같다.

2. 날갯짓을 배우는 어린 새.

고, 백 리를 가는 사람은 전날 밤에 식량을 찧어 준비한다. 천 리를 가는 사람은 석 달 분의 양식을 준비해야 한다. 이 두 벌레가 어찌 알겠는가? 작은 앎은 큰 앎에 미치지 못하고, 어린아이는 어른에 미치지 못한다. 어떻게 그러한 것을 아는가? 아침에 돋아나는 버섯은 그믐과 초하루를 알지 못하며, 매미는 봄과 가을을 모른다. 이것은 삶이 짧기 때문이다.

초나라 남쪽에 명령(冥靈)[3]이란 것이 있는데, 오백 년이 봄이고 오백 년이 가을이다. 오랜 옛날에 큰 참죽나무가 있었는데 팔천 년을 봄으로 삼고, 팔천 년을 가을로 삼았다. 그런데 팽조(彭祖)가 지금 오래 살았다고 특별히 이야기하면서 사람들이 그와 비슷하고자 하니 또한 슬프지 아니한가?

| 본문 | 湯之問棘也是已(탕지문극야시이), "窮髮之北有冥海者(궁발지북유명해자) 天池也(천지야) 有魚焉(유어언) 其廣數千里(기광수천리) 未有知其脩者(미유지기수자) 其名爲鯤(기명위곤) 有鳥焉(유조언) 其名爲鵬(기명위붕) 背若泰山(배약태산) 翼若垂天之雲(익약수천지운) 搏扶搖羊角而上者九萬里(박부요양각이상자구만리) 絶雲氣(절운기) 負靑天(부청천) 然後圖南(연후도남) 且適南冥也(차적남명야) 斥鷃笑之曰(척안소지왈) 彼且奚適也(피차해적야) 我騰躍而上(아등약이상) 不過數仞而下(불과수인이하) 翶翔蓬蒿之間(고상봉호지간) 此亦飛之至也(차역비지지야) 而彼且奚適也(이피차해적야) 此小大之辯也(차소대지변야)." 故夫知效一官(고부지효일관) 行比一鄕(행비일향) 德合一君(덕합일군) 而徵一國者(이징일국자) 其自視也(기자시야) 亦若此矣(역약차의) 而宋榮子(이송영자) 猶然笑之(유연소지) 且擧世而譽之(차거세이예지) 而不加勸(이불가권) 擧世而非之(거세이비지) 而不加沮(이불가저) 定乎內外之分(정호내외지분) 辯乎榮辱之竟(변호영욕지경) 斯

---

3. 명령(冥靈, 어두울 명, 신령 령)을 신령스러운 거북, 신령스러운 나무 등 두 가지로 해석한다.

已矣(사이의) 彼其於世(피기어세) 未數數然也(미삭삭연야) 雖然猶有未樹也(수연유유미수야) 夫列子(부열자) 御風而行(어풍이행) 泠然善也(영연선야) 旬有五日而後反(순유오일이후반) 彼於致福者(피어치복자) 未數數然也(미삭삭연야) 此雖免乎行(차수면호행) 猶有所待者也(유유소대자야) 若夫乘天地之正(약부승천지지정) 而御六氣之辯(이어육기지변) 以遊無窮者(이유무궁자) 彼且惡乎待哉(피차오호대재) 故曰至人無己(고왈지인무기) 神人無功(신인무공) 聖人無名(성인무명)

탕(湯)임금이 극(棘)에게 물은 것이 이것에 지나지 않는다.

"메마른 북쪽에 큰 바다가 있는데 하늘의 호수, 천지(天池)라 하오. 그곳에 물고기가 있는데 그 넓이가 수천 리이고, 그 길이를 아는 사람이 없소. 그 이름을 곤(鯤)이라 하오. 그곳에 새가 있는데 그 이름을 붕(鵬)[4]이라 하오. 그 등이 태산 같고 날개가 하늘의 구름을 드리운 것 같아, 회오리바람을 타고 양의 뿔을 빙글빙글 돌리면서 오르는 것이 구만 리인데 구름의 기운을 끊고 푸른 하늘을 등에 지고 그런 후에 남쪽으로 진로를 잡아 남쪽 바다로 가지요. 메추라기가 이를 보고 웃으면서 말합니다. '저 새는 대관절 어디로 가는 걸까? 나는 폴짝폴짝 뛰어올라 몇 길을 가지 못하고 내려와 날갯짓하며 쑥대밭 사이를 나는 것이 또한 날아다니는 것의 전부인데 그런데 저 새는 도대체 어디를 간단 말인가?' 이것이 작은 것과 큰 것의 차이입니다."

그러므로 앎이 한 관직을 드러낼 만하고, 행실이 한 고을에서 본뜰 만하며, 덕이 한 군주에 부합하여서 한 나라를 밝힐 만하더라도 그 스스로를 보는 것이 메추라기와 같다. 그런데 송영자(宋榮子)는 오히려 이를 보고 웃는다. 그는 온 세상이 칭찬한다 해도 힘써 하지 않고, 온 세상이 이를 비난한

---

4. 붕새, 대붕, 매우 큰 상상의 새.

다고 해도 꺾이지 않았다. 안과 밖의 구별을 분명히 정하고, 영광과 욕됨의 경계를 분별했다. 이것으로 그칠 뿐이어서 그는 세상에 대해 급급해하지 않는다. 비록 그렇다고 하지만 아직 근본은 아니다.[5]

대체로 열자(列子)는 바람을 타고 다닌다. 시원하게 날아다니다가 십오일 후에 돌아온다. 그는 복에 이르는 것에 급급해하지 않았다. 이처럼 비록 걸어 다니는 것은 면했으나 다만 의지할 것[6]이 있어야 한다. 만약 하늘과 땅의 바름[7]을 타고, 여섯 가지 기운[8]의 변화를 수레로 삼아 몰고, 끝이 없는 곳에서 노닐면 그가 다시 어디에 의지할 게 있겠는가? 그러므로 말하기를 지인(至人)은 내가 없고, 신인(神人)은 공적이 없고, 성인(聖人)은 이름이 없다.[9]

| 해석과 감상 | (2005 고려대 정시 논술 고사 제시문)

몇천 리인지 알 수 없는 곤이라는 물고기가, 등이 몇천 리인지 알 수 없는 붕이라는 새가 되어 남쪽 바다로 날아간다. 이를 본 매미와 새끼 새가 놀란다. 조균은 초하루를 알지 못하고 매미는 가을을 알지 못하는데 명령은 5백 년을 가을로 삼고 큰 참죽나무는 8천 년을 가을로 삼으며 팽조는 800살을 산다. 비유하면 앎이나 행실이나 덕이 군주에 부합한다고 하여도

---

5. 수립되지 않았다.

6. 바람.

7. 상도(常道).

8. 여섯 가지 기운[육기(六氣)]: 하늘에 육기(六氣)가 있으니 음양(陰陽), 풍우(風雨), 회명(晦明)이다. 땅에는 오행(五行)이 있으니 금목수화토(金木水火土)이다.

9. 지인은 자신에 집착하여 자기를 내세우지 않으며, 신인은 자신의 공을 자랑하지 않고, 성인은 명예를 내세우는 일이 없다.

이는 메추라기와 같다. 송영자는 세속에 구애받지 않고 열자는 바람을 타고 다닌다. 지인, 신인, 성인은 하늘과 땅의 도를 얻어 여섯 가지 기운의 변화 속에서 노닐며 의지할 곳 없이 자유롭다. 이것이 작은 것과 큰 것의 차이다. 첫 단계가 현실의 평범한 인물, 두 번째 단계가 구별하고 경계한 송영자, 세 번째 단계가 구름을 타야 오갈 수 있는 열자, 네 번째 단계가 도와 함께 노니는 소요유의 단계이다. 이 단계의 신인, 성인, 지인은 흔적이 없으며 아무것에도 기대지 않는 절대 자유의 경지이다.

이 글의 핵심은 화이위조(化而爲造)이다. 화(化)는 완전히 새롭게 바뀌는 것을 뜻한다. 곤이라는 물고기가 붕이라는 새로 바뀌는 초월의 상태, 그러한 비상이 화(化)이다. 한계를 초월할 변화를 장자는 맨 첫 장에서 말한다. 이 책의 핵심이라 할 수 있다. 우리 인생은 곤이 붕새가 되는 변화와 비상, 그리고 자유를 꿈꾸지만 매미나 새끼 새처럼 허우적거릴 뿐인지도 모른다. 이를 넘어 세상의 명리를 초월한 송영자, 더 나아가 바람을 타고 떠다닌 열자, 마지막으로 아무것에도 기대지 않는 절대 자유의 단계를 누리는 지인, 신인, 성인이 화이위조의 단계이다. 장자가 꿈꾸는 삶이다. 인간은 한계를 넘어 물고기가 새가 되려는 꿈을 품는다.

절대 자유, 곧 완전한 자유는 목적이 없으며, 모든 것을 잊어버린 상태이다. 삶은 그 자체를 즐기는 일이다. 완전히 자유를 만끽하려면 나를 버려야 하고, 공을 버려야 하고, 명예를 버려야 한다. 곤이 붕이 된다는 것은 변화와 초월을 상징하며, 인간의 한계를 초월할 무한한 가능성을 이야기한다.

참고로 붕새 이야기에서 붕정만리(鵬程萬里)란 고사성어가 나왔다. 붕정만리는 산을 넘고 내를 건너 아주 멂, 아주 양양한 장래를 비유하여 쓴다. 이와 관련한 말에 사마천의 『사기』 「진섭세가」에 "燕雀(연작)이 安知鴻鵠之志哉(안지홍곡지지재)리오?"가 있다. 제비와 참새가 어찌 기러기와 고니의 뜻을 알겠는가라는 뜻이다. 진승과 오광은 진나라가 인심을 잃어갈 때 왕후장상이 어디 씨가 따로 있느냐며 일어선다. 이로 인해 진시황이 세운 진나라를 멸망의 길을 걷는다. 사마천은 진승의 업적을 높이 평가하여 진승을 제후의 반열로「세가」에 기록한다. 이후 연작은 하찮은 사람, 홍곡은 큰 뜻을 품은 사람을 가리킨다. 군작(群雀)이 어찌 대붕의 뜻을 알리오? 이는 붕새 이야기에서 나왔다.

우리의 시조 중에 이를 소재로 쓴 작자 미상의 시조가 있다.

대붕(大鵬)을 손으로 잡아 번갯불에 구어 먹고
곤륜산(崑崙山) 옆에 끼고 북해(北海)를 건너뛰니
태산(泰山)이 발끝에 차이어 왜각데걱 하더라. -작자미상

| 필사하기 |

● 化而爲鳥(화이위조)라.

*化(될 화), 爲(할 위), 鳥(새 조)

【변하여 새가 된다.】

● 至人無己(지인무기)요 神人無功(신인무공)이요 聖人無名(성인무명)이니라.

*至(이를 지), 神(귀신 신), 功(공 공), 聖(성스러울 성), 名(이름 명)

【지인은 내가 없고 신인은 공이 없고 성인은 이름이 없다.】

■『중용』「제23장」誠則形(성즉형)하고 形則著(형즉저)하고 著則明(명즉동)하고 明則動(명즉동)하고 動則變(동즉변)하고 變則化(변즉화)이니 唯天下至誠(유천하지성)이야 爲能化(위능화)니라.

*誠(정성 성), 則(곧 즉), 形(모양 형), 著(분명할 저), 動(움직일 동), 變(변할 변),

唯(오직 유), 至(이를 지), 能(능할 능), 化(될 화)

【성실하면 나타나고, 나타나면 뚜렷해지고, 뚜렷해지면 밝아지고, 밝아지면 움직이고, 움직이면 변하고, 변하면 화하는 것이니 오직 천하의 지극한 성(誠)이라야 화(化)할 수 있다.】

『장자』와 『중용』으로 우리 삶의 균형 찾기

장자는 변하여 새가 되는 이야기를 하고, 중용에서는 지성이면 화할 수 있다고 말한다. 화(化)는 두 글 모두에서 최상의 모습으로 나타난다. 무언가가 변하여 화가 되니 변화 후에 무언가가 되는 것을 모두 말하고 있다. 변(變)은 이동하는 것이고, 화(化)는 새롭게 바뀌는 것이다.

이름을 얻으란 말인가

이름은 실제의 손님이다.
이름으로 대하면
나는 손님이 된다.
삶은 살기만 하면 될 것을
퇴직해도 벼슬 이름으로 부르니
자기의 실제를 버리고 껍데기가 되어 가면으로 산다.
부모가 지어 준 이름조차 내가 아니다.
내가 스스로 얼마나 부끄러워 실제의 나도 아니고
내 이름도 아닌 사장, 부장, 된장, 고추장이라 부르기를 바라는가!

| **본문** | 堯讓天下於許由曰(요양천하어허유왈), "日月出矣(일월출의) 而爝火不息(이작화불식) 其於光也(기어광야) 不亦難乎(불역난호) 時雨降矣(시우강의) 而猶浸灌(이유침관) 其於澤也(기어택야) 不亦勞乎(불역로호) 夫子立而天下治(부자

립이천하치) 而我猶尸之(이아유시지) 吾自視缺然(오자시결연) 請致天下(청치천
하)." 許由曰(허유왈), "子治天下(자치천하) 天下旣已治也(천하기이치야) 而我猶代
子(이아유대자) 吾將爲名乎(오장위명호) 名者(명자) 實之賓也(실지빈야) 吾將爲
賓乎(오장위빈호) 鷦鷯(초료) 巢於深林(소어심림) 不過一枝(불과일지) 偃鼠飮河
(언서음하) 不過滿腹(불과만복) 歸休乎君(귀휴호군) 予無所用天下爲(여무소용천
하위) 庖人(포인) 雖不治庖(수불치포) 尸祝(시축) 不越樽俎而代之矣(불월준조이대
지의)."

요임금이 천하를 넘겨주겠다며 허유에게 말했다.

"해와 달이 나왔는데 횃불을 끄지 않으면 그 불빛이 빛나기가 어렵지 않
겠습니까? 때에 맞추어 비가 내리는데 계속 물을 댄다면 또한 (공연히) 수
고스럽지 않겠습니까? 그대가 임금이 되면 천하가 다스려지는데 내가 아
직 임금 노릇을 하고 있소. 내 스스로 보기에 부족함이 있으니 청컨대 천하
를 맡아 주시오."

허유가 말했다.

"임금께서 천하를 다스려, 천하는 이미 잘 다스려지고 있는데 내가 임금
을 대신하면 나는 장차 이름을 얻으란 말입니까? 이름이란 실질의 손님인
데, 내가 손님이 되란 말이오? 뱁새가 깊은 숲속에 둥지를 트는 것은 나뭇가
지 하나에 지나지 않습니다. 들쥐가 황허의 물을 마시는 것은 배를 채우는
데 불과합니다. 돌아가 쉬십시오. 임금이시여! 나는 천하를 가지고 할 일이
없습니다. 요리사가 비록 요리를 잘못한다고 제사를 주관하는 시동(尸童)
과 축관(祝官)[10]이 술잔과 도마를 넘어와 요리사를 대신할 수 없습니다."

---

10. 시축(尸祝): 시동(尸童)과 축관(祝官). 시동은 옛날 중국에서 제사를 지낼 때 죽은 영혼
[신위(神位)] 대신 손자를 제사상의 다리 긴 의자에 앉히던 아이. 시동은 제사를 마칠 때

사마천의『사기열전』첫 장에「백이열전」이 나온다. 끝부분에 소부 허유 등의 이야기가 실려 있다. 소부나 허유는 장자의 사상과 맥락이 같아서 『장자』속에 자주 등장한다. 이들은 임금을 넘겨주려 하자 더러운 이야기를 들었다며 귀를 씻거나 소에게 물을 먹이지 않고, 심지어는 물에 자기 몸을 던져 죽는다. 자신의 공과 명예를 버리기 쉽지 않지만『장자』는 한쪽으로 치우쳐 살아가는 사람들에게 균형 잡힌 생각을 갖게 끝없이 조언한다. 임금 자리를 거절한 허유는 알렉산더 대왕에게 햇빛을 가리지 말아 달라고 했던 디오게네스를 떠올리게 한다.

| 필사하기 |

● 名者 實之賓也(명자 실지빈야)라.

* 名(이름 명), 實(열매 실), 之(갈 지, 관형격) 賓(손님 빈)

【이름이란 실질의 손님이다.】

■『논어』「이인」子曰(자왈), 君子去仁(군자거인)이면 惡乎成名(오호성명)이리오.

* 君(임금 군), 去(갈 거), 仁(어질 인), 惡(어찌 오), 成(이룰 성), 名(이름 명)

까지 죽은 사람의 역할을 했다. 뒤에 지방(紙榜, 종이로 만든 죽은 사람의 위패)이나 죽은 사람의 영정(影幀, 사진)을 놓고 제사를 지냈다. 글자를 모르는 사람들은 짚으로 사람 모양을 만들어 조상으로 생각하고 제사를 지내기도 했다. 현재는 제사를 지낼 때 지방(紙榜)이나 영정(影幀)을 사용한다. 벼슬을 하지 않은 사람은 아버지 제사에 '顯考學生府君神位(현고학생부군신위)'라고 지방을 써 놓고 제사를 지내고, 그 중간에 축문(祝文)을 읽는다. 곧, 지방은 글로 쓴 죽은 사람의 영혼의 자리이고, 영정 사진은 죽은 사람의 영혼이 있는 자리란 뜻이다. 축관(祝官)은 제사 때 축문을 읽는 사람을 말한다. 종묘, 사직, 문묘 제사 때 축문을 읽던 임시 벼슬에 관(官)이 붙었다.

【공자 가로되, 군자가 인을 버리고 어찌 이름을 이루겠는가?】

『장자』와 『논어』로 우리 삶의 균형 찾기

장자는 이름을 껍데기라 하고, 공자는 이름을 이루어야 할 대상으로 본다. 장자에게 이름은 손님이며, 공자에게 이름은 주인이다.

미치광이 접여, 고야산의 네 신인(神人) 이야기

살결이 얼음이나 눈같이 희고
처녀처럼 피부가 부드러우며
바람과 이슬을 먹고
용을 부리며 사해의 밖에서 노니
고야산의 신인은 덕이 만물과 하나로 어울려
함이 없어도 함이 된다.
훌륭한 아버지와 어머니는 집에 있는 것만으로도 화평하다.
그 속에서 나를 잊고 세상을 잊어야 내가 투명하니 맑다

| 본문 | 肩吾(견오) 問於連叔曰(문어연숙왈), "吾聞言於接輿(오문언어접여), 大而無當(대이무당), 往而不返(왕이불반). 吾驚怖其言(오경포기언), 猶河漢而無極也(유하한이무극야). 大有逕庭(대유경정), 不近人情焉(불근인정언)." 連叔曰(연숙왈), "其言謂何哉(기언위하재)?" 曰(왈), "藐姑射之山(막고야지산), 有神人居焉(유신인거언), 肌膚若氷雪(기부약빙설), 淖約若處子(요약약처자). 不食五穀(불식오곡), 吸風飮露(흡풍음로), 乘雲氣御飛龍(승운기어비룡), 而遊乎四海之外(이유호사해지외). 其神凝(기신응), 使物不疵癘而年穀熟(사물부자려이년곡숙). 吾以是狂而不信也(오이시광이불신야)." 連叔曰(연숙왈), "然(연)! 瞽者(고자), 無以與乎文章之觀(무이여호문장지관), 聾者(농자), 無以與乎鍾鼓之聲(무이여호종고지성). 豈

唯形骸有聾盲哉(기유형해유롱맹재)? 夫知亦有之(부지역유지). 是其言也(시기언야), 猶時女也(유시여야). 之人也(지인야), 之德也(지덕야), 將旁礴萬物以爲一(장방박만물이위일), 世蘄乎亂(세기호란), 孰弊弊焉以天下爲事(숙폐폐언이천하위사) 之人也物莫之傷(지인야물막지상). 大浸稽天而不溺(대침계천이불닉), 大旱金石流(대한금석류), 土山焦而不熱(토산초이불열). 是其塵垢粃糠(시기진구비강), 將猶陶鑄堯舜者也(장유도주요순자야), 孰肯以物爲事(숙긍이물위사). 宋人資章甫(송인자장보) 而適諸越(이적저월), 越人短髮文身(월인단발문신), 無所用之(무소용지). 堯治天下之民(요치천하지민), 平海内之政(평해내지정), 往見四子(왕견사자) 藐姑射之山(막고야지산), 汾水之陽(분수지양), 窅然喪其天下焉(요연상기천하언)."

견오가 연숙에게 말했다.

"내가 접여(接興)에게 어떤 말을 들었는데 크기만 하고 합당하지 않으며 (확대되어) 가기만 하고 돌아오지를 않습니다. 나는 그의 말에 놀라고 두려웠습니다. 황허와 은하수인 것처럼 끝이 없고, 크게 거리가 멀어 사람의 본성[11]에 가깝지 않은 말이었소."

연숙이 말했다.

"그 말이 무엇이라 하였소?"

견오가 말했다.

"멀리 고야산(故射山)[12]에 신인(神人)이 살고 있는데 살갗이 얼음이나 눈 같고, 부드럽기는 처녀와 같다고 하며, 다섯 가지 곡식을 먹지 않고 바람을

---

11. 정[(情), 일상. 상식.

12. 射는 '쏠 사, 벼슬 이름 야'로 '고사산, 고야산'으로 발음한다. 여기서는 '고야산'을 따른다. 이름에는 일상으로 하는 발음과 다른 경우가 많다. 구지봉(龜旨峯)의 경우 龜는 거북이 '귀'이지만 지명에서는 '구'로 읽는다.

들이마시고, 이슬을 마신다고 합니다. 구름의 기운을 타고, 날아가는 용을 부리며 사해의 밖에서 노니는데 그 정신을 모으면 사물이 병들지 않고 해마다 곡식이 익는다고 하였소. 나는 이것이 미친 소리라고 하여 믿지 않았소."

연숙이 말했다.

"그렇군요. 장님은 문양이나 미술 장식을 볼 수 없고, 귀머거리는 종이나 북소리를 들을 수 없소. 어찌 육체에만 귀머거리와 장님이 있겠소? 앎에도 그런 것이 있는데 이 말이 지금 그대에게 맞는 말이구려. 그런 사람과 그런 덕(德)은 만물과 어울려 하나가 되오. 세상이 (그가) 다스림을 바라지만 어찌 수고롭게 천하를 다스리겠소? 그런 사람은 사물이 손상하지 못하오. 큰 홍수가 하늘을 덮어도 물에 빠지지 않고, 큰 가뭄이 쇠와 돌을 녹아 흐르게 하고, 흙과 산이 타도 뜨겁지 않소. 그런 사람은 자신의 먼지와 때와 쭉정이와 겨로도 오히려 요임금이나 순임금을 빚을 수 있소. 누가 세상일을 기꺼이 일삼으려 하겠소?

송나라 사람[13]이 모자를 팔러 월나라에 갔소. 월나라 사람은 머리를 짧게 깎고, 몸에 문신해서 모자가 소용없었소. 요임금은 천하의 백성을 다스리고, 나라 안의 정사가 평안해지자 멀리 고야산으로 가서 네 신인[14]을 찾아보고 분수(汾水)의 북쪽에서 그만 멍하니 천하를 잊어버렸소."

| 해석과 감상 |

송나라 사람은 의례용 모자를 훌륭한 상품으로 보았고, 요임금은 천하

---

13. 송나라 사람은 어리석은 사람으로 자주 등장한다. 조장(助長)이나 수주대토(守株待兔) 등에 나오는 어리석은 사람이 모두 송나라 사람이다.

14. 왕예(王倪), 설결(齧缺), 피의(被衣), 허유(許由)라는 설이 있다.

를 소중하게 생각했다. 송나라 사람의 모자는 월나라에서 쓸데없는 물건이고, 요임금의 천하는 고야산에서 쓸데없는 세상이다. 인위적인 노력보다는 모든 것을 자연의 섭리에 맡겨야 한다는 장자의 사상을 드러내고 있다. 고야산의 신인은 그 덕이 만물과 어울려 하나가 됨으로써 바람과 이슬을 마시고 그 정신을 모아 곡식을 익게 하니 세상일이 다스릴 것이 없이 다스려진다. 장자의 무위자연 사상이 펼쳐진다.

| 필사하기 |

● 遊乎四海之外(유호사해지외)라.

*遊(놀 유), 乎(어조사 호), 海(바다 해), 外(바깥 외)

【사해의 밖에서 노닌다.】

■『논어』「술이」子曰(자왈), 志於道(지어도)하며 據於德(거어덕)하며 依於仁(의어인)하며 遊於藝(유어예)니라.

*志(뜻 지), 道(길 도), 據(의거할 거), 德(덕 덕), 遊(놀 유), 藝(기예 예)

【공자 가로되, 도에 뜻을 두고, 덕에 근거하며, 인에 의지하여 예에서 노닌다.】

『장자』와 『논어』로 우리 삶의 균형 찾기

장자는 접여 이야기를 통해 덕이 만물과 하나로 이루어지면 하지 않아도 함이 이루어진다고 말한다. 그런 삶이 사해의 밖에서 노니는 삶이다. 공자는 도와 덕, 인과 예에서 노닐어야 한다고 말한다. 장자는 덕이 무위자연이라는 구체성이 있으나 공자는 도와 덕을 언급만 할 뿐 그 구체성을 한 단어로 찾기 어렵다.

혜자의 큰 박과 가죽나무, 무위(無爲)와 소요(逍遙)

쓸모없어서 아무도 해치지 않으니
쓸모없다고 괴로워할 일이 아니다.
쓸모없는 나무 그늘 아래 누울 수 있으니 또한 쓸모가 있다.
쓸모없을 때 껍데기 아닌 나로 존재한다.
세상에 쓸모없는 것이 없으니
쓸모없는 데서 찾은 쓸모가 또한 본래의 쓸모이다.
예술가조차 칭송하는 창조적 쓸모이다.

| 본문 | 惠子謂將子曰(혜자위장자왈), "魏王貽我大瓠之種(위왕이아대호지종), 我樹之成而實五石(아수지성이실오석). 以盛水漿(이성수장), 其堅不能自擧也(기견불능자거야). 剖之以爲瓢(부지이위표), 則瓠落無所容(즉호락무소용). 非不呺然大也(비불효연대야), 吾爲其無用而掊之(오위기무용이부지)." 莊子曰(장자왈), "夫子固拙於用大矣(부자고졸어용대의). 宋人有善爲不龜手之藥者(송인유선위불균수지약자), 以世世以洴澼絖爲事(세세이병벽광위사). 客聞之(객문지), 請買其方百金(청매기방백금). 聚族而謀曰(취족이모왈) 我世世以洴澼絖(아세세위병벽광), 不過數金(불과수금) 今一朝而鬻技百金(금일조이육기백금), 請與之(청여지). 客得之(객득지), 以說吳王(이설오왕). 越有難(월유란), 吳王使之將(오왕사지장). 冬與越人水戰(동여월인수전), 大敗越人(대패월인), 裂地而封之(열지이봉지). 能不龜手(능불균수), 一也(일야), 或以封(혹이봉), 或不免於洴澼絖(혹불면어병벽광) 則所用之異也(즉소용지이야). 今子有五石之瓠(금자유오석지호), 何不慮以爲大樽(하불려이위대준). 而浮乎江湖(이부호강호), 而憂其瓠落無所容(이우기호락무소용). 則夫子(즉부자), 猶有蓬之心也夫(유유봉지심야부)."

혜자가 장자에게 일러 말했다.

"위나라 왕이 나에게 큰 박 씨를 주어서 내가 심었더니 자라서 박의 크기가 다섯 섬이나 되었다네. 물과 장을 채우자니 무거워서 들 수가 없고, 쪼개서 바가지를 만들자니 넓고 평평해서 담을 수가 없네. 텅 비고 너무 크기만 하네. 나는 그것이 쓸모가 없어 쪼개고 말았네."

장자가 말했다.

"자네는 큰 것을 쓰는데 참으로 서툴군! 송나라 사람 중에 거북이처럼 갈라진 손을 치료하는 약을 잘 만드는 이가 있는데 대대로 솜 빨래하는 일을 했네. 나그네가 이 소식을 듣고 그 약을 만드는 방법을 금 백 냥을 주고 사려했어. 가족을 모아 놓고 의논하기를 '우리는 대대로 솜 세탁을 했으나 금 몇 냥에 지나지 않았다. 오늘 하루아침에 금 백 냥으로 기술을 팔게 되었으니 그렇게 하자.'라고 했다네. 나그네는 그것을 사서 오(吳)나라 왕에게 유세[15]했지. 월(越)나라가 쳐들어오자 오(吳)나라 왕은 그를 장수로 삼아 겨울에 월나라 사람과 수전(水戰)[16]을 벌여 월나라를 크게 깨뜨렸네. 땅을 나누어 그를 영주에 봉하였다네. 거북등처럼 갈라진 손을 치료하는 약은 하나이지만 한쪽에서는 영주가 되고, 한쪽에서는 솜 세탁 일을 벗어나지 못했네. 이는 곧 쓰는 바가 다르기 때문이네. 지금 자네는 다섯 섬들이 큰 박을 가지고 어찌 큰 술통을 만들어 강호에 띄울 생각을 하지 않는가? 그 박이 커서 담을 수 없음을 걱정하니 자네는 다만 쑥의 마음[17]을 가지고 있구려!"

| 본문 | 惠子謂莊子曰(혜자위장자왈), "吾有大樹(오유대수), 人謂之樗(인위지

---

15. 이런 경우 유세(遊說)라는 어휘를 많이 사용하였다. 지금의 표현으로는 설득하다 또는 말하다의 의미이다.

16. 해전(海戰).

17. 쑥 같이 작고 보잘것없는 마음.

저). 其大本擁腫(기대본옹종)而不中繩墨(이불중승목), 其小枝卷曲(기소지권곡)
而不中規矩(이부중규구), 立之塗(입지도), 匠者不顧(장자불고). 今子之言(금자지
언), 大而無用(대이무용), 衆所同去也(중소동거야)."莊子曰(장자왈), "子獨不見狸
狌乎(자독불견리성호)? 卑身而伏(비신이복), 以候敖者(이후오자). 東西跳梁(동서
도량), 不避高下(불피고하), 中於機辟(중어기벽), 死於罔罟(사어망고). 今夫斄牛
(금부리우), 其大若垂天之雲(기대약수천지운). 此能爲大矣(차능위대의), 而不能
執鼠(이불능집서). 今子有大樹(금자유대수), 患其無用(환기무용), 何不樹之於無
何有之鄕(하불수지어무하유지향), 廣莫之野(광막지야), 彷徨乎無爲其側(방황호무
위기측), 逍遙乎寢臥其下(소요호침와기하). 不夭斤斧(불요근부), 物無害者(물무해
자), 無所可用(무소가용), 安所困苦哉(안소곤고재)"

혜자가 장자에게 말했다.

"나에게 큰 나무가 있는데 사람들이 가죽나무라 하네. 그 큰 나무는 옹이
가 박혀 목수의 먹줄에 맞지 않고, 작은 가지는 구불구불 굽어서 그림쇠와
곱자에 맞지 않네. 길가에 서 있어도 목수들이 돌아보지도 않아. 자네의
말은 크지만 쓸모가 없으니 사람들이 하나같이 (나무를 보지 않고) 떠나고
만다네."

장자가 말했다.

"자네만이 홀로 살쾡이나 족제비를 보지 못하였는가? 몸을 낮추고 엎드
려서 먹이를 염탐하는 놈이네. 동서로 날뛰며 높고 낮은 데를 가리지 않
지만 덫에 치이거나 그물에 걸려 죽는다네. 이제 검은 소를 보세. 그 크기
가 하늘의 드리운 구름 같으니 이것이야말로 크다고 할 수 있네. 그러나 쥐
를 잡을 수 없네. 지금 자네는 나무가 커서 쓸모없다고 걱정하고 있네. 어
찌 무하유(無何有)[18]의 고장에 나무를 심지 않는가? 광막한 들에서 할 일 없
이[무위(無爲)] 그 곁을 배회하고, 거닐다가 그 아래 누워서 자 보게. 도끼로

찍힐 일도 없고, 아무도 해치는 것이 없으니 쓸모없다고 어찌 괴로워한단 말인가?"

| 해석과 감상 | (2002 인하대, 2007 서강대 논술 고사 제시문)

무위(無爲), 소요(逍遙), 침와(寢臥), 무용지대용(無用之大用)을 이야기하면서 쓸모를 기준으로 이야기를 전개한다. 장자는 쓸모없음을 이야기하면서 쓸모를 기준으로 이야기하는 모순을 보인다. 쓸모없음은 일반적인 의미의 쓸모없음, 세속적인 의미의 쓸모없음이다. 장자는 이를 통해 큰 것을 크게 쓸 줄 모르는 사람을 비판한다. 손이 안트는 약 이야기를 통해서는 같은 물건도 쓰기 나름이라고 말한다. 그러면서 무하유지향에 큰 나무를 심어 놓으면 쓰일 바가 없어서 도끼질 않는 나무가 될 테니 그 아래서 유유히 걷고 편안히 누워 완전한 자유를 누릴 수 있다고 말한다. 장자의 이러한 소요(逍遙, 산책)가 지락(至樂)이다 장자는 노자의 무위 사상을 이어받아 무위, 소요의 지극한 즐거움으로 나아간다. 소요란 어슬렁거린다는 뜻으로 일과 반대되는 휴식의 시간이다. 소요는 목적지가 없다. 소요는 여유이며, 걸음 자체가 목적이다. 소요하는 자는 지름길을 찾지 않고 시간에 얽매이지 않는다. 쓸모없어서 오히려 나의 자유를 위한 쓸모가 있다. 더 큰 눈으로 보면 세상에 쓸모없는 것은 없다. 기존의 관념, 기존의 쓸모를 넘어서서 바라보면 새로운 곳에서 쓸모가 있다. 장자식의 새로움의 창조를 엿볼 수 있다. 마찬가지로 쓸모없는 사람은 이 세상에 아무도 없다. 무용지대용(無用之大用), 쓸모없음의 큰 쓸모는 장자식의 양생법이다. 무하유지향(無何有之鄉)은 어느 곳에도 없는 고을이다. 어디에도 없는 곳이란 뜻의 토머

---

18. 무하유(無何有, 아무것도 없음).

스 모어의 유토피아(Utopia)와 같은 이상향이다. 종교에서 이상향은 극락, 천국, 에덴동산, 천계 등이며 그 외에도 파라다이스, 아르카디아, 엘도라도, 샹그릴라, 무릉도원, 한국의 청학동 등이 있다.

[대학 논술 고사] 두 제시문(장자「소요유」, 박지원「예덕선생전」)에 공통으로 나타나는 삶의 태도 또는 사유 방식을 추출하고, 그것이 인류의 역사와 문화의 발전에 어떠한 기여를 했는지 구체적인 사례를 들어 논술하라. (2007 서강대 논술 고사 문제)

| 필사하기 |

● 樹之於無何有之鄕(수지어무하유지향)이라.

*樹(나무 수), 無(없을 무), 何(어찌 하), 有 (있을 유), 鄕(시골 향)

【어떠한 것도 없는 고장(무하유의 땅)에 나무를 심는다.】

● 無所可用(무소가용)이라고 安所困苦哉(안소곤고재)리오?

*安(어찌 안), 困(괴로울 곤), 苦(쓸 고), 哉(어조사 재)

【쓸모없다고 어찌 괴로워한단 말인가?】

■『논어』「술이」子曰(자왈), 不知其仁(부지기인)어니와 焉用佞(언용녕)이리오?

*焉(어찌 언), 用(쓸 용), 佞(아첨할 녕)

【공자 가로되, 그 어짊을 알지 모르겠지만 말재주를 어디에 쓰겠는가?】

『장자』와『논어』로 우리 삶의 균형 찾기

장자는 쓸모없다고 괴로워하지 말라고 말한다. 공자는 말재주 있는 것을 어디에 쓰겠느냐고 말한다. 장자는 쓸모를 기준으로 말하면서 모든 것은 쓸모가 있다고 말한다. 공자는 말재주를 어디에 쓰겠느냐고 쓸모를 말한다. 어짊이 더 중요하지 말재주가 진정 중요한 것은 아니라고 공자는 말한다. 장자나 공자 모두 일상적으로 인식하는 쓸모와 차이가 있다는 공통점이 있다. 그러나 장자는 공자가 인식하는 쓸모없음보다 더 쓸모없음을 말한다. 장자는 전혀 쓸모없어서 버리는 쓸모없음에 대해 말하고 공자는 더 쓸모가 있는 말재주가 어짊보다 쓸모없다며 상대적인 쓸모를 이야기한다.

제2편 제물론(齊物論), 만물을 차별 없이 가지런히

가장 아름다우면서 가장 난해한 장으로 알려져 있다. 제물이란 만물을 가지런히 한다는 뜻이다. 제물론의 의미에 대해 학자들은 두 가지로 해석한다.[19] 첫째, 일체의 사물이 모두 같다.[20] 곧, 시비(是非), 미추(美醜) 등의 편견과 아집 없는 세계를 뜻한다. 둘째, 유(儒)·묵(墨)을 비롯한 세속의 온갖 논의(論議:衆論)와 시비(是非)를 가지런히 통일시킨다.[21] 제물은 구별을 없애라, 시비를 초월하라는 뜻으로 장자는 구별하고 차별함으로써 좋아하고 싫어하게 된다고 문제를 지적하며 모든 사물을 동등하게 보아야 한다고 말한다.

제2장의 앞부분은 도가사상(道家思想)의 개막을 알리는 문답이다. 이 문답은 도가의 문헌 중 가장 빠른 시기의 글로 최고 아름다운 문장으로 평가받고 있다.

---

19. 제물론의 해석을 1) (제+물)+론, 2) 제+(물+론), 3) 제+물론 등으로 나눌 수 있다. 1)은 사물을 고르게 하는 것에 대한 이론, 2)는 사물과 논을 고르게 한다, 3)은 물에 관한 이론을 가지런히 한다. 고르게 한다는 같다, 하나다, 통일하다의 뜻이다.

20. 만물제동(萬物齊同).

21. 제(齊), 가지런히 하다.

우주의 시작은 차별 없음, 나누면 이루어지나 훼손된다

너는 바람의 수많은 모습을 보지 못하느냐
각자 내는 소리 누가 내는 것이냐
가르지 않고 나누지 않으며 홀로 살랑거리는 자연의 참모습,
하늘이 내는 소리를 듣지 못하느냐
나를 잃으면 각자 스스로 내는 소리를 듣는다.

작은 말은 수다스러우며 실수를 보나
큰 말은 담담하여 너그럽다.
육신과 감정에 빠져들면 죽음에 가깝고
죽음에 가까워지면 생을 회복할 수 없다.
어버이부터 사랑하느냐 남들과 같이 사랑하느냐는
밝음을 따라야 하니
도의 축의 따라야 경계가 없다.
나누면 이루어지고 이루어지면 훼손되니
아침에 세 개이건 네 개이건 시비를 벗어나면 양행이다.
소씨, 사광, 혜씨는 이름을 남겼지만 도가 아니니
무한한 시공간에서 인간은 찰나의 존재,
만물제동, 차별 없음이 우주의 시작이다.
자연의 본성을 흩으려 더하고 빼지 마라.
이루었다고 자랑하지 마라, 자신의 차별이다.

| 본문 | 南郭子綦(남곽자기) 隱机而坐(은궤이좌), 仰天而噓(앙천이허), 嗒焉似
喪其耦(답언사상기우). 顔成子游(안성자유) 立侍乎前(입시호전), 曰(왈), "何居乎
(하거호)? 形固可使如槁木(형고가사여고목), 而心固可使如死灰乎(이심고가사여
사회호)? 今之隱机者(금지은궤자), 非昔之隱机者也(비석지은궤자야)?" 子綦曰(자

기왈(其曰), "偃(언), 不亦善乎(불역선호), 而問之也(이문지야). 今者吾喪我(금자오상아), 汝知之乎(여지지호)? 女聞人籟(여문인뢰) 而未聞地籟(이미문지뢰), 女聞地籟(여문지뢰) 而未聞天籟夫(이미문천뢰부)." 子游日(자유왈), "敢問其方(감문기방)." 子綦曰(자기왈), "夫大塊噫氣(부대괴애기), 其名爲風(기명위풍). 是唯無作(시유무작), 作則萬竅怒呺(작즉만규노효). 而獨不聞之翏翏乎(이독불문지료료호)? 山林之畏佳(산림지외가), 大木百圍之竅穴(대목백위지규혈), 似鼻(사비), 似口(사구), 似耳(사이), 似枅(사계), 似圈(사권), 似臼(사구), 似洼者(사와자), 似汚者(사오자), 激者(격자), 謞者(학자), 叱者(질자), 吸者(흡자), 叫者(규자), 譹者(효자), 宎者(요자), 咬者(교자), 前者唱于(전자창우), 而隨者唱喁(이수자창우). 泠風則小和(영풍즉소화), 飄風則大和(표풍즉대화), 厲風濟(여풍제) 則衆竅爲虛(즉중규위허). 而獨不見之調調(이독불견지조조), 之刁刁乎(지조조호)?" 子游日(자유왈), "地籟則衆竅是已(지뢰즉중규시이), 人籟則比竹是已(인뢰즉비죽시이), 敢問天籟(감문천뢰)." 子綦日(자기왈), "夫吹萬不同(부취만부동), 而使其自已也(이사기자기야), 咸其自取(함기자취), 怒者其誰邪(노자기수야)!"

(1) 남쪽 성곽에 사는 자기(子綦)라는 사람이 안석에 기대어 앉아 하늘을 쳐다보며 한숨을 쉬었다. 마치 자기 짝을 잃은 듯했다. 안성자유가 앞에서 모시고 있다가 말했다.

"왜 그러십니까? 몸이 정말로 마른 나무 같고, 마음이 참으로 불 꺼진 재와 같게 할 수 있습니까? 지금 안석에 기대앉아 계신 분은 전에 앉아 계신 분이 아닙니다."

자기(子綦)가 말했다.

"언(偃)[22]아, 또한 훌륭하지 않은가? 그것을 묻다니. 지금 나[23]는 나[24]를 잃었다. 네가 그것을 아느냐? 너는 사람의 퉁소 소리는 듣지만 땅의 퉁소 소리를 듣지 못하고, 땅의 퉁소 소리는 듣지만 하늘의 퉁소 소리는 듣지 못했을 것이다."

자유(子游)가 말했다.

"감히 그 방법과 기술[25]에 대해 여쭙겠습니다."

자기가 말했다.

"대지가 기(氣)를 내뿜는 것을 바람이라 한다. 이것은 일어나지 않기도 하지만, 일어나면 모든 틈새에서 노하여 바람 소리를 낸다. 너만 홀로 윙윙 높이 날아오는 바람 소리를 듣지 못하느냐? 산림 속 깊고 높은 곳, 백 아름이나 되는 큰 나무의 구멍은 코 같고, 입 같고, 귀 같고, 꽂을 수 있는 나무통 같고, 술잔 같고, 절구 같고, 연못 같고, 웅덩이 같다. 물이 부딪치는 소리, 화살이 날아가는 소리, 꾸짖는 소리, 들이마시는 소리, 절규하는 소리, 부르짖으며 우는 소리, 동굴을 지나는 소리, 새 울음소리 등 앞에서 소리 내면 뒤에서 따라서 소리 낸다. 산들바람은 가볍게 화답하고, 회오리바람은 크게 호응한다. 사나운 바람이 멈추면 모든 구멍은 텅 비게 된다. 그런데 너만이 살랑살랑하고 흔들흔들하는 것을 보지 못한단 말이냐?"

자유가 말했다.

"땅의 퉁소 소리는 여러 구멍에서 나는 소리이고, 사람의 퉁소 소리가 대나무 퉁소 소리라면 하늘의 퉁소 소리는 무엇입니까?"

---

22. 안성자유의 호.

23. 오(吾).

24. 아(我). 오(吾)는 즉자적(卽自的)인 의미의 나이고, 아(我)는 대자적(對自的)인 의미의 나이다. 즉자적인 나는 그 자신이 독립적으로 존재하는 나를 말하고, 대자적인 나는 헤겔의 변증법에서, 즉자의 직접 상태에서 발전한 제2의 단계의 나를 말한다. 즉자적 태도는 객관적이지 못하고 대자적 태도는 객관화, 반성적 관찰의 태도를 지닌다. 즉자 존재는 타자와 관계를 지니지 않은 상태이다.

25. 방술(方術).

자기가 말했다.

"숨소리는 만 가지로 같지 않으나 각자 스스로 소리를 내게 한다. 모두 스스로 소리를 낸다면 소리를 내게 하는 자는 그 누구인가?"

| 해석과 감상 |

이 글은 소리의 명문으로 유명하다. 음악 이야기, 소리 묘사로는 연암 박지원의 「일야구도하기(一夜九渡河記)」, 구양수의 「추성부(秋聲賦)」 등도 유명하다. 경주박물관의 성덕대왕신종에는 '대음진동어천지지간 청지이불문기성(大音振動於天地之間 聽之而不聞其聲)'이라고 새겨져 있다. 이는 큰 소리가 하늘과 땅 사이에서 진동하는데 이를 들으려 해도 그 소리를 들을 수 없다는 뜻이다. 노자의 『도덕경』 제41장에는 다음과 같은 구절이 있다.

大方無隅(대방무우)하고: 큰 모퉁이에는 모퉁이가 없고
大器晚成(대기만성)하고: 큰 그릇은 더디 이루어지고
大音希聲(대음희성)하고: 큰 소리는 거의 들리지 않으며
大象無形(대상무형)이니라: 큰 모양에는 형체가 없다고 했다.

너무 커서 볼 수 없고, 너무 커서 들을 수 없고, 너무 커서 느낄 수 없다. 부모의 고마움을 고마움으로 느끼지 못하고, 공기의 고마움을 고마움으로 느끼지 못한다. 자신의 삶을 보이지 않게 죽이는 것들은 보지 못하고, 모기의 왱왱거림에 신경을 쓰고, 보이지 않는 가시에 찔린 아픔에서 벗어나지 못한다.

| 필사하기 |

● 今者吾喪我(금자오상아)라.

*今(이제 금), 者(사람 자), 吾(나 오), 喪(잃을 상), 我(나 아)

【이제 나는 나를 잃었다.】

● 獨不見之調調之刁刁乎(독불견지조조지조조호)리오.

*獨(홀로 독), 見(볼 견), 調(고를 조), 刁(조두 조, 흔들리는 모양 조)

【홀로 살랑살랑하고 흔들흔들하는 것을 보지 못한단 말이냐?】

■『논어』「술이」 子曰(자왈), 君子坦蕩蕩(군자탄탕탕)이오 小人長
戚戚(소인장척척)이니라.

*坦(평평할 탄, 너그러울 탄), 蕩(넓고 클 탕), 戚(근심할 척, 재촉할 척)

【공자 가로되, "군자는 평온하여 여유 있고, 소인은 늘 걱정에 싸여 있
다."】

■『논어』「자로」 子曰(자왈), 君子泰而不驕(군자태이불교)하고, 小
人驕而不泰(소인교이불태)니라.

*泰(클 태). 驕(교만할 교)

【공자 가로되, "군자는 너그럽되 교만하지 않고, 소인은 교만하되 너그
럽지 않다."】

『장자』와 『논어』로 삶의 균형 찾기[26]

『장자』는 비교하지 말라 말한다. 홀로 살랑살랑하고 흔들흔들한다. 차이
를 판단하지 않고 그대로 본다. 그러나 『논어』에서 공자는 군자와 소인으
로 나누어 말한다. 『도덕경』이나 『장자』에서는 지향할 점과 버려야 할 점을
언급하기는 하지만 군자나 소인처럼 나누지 않고 말한다는 점에서 차이가
있다. 『논어』에는 군자와 소인의 대립 문장이 계속 이어진다. 노장 사상은

비교하지 않아서 스스로 존재 가치를 느끼며 자기 삶을 산다. 유가 사상은 군자와 소인으로 나누어서 군자는 추앙받고, 소인은 멸시의 대상이 된다. 『논어』에서 군자와 소인을 나누는 기준은 공자의 말씀이다. 이를 따르지 못하는 사람들에게는 공자의 언행이 상처를 준다. 공자는 배움을 매우 좋아했다. 『논어』 첫 구절도 배워야 한다고 말한다. 이에 빠지면 공부를 잘해야 한다는 논리로 나아간다. 공부에 대한 공자의 언행이 우리 삶에 긍정적인 면도 있었지만 이 기준이 공부에 취미가 없는 사람들을 부정적으로 보게 만들었다. 군자와 소인으로 나누어서 비교하게 하는 문장들은 『논어』속에 반복해서 나타난다. 「자로」【공자 가로되, "군자는 섬기기는 쉬워도 기쁘게 하기는 어렵다. 그를 기쁘게 할 때 도가 아니면 기뻐하지 않는다. 그가 사람을 부릴 때는 그 그릇에 따른다. 소인은 섬기기는 어려워도 기쁘게 하기는 쉽다. 그를 기쁘게 할 때 도가 아니어도 그는 기뻐한다. 그가 사람을 부릴 때는 (온갖 것을) 갖추기를 바란다."】 「헌문」【공자 가로되, "군자는 어질지 못한 사람은 있어도, 소인이면서 어진 사람은 없다."】 「헌문」【공자 가로되, 군자는 위(고상)로 통달하고, 소인은 아래(세속)로 통달한다.】 「위령공」【공자 가로되, "군자는 진실로 곤궁해도 편안해질 수 있으나, 소인은 곤궁하면 함부로 행동한다."】

---

26. ■「자로」 子曰(자왈), 君子易事而難說也(군자이사이난열야)니라. 說之不以道(열지불이도)면 不說也(불열야)라, 及其使人也(급기사인야)면 器之(기지)니라. 小人難事而易說也(소인난사이이열야). 說之雖不以道(열지수불이도)라도 說也(열야)라, 及其使人也(급기사인야)면 求備焉(구비언)이니라. ■「헌문」 子曰(자왈), 君子而不仁者有矣夫(군자이불인자유의부), 未有小人而仁者也(미유소인이인자야). ■「헌문」 子曰(자왈), 君子上達(군자상달)하고 小人下達(소인하달)이니라. ■「위령공」 子曰(자왈), 君子固窮(군자고궁)하고, 小人窮斯濫矣(소인궁사람의)니라. (이하는 해석 생략) ■「위정」 子曰(자왈), 君子周

| 본문 | 大知閑閑(대지한한), 小知閒閒(소지간간). 大言炎炎(대언염염), 小言詹詹(소언첨첨). 其寐也魂交(기매야혼교), 其覺也形開(기교야형개), 與接爲構(여접위구), 日以心鬪(일이심투). 縵者(만자), 窖者(교자), 密者(밀자). 小恐惴惴(소공췌췌), 大恐縵縵(대공만만). 其發若機栝(기발야기괄), 其司是非之謂也(기사시비지위야), 其留如詛盟(기류여저맹), 其守勝之謂也(기수승지위야), 其殺如秋冬(기쇄여추동), 以言其日消也(이언기일소야), 其溺之所爲之(기닉지소위지), 不可使復之也(불가사복지야), 其厭也如緘(기염야여함), 以言其老洫也(이언기로혁야). 近死之心(근사지심), 莫使復陽也(막사부양야).

(2) 큰 앎은 한가하고 너그러우며, 작은 앎은 작은 틈을 엿보고 살핀다. 큰 말(언어)은 담담하며[27], 작은 말은 수다스럽고 수다스럽다. 잠을 잘 때

而不比(군자주이불비)하고, 小人比而不周(소인비이불주)니라. ■ 「이인」子曰(자왈), 君子懷德(군자회덕)하고 小人懷土(소인회토)하며 君子懷刑(군자회형)하고 小人懷惠(소인회혜)니라. ■ 「이인」子曰(자왈), 君子喩於義(군자유어의)하고 小人喩於利(소인유어리)니라. ■ 「옹야」子謂子夏曰(자위자하왈), 女爲君子儒(녀위군자유)요 無爲小人儒(무위소인유)하라. ■ 「안연」君子成人之美(군자성인지미)하고 不成人之惡(불성인지악)하나니 小人反是(소인반시)니라. ■ 「안연」君子之德(군자지덕)은 風(풍)이요 小人之德(소인지덕)은 草(초)라 草上之風(초상지풍)이면 必偃(필언)하나니라. ■ 「자로」子曰(자왈), 君子和而不同(군자화이부동)하고 小人同而不和(소인동이불화)니라. ■ 「위령공」子曰(자왈), 君子求諸己(군자구저기)요 小人求諸人(소인구제인)니라. ■ 「위령공」子曰(자왈), 君子不可小知而可大受也(군자불가소지이가대수야)요 小人不可大受而可小知也(소인불가대수이가소지야)니라. ■ 「계씨」孔子曰(자왈), 君子有三畏(군자유삼외)하니 畏天命(외천명)하며 畏大人(외대인)하며 畏聖人之言(외성인지언)이니라. 小人不知天命而不畏也(소인부지천명이불외야)라 狎大人(압대인)하며 侮聖人之言(모성인지언)이니라. ■ 「양화」'君子學道則愛人(군자학도즉애인)이요 小人學道則易使也(소인학도즉이사야). ■ 「양화」子曰(자왈), 君子義以爲上(군자의이위상)이니 君子有勇而無義(군자유용이무의)면 爲亂(위란)이요 小人有勇而無義(소인유용이무의)면 爲盜(위도)니라.

27. 炎炎은 불타오르다. 이를 담담(淡淡)으로 해석하는 이들도 있다. 즉, 큰 말은 담담하다 혹은 큰 말은 크게 타오른다 등으로 해석한다. 작은 말이 매우 수다스럽다와 대를 이루도록 해석을 해야 할 것이다. 가장 무난하게는 큰 말은 담담하고 작은 말은 매우 수다스

꿈으로 혼이 드나들고, 깨어나면 신체가 열린다. 외물과 접촉함으로써 얽히고, 날마다 마음이 싸운다. 마음이 너그러운 경우도 있고, 깊은 경우도 있으며, 치밀한 경우도 있다. 작은 두려움에는 벌벌 떨고 큰 공포에는 정신을 잃는다. 그 일어남이 위험한 활과 같은 것은 그것이 시비(是非)를 판단하는 것을 말하며, 그 머묾이 맹세와 같은 것은 승리를 지키겠다는 것을 말하고, 그 소멸이 가을 겨울과 같은 것은 날로 사라지는 것을 말한다. 이렇게 (물욕에) 빠져들면 회복할 수 없게 된다. 봉함한 것처럼 빠지는 것은[28] 늙을수록 욕심이 넘치는 것을 말함이니 죽음에 가까운 마음은 다시 양기[생(生)]를 회복할 수 없게 한다.

| 해석과 감상 |

작은 앎은 실수를 보며, 작은 말은 남을 비난한다. 욕망을 끊임없이 추구하면 죽음에 가까워진다. 큰 앎은 너그럽다.

| 필사하기 |

● 大知閑閑(대지한한)하고 小知閒閒(대지간간)하며 大言炎炎(대언염염)하고 小言詹詹(소언첨첨)하니라.

*閑(한가할 한), 閒(틈 간, 한가할 한), 炎(불탈 염), 詹(이를 첨, 수다스러울 첨)

【큰 앎은 한가하고 너그러움을 알고, 작은 앎은 틈을 알며, 큰 말은 크게 타오르고, 작은 말은 매우 수다스럽다.】

럽다가 될 것이다.

28. 厭(빠질 암), 실로 꿰맨 것처럼 욕망에 빠짐이 견고하다.

| **본문** | 喜怒哀樂(희노애락), 慮嘆變慹(여탄변접), 姚佚啓態(조질계태), 樂出虛 (낙출허), 蒸成菌(증성균). 日夜相代乎前(일야상대호전), 而莫知其所萌(이막지기 소맹). 已乎已乎(이호이호)! 旦暮得此(단모득차), 其所由以生乎(기소유이생호)! 非彼無我(비피무아), 非我無所取(비아무소취). 是亦近矣(시역근의), 而不知其所 爲使(이부지기소위사). 若有眞宰(약유진재), 而特不得其眹(이특부득기짐). 可行已 信(가행이신), 而不見其形(이불견기형), 有情而無形(유정이무형). 百骸,九竅,六藏 (백해,구규,육장), 賅而存焉(해이존언), 吾誰與爲親(오수여위친)? 汝皆說之乎(여개 열지호)?其有私焉(기유사언)? 如是皆有(여시개유), 爲臣妾乎(위신첩호), 其臣妾不 足以相治乎(기신첩부족이상치호). 其遞相爲君臣乎(기체상위군신호), 其有眞君存 焉(기유진군존언). 如求得其情與不得(여구득기정여부득), 無益損乎其眞(무익손 호기진).

(3) 희로애락[29], 근심과 탄식, 변덕과 고집, 아첨과 방자함, 욕심과 교태 등은 음악 소리가 빈 공간에서 나오는 일이며, 습기가 버섯을 자라게 하는 일이다. 날마다 앞에 번갈아 나타나지만 그 싹트는 곳을 알지 못한다.

그만두자. 그만두어. 아침저녁으로 이것을 얻으니 삶[30]으로 말미암은 바인가? 저것[31]이 아니면 내가 없고, 내가 아니면 취할 바도 없으니 이것은 또한 (진실에) 가깝다. 그러나 그렇게 하도록 시키는 것이 무엇인지 알지 못한다. 참다운 주재자가 있는 것 같은데 그 조짐을 알 수 없다. 행할 수 있 어 믿지만 그 형체를 볼 수 없다. 마음[32]은 있으나 형체가 없다.

---

29. 기쁨, 노함, 슬픔, 즐거움.

30. 태어난 원천.

31. 희로애락의 감정 등 앞에서 언급한 내용.

32. 정(情, 본성).

백 개의 뼈마디, 아홉 개의 구멍, 여섯 가지 장부가 갖추어져 있어야 존재하는데 나는 어느 것과 가까운가? 그대는 모두를 좋아할 것인가? 그것에는 사사로움이 있다.[33] 이와 같다면 모두 신첩(臣妾)[34]으로 삼을 것인가? 그 신첩들은 서로 다스리기에 부족한가? 서로 바꾸어 임금과 신하가 될 것인가? 참다운 군주가 존재한다. 그 본성을 얻든 얻지 못하든 그 참모습을 더하고 뺄 수는 없다.

| 해석과 감상 |

희로애락 등 감정이 없으면 나도 없다. 내가 없으면 그 감정이 없다. 마음은 있으나 형체가 없다고 없는 것은 아니다. 감정은 있으나 감정의 원인을 알 수 없을 뿐이지 감정의 근원은 있다. 알든 모르든 보이지 않는 것이 분명히 있다. 그 참된 주재자가 자연이다.

| 필사하기 |

● 無益損乎其眞(무손익호기진)이라.

*無(없을 무), 益(더할 익), 損(덜 손), 乎(어조사 호), 眞(참 진)

【그 참모습을 더하고 뺄 수 없다.】

■『논어』「안연」孔子對曰, 君君臣臣父父子子(군군신신부부자자)니라.

*對(대답할 대), 君(임금 군), 臣(신하 신), 父(아버지 부)

【공자가 대답하여 말하되, 임금은 임금답고, 신하는 신하답고, 아버지는

---

33. 어느 한 가지만 좋아한다.

34. 臣妾, 피지배자.

아버지답고, 아들은 아들답다. 】

『장자』와 『논어』로 우리 삶의 균형 찾기

『장자』는 참모습은 더하고 뺄 수 없다 말하고, 『논어』는 각자 역할을 주문한다. 전자는 자연을 말하고, 후자는 체제를 말한다.

| 본문 | 一受其成形(일수기성형), 不亡以待盡(불망이대진). 與物相刃相靡(여물상인상미), 其行盡如馳(기행진여치), 而莫之能止(이막지능지), 不亦悲乎(불역비호). 終身役役而不見其成功(종신역역이불견기성공), 苶然疲役而不知其所歸(날연피역이부지기소귀), 可不哀邪(가불애사). 人謂之不死(인위지불사), 奚益(해익). 其形化(기형화), 其心與之然(기심여지연), 可不謂大哀乎(가불위대애호)? 人之生也(인지생야), 固若是芒乎(고약시망호)? 其我獨芒(기아독망), 而人亦有不芒者乎(이인역유불망자호)? 夫隨其成心而師之(부수기성심이사지), 誰獨且無師乎(수독차무사호)? 奚必知代而心自取者有之(해필지대이심자취자유지)? 愚者與有焉(우자여유언). 未成乎心而有是非(미성호심이유시비), 是今日適越而昔至也(시금일적월이석지야). 是以無有爲有(시이무유위유). 無有爲有(무유위유), 雖有神禹(수유신우), 且不能知(차불능지), 吾獨且柰何哉(오독차내하재)!

(4) 한 번 육체[35]를 받아 태어나면 몸이 죽지 않고 (수명이) 다할 때까지 기다려야 한다. 사물과 더불어 서로 다투고 서로 쓰러뜨려 몸이 나아가는 것이 달리는 말과 같이 멈추지 않으니 또한 슬프지 않은가? 죽을 때까지 수고롭게 일을 해도 공을 이루는 것을 보지 못하고, 고달프게 일에 쫓겨 돌아갈 곳을 알지 못하니 애처로운 일 아닌가? 사람들이 죽지 않는다고 말하

---

35. 백 개의 뼈마디, 아홉 개의 구멍, 여섯 가지 장부.

는 것이 무슨 도움이 되겠는가? 몸이 변하면 그 마음도 그렇게 변화하는데 큰 슬픔이라고 말하지 않을 수 있는가? 사람의 삶이란 본디 이처럼 어두운가? 나만 홀로 어둡고, 다른 사람은 어둡지 않은가?

무릇 이루어진 마음을 따르면서 이를 스승으로 삼으면 누가 홀로 스승이 없겠는가? 어찌 반드시 변화를 알아야 하는가? 마음이 스스로 취하는 것이 있으니 어리석은 자도 함께 취함이 있을 것이다. 마음을 이루기도 전에 옳고 그름을 따지면 이것은 오늘 월(越)나라에 가서 어제 도착한 것이며, 이것은 있지 않음을 있다고 하는 것이다. 없는 것을 있다고 하면 비록 신령한 우임금도 알지 못한다. 내가 홀로 어찌할 것인가?

| 해석과 감상 |

'몸뚱이가 변하면 마음도 변한다'는 정신이 육체를 지배한다는 일반적인 사상과 반대다. 체육대회에서는 '건강한 신체에 건전한 정신'이란 말을 쓴다. 의지를 강조하며 물질을 넘어서야 한다는 논리를 펼 때는 정신을 강조하고, 신체의 건강을 강조할 때는 육신이 건강해야 정신이 건강하다는 논리를 편다. 상황 논리라 할 수 있다. 사람 대부분은 육신이 건강할 때 정신이 고양되고 활력이 넘친다. 그러나 많은 종교들은 정신으로 육체의 욕망을 제거하라고 말한다. 성심(成心)을 긍정적 견해와 부정적 견해로 달리 해석한다. 긍정적으로는 인간 본래의 마음으로 하늘의 이치로 해석하며, 부정적 견해에서는 마음속의 편견으로 본다.

| 필사하기 |

● 一受其成形(일수기성형)이면 不亡以待盡(불망이대진)이라.
*受(받을 수), 成(이룰 성), 形(모양 형), 亡(잃을 망), 待(기다릴 대), 盡(다할 진)

【한 번 육체를 받아 태어나면 죽지 않고 다함을 기다린다.】

● 其形化(기형화)면 其心與之然(기심여지연)이라.

*形(모양 형), 化(될 화), 與(줄 여, 더불 여), 然(그러할 연)

【몸이 변하면 마음이 그렇게 변한다.】

| 본문 | 夫言非吹也(부언비취야). 言者有言(언자유언), 其所言者特未定也(기소언자특미정야), 果有言邪(과유언야)? 其未嘗有言邪(기미상유언야)? 其以爲異於鷇音(기이위이어구음), 亦有辯乎(역유변호), 其無辯乎(기무변호)? 道惡乎隱而有眞僞(도오호은이유진위)? 言惡乎隱而有是非(언오호은이유시비)? 道惡乎往而不存(도오호왕이부존)? 言惡乎存而不可(언오호존이불가)? 道隱於小成(도은어소성), 言隱於榮華(언은어영화). 故有儒,墨之是非(고유유,묵지시비), 以是其所非(이시기소비), 而非其所是(이비기소시). 欲是其所非而非其所是(욕시기소비이비기소시), 則莫若以明(즉막약이명).

(5) 무릇 말은 숨을 내쉬는 것이 아니다. 말이라는 것에는 말이 있다. 말하는 바가 특별히 정해지지 않는다면 과연 말이 있는 것인가, 일찍이 말이 없는 것인가? 그것이 새 새끼 소리와 다르다고 여기는데 구분이 있을까 없을까? 도(道)는 어디에 숨어서 참이다 거짓이다 하는가? 말이 어디에 숨어서 옳다 그르다고 하는가? 도(道)는 어디에 가더라도 존재하지 않는가? 말은 어디에 존재하더라도 옳지 않은가? 도(道)는 작은 성취에 숨고, 말은 화려한 꾸밈 속에 숨는다. 그러므로 유가(儒家)와 묵가(墨家)의 시비가 있어, 옳은 것을 옳지 않다고 하고, 그른 것을 옳다고 한다. 옳은 것을 옳지 않다고 하려면 그른 것으로 옳은 바가 되어야 한다. 그러한즉 밝음을 따르는 것만 같지 못하다.

| 해석과 감상 |

'도(道)는 작은 성취에 숨고, 말은 화려한 꾸밈 속에 숨는다. 그러므로 유가(儒家)와 묵가(墨家)의 시비가 있어, 옳은 것을 옳지 않다고 하고, 그른 것을 옳다고 한다.'라고 말한다. 유가는 자기 어버이부터 사랑해야 한다고 가르치나 묵가는 길 가는 사람과 자기 아버지를 똑같이 사랑해야 한다는 겸애를 주장한다. 묵가의 측면에서 보면 유가는 차별적 사랑이고, 유가에서 보면 묵가는 가족과 남을 동일시하는 문제를 지닌다. 이는 장자의 측면에서 보면 화려한 꾸밈에 집착하여 말을 숨기는 일이다. 장자는 해결책으로 밝음을 따라야 한다고 주장한다.

| 필사하기 |

● 道隱於小成(도은어소성)이요 言隱於榮華(언은어영화)니라.

*道(길 도), 隱(숨을 은), 成(이룰 성), 言(말씀 언), 榮(꽃 영), 華(꽃 화)

【도(道)는 작은 성취에 숨고, 말은 화려한 꾸밈 속에 숨는다.】

■『논어』「위령공」子曰(자왈), 辭達而已矣(사달이이의)니라.

*辭(말 사), 達(통달할 달), 已(이미 이)

【공자 가로되, 말은 소통일 뿐이다.】

『장자』와 『논어』로 우리 삶의 균형 찾기

장자와 공자 모두 같은 말을 하고 있다. 말은 소통이다. 말은 꾸밈이 아니다.

| 본문 | 物無非彼(물무비피), 物無非是(물무비시). 自彼則不見(자피즉불견), 自知則知之(자지즉지지). 故曰(고왈), 彼出於是(피출어시), 是亦因彼(시역인피). 彼

是(피시), 方生之說也(방생지설야). 雖然(수연), 方生方死(방생방사), 方死方生(방사방생), 方可方不可(방가방불가), 方不可方可(방불가방가), 因是因非(인시인비), 因非因是(인비인시). 是以聖人不由(시이성인불유), 而照之于天(이조지우천), 亦因是也(역인시야). 是亦彼也(시역피야), 彼亦是也(피역시야). 彼亦一是非(피역일시비), 此亦一是非(차역일시비). 果且有彼是乎哉(과차유피시호재)? 果且無彼是乎哉(과차무피시호재)? 彼是莫得其偶(피시막득기우), 謂之道樞(위지도추). 樞始得其環中(추시득기환중), 以應無窮(이응무궁). 是亦一無窮(시역일무궁), 非亦一無窮也(비역일무궁야). 故曰(고왈)「莫若以明(막약이명).

(6) 사물은 저것이 아닌 것이 없고, 이것이 아닌 것이 없다. 저쪽에서 보면 보이지 않으나, 스스로 알려고 하면(이곳에서 보면) 그것을 안다. 그러므로 말하기를 저것은 이것에서 나오고, 이것은 또한 저것에서 유래한다고 한다. 저것과 이것이 방생(方生)의 설(說)[36]이다. 비록 그러하나 바야흐로 나면 바야흐로 죽고, 바야흐로 죽으면 바야흐로 난다. 장차 가능하면 장차 불가능하고, 바야흐로 불가능하면 바야흐로 가능하다. 옳음을 따라 그름을 따르고, 그름을 따라 옳음을 따른다. 이러하므로 성인(聖人)은 이를 따르지 않고 하늘에 비추어 본다. 이 또한 옳음에 말미암는 것이다.

이것이 또한 저것이고, 저것이 또한 이것이다. 저것도 또한 하나의 옳고 그름이 있고, 이것도 또한 하나의 옳고 그름이 있다. 과연 또한 저것과 이것이 있단 말인가? 과연 또한 저것과 이것이 없단 말인가? 저것과 이것이 그 짝을 얻지 못하는 것을 도(道)의 축[37]이라 한다. 지도리가 고리의 가운

---

36. 저것과 이것이 서로 성립한다는 혜시의 주장. 보는 기준에 따라 저것도 되고 이것도 된다.
37. 추(樞), 지도리, 돌쩌귀, 근본. 이것과 저것이라는 대립이 없이 일체의 차이를 있는 그대로 인정하고 포용한다는 뜻. 차별상을 안고 초월한 실재의 모습. 곧, 제물의 뜻과 같다.

데를 얻기 시작하면 대응하는 것이 끝이 없다. 옳음도 하나로 끝이 없고, 그름도 하나로 끝이 없다. 그러므로 밝음을 따르는 것만 같지 못하다고 말한다.

| 해석과 감상 |

도의 축, 도의 지도리는 저것의 짝도 아니고 이것의 짝도 아닌 중앙이다. 상대적인 관점을 벗어나 가운데를 취하면 차별하지 않고 무궁한 변화에 호응할 수 있다.

방생지설(方生之說)은 혜시(惠施)의 논변(論辨)으로, 관점에 따라 이것이 저것이 되고 저것이 이것이 된다는 이론이다. 장자는 혜시의 방생설을 넘어서서 밝음, 또는 명석한 판단이 기준이어야 한다고 말한다. 여기서 밝음, 또는 명석한 판단은 자연의 원리, 하늘의 섭리다. 삶은 거의 언제나 자신의 견해에서 보고 판단한다. 판단을 객관화하는 방법은 무엇인가? 처지를 바꿔보아야 한다는 역지사지(易地思之)를 실천할 수 없는 때도 있다.

| 필사하기 |

● 樞始得其環中(추시득기환중)이면 以應無窮(이응무궁)이라.

*樞(지도리 추), 始(처음 시), 得(얻을 득), 環(고리 환), 應(응할 응), 窮(다할 궁)

【지도리가 고리의 가운데를 얻기 시작하면 대응하는 것이 끝이 없다.】

| 본문 | 以指喩指之非指(이지유지지비지), 不若以非指喩指之非指也(불약이비지유지지비지야), 以馬喩馬之非馬(이마유마지비마), 不若以非馬喩馬之非馬也(불

─────────

차이는 개성이지 차별의 대상이 아니다.

약이비마유지비마야). 天地(천지), 一指也(일지야), 萬物(만물), 一馬也(일마야).
可乎可(가호가), 不可乎不可(불가호불가). 道行之而成(도행지이성), 物謂之而然
(물위지이연). 惡乎然(오호연)? 然於然(연어연). 惡乎不然(오호불연)? 不然於不然
(불연어불연). 物固有所然(물고유소연), 物固有所可(물고유소가). 無物不然(무물
불연), 無物不可(무물불가). 故爲是擧莛與楹(고위시거정여영), 厲與西施(나여서
시), 恢恑憰怪(회궤휼괴), 道通爲一(도통위일). 其分也(기분야), 成也(성야), 其成也
(기성야), 毀也(훼야). 凡物無成與毀(범물무성여훼), 復通爲一(부통위일). 唯達者
知通爲一(유달자지통위일), 爲是不用而寓諸庸(위시불용이우제용). 庸也者(용야
자), 用也(용야), 用也者(용야자), 通也(통야), 通也者(통야자), 得也(득야). 適得而
幾矣(적득이기의). 因是已(인시이). 已而不知其然(이이부지기연), 謂之道(위지도).

(7) 손가락을 가지고 손가락이 손가락 아님을 밝히는 것은 손가락 아닌
것을 가지고 손가락이 손가락 아님을 밝히는 것보다 못하다. 말[馬]을 가
지고 말이 말 아닌 것을 밝히는 것은 말이 아닌 것으로 말이 말 아님을 밝
히는 것보다 못하다. 하늘과 땅은 하나의 손가락이고, 만물은 한 마리의
말[馬]이다. 가능한 것을 가능하다고 하고, 불가능한 것을 불가능하다고
한다. 길은 걸어 다녀서 이루어지고, 사물은 부르다 보니 그렇게 된다. 어
찌 그렇다고 하는가? 그렇다고 하니까 그렇다. 어찌 그렇다고 하지 않는
가? 그렇지 않다고 하니까 그렇지 않다. 사물은 본디 그런 것이고, 본래 가
능한 바가 있다. 사물이 없으면 그렇다고 하지 않고, 사물이 없으면 가능
하지 않다. 그러므로 이를 위해 예를 들어보면 대들보(또는 식물 줄기)와 기
둥, 문둥이와 서시이다. 유별나고 기이하더라도 도(道)는 하나가 되어 통
한다. 그것이 나누어지면 이루어지고, 그 이루어진 것은 훼손된다.

무릇 사물이 이루어짐과 훼손이 없으면 다시 통하여 하나가 된다. 오직
통달한 사람만이 통하여 하나가 됨을 안다. 이를 인위로 함은 이용[用]이

아니며, 모두 자연[庸]에 맡겨야 한다. 자연이야말로 이용이며, 이용이야말로 통합이다. 통합이야말로 얻음[덕(德)]이다. 얻음[德]에 나아가면 가깝다. 참으로 이것으로 그치고, 그치면서 그런 줄 알지 못하면 이를 도(道)라 한다.

| 해석과 감상 |

이 글은 인위, 대립이 아닌 통합, 자연이 도라는 입장이다. 손가락에 대해 손가락이라는 말로 정의하고, 말에 대해 말이라는 말로 정의하는 것은 습관과 편견에 따른 결과이다. 장자는 사람들이 공손룡처럼 손가락을 손가락이라고만, 말을 말이라고만 고집한다는 것이다. 길은 사람들이 걸어다녀서 길이 되었다. 곧, 손가락을 손가락이라고 해서 손가락이 되었다는 말이다. 예로 드는 대들보와 기둥, 문둥이와 서시도 그렇다. 나누면 하늘의 형벌을 받은 사람이 되고 많은 이들이 부러워하는 미인이 된다. 병자와 미인으로 이룸을 이루면 그 결과 사람이라는 본래의 모습이 훼손된다. 이룸이 없고 훼손이 없으면 하나를 유지한다. 인위로 나누지 않고 자연에 맡기면서 그런 줄조차 모르면 그 경지가 도이다.

말을 정의할 때는 몇 가지 규칙을 지켜야 한다. 정의항의 내용이 피정의항의 내용을 반복해서는 안 된다는 것도 그중의 하나다. 손가락이나 말을 정의할 때는 손가락이나 말을 사용해서는 안 된다. 이런 면에서도 첫 문장과 두 번째 문장은 정의의 규칙에 맞다. 논리학파인 명가(名家)의 공손룡이 손가락을 가지고 손가락이 손가락 아님을 밝히려 했던 것에 대한 장자의 반론이다. 공손룡의 백마비마론(白馬非馬論)을 참고하면 도움이 된다. 범주를 넓혀보면 경계가 없이 하늘과 땅은 하나이고 문둥이와 미인인 서시가 같다. 이처럼 하나로 통합하기 위해서는 자연에 맡겨야 하고, 그것이 바로 용(庸)이며 도(道)이다. 곧, 제물로 만물을 가지런히 하여 차별이 없어야 함을 말하고 있다.

| 필사하기 |

● 道行之而成(도행지이성)하고 物謂之而然(물위지이연)하니라.

*道(길 도), 行(갈 행), 成(이룰 성), 物(만물 물), 謂(이를 위), 然(그러할 연)

【길은 걸어 다니다 보니 이루어지고, 사물은 일컫다 보니 그런 것이다.】

| 본문 | 勞神明爲一(노신명위일), 而不知其同也(이부지기동야), 謂之朝三(위지조삼). 何謂朝三(하위조삼)?曰狙公賦芧(왈저공부서), 曰(왈), "朝三而莫四(조삼이모사)." 衆狙皆怒(중저개노). 曰(왈), "然則朝四而莫三(연즉조사모삼)." 衆狙皆悅(중저개열). 名實未虧(명실미휴), 而喜怒爲用(이희노위용), 亦因是也(역인시야). 是以聖人和之以是非(시이성인화지이시비), 而休乎天鈞(이휴호천균), 是之謂兩行(시지위량행).

(8) 신명을 수고롭게 하여(억지로) 하나가 되게 하면 그것이 같다는 것을 알지 못한다. 이를 조삼(朝三)이라 한다. 무엇을 조삼이라 하는가?

원숭이 주인이 도토리를 주면서 말했다.

"아침에 세 개, 저녁에 네 개다."

원숭이들이 모두 성을 냈다. 주인이 말했다.

"그렇다면 아침에 네 개, 저녁에 세 개다."

원숭이들이 모두 기뻐했다.

이름도 열매도 덜어내지 않았는데 기뻐하고 노하는 마음이 작용하니, 또한 단지 옳음을 따를 뿐이다. 그러므로 성인(聖人)은 옳고 그름을 조화롭게 하여 '하늘의 저울'[38]에 맡기어 쉬어야 한다. 이것을 양행(兩行, 둘을 행함)

이라 한다.

| 해석과 감상 |

조삼모사(朝三暮四)는 간사한 말로 남을 속여 희롱함을 뜻한다. 이 고사는 『열자』에도 나온다. 『열자』가 『장자』 이전의 책이니까 조삼모사의 출처는 『열자』인 셈이다. 원숭이는 개수가 같은데도 이를 깨닫지 못하고 당장 아침만 생각하고 성을 낸다. 이렇듯 조삼모사는 부정적인 면으로 사용하는데 장자는 양쪽 모두의 목적을 수행했다는 양행(兩行)으로 해석한다. 양행을 영어로 표현하면 win-win이다. 아침에 세 개이건 네 개이건 하루에 먹는 개수는 같다. 만물을 가지런히 여긴다, 함께 하나로 돌아가야 한다는 제물(齊物)이다. 장자는 원숭이의 차원에서 벗어나 시비를 초월하라고 말한다. 그 방법으로 양행을 제시한다. 이 역시 제물이다.

| 필사하기 |

● 朝三而莫四(조삼이모사)

*朝(아침 조). 暮(저물 모)

【아침에 세 개, 그리고 저녁에 4개】

● 和之以是非(화지이시비)하여 而休乎天鈞(이휴호천균)이면 是之謂兩行(시지위량행)이라.

*和(화할 화), 是(옳을 시), 非(아닐 비), 休(쉴 휴), 天(하늘 천), 鈞(고를 균), 是(이 시), 謂(이를 위), 兩(두 량), 行(갈 행)

【옳고 그름을 조화롭게 하여 '하늘의 저울'에 맡기어 쉬어야 한다. 이것

---

38. 천균, 天鈞, 하늘의 녹로, 하늘의 저울, 고름.

을 양행이라 한다.】

| 본문 | 古之人(고지인), 其知有所至矣(기지유소지의). 惡乎至(오호지)? 有以爲
未始有物者(유이위미시유물자), 至矣盡矣(지의진의), 不可以加矣(불가이가의). 其
次以爲有物矣(기차이위유물의), 而未始有封也(이미시유봉야). 其次以爲有封焉
(기차이위유봉언), 而未始有是非也(이미시유시비야). 是非之彰也(시비지창야), 道
之所以虧也(도지소이휴야). 道之所以虧(도지소이휴), 愛之所以成(애지소이성).
果且有成與虧乎哉(과차유성여휴호재)? 果且無成與虧乎哉(과차무성여휴호재)?
有成與虧(유성여휴), 故昭氏之鼓琴也(고소씨지고금야), 無成與虧(무성여휴), 故昭
氏之不鼓琴也(고소씨불고금야). 昭文之鼓琴也(소문지고금야), 師曠之枝策也(사
광지지책야), 惠子之據梧也(혜자지거오야), 三子之知幾乎(삼자지지기호)! 皆其盛
者也(개기성자야), 故載之末年(고재지말년). 唯其好之也(유기호지야), 以異於彼
(이이어피), 其好之也(기호지야), 欲以明之彼(욕이명지피). 非所明而明之(비소명
이명지), 故以堅白之昧終(고이견백지매종). 而其子又以文之綸終(이기자우이문지
륜종), 終身無成(종신무성). 若是而可謂成乎(약시이가위성호), 雖我亦成也(수아무
성야). 若是而不可謂成乎(약시이불가위성호), 物與我無成也(물여아무성야). 是故
滑疑之耀(시고골의지요), 聖人之所圖也(성인지소도야). 爲是不用而寓諸庸(위시
불용이우제용), 此之謂以明(차지위이명).

(9) 옛사람은 그 지혜가 지극한 바가 있다. 얼마나 지극한가? 처음에 사
물이 있지 않다고 하는 사람이 있었으니 지극하고 극진하여 보텔 것이 없
다. 다음은 사물이 있다고 여기지만 처음에 경계, 구별이 있다고 생각하
지 않았다. 그 다음은 구별이 있다고 생각했지만 처음에 옳고 그름이 있다
고 생각하지 않았다. 옳고 그름을 밝혀서 도가 무너지고, 도가 무너짐으로
써 (사사로이 차별하는) 사랑이 생성되었다. 과연 이루어지고 무너짐이 있
는가? 과연 이루어지고 무너짐이 없는가? 이루어짐과 무너짐이 있는 것은

소씨(昭氏)가 거문고를 연주한 것이고, 이룸과 무너짐이 없다는 것은 옛날 소씨(昭氏)가 거문고를 연주하지 않은 것이다. 소씨(昭氏)가 거문고를 뜯고, 사광(師曠)이 북채를 두드리고, 혜자(惠子)가 오동나무(책상)에 기대어 변론한다. 이 세 사람은 지혜에 (경지에) 가까워 모두 성대하여 후세에 이름이 실렸다.

오직 그들이 좋아한 것은 저것[도(道)]과는 다르다. 그들이 이를 좋아하여 밝히려 하였고, 밝힐 수 없는 것을 밝히려 했다. 그러므로 견백(堅白)의 우매함으로 끝났고, 그 아들이 또한 소문(昭文)의 거문고를 뜯게 한 것으로 끝났지만 종신토록 이룬 것이 없다. 만약 이를 이룬 것이라 한다면 비록 나 또한 이루었다. 만약 이것을 이루었다고 말할 수 없다면 사물도 나도 이룬 것이 없다. 이는 그러므로 골계와 의문의 빛은 성인이 의도한 바이다[39]. 이를 위하여 (지혜를) 쓰지 말고[40] 모두 자연에 맡겨야 한다. 이것을 일러 밝음이라 한다.

| 해석과 감상 |

완성의 경지에 가까웠던 사람들을 순차적으로 나열하고 있다. 소문은 거문고의 명인이다. 소문이 거문고를 연주하지 않으면 이룸과 무너짐이 없다고 한다. 이는 음악을 연주하지 않으면 그의 모든 음악을 듣는다는 발상이다. 연주하면 연주한 만큼만 듣지만 연주하지 않으면 연주하지 않은 만큼 듣는다. 그 결과 남들의 평가로 이루어지는 것이 없고 이루어지지 않음도 없다.

---

39. 희미함 속의 빛이 성인이 의도한 바이다.

40. 인위로 다듬으려 하지 말고.

1952년 8월 29일 미국 뉴욕의 우드스톡 야외 공연에서 피아니스트 데이비드 튜더가 피아노 위에 악보를 놓고 시계를 보다가 무대에서 내려왔다. 4분 33초가 연주곡이고 연주 시간이었다. 연주하지 않음으로써 공연장의 모든 소리를 듣고, 데이비드 튜더의 연주하지 않은 곡까지 사람들은 상상 속에서 듣는다. 이룸도 없고 무너짐도 없는 상황이다.

소씨, 사광, 혜시는 경계를 이루고 '하나 됨'을 무너뜨려 이름이 후세에 남았지만 이룬 것이 없이 삶을 끝냈다. 혜시는 '단단하고 흰 돌[堅白石, 견백석]은 하나가 아니고 둘이다.'라는 견백론으로 궤변을 일삼다 일생을 마쳤다. 이렇게 하고도 도를 이루었다면 모두가 도(道)를 이루었다고 할 것이다. 작은 지혜로 밝히기 어려운 혼돈 상태에서 사물의 판단을 자연의 도에 맡겨 명석한 지혜로 밝혀야 한다.

| 필사하기 |

● 未始有是非也(미시유시비야)라.

*未(아닐 미), 始(처음 시), 有(있을 유), 是(옳을 시), 非(아닐 비)

【처음에 옳고 그름이 있지 않았다.】

| 본문 | 今且有言於此(금차유언어차), 不知其與是類乎(부지기여시류호)? 其與是不類乎(기여시불류호)? 類與不類(유여불류), 相與爲類(상여위류), 則與彼無以異矣(즉여피무이이의). 雖然(수연), 請嘗言之(청상언지). 有始也者(유시야자), 有未始有始也者(유미시유시야자), 有未始有夫未始有始也者(유미시유부미시유시야자). 有有也者(유유야자), 有無也者(유무야자), 有未始有無也者(유미시유무야자), 有未始有夫未始有無也者(유미시유부미시유무야자). 俄而有無矣(아이유무의), 而未知有無之果孰有孰無也(이미지유무지과숙유숙무야). 今我則已有謂矣(금아즉이유위

의), 而未知吾所謂之其果有謂乎(이미지오소위지기과유위호), 其果無謂乎(기과무위호)? 天下莫大於秋豪之末(천하막대어추호지말), 而大山爲小(이태산위소), 莫壽乎殤子(막수어상자), 而彭祖爲夭(이팽조위요). 天地與我並生(천지여아병생), 而萬物與我爲一(이만물여아위일). 旣已爲一矣(기이위일의), 且得有言乎(차득유언호)? 旣已謂之一矣(기이위지일의), 且得無言乎(차득무언호)? 一與言爲二(일여언위이), 二與一爲三(이여일위삼). 自此以往(자차이왕), 巧歷不能得(교력불능득), 而況其凡乎(이황기범호)! 故自無適有(고자무적유), 以至於三(이지어삼), 而況自有適有乎(이황자유적유호)! 無適焉(무적언), 因是已(인시이).

(10) 지금 또한 이것에 대해 말해 보자. 그것이 이것과 같은지, 그것이 이것과 같지 않은지 알 수 없다. 같거나 같지 않거나를 서로 같다고 하면 저것과 다른 것이 없다. 그렇다고 해도 시험 삼아 말해 보자.

처음이라는 것이 있다. 처음에 '처음이라는 것'이 있지 않았다. '처음에 처음이라는 것이 있지 않았다는 것'도 처음에 있지 않았다.[41] 있음이 있고, 없음이 있다. '처음에 없음이라는 것'이 처음에(아직) 있지 않았다. '처음에 없음이라는 것이 아직 있지 않았다는 것'이 처음에(아직) 있지 않았다. 이윽고 없음이 있게 되었다. 있음과 없음은 과연 무엇이 있음이고 무엇이 없음인지 알 수 없다. 지금 내가 있다고 말하지만 내가 말한 바가 과연 있음을 말한 것인지 없음을 말한 것인지 알 수 없다.

천하가 가을철의 가늘어진 털끝보다 크지 않다고 생각하면 태산은 작은 것이 된다. 일찍 죽은 아이보다 오래 산 사람이 없다고 생각하면 팽조(彭祖)도 일찍 죽은 것이다. 하늘과 땅도 나와 나란히 생겨난 것이고, 만물도

---

41. 아무리 처음이라고 해도 그 이전을 부정할 수 없다. 곧, 시작이 있기 전에 시작이 있고, 또한 그 이전의 시작이 있을 것이다.

나와 더불어 하나이다. 이미 하나가 되었으니 말할 것이 있겠는가? 이미 하나라고 말했으니 또 할 말이 있겠는가? 하나와 말이 둘이 되고, 둘과 하나가 셋이 된다. 이와 같이 간다면 역법에 뛰어난 사람이라도 다 알 수 없다. 하물며 보통 사람이야 어찌하겠는가? 그러므로 없음에서 있음으로 나아가면 셋에 이른다. 하물며 있음에서 있음으로 나아가면 어찌할 것인가? 나아가지 않아야 한다. 이것으로 그쳐야 한다.

| 해석과 감상 |

장자는 태초나 무(無)를 상상할 수 없다고 말한다. 무한한 시공간에서 천지와 인간은 왜소하고, 유한하며, 일시적인 존재에 불과하다. 우주의 관점에서 800년을 살았다는 팽조도 어린아이와 같은 삶일 뿐이다. 하나에서 벗어나 옳고 그름을 나누면 셈에 밝은 사람도 해결할 수 없다. 만물제동(萬物齊同), 만물이 하나이다. 도(道)는 크고 작은 것(大小), 길고 짧은 것(長短), 하늘과 사람(天人), 사물과 나(物我)를 포함하여 하나로 통한다. 만물제동이면 차별 없는 세상이 된다.

| 필사하기 |

● 萬物與我爲一(만물여아위일)이라.

萬(일만 만), 物(물건 물), 與(더불 여), 我(나 아), 爲(할 위)

【만물이 나와 하나가 된다.】

● 故自無適有(고자무적유)면 以至於三(이지어삼)이라.

自(스스로 자. 부터 자), 無(없을 무), 適(갈 적), 有(있을 유), 至(이를지)

【무에서 유로 가면 셋에 이른다.】

광보(葆光), 땅속의 해

나누고 구분 지으면 자연이 사라진다.

자연은 도처럼 모든 것을 품는다.

사람들은 학문도 갈래갈래 쪼개고

사람들은 사람도 계단으로 나누며

사람들은 일도 조각조각 나눈다.

나누어서 전체가 아니고, 나누어서 미치지 못한다.

밭은 괭이로 쪼개도 하나로 뭉쳐

씨앗을 열어 잎을 피우고 열매를 맺게 한다.

지혜를 갖춘 자는 지혜를 드러내지 않고 비출 뿐이다.

| 본문 | 夫道未始有封(부도미시유봉), 言未始有常(언미시유상), 爲是而有畛也(위시이유진야). 請言其畛(청언기진), 有左(유좌), 有右(유우), 有倫(유륜), 有義(유의), 有分(유분), 有辯(유변), 有競(유경), 有爭(유쟁), 此之謂八德(차지위팔덕). 六合之外(육합지외), 聖人存而不論(성인존이불론), 六合之內(육합지내), 聖人論而不議(성인론이불의). 春秋經世(춘추경세), 先王之志(선왕지지), 聖人議而不辯(성인의이불변). 故分也者(고분야자), 有不分也(유불분야), 辯也者(변야자), 有不辯也(유불변야). 曰(왈), 何也(하야)? 聖人懷之(성인회지), 衆人辯之以相示也(중인변지이상시야). 故曰(고왈), 辯也者(변야자), 有不見也(유불견야). 夫大道不稱(부대도불칭), 大辯不言(대변불언), 大仁不仁(대인불인), 大廉不嗛(대렴불겸), 大勇不忮(대용불기). 道昭而不道(도소이부도), 言辯而不及(언변이불급), 仁常而不成(인상이불성), 廉淸而不信(염청이불신), 勇忮而不成(용기이불성). 五者園而幾向方矣(오자완이기향방의). 故知止其所不知(고지지기소부지), 至矣(지의). 孰知不言之辯(숙지불언지변), 不道之道(부도지도)? 若有能知(약유능지), 此之謂天府(차지위천부). 注焉而不滿(주언이불만), 酌焉而不竭(작언이불갈), 而不知其所由來(이부지기소유래), 此之謂葆光(차지위보광). 故昔者堯問於舜曰(고석자요문어순왈), "我

欲伐宗, 膾, 胥敖(아욕벌숭, 회, 서오), 南面而不釋然(남면이불석연). 其故何也(기고하야)?" 舜曰(순왈), "夫三子者(부삼자자), 猶存乎蓬艾之間(유존호봉애지간). 若不釋然(약불석연), 何哉(하재)? 昔者十日並出(석자십일병출), 萬物皆照(만물개조), 而況德之進乎日者乎(이황덕지진호일자호)!"

　대저 도(道)는 처음부터 정해진 경계가 있지 않다. 말은 처음부터 일정한 의미[상(常)]가 있지 않았다. 이것 때문에 구분[경계]이 있게 되었다. 그 구분에 대해 말해보겠다. 오른쪽이 있고 왼쪽이 있으며, 인륜이 있고 의가 있으며, 나눔[신분]이 있고 분별[차별]이 있으며, 경쟁이 있고 투쟁이 있다. 이를 팔덕(八德)이라 한다. 천지사방 밖은 성인(聖人)이 그대로 두기만 하고 논하지 않는다. 천지사방 안은 성인이 논하지만 옳고 그름을 말하지 않는다. 『춘추(春秋)』에서 세상을 다스리는 선왕의 뜻은 성인(聖人)이 논하며 옳고 그름을 말하지만 분별하여 말하지는 않는다. 그러므로 구분하는 것에는 구분하지 못하는 것이 있다. 분별하는 것에는 분별하지 못하는 것이 있다.

　말해 보자. 어찌하여 그런가? 성인은 그것을 품고 있고, 보통 사람들은 그것을 분별하여 서로 보이려 한다. 그러므로 분별하는 것은 그중에 보이지 않는 것이 있다고 한다. 대저 큰 도(道)는 일컫지 않고, 큰 분별은 말하지 않는다. 큰 어짊은 어질다고 하지 않으며, 큰 겸용은 겸손이라 하지 않고, 큰 용기는 흉악하지 않다. 도가 밝게 드러나면 도가 아니며, 말이 분별하면 미치지 못한다. 어짊이 일정한 법[상(常)]이 되면 이루어지지 않으며, 겸용이 맑으면 믿지 않고, 용기가 흉악하면 이루지 못한다. 이 다섯 가지는 둥글지만 거의 모난 데로 향하기 마련이다. 그러므로 지(知)가 알지 못함에 머물면 지극하다. 누가 말하지 않는 변론과 도 같지 않은 도를 알겠는가? 만일 알 수 있다면 이를 일러 하늘의 관청[42]이라 한다. 부어도 가득 차지 않고, 퍼내도 마르지 않지만 그 유래를 알지 못한다. 이를 숨은 광명[43]이라 한다.

옛날 요임금이 순(舜)에게 말했다.

"나는 종(宗), 회(膾), 서오(胥敖) 세 나라를 정벌하고 싶다. 남쪽을 바라보며[44] 왕위에 있으면서 기쁘지 않으니 무슨 까닭인가?"

순이 말했다.

"대저 세 나라는 아직도 쑥대밭 사이에 살고 있습니다. 기쁘지 아니하면 어찌하겠습니까? 옛날 열 개의 해가 한꺼번에 나타나 만물을 모두 비추었습니다. 하물며 임금의 덕이 태양보다 더함에 있어서이겠습니까?"

| 해석과 감상 |

일정한 의미가 없는 언어로 도를 전하기 어렵다. 언어가 인위로 나누고, 그 분류는 여덟 개의 고정 관념을 만든다. 사물을 여러 방식으로 나누고 이를 한계가 있는 언어로 표현하는 문제를 비판하고 있다. 장자는 일컬어져 칭송되지 않는 도(道), 말하지 않는 언어, 어질지 않은 인(仁), 겸손하지 않은 겸손, 흉악하지 않은 용기 등이 참이라고 말한다. 지혜를 갖춘 자는 지혜를 감춘다. 이런 모습을 '숨은 광명' '땅속의 해', '광보'라고 한다. 요임금이 세 나라를 치려고 하니까 순이 요임금의 덕은 열 개의 해보다 더 밝으

---

42. 천부(天府), 창고.

43. 葆光(보광), 땅속의 해.

44. 남면(南面, 왕의 위치, 자세). 남면(南面)은 임금이 앉던 자리의 방향으로, 임금의 자리에 오르거나 임금이 되어 나라를 다스림을 이르는 말. 임금이 남쪽을 향하여 신하와 대면한 데서 유래한다.

니 덕으로 다스려야 한다고 말한다. 그런데 왜 세 나라는 요임금에게 복종하지 않았을까? 장자의 논리대로라면 차별이 원인일 것이다. '다섯 가지는 둥글지만 거의 모난 데로 향하기 마련이다'는 이 다섯 가지가 본래 원만함을 추구하는 것인데, 이를 겉으로 드러내려 하면 본래의 목적에서 벗어나 모난 데를 향한다는 뜻이다. 드러내려 함으로서 본질을 왜곡하거나 본질에서 빗나가기 시작한다.

| 필사하기 |

● 夫道未始有封(부도미시유봉)이라.

*夫(무릇 부), 道(길 도), 未(아닐 미), 始(처음 시), 封(봉할 봉, 경계 봉)

【대저 도(道)는 처음부터 정해진 경계가 있지 않다.】

● 大道不稱(부대도불칭)이요 大辯不言(대변불언)이요 大仁不仁(대인불인)이요 大廉不嗛(대렴불겸)이요 大勇不忮(대용불기)라.

*道(길 도), 稱(일컬을 칭), 辯(말 잘할 변), 廉(청렴할 렴), 嗛(겸손할 겸), 勇(날쎌 용), 忮(해칠 기)

【대저 큰 도(道)는 일컫지 않고, 큰 분별은 말하지 않는다. 큰 어짊은 어질다 하지 않으며, 큰 겸용은 겸손이라 하지 않고, 큰 용기는 흉악하지 않다.】

무엇이 기준인가, 누구 맛이 진짜 맛인가

물고기에도 여희는 미인인가
눈은 마음의 인식의 도구,
물고기는 물고기 눈으로 보고

미꾸라지는 미꾸라지 침대에서 꼬물거린다.

물고기는 미인을 모르고

사람은 진흙탕에서 잘 수 없다.

내 생각이 네가 아니어서

네 혀는 네 혀대로 내 눈은 내 눈대로 그대로 놓아두니

지인은 언제나 변함없다.

| **본문** | 齧缺問乎王倪曰(설결문호왕예왈), "子知物之所同是乎(자지물지소동시호)?" 曰(왈), "吾惡乎知之(오오호지지)!" "子知子之所不知邪(자지자지소부지아)?" 曰(왈), "吾惡乎知之(오오호지지)" "然則物无知邪(연즉물무지아)?" 曰(왈), "吾惡乎知之(오오호지지). 雖然(수연), 嘗試言之(상시언지). 庸詎知吾所謂知之非不知邪(용거지오소위지지비부지아)? 庸詎知吾所謂不知之非知邪(용거지오소위부지지비지아)? 且吾嘗試問乎女(차오상시문호여, 民溼寢則腰疾偏死(민습침즉요질편사), 鰌然乎哉(추연호재)? 木處則惴慄恂懼(목처즉췌율순구), 猨猴然乎哉(원후연호재)? 三者孰知正處(삼자숙지정처)? 民食芻豢(민식추환), 麋鹿食薦(미록식천), 蝍且甘帶(즉저감대), 鴟鴉耆鼠(치아기서), 四者孰知正味(사자숙지정미)? 猨猵狙以爲雌(원편저이위자), 麋與鹿交(미여록교), 鰌與魚游(추여어유). 毛嬙麗姬(모장여희), 人之所美也(인지소미야), 魚見之深入(어견지심입), 鳥見之高飛(조견지고비), 麋鹿見之決驟(미록견지결취), 四者孰知天下之正色哉(사자숙지천하지정색재)? 自我觀之(자아관지), 仁義之端(인의지단), 是非之塗(시비지도), 樊然殽亂(번연효란), 吾惡能知其辯(오오능지기변). 齧缺曰(설결왈), "子不知利害(자부지이해), 則至人固不知利害乎(즉지인고부지리해호)?" 王倪曰(왕예왈), "至人神矣(지인신의), 大澤焚而不能熱(대택분이불능열), 河,漢沍而不能寒(하,한호이불능한), 疾雷破山,風振海而不能驚(질뢰파산,풍진해이불능경). 若然者(약연자), 乘雲氣(승운기), 騎日月(기일월), 而遊乎四海之外(이유호사해지외). 死生无變於己(사생무변어기), 而況利害之端乎(이황이해지단호)!"

설결(齧缺)이 왕예(王倪)에게 말했다.

"선생께서는 만물이 다 같이 옳다는 것을 아십니까?"

왕예가 말했다.

"내가 어찌 그것을 알겠습니까?"

"선생께서는 선생이 알지 못한다는 것을 아십니까?"

왕예가 말했다.

"내가 어찌 그것을 알겠습니까?"

"그렇다면 만물에 대해 아는 게 없습니까?"

왕예가 말했다.

"제가 어찌 그것을 알겠습니까? 비록 그렇지만 시험 삼아 말해 보겠습니다. '내가 안다고 하는 것이 알지 못하는 것이 아님을 어찌 알겠습니까? 내가 알지 못한다는 것이 알지 못하는 것이라는 것을 어찌 알겠습니까?' 또한 내가 시험 삼아 그대에게 물어보겠습니다. 사람은 습한 데서 자면 허리에 병이 생겨 반신불수로 죽을 수 있습니다. 미꾸라지도 그런가요? 사람은 나무 위에 오르면 두려워 벌벌 떠는데 원숭이도 그런가요? 이 셋 중에서 누가 올바른 거처를 압니까? 사람은 고기를 먹고, 사슴은 풀을 먹고, 지네는 뱀을 달게 먹고, 올빼미는 쥐를 좋아합니다. 이 넷 중에 누가 올바른 맛을 압니까? 원숭이는 비슷한 원숭이를 암컷으로 삼고, 고라니와 사슴이 사귀고, 미꾸라지는 물고기와 노닙니다. 사람들은 모장(毛嬙)과 여희(麗姬)를 미인이라고 합니다. 물고기는 이들 미인을 보면 깊이 들어가고, 새들이 이들 미인을 보면 높이 날아가고, 고라니와 사슴이 이들 미인을 보면 반드시 달아납니다. 이 넷 중에서 누가 올바로 아름다움을 아는 것입니까? 내가 보기로는 인(仁)과 의(義)의 단서와 옳고 그름의 길이 복잡하게 얽혀 있으니 내 어찌 그 분별을 알겠습니까?"

설결이 말했다.

"선생께서는 이로움과 해로움을 알지 못하시는군요. 그렇다면 지인(至人)은 이로움과 해로움을 알지 못하는 것입니까?"

왕예가 말했다.

"지인(至人)은 신통한 존재입니다. 큰 연못이 불타올라도 뜨겁게 할 수 없고, 황하(黃河)나 한수(漢水)가 얼어도 춥게 할 수 없습니다. 우레가 산을 무너뜨리고, 바람이 바다를 진동해도 놀라게 할 수 없습니다. 그런 사람은 구름을 타고 해와 달을 몰아 사해의 밖에서 노닙니다. 죽음과 삶이 그를 변하게 하지 못합니다. 하물며 이로움과 해로움의 끝 따위이겠습니까?"

| 해석과 감상 |

모장과 여희를 미인이라고 하면서 이 미인을 보면 도망가는 이야기를 하고 있다. 이는 미인을 뜻하는 침어낙안(浸魚落雁), 폐월수화(閉月羞花)와 관련 있다. 침어낙안, 폐월수화는 미인의 아름다움에 취해 물고기가 가라앉고, 기러기가 떨어지며, 달이 숨고, 꽃이 부끄러워한다는 뜻이다. 그런데 여기에서는 모장과 여희를 보면 물고기, 새, 고라니와 사슴이 무서워서 달아난다고 한다. 장자는 가치 판단에 아무런 근거가 없다고 말한다. 절대적인 가치라고 생각하는 것들이 사실은 상황에 따른 기준이다. 세계에서 가장 보편적으로 먹는 돼지고기를 이슬람 세계에서는 먹지 않는다. 마빈 해리스의 『문화의 수수께끼』에는 설명이 불가능한 것처럼 보이는 수수께끼 같은 관습들을 서술한다. 그들의 관습은 그들 생활양식에서 근거를 찾을 수 있다.

지인(至人)은 자신을 기준으로 생각하지 않는다. 지인은 뜨거움과 차가움을 자신의 기준으로 보지 않는다. 우주적 관점에서 보면 뜨거움이나 차가움은 하찮은 것이다. 그 하찮음에 자기 삶이 흔들리지 않는 존재가 지인 (至人)이다.

※ [참고] 중국에는 4대 미인이 있다. 왕소군[45][낙안(落雁), 기러기가 떨어 진다], 서시[별명 침어(沈魚), 물고기도 가라앉힌다], 초선[폐월(閉月), 달이 숨는다], 양귀비[수화(羞花), 꽃들을 부끄럽게 만든다] 등이 중국 고대 4대 미인[침어낙안(浸魚落雁), 폐월수화(閉月羞花)]이다. 4대 미녀 에 초선 대신 항우의 첩 우미인을 넣기도 한다.

왕소군은 화공에게 뇌물을 바치지 않아 추녀로 그려지고, 그 결과 흉노 호한야선우에게 바쳐진다. 황제는 떠나는 왕소군의 미모를 보 고 화공 모연수를 죽인다. 호한야가 죽자 그들 관습대로 호한야의 아 들 복주누약제 선우의 처가 되었다. 당시 유목민 사회에서는 생모를 제외한 아버지의 처첩을 아들이 아내로 맞이했다. 왕소군은 호한야 사이에서 아들을 낳고 호한야가 죽자 호한야의 배다른 아들의 아내가 되어 두 딸을 낳았다. 이후 왕소군은 수많은 문학 작품에 등장한다. 대표적인 작품으로 두보의 「영회고적오수(詠懷古蹟五首)」, 백거이의 「왕소군」 2수, 상관의의 「왕소군」, 왕안석의 「명비곡(明妃曲)」, 희극 작 품으로 마치원의 잡극인 『한궁추』, 조우의 『왕소군』 등이 있다. 왕소군 이 북쪽으로 떠나며 자신의 처지를 담은 〈출새곡(出塞曲)〉을 부르자 남쪽으로 날아가던 기러기가 왕소군의 미모에 취해 날갯짓하는 것을 잊고 땅으로 떨어졌다고 한다.

춘래불사춘으로 많이 알려진 동방규(東方虬, 당나라 시인)의 '왕소군

---

45. 王昭君, 약 BC 52~BC 20년 추정

의 원망(「소군원(昭君怨)」)은 다음과 같다.

胡地無花草(호지무화초): 오랑캐 땅엔 꽃과 풀도 없어

春來不似春(춘래불사춘): 봄이 와도 봄 같지가 않구나.

自然衣帶緩(자연의대완): 저절로 옷에 맨 허리끈이 느슨해지니

非是爲腰身(비시위요신): 허리 몸매를 가꾸기 위해서가 아니라오.

　서시는 춘추 시대 말기 월나라가 오나라 부차에게 보낸 여인으로 부차의 후궁이 되어 월나라가 오나라를 멸망시키는 데 큰 역할을 했다. 서시가 강가에 앉아 빨래를 하고 있을 때 물고기가 강물에 비친 서시의 아름다움에 반해 헤엄치는 것을 잊고 강바닥에 가라앉았다는 데서 서시의 아름다움을 '침어(侵漁)'라 한다. 무조건 남의 흉내내는 것을 비유하는 말로 '동시효빈(東施效嚬, 추녀 동시가 눈살을 찌푸린다.)', '서시빈목(西施嚬目 서시가 눈을 찌푸린다.)'이 있다. 『장자』 제14장 「천운」에 실려 있다.

　초선은 역사서에는 없고 『삼국지연의』에 등장하는 미인이다. 여포의 첩이다. 하루는 초선이 달을 보고 있는데 구름이 달을 가리자 양아버지 왕윤이 '달도 내 딸에 비할 수 없네, 달이 부끄러워 구름 사이로 숨어버렸구나.'라고 했다는 데서 폐월이라 한다.

　당 현종의 양귀비에 대한 과도한 총애로 안록산의 난이 일어난다. 당나라 멸망의 원인이 된다. 양귀비가 열일곱 살에 궁궐에서 꽃을 구경하다가 꽃을 어루만지자 꽃이 서서히 오므라들었다. 이를 본 궁녀들이 꽃들이 양귀비의 아름다움에 부끄러워 고개를 숙였다고 소문냈다고 한다.

● 吾惡乎知之(오오호지지)리오.

*吾(나 오), 惡(미워할 오, 어찌 오, 악할 악), 知(알 지)

【내가 어찌 이를 알겠는가?】

■『논어』「요왈」子曰(자왈), 不知命(부지명)이면 無以爲君子也
(무이위군자야)요 不知禮(부지례)면 無以立也(무이립야)요 不知言
(부지언)이면, 無以知人也(무이지인야)니라.

【공자 가로되, "천명을 알지 못하면 군자가 될 수 없다. 예를 알지 못하면
나서서 설 수 없고, 말을 알지 못하면 다른 사람을 알 수 없다."】*『논어』
의 마지막 문장으로 군자가 갖추어야 할 세 가지 덕목을 말하고 있다. 명
(名), 예(禮), 언(言)이 그것이다. 립(立)은 자립적 능력을 말한다.

『장자』와 『논어』로 삶의 균형 찾기

『장자』에서는 내가 어찌 알겠는가라고 말하고 있지만, 공자는 천명을 알
지 못하면 군자가 될 수 없다고 말한다. 자연 앞에서 만물에 대해 알 수 없
다는 말은 차별해서는 안 된다는 제물론과 연결된다. 공자는 하늘의 명을
알고 하늘의 명을 따라야 한다고 말한다. 노장 사상은 겸허하게 모른다고
말하고, 유가 사상은 하늘의 명을 아는 자가 군자라고 말한다. 인간이 하
늘의 명을 안다는 것을 하늘이 동의할 것인가? 장자와 비교하여 공자를 오
만하다고 평가한다면 지나친 표현일까?

경계가 없는 곳에 머물러야 한다

관문지기 자식 여희는

임금의 처소에 살면서 옛 울던 시절을 후회했다.

죽은 사람은 처음에 살기를 바라던 것을 후회할지 모른다.

꿈을 깨어야 꿈을 안다

보수는 보수를 반복하고

진보는 진보를 반복한다.

서로 옳다고 설득하나 누가 옳은지 분별할 수 없다.

여희처럼 또는 죽은 사람처럼

처음을 후회하지 않으려면 모두를 잊고 경계에 머물러야 한다.

답 없는 싸움을 그치려면 서로 기대지 않아야 한다.

| 본문 | 瞿鵲子問乎長梧子曰(구작자문호장오자왈), "吾聞諸夫子(오문제부자), 聖人不從事於務(성인부종사어무), 不就利(불취리), 不違害(불위해), 不喜求(불희구), 不緣道(불연도), 无謂有謂(무위유위), 有謂无謂(유위무위), 而遊乎塵垢之外(이유호진구지외). 夫子以爲孟浪之言(부자이위맹랑지언), 而我以爲妙道之行也(이아이위묘도지행야). 吾子以爲奚若(오자이위해약)?" 長梧子曰(장오자왈), "是黃帝之所聽熒也(시황제지소청형야), 而丘也何足以知之(이구야하족이지지)! 且女亦大早計(차여역태조계), 見卵而求時夜(견란이구시야), 見彈而求鴞炙(견탄이구효자). 予嘗爲女妄言之(여상위여망언지), 女以妄聽之(여이망청지), 奚(해)? '旁日月(방일월), 挾宇宙(협우주), 爲其脗合(위기문합), 置其滑涽(치기골혼), 以隸相尊(이예상존). 衆人役役(중인역역), 聖人愚芚(성인우둔), 參萬歲而一成純(참만세이일성순). 萬物盡然(만물진연), 而以是相蘊(이이시상온).' 予(여)惡乎知說生之非惑邪(오호지열생지비혹사)! 予(여)惡乎知惡死之非弱喪(오호지오사지비약상) 而不知歸者邪(이부지귀자사)! 麗之姬(여지희), 艾封人之子也(애봉인지자야). 晉國之始得之也(진국지시득지야), 涕泣沾襟(체읍첨금), 及其至於王所(급기지어왕소), 與王同筐牀(여왕동광상), 食芻豢(식추환), 而後悔其泣也(이후회기읍야). 予(여)惡乎知夫死者(오호지부사자)不悔其始之蘄生乎(불회기시지기생호)? 夢飮酒者(몽음주자), 旦而哭泣(단이곡읍), 夢哭泣者(몽곡읍자), 旦而田獵(단이전렵). 方其夢也(방

기몽야), 不知其夢也(부지기몽야). 夢之中又占其夢焉(몽지중우점기몽언), 覺而後知其夢也(교이후지기몽야). 且有大覺(차유대각)而後知此其大夢也(이후지차기대몽야), 而愚者自以爲覺(이우자자이위각), 竊竊然知之(절절연지지). 君乎(군호), 牧乎(목호), 固哉(고재)! 丘也與女(구야여여), 皆夢也(개몽야), 予謂女夢(여위여몽), 亦夢也(역몽야). 是其言也(시기언야), 其名爲弔詭(기명위조궤). 萬世之後(만세지후)而一遇大聖(이일우대성), 知其解者(지기해자), 是旦暮遇之也(시단모우지야)."

1) 구작자(瞿鵲子, 겁이 많은 까치 선생)가 장오자(長梧子, 키 큰 오동나무 선생)에게 물었다.

"내가 어떤 선생에게 들었는데, 성인(聖人)은 세상일에 종사하지 않습니다. 성인은 이익을 취하지 않으며, 해로움을 피하지 않습니다. 구하는 것을 기뻐하지 않으며, 도와 연관 지으려 하지도 않습니다. 말하지 않아도 말한 것이 있고, 말한 것이 있어도 말한 것이 없습니다. 성인은 티끌의 바깥에서 노닌다고 합니다. 선생님[46]은 허무맹랑한 말이라고 하였습니다. 하지만 나는 오묘한 도의 행함이라고 생각합니다. 장오자님께서는 어떻게 생각하십니까?"

장오자가 말했다.

"이는 황제(黃帝)가 듣고 어리둥절할 것인데 구[47]가 어찌 알겠습니까? 구작자님은 또한 크게 속단한 것입니다. 달걀을 보고 새벽에 때를 알리기를 요구하고, 활을 당기는 것을 보고 비둘기구이를 요구하는 것입니다. 내가 그대에게 농담 하나 하겠습니다. 농담으로 들어주세요. 어떻습니까?

'해와 달을 곁에 두고 우주를 품어 입술처럼 꼭 맞게 합한다.

---

46. 스승, 공자.

47. 구(丘), 공자.

혼돈에 맡겨두고 종[48]을 서로 존중한다.

사람들은 모두 힘쓰고 힘쓰는데 성인(聖人)은 어리석고 둔하다.

삼만 년이 하나같이 순수를 이룬다.

만물이 그렇게 다하여 이로써 서로 감싸 안는다.'

내가 어찌 알겠습니까? 삶을 좋아하는 것이 미혹이 아닌 것을. 내가 어찌 알겠습니까? 죽음을 싫어하는 것이 어려서 집을 잃고 돌아갈 줄 모르는 것인 줄을. 여희(麗姬)는 애(艾)라는 곳의 관문지기의 자식입니다. 진(晉)나라에서 처음 그녀를 얻었을 때는 너무 울어서 눈물로 옷깃이 젖었습니다. 왕의 처소에 와서 왕과 함께 좋은 잠자리를 하고, 고기를 먹고 난 이후에는 그때 운 것을 후회하였습니다. 내가 어찌 알겠습니까? 죽은 사람이 처음에 살기를 바란 것을 후회하지 않는지를. 꿈에서 술을 마신 사람이 아침에 눈물 흘리며 울고, 꿈속에서 눈물 흘리며 운 사람이 아침에 사냥하러 갑니다. 방금 그 꿈이 꿈인 줄 알지 못합니다. 꿈속에서 그 꿈을 점을 치다가 꿈을 깨고 난 후 그 꿈을 알게 됩니다. 또한 큰 깨달음이 있고 난 뒤에 큰 깨달음을 압니다. 그러나 어리석은 사람은 스스로 깨달은 것으로 생각하고, 똑똑한 체하며 지혜롭다고 여겨 군주입네, 소를 기르는 목자입네 하니 참으로 고루합니다. 구(丘)도 그대도 모두 꿈을 꾸고 있습니다. 내가 그대가 꿈을 꾸고 있다고 말하는 것도 역시 꿈입니다. 이런 말은 그 이름을 수수께끼라 합니다. 만세 후에 그 풀이를 아는 큰 성인을 한 번 만난다고 하더라도 이것은 아침저녁으로 만나는 일입니다.[49]

---

48. 예(隸, 노예, 종).

49. 늦은 것이 아니다. 만세 후에 성인을 만나더라도 짧은 시간에 만난 것처럼 행운이다.

| 본문 | 旣使我與若辯矣(기사아여약변의), 若勝我(약승아), 我不若勝(아불약승), 若果是也(약과시야)? 我果非也邪(아과비야야)? 我勝若(아승약), 若不吾勝(약불오승), 我果是也(아과시야)? 而果非也邪(이과비야야)? 其或是也(기혹시야), 其或非也邪(기혹비야야)? 其俱是也(기구시야), 其俱非也邪(기구비야야)? 我與若不能相知也(아여약불능상지야), 則人固受其黮闇(즉인고수기탐암). 吾誰使正之(오수사정지)? 使同乎若者正之(사동호약자정지), 旣與若同矣(기여약동의), 惡能正之(오능정지)! 使同乎我者正之(사동호아자정지), 旣同乎我矣(기동호아의), 惡能正之(오능정지)! 使異乎我與若者正之(사이호아여약자정지), 旣異乎我與若矣(기이호아여약의), 惡能正之(오능정지)! 使同乎我與若者正之(사동호아여약자정지), 旣同乎我與若矣(기동호아여약의), 惡能正之(오능정지)! 然則我與若與人俱不能相知也(연즉아여약여인구불능상지야), 而待彼也邪(이대피야야)? 何謂和之以天倪(하위화지이천예)?" 曰(왈), "是不是(시불시), 然不然(연불연). 是若果是也(시약과시야), 則是之異乎不是也亦無辯(즉시지이호불시야역무변), 然若果然也(연약과연야), 則然之異乎不然也亦無辯(즉연지이호불연야역무변). 化聲之相待(화성지상대), 若其不相待(약기불상대). 和之以天倪(화지이천예), 因之以曼衍(인지이만연), 所以窮年也(소이궁년야). 忘年忘義(망년망의), 振於無竟(진어무경), 故寓諸無竟(고우제무경)."

2) 나와 그대가 변론[50]을 한다고 합시다. 그대가 나를 이기고 내가 그대를 이기지 못했다면 그대는 과연 옳고, 나는 과연 그른 것이오? 내가 그대를 이기고 그대가 나를 이기지 못했다면 나는 과연 옳고, 그대는 과연 그른 것이오? 둘 다 옳은 것이오, 둘 다 그른 것이오? 나도 그대도 서로 알지 못합니다. 그러면 남들도 진실로 깜깜한 어둠에 빠지게 되지요. 내가 누구에게 이를 바로잡게 해야 합니까? 그대에게 동조하는 사람에게 바로 잡게 하

---

50 논쟁, 변(辯).

면 이미 그대에게 동조했으니 어찌 바로잡을 수 있겠습니까? 나에게 동조하는 사람에게 이를 바로잡게 하면 이미 나에게 동조했으니 어찌 바로잡을 수 있겠습니까? 나와 그대에게 동조하지 않는 사람에게 이를 바로잡게 하면 이미 나와 그대에게 동조하지 않으니 어찌 바로잡을 수 있겠습니까? 나와 그대에게 동조하는 사람에게 바로 잡게 하면 이미 나와 그대에게 동조했으니 어찌 바로잡을 수 있겠습니까? 그러한즉 나도 그대도 남들도 모두 서로 알 수 없으니 이를 기대할 수 있겠습니까?

구작자가 말했다.

"어찌 하늘의 가장자리에서 조화롭게 한다고 말하는 것이오?"

"옳지 않음을 옳다고 하고, 그렇지 않음을 그렇다고 합니다. 옳음이 과연 옳다면 옳음은 옳지 않은 것과 다를 것입니다. 그러나 또한 분별할 수 없습니다. 그렇다는 것이 과연 그렇다 하면 그렇다는 것은 그렇지 않다는 것과 다를 것입니다. 그러나 또한 분별할 수 없습니다. 변화하는 소리에 서로 기대는 것은 서로 기대지 않는 것과 같습니다. 하늘의 가장자리[51] 에 조화시키고 끝없는 변화[52]를 따르는 것이 천수(天壽)를 누리는 일입니다. 세월을 잊고 의미를 잊고 경계가 없는 곳으로 나아가시오. 그래서 모두 경계가 없는 곳에 머무르시오."

| 해석과 감상 |

(1) 삶과 죽음에 대해 이분법적으로 생각하지 말라는 것이다. 꿈과 꿈을 깬 후도 마찬가지이다. 잡혀갈 때는 울어도 금세 후회할 수 있다. 어느 하

---

51. 天倪, 천예. 하늘의 도(道). 천균(天均)과 같은 의미.

52. 曼衍, 길게 끌 만, 넓을 연.

나 절대시할 것 없다. 죽은 후에는 살았을 때 삶에 집착한 것을 후회할지도 모른다.

(2) 올바른 판단의 기준은 하늘의 가장자리, 자연의 도이며 이를 따라야 한다고 장자는 주장한다. 시비와 편견에서 벗어난 것이 자연의 도이다. 경계가 없는 곳이 그곳이다. 자연이 저울이며 잣대이다.

| 필사하기 |

● 覺而後知其夢也(교이후지기몽야)라.

*覺(깨달을 각, 깰 교), 後(뒤 후), 夢(꿈 몽)

【꿈을 깨고 나서야 그것이 꿈인 줄 안다.】

● 寓諸無竟(우제무경)이라.

*寓(머무를 우), 諸(모두 제), 竟(마칠 경, 지경 경)

【모두 경계가 없는 곳에 머무른다.】

곁 그림자가 본 그림자에게 묻다

무엇이 그림자이고
무엇이 그림자가 아니란 말이냐.
본래 그림자도 그림자일 뿐이고
그림자의 그림자도 그림자이니
누가 누구 때문인지 어찌 안단 말이냐.
그림자가 탓하지 못하는 실체도 또한 그러할진대
그 끝이 어디라고 탓할 것인가.

| 본문 | 罔兩問景曰(망량문경왈), "曩子行(낭자행) 今子止(금자지) 曩子坐(낭자

좌) 今子起(금자기) 何其無特操與(하기무특조여) 景日(경왈), "吾有特而然者邪(오유특이연자사) 吾所待(오소대) 又有待而然者邪(우유대이연자사) 吾待蛇蚹蜩翼邪(오대사부조익사) 惡識所以然(오식소이연) 惡識所以不然(오식소이불연)?"

그림자의 곁 그림자[53]가 본래 그림자에게 물었다.

"조금 전에 그대가 걷다가 지금은 멈추고, 또 조금 전에 앉았다가 지금은 일어서니 어찌 그대는 지조가 없는 게요?"

그림자가 말했다.

"내가 다른 것[54]에 의존하기 때문인가? 내가 의존하는 것 또한 다른 것에 의존하기 때문인가? 내가 뱀의 허물이나 매미 날개에 의존하기 때문인가? 어찌 그렇게 된 까닭을 알겠으며, 어찌 그렇지 않을 수 있는 까닭을 알 수 있겠는가?"

| 해석과 감상 |

사물의 상호 연관성, 곁 그림자인 망량의 측면에서 보면 그림자는 실체이다. 이 그림자는 실물의 허상이다. 실체라고 생각했던 실물이 사실은 허상이듯 우리가 실체라고 여기는 것들이 사실은 허상이 아니냐는 물음이다. 둘 모두 없는 것이다.

호접몽, 제물론의 결어

꿈에 나비가 되었는지

---

53. 罔兩, 망량, 그림자 바깥의 어스름.
54. 然者, 연자. 그러한 것. 본래의 것.

나비가 꿈에 내가 되었는지
꿈속에서 현실을 꿈으로 꾸는지
꿈속에서 꿈을 꿈으로 꾸는지
볼을 꼬집어도 꿈속에서 아픈지 현실에서 아픈지
꿈을 꾼 것이 꿈을 깬 것이고
꿈을 깬 것이 꿈을 꾸는 것이다.

| 본문 | 昔者莊周夢爲胡蝶(석자장주몽위호접) 栩栩然胡蝶也(허허연호접야) 自喩適志與(자유적지여) 不知周也(부지주야) 俄然覺(아연교) 則蘧蘧然周也(즉거거연주야) 不知周之夢爲胡蝶與(부지주지몽위호접여) 胡蝶之夢爲周與(호접지몽위주여) 周與胡蝶(주여호접) 則必有分矣(즉필유분의) 此之謂物化(차지위물화).

어느 날 장주(莊周)가 꿈에 나비가 되었다. 훨훨 날아다니는 나비가 되어 스스로 흔쾌히 즐겁고 뜻이 맞았는지라 장주(莊周)임을 알지 못했다.

얼마 후 깨어보니 화들짝 놀랍게도 장주(莊周)였다. 장주가 꿈에 나비가 되었는지 나비가 꿈에 장주가 되었는지 알지 못했다. 장주와 나비는 반드시 구별이 있는 것이니 이와 같은 것을 사물의 변화, 곧 물화(物化)라고 한다.

| 해석과 감상 | (2017 건국대 모의 논술 고사 제시문)

장자는 인간도 만물의 하나임을 꿈을 통해 말하고 있다. 인간 중심에서 우주 만물을 품은 자연을 중심으로 바꾸는 만물제동 사상의 결말이 이 호접몽(胡蝶夢)이다. 장주가 나비가 되고 나비가 장주가 되는 세계는 만물이 상호 연관되는 세계로 자유로이 넘나드는 세계이다. 작은 관점을 벗어나 큰 관점을 획득하는 것으로 이해하기도 한다.

제물론의 결어는 사물의 변화, 물화(物化)이다. 제물(齊物)이 사물을 가지런히 한다는 뜻이다. 꿈에 나비가 장주가 되었는지, 장주가 나비가 되었는지를 통해 제물(齊物)의 방법을 보여준다. 인간의 편협성과 인간 중심주의에서 벗어나 인간이 물화(物化)되어 세상을 볼 때 제물(齊物), 곧 사물이 가지런해진다.

| 필사하기 |

● 不知(부지) 周之夢爲胡蝶與(주지몽위호접여) 胡蝶之夢爲周與(호접지몽위주여)라.

*知(알 지), 夢(꿈 몽), 爲(할 위), 胡(오랑캐 호), 蝶(나비 접), 與(더불 여).

【장주가 꿈에 나비가 되었는지 나비가 꿈에 장주가 되었는지 알지 못했다.】

■ 『논어』「술이」子曰(자왈), 甚矣(심의)라, 吾衰也(오쇠야)여! 久矣(구의)라, 吾不復夢見周公(오불부몽견주공)이로다.

*甚(심할 심), 吾(나 오), 衰(쇠할 쇠), 久(오랠 구), 復(다시 부), 夢(꿈 몽), 見(볼 견), 周(두루 주), 公(공평할 공, 존칭)

【공자 가로되, 심하구나! 나의 노쇠함이여! 오래되었구나! 내가 다시 꿈에 주공을 보지 못한 지가.】

『장자』와 『논어』로 우리 삶의 균형 찾기

장자는 인간중심주의에서 벗어나는 물화를 말하는 것으로 꿈을 이야기하는데, 공자는 꿈속에서 자신이 따르고자 하는 사람을 보지 못함을 탄식한다. 장자는 꿈으로 인간의 한계를 벗어나기를 바라고 공자는 노쇠하여 따르고자 하는 욕구가 줄어듦을 한탄한다. 장자는 만물이 하나라는 인식을 꿈으로 이야기하고, 공자는 더 나은 사람이 되기 위한 차별을 전제한다.

제3편 양생주(養生主), 장수 비결

양생주를 그대로 풀이하면 '삶을 길러주는 주인'이란 뜻이다. 양생은 '생명을 북돋우는 요체(중요한 일들)', '생명의 주인을 북돋움'이다. 양생이란 '건강을 유지하여 장수하는 방법'을 말한다. 공자와 맹자는 수양을 강조하여 삶보다 올바름을 내세우지만 장자는 천수를 누리는 삶을 최고 가치로 삼는다. 천수를 누리는 방법은 생명 활동의 자발성을 회복하는 일이다. 양생의 비결은 '독(督)', 즉 중허(中虛)의 도, 자연을 따르는 것, 자연 속에 안주할 것, 안시처순 등으로 모두 무위자연이다.

양생법은 지식이나 명예를 추구하지 말고 본성에 따라 중도를 지키며, 얽매이지 않고 속박이 없이 죽음의 공포에서 벗어나 자연의 순리를 따르는 것이다. 양생법은 전국시대 후기 이후 어느 학파를 물론하고 널리 실천하였다.

중정이 양생의 방법이다

중간을 따르면 제 수명대로 산다.
보약을 먹지 않아도
비타민제를 한 움큼씩 털어 넣지 않아도
밥을 중간으로 먹고
술을 중간으로 먹으며
마음도 가운데를 삼으면 제 수명대로 산다.
장수의 비결은 육신의 자발성, 자기 스스로 서는 일이니
양 끝단을 당겨 가운데로 모아 서라.
커피 좋다는 연구 한 보따리, 나쁘다는 연구 한 보따리니

격렬한 운동처럼 마실 것 없고, 환자처럼 안 마실 것 없다.

| **본문** | 吾生也有涯(오생야유애), 而知也无涯(이지야무애). 以有涯隨无涯(이유애수무애), 殆已(태이). 已而爲知者(이이위지자), 殆而已矣(태이이의). 爲善无近名(위선무근명), 爲惡无近刑(위악무근형). 緣督以爲經(연독이위경), 可以保身(가이보신), 可以全生(가이전생), 可以養親(가이양친), 可以盡年(가이진년).

우리의 삶은 끝이 있지만 앎은 끝이 없다. 끝이 있는 것으로 끝이 없는 것을 쫓아다니면 위태로울 뿐이다. 그럼에도 앎을 성취하려면 더욱 위태로울 뿐이다. 좋은 일을 해도 명예를 가까이하지 말며, 잘못해도 형벌을 가까이하지 말라.[55] 중간을 따르는 것을 길로 삼으면 몸을 보존하고 삶을 온전히 할 수 있으며 어버이를 봉양하고 수명대로 살 수 있다.

| 해석과 감상 |

중도(中道)를 따라야 양생(보신, 전생, 양친, 진년)한다. 연독(緣督)의 독(督, 살펴볼 독)을 주희는 독(裻, 등솔기 독)으로 풀이한다. 곧, '독을 따른다'는 중정, 중간, 중도, 중용을 지키라는 뜻으로 해석할 수 있다. 중정(中正)은 어느 한쪽으로 지나치거나 모자람이 없이 곧고 올바름을 뜻한다. 자사의 『중용』에서는 중용을 치우침이 없는 것이라 말한다. 아리스토텔레스는 『니코마코스 윤리학』 제2권에서 중용을 탁월성이라 말하며 절제된 용기에 의해 보존된다고 말한다. 그는 탁월성을 중간적인 것을 겨냥하는 한 일종의 중용이라며 중간을 맞추는 것이 극도로 어렵기 때문에 악덕들 가운데 가장 작은 것을 취해야 할 것이라는 구체적 방법을 제시한다.

---

55. 선과 악을 행하지 말라는 뜻이다. 결국 가운데(中)를 선택하라는 의미의 다른 표현이다.

양생법에 벽곡(辟穀, 곡식을 안 먹고 솔잎, 대추, 밤 따위만 날로 조금씩 먹음),
도인법(導引法), 좌선(坐禪), 양심(養心), 단식(斷食), 채식(菜食), 귀촌 등이 있
다. 지혜를 따른 결과 위태로운 경우를 보여주는 도서에 『의사에게 살해당
하지 않는 47가지』(곤도 마코트), 『암에 걸리지 않고 장수하는 10가지 습관』
(곤고 마코트) 등이 있다. 이들 역시 중정을 통한 양생법의 하나일 것이다.

| 필사하기 |

● 緣督以爲經(연독이위경)이라.

*緣(인연 연), 督(살펴볼 독, 가운데 독), 爲(삼을 위), 經(날실 경, 길 경)

【중간을 따르는 것을 길로 삼다.】

■ 『중용』 '중용장구 서' 中者(중자)는 不偏不倚(불편불의) 無過
不及之名(무과불급지명) 庸平常也(용평상야) 子程子(자정자) 曰
(왈) 不偏之謂中(불편지위중) 不易之謂庸(불역지위용) 中者(중자)
天下之正道(천하지정도)하고, 庸者(용자)는 天下之定理(천하지
정리)니라.

*偏(치우칠 편), 倚(의지할 의), 過(지날 과), 及(미칠 급), 庸(쓸 용), 常(항상 상),
易(바꿀 역), 定(정할 정), 理(다스릴 리)

【중(中)이란 것은 치우치지 않고 기울지 않으며, 지나치거나 미치지 못
함이 없음의 이름이고 용(庸)은 일상적인 것이다. 정자가 가로되, 치우
치지 않는 것을 중이라 하고 바뀌지 않는 것을 용이라 한다. 중은 천하의
바른 도이며, 용은 천하의 정해진 이치이다.】

『장자』와 『중용』으로 우리 삶의 균형 찾기
장자는 중간을 따르는 것을 길로 삼는다고 말하고, 정자는 중용이 지나

치거나 미치지 못함이 없는 것이라 말한다. 장자는 중간이라 간결하게 말하고, 정자는 중용을 구체적으로 설명한다.

[참고] 주자의 비판(1)[56]

『주자문집』(주희), 권 67, 「양생주설」, 주자의 장자에 대한 비판: 장자는 의리를 논하지 않고 오로지 이해만 따진다.

장자 가로되, "선을 행하더라도 이름이 날 정도로 하지 말고, 악을 행하더라도 형벌을 받을 정도로 행하지 말라. 중도를 따름을 법도로 삼으라." 고 하였는데, '독(督)'이란 옛날에 '중(中)'을 말한다. … 노자와 장자의 학문은 의리의 정당함과 부당함을 논하지 않고, 단지 그 사이에서 아부하여, 몸을 온전하게 하고 환란을 피할 꾀를 내니, 정자가 말한 '간교와 거짓 술수(閃姦打訛)'이다. 그러므로 그 뜻(장자의 뜻)은 '선을 행하여 이름을 날리는 것'을 선의 지나침으로 보고, '악을 행하여 형벌을 받는 것'을 또한 악행의 지나침으로 보면서, 오직 선을 크게 행하지도 않고, 악을 크게 행하지도 않고, 다만 중간(中)을 따르는 것을 원칙으로 삼아야 가히 몸을 보전하고 천수를 누릴 수 있다고 한다.

---

56. 莊子曰(장자왈) "爲善無近名(위선무근명), 爲惡無近刑(위악무근형), 緣督以爲經(연독이위경)", 督(독), 舊以爲中(구이위중). … 老莊之學(노장지학), 不論義理之當否(부논의리지당부), 而但欲依阿於其間(이단욕의아어기간), 以爲全身避患之計(이위전신피환지계), 正程子所謂閃姦打訛者(정정자소위섬간타와자), 故其意以爲善而近名者(고기의이위위선이근명자), 爲善之過也(위선지과야), 爲惡而近刑者(위악이근형자), 亦爲惡之過也(역위악지과야), 惟能不大爲善不大爲惡(유능부대위선부대위악), 而但循中以爲常(이단순중이위상), 則可以全身而盡年矣(칙가이전신이진년의).

[참고] 주자의 비판(2)[57]

그러나 '선을 행하되 이름을 날리는 정도에 이르지 말라'는 것은 말은 그
럴 듯해도 사실은 그렇지 않다. 성현의 도(道)는 단지 사람들에게 '선의 실
질'을 행하게 가르치는 것이니, 애초에 사람들에게 명성을 추구하라고 가
르치지 않고, 또한 명성을 피하라고 가르치지 않는다. 무릇 학문을 하면서
명성을 구한다면, 스스로 위기지학(爲己之學)이 아니므로, 도에는 부족하
다. 만약 명성이 자신에게 누가 되는 것을 걱정하고 그래서 학문의 노력을
다하지 않는다면 그 마음이 이미 공정하지 않아서 점차 악(惡)에 빠져들 것
이다.

[참고] 주자의 비판(3)[58]

'악을 행하되 형벌을 받는 정도에 이르지 말라'는 것은 더욱 이치에 어긋
난다. 무릇 군자가 '악을 미워하기를 악취를 싫어하는 것처럼 하라'는 것은
두려워서 악을 범하지 않는 게 아니다. 지금 형벌을 받지 않을 수준을 선택

---

57. 然其爲善無近名者(연기위선무근명자), 語或似是而實不然(어혹사시이실불연). 蓋聖賢
之道(개성현지도), 但敎人以力於爲善之實(단교인이력어위선지실), 初不敎人以求名(초
불교인이구명), 亦不敎人以逃名也(역불교인이도명야). 蓋爲學而求名者(개위학이구명
자), 自非爲己之學(자비위기지학), 蓋不足道(개부족도), 若畏名之累己(약외명지루기),
而不敢盡其爲學之力(이불감진기위학지력), 則其爲心亦已不公而稍入於惡矣(칙기위심
역이불공이초입어악의).

58. 至謂(지위) '爲惡無近刑(위악무근형)', 則尤悖理(칙우패리), 夫君子之惡惡如惡惡臭(부군
자지오악여오악취), 非有所畏而不爲也(비유소외이불위야). 今乃擇其不至於犯刑者而竊
爲之(금내택기부지어범형자이절위지), 至於刑禍之所在(지어형화지소재), 巧其途以避之
而不敢犯(교기도이피지이불감범), 此其計私而害理(차기계사이해리), 又有甚焉(우유심
언)? 乃欲以其依違苟且之兩間爲中之所在而循之(내욕이기의위구차지양간위중지소재이
순지), 其無忌憚亦益甚矣(기무기탄역익심의).

하여 몰래 악행을 범하면서, 형벌과 불행이 있는 곳에 이르러, 교묘하게 이를 피하여 범죄를 저지르지 않는 것은 사사로움을 꾀하고 이치를 해친다. 이 또한 심하지 않은가? 이렇게 우물쭈물 구차한 처지를 중(中)으로 삼아서 그것을 따른다면 거리낌 없는 태도가 너무 심한 것이다. (이하 생략)

  * 다음의 말을 보면 주희는 장자를 전반적으로 높이 평가했음을 알 수 있다. "장자가 … 도체(道體)를 알았던 인물일 뿐 아니라 맹자 이후 순자를 비롯한 여러 사람이 모두 장자에 미치지 못한다." "후세의 불교에 나오는 좋은 말은 모두 장자에서 나온 것이다."

포정 해우(庖丁解牛, 포정의 소 잡기)

> 하늘의 이치를 따라 틈새로 바람을 따르니
> 두께 없는 칼로 힘줄과 근육을 부딪지 않는다.
> 기술이 높아질 때는 모든 게 소로 보이고.
> 이를 넘어서면 소가 온전히 보이지 않는다
> 오관의 지각을 멈추고 정신으로 볼 때
> 비로소 기술자 위의 박사, 박사 위의 도사가 된다.
> 억지를 쓰지 않아야 날카로운 칼날이 그대로다.
> 억지로 몸을 쓰지 않아야 오래 산다.
> 맛있다고 입맛 당기는 대로 짱구처럼 먹을 것 없다.
> 기대지 않아야 하늘을 온전히 나는 것이다.
> 칼날 무뎌지지 않는 삶이 온전하다.

│ 본문 │ 庖丁爲文惠君解牛(포정위문혜군해우), 手之所觸(수지소촉), 肩之所倚(견지소의), 足之所履(족지소리), 膝之所踦(슬지소기), 砉然嚮然(획연향연), 奏刀騞然(주도획연), 莫不中音(막부중음). 合於《桑林》之舞(합어〈상림〉지무), 乃中《經

首》之會(내중〈경수〉지회). 文惠君曰(문혜군왈), "譆(희)! 善哉(선재)! 技蓋至此乎(기합지차호)?" 庖丁釋刀對曰(포정석도대왈), "臣之所好者道也(신지소호자도야), 進乎技矣(진호기의). 始臣之解牛之時(시신지해우지시), 所見无非牛者(소견무비우자). 三年之後(삼년지후), 未嘗見全牛也(미상견전우야). 方今之時(방금지시), 臣以神遇(신이신우), 而不以目視(이불이목시), 官知止而神欲行(관지지이신욕행). 依乎天理(의호천리), 批大郤(비대극), 導大窾(도대관), 因其固然(인기고연). 技經肯綮之未嘗(기경긍경지미상), 而況大軱乎(이황대고호)! 良庖歲更刀(양포세경도), 割也(할야). 族庖月更刀(족포월경도), 折也(절야). 今臣之刀十九年矣(금신지도십구년의), 所解數千牛矣(소해수천우의), 而刀刃若新發於硎(이도인약신발어형). 彼節者有間(피절자유간), 而刀刃者无厚(이도인자무후), 以无厚入有間(이무후입유간), 恢恢乎其於遊刃必有餘地矣(회회호기어유인필유여지의), 是以十九年而刀刃若新發於硎(시이십구년이도인약신발어형). 雖然(수연), 每至於族(매지어족), 吾見其難爲(오견기난위), 怵然爲戒(출연위계), 視爲止(시위지), 行爲遲(행위지). 動刀甚微(동도심미), 謋然已解(획연이해), 如土委地(여토위지). 提刀而立(제도이립), 爲之四顧(위지사고), 爲之躊躇滿志(위지주저만지), 善刀而藏之(선도이장지)." 文惠君曰(문혜군왈), "善哉(선재)! 吾聞庖丁之言(오문포정지언), 得養生焉(득양생언)."

포정이 문혜군(양혜왕)을 위해 소를 잡았다. 손으로 찌르고 어깨를 기울이며, 발로 밟고 무릎으로 누르니 쓱쓱 뼈 바르는 소리가 나고, 칼이 가는 대로 쉭쉭 소리가 나는데 음악에 맞지 않음이 없어 상림(桑林)[59]의 춤과 짝이 되고 경수(經首)[60]의 잔치에 맞았다. 문혜군이 말했다.

"아, 훌륭하구나! 어쩌면 기술이 이런 경지에 이를 수 있단 말인가?"

포정이 칼을 내려놓고 대답했다.

---

59. 은나라 탕왕의 음악. 고대의 음악은 덕을 상징한다.

60. 황제가 짓고 요임금이 편곡한 함지(咸池)라는 음악.

"신(臣)이 좋아하는 것은 도인데 기술보다 앞선 것입니다. 처음 소를 잡을 때는 보이는 것이 소가 아닌 것이 없었습니다. 삼 년이 지나자 오히려 온전한 소가 보이지 않았습니다. 방금 신(臣)은 정신으로 소를 대했을 뿐 눈으로 보지 않았습니다. 오관의 지각을 멈추고 정신[61]이 하고자 하는 대로 따랐습니다. 하늘의 이치에 의지하여 큰 틈새를 밀치고 큰 구멍에 칼을 들이밀되 본래의 그러한 것을 따르니 칼이 힘줄에 닿지 않는데 하물며 큰 뼈이겠습니까? 솜씨 좋은 백정은 해마다 칼을 바꾸는데 칼로 가르기 때문입니다. 일반 백정은 한 달에 한 번씩 칼을 바꾸는데 칼로 꺾기 때문입니다. 신의 칼은 지금 19년이 되었는데 소를 수천 마리 잡았으나 칼날은 숫돌로 막 갈아낸 것 같습니다. 소의 마디에는 틈이 있으나 저의 칼날은 두께가 없어 한가합니다. 넓고 넓어서 칼이 노는데 반드시 여유가 생깁니다. 이로써 19년이 되었지만 칼이 방금 숫돌로 간 듯합니다. 비록 그렇지만 복잡하게 얽힌 곳에서는 그것을 처리하기 어려움을 알고, 두려움을 느끼고 경계하여, 눈길을 멈추고, 손놀림을 천천히 해서 칼을 매우 조금씩 움직입니다. 쓱쓱 소를 해체하면 마치 흙이 땅에 쌓이는 것 같습니다. 칼을 잡고 서서 사방을 돌아보며 머뭇거리다가 만족하여 칼을 닦아 간직합니다."

문혜군이 말했다.

"훌륭하구나! 나는 포정의 말을 듣고 양생을 터득했도다."

| 해석과 감상 |

포정처럼 자연의 이치를 따라 살아가는 삶이 최선의 양생법이다. 문혜군이 터득한 양생법은 포정이 거스름 없이 칼을 쓰는 일과 같다. 억지와 인

---

61. 또는 신묘한 힘.

위가 아니다. 자연스런 본성을 따라가면 경지에 도달한다. 무리한 다이어트, 무리한 운동, 각종 비타민제 복용, 수없이 드나드는 병원 등은 장자의 눈으로 보면 인위이고 오히려 자신을 해치는 행위이다. 헉슬리의『멋진 신세계』에서 소마라는 약으로 살아가는 삶이 멋진 신세계가 아니라 디스토피아임을 역설적으로 보여준다.

| 필사하기 |

● 依乎天理(의호천리)니 因其固然(인기고연)이라.
*倚(의지할 의), 天(하늘 천), 理(다스릴 리. 길 리), 因(인할 인), 固(굳을 고. 본디 고), 然(그러할 연)
【하늘의 이치에 의지하여 본래의 그러함을 따른다.】

천성이 다리 한쪽이라는 사람, 갇히기를 원하지 않는 꿩

배부른 돼지는 배가 부를 뿐이다.
꿩은 새장에 들어가고 싶지 않다.
돈을 많이 받아도 구속하면 노예가 된다.
왕후장상이 내린 술상이라도 그들 앞에서는 술이 내려가지 않고
달빛 아래 막걸리 한 잔도 자유로우면 흥이 넘쳐흐른다.
돈을 더 벌려다 감옥 가면 삶은 죽고 그 돈 남이 쓴다.
돈에 갇히면 돈을 지키는 노예 되어
베개 아래 돈 쌓아두고 죽는다.
하여
하늘이 만든 외발이의 절뚝대는 걸음이라도 가고 싶은 곳으로 가련다.

| **본문** | 公文軒見右師而驚曰(공문헌견우사이경왈), "是何人也(시하인야)? 惡乎介也(오호개야)? 天與(천여), 其人與(기인여)?" 曰(왈), "天也(천야), 非人也(비인야). 天之生是使獨也(천지생시사독야), 人之貌有與也(인지모유여야). 以是知其天也(이시지기천야), 非人也(비인야). 澤雉十步一啄(택치십보일탁), 百步一飮(백보일음), 不蘄畜乎樊中(불기휵호번중). 神雖王(신수왕), 不善也(불선야)."

공문헌이 우 장군을 보고 놀라 물었다.

"이게 누구인가? 어찌하여 발이 하나인가? 하늘이 그렇게 했나, 사람이 그렇게 만들었나?"

우 장군이 말했다.

"하늘이지 사람이 아닙니다. 하늘이 낳을 때 외발이 되게 했습니다. 사람의 용모는 하늘이 부여한 것이니, 이로써 그것이 하늘이지 사람이 아님을 알 수 있습니다. 연못의 꿩은 열 걸음에 한 번 쪼아 먹고 백 걸음에 한 모금 마시더라도 새장 속에 길러지는 것을 바라지 않습니다. 정신[62]은 비록 (육체가) 왕성할지라도 좋아하지 않습니다."

| 해석과 감상 |

외발이로 살더라도 꿩처럼 자유롭게 천성대로 사는 것이 양생주이다. 천성(天性)이 핵심어이다. 비로소 꿩처럼 자유를 얻어 양생의 길에 들었다고는 하나, 발이 잘려 양생의 길에서 벗어났다고도 할 수 있다. 우 장군은

---

62. '神雖王(신수왕)'에 대한 해석이 다양하다. 문맥상 육체는 편안하지만 정신은 좋아하지 않는다는 의미이다. 왕숙민(王叔岷)은 신(神)을 정신이 겉으로 드러난 모습, 정신적인 태도로 보고, 안동림(安東林)은 기력으로 풀이한다. 박세당(朴世堂)은 신(神)은 비록 몸이 왕성해도 그것을 좋게 여기지 않는다고 풀이한다.

양생을 잘한 것인가, 잘못한 것인가? 곤궁하게 살더라도 자유롭게 사는 것이 낫다고 이야기하지만 대부분은 자유롭지 않더라도 명예와 부를 선호한다. 배고픈 소크라테스보다 배부른 돼지인가?

神雖王(신수왕), 不善也(불선야)의 해석이 분분하다. 이 문장의 주체를 꿩이라고 한다면 갇힌 꿩이 먹을 것 걱정이 없어 정신이 비록 왕처럼 편안하지만 갇혀 있기 때문에 좋지 않다는 풀이가 되어야 한다. 이 문장의 주체를 우 장군이라고 한다면 다리가 외발이가 되어도 자유를 얻어 마음은 비록 왕이지만 외발이라서 아름답지 않다는 의미로 풀이할 수 있다. 둘 다 문맥을 고려하여 육신은 고통스럽더라도 정신이 자유로워야 한다는 의미이다.

| 필사하기 |

● 神雖王(신수왕)이라도 不善也(불선야)라.
*神(정신 신), 雖(비록 수), 王(임금 왕), 善(착할 선)
【정신은 비록 왕성할지라도 아름답지 않다.】

노자의 죽음과 조문

어떤 이들에게 죽음은 휴식이며
어떤 이들에게 죽음은 평화이다.
편안히 삶과 죽음의 때를 받아들이면
슬픔과 기쁨이 들어올 수 없다.
조물주가 우리를 거꾸로 매달아 놓았으니
하늘의 뜻을 따르면
그 끈이 풀린다.
불이 다 타도 번지면 꺼질 줄 모르듯

깨우친 양생은 끝없이 이어진다.

| **본문** | 老聃死(노담사), 秦失弔之(진일조지), 三號而出(삼호이출). 弟子曰(제자왈), "非夫子之友邪(비부자지우야)?" 曰(왈), "然(연)." "然則弔焉若此(연즉조언약차), 可乎(가호)?" 曰(왈), "然(연). 始也(시야), 吾以爲其人也(오이위기인야), 而今非也(이금비야). 向吾入而弔焉(향오입이조언), 有老者哭之(유로자곡지), 如哭其子(여곡기자). 少者哭之(소자곡지), 如哭其母(여곡기모). 彼其所以會之(피기소이회지), 必有不蘄言而言(필유불기언이언), 不蘄哭而哭者(불기곡이곡자). 是遁天倍情(시둔천배정), 忘其所受(망기소수), 古者謂之遁天之刑(고자위지둔천지형). 適來(적래), 夫子時也(부자시야). 適去(적거), 夫子順也(부자순야). 安時而處順(안시이처순), 哀樂不能入也(애락불능입야), 古者謂是帝之縣解(고자위시제지현해). 指窮於爲薪(지궁어위신), 火傳也(화전야), 不知其盡也(부지기진야)."

노담이 죽자 진일이 조문을 가서 세 번 호곡하고 나왔다.

제자가 말했다.

"선생님의 벗이 아니십니까?"

"그렇다."

"그런데 조문을 이렇게 합니까?

"그래도 되지. 처음에 나는 그가 사람이라고 생각했는데 지금은 아니다.[63] 내가 들어가서 조문하려고 하자 노인들이 곡을 하는데 마치 자식을

---

63. 시야오이위기인야 이금비야(始也吾以爲其人也, 而今非也). (1) 처음 나는 그 사람이라고 생각했는데 지금 보니 아니다. 그 사람을 노자의 제자로 풀이하면 노자의 제자들이 자연을 배반하여 슬피 우니 제자들 또는 제자의 스승인 노자가 훌륭한 인물이 아니다. (2) 처음 나는 그가 진인이라고 생각했는데 지금 보니 아니다. 노자를 비판하는 견해로 해석이 가능하다. (3) 처음에 나는 그가 사람이라고 생각했는데 지금 보니 아니다. 지금

잃은 것 같고, 젊은이들이 곡을 하는데 마치 어머니를 잃은 것처럼 하였다. 저들이 모인 까닭은 반드시 (위로의) 말을 바라지 않았지만 (위로의) 말을 하게 한 것이 있기 때문이고, 곡을 바라지 않았는데 곡하게 한 것이 있기 때문이다. 이는 하늘을 피하는 것이고 진정에서 벗어나는 것이니 그 받은 바를 잊은 것이다. 옛사람들은 이를 일러 '하늘을 피하는 벌'이라고 했다. 때맞게 오는 것은 무릇 선생의 때이고, 때맞게 가는 것은 무릇 선생의 순응이다. 편안히 때를 받아들이고 하늘의 뜻에 순응하면 슬픔과 기쁨이 들어올 수 없다. 옛사람은 이를 일러 '조물주가 거꾸로 매달아 놓은 것을 푸는 것(帝之縣解)'[64]이라고 했다. 손으로 땔나무 지피기를 그쳐도 불이 번지면 꺼질 줄 모른다."

| 해석과 감상 | (2001 서강대 논술 고사 제시문)

안시처순(安時處順)하여 현해(懸解)하라. 이것이 양생이다. 때를 편안히 여기고 하늘의 뜻에 순응하면 거꾸로 매달린 형벌에서 해방되어 슬픔과 기쁨이 들어올 수 없다. 이런 깨달음은 불이 번지면 꺼질 줄 모르듯 이어진다. 조문은 현대 생활에서도 빼놓을 수 없는 의식이다. 참고로 유가의 예법에는 조문하는 사람이 망자를 알지 못하고 상주만 알면 곡을 하지 않고 상주만 위로한다. 큰절하고 일어서서 다시 작은 절을 하는 것은 어느 예법

은 죽어서 사람이 아니다. 그러니 간소하게 곡을 했다는 의미로 해석할 수 있다. *장자에 나오는 노자의 삶을 보면 노담은 생사를 초월했다고 진일이 칭찬한 내용으로 볼 수 있다.

64. 현해(懸解) 1) 꽃이 꼭지에 거꾸로 매달렸다가 떨어지는 것이다. 이는 '제(帝)'가 '꽃과 꼭지의 상형'이라는 것에 근거한다. 2) 상제가 인간에게 내린 '거꾸로 매다는 형벌에서 사람이 해방'된다.

인가? 지나치게 예법을 의식하면서 예법에서 벗어나는 경우이다.

　이 글에서 곡을 하게 했다는 상황을 비판하고 있다. 곡은 산 자를 위함이지 죽은 자를 위한 것이 아니다. 유가에서는 곡하는 것을 당연한 것으로 여기지만 사람이 운명할 때 슬퍼하지 말라고 티벳 불교, 힌두교, 이집트 종교, 기독교 등 경전은 일관되게 말한다. 『티벳 사자(死者)의 서(書)』(정신세계사, 류시화 옮김)에는 사자에게 좋지 않은 영향을 주기 때문에 흐느끼거나 통곡해서는 안 된다고 기록하고 있다. 이는 힌두교에서도 마찬가지이다. 죽음의 순간의 사후세계인 치카이 바르도의 첫 번째 단계는 임종을 맞이하는 사람의 귀에 대고 "고귀하게 태어난 사람이여, 그대가 존재의 근원으로 돌아가는 길을 찾을 순간이 왔다. 그대 자신의 참 나를 알라."고 반복해서 읽어준다. "죽음이 다가 왔으니 다음과 같이 결심하라. '나는 이 죽음을 이용해 생명을 가진 모든 것들에 사랑과 자비의 마음을 가지리라. 이 사후의 세계만은 정확하게 자각하리라. 이 사후세계에서 존재의 근원과 하나가 되어 모든 생명 가진 존재들을 위해 나는 일하리라.' 본래 텅 빈 그대 자신의 마음이 곧 붓다임을 깨닫고, 그것이 곧 그대 자신의 참된 의식임을 알 때 그대는 붓다의 마음 상태에 머물게 되리라." 티벳 사자의 서의 기원문에는 사후세계의 무서운 여행길에서 붓다의 경지에 이르게 해달라고 반복해서 기원한다. 죽음의 비밀의 통로를 통과하기 위해서는 믿음과 깨달음으로 대해탈을 이루어 윤회의 환영과 굴레가 산산히 부서지는 붓다의 경지에 도달해야 한다. 『티벳 사자의 서』에서는 죽음이 찾아왔을 때 의식을 지닌 채 죽을 수 있어 자신에게 나타나는 투명한 빛을 알아차리고 그것과 하나가 된다면 윤회를 끊고 깨달음을 성취한다고 한다. 이렇듯 죽음에 이르러서는 사후 고통을 끊도록 염원을 하고 해탈에 이르는 일을 돕는 것이지 곡을 하여 이를 방해하는 것이 아니다. 『이집트의 사자의 서』도 이와 유사하다. 15세기 중세 유럽의『죽음의 기술』에서 또한 임종을 맞이한 사람에게 "그가 건강했을 때 좋아한 경건한 생애담들과 기도문들을 그의 앞에서 읽어 주면 좋다."라고 기록하고 있다. 여러 문화권에서 죽음은 새로운 세계로의 이동이며, 축제이다. 이는 삶과 죽음을 순환으로 보는 인식이다.

의사는 죽어가는 사람에게 마지막까지 남아 있는 것이 청각이라고 한다. 임종을 할 때 울거나 슬퍼하기보다 돌아가시는 분에게 좋은 말을 하라고 한다.

※ [대학 논술 고사] 제시문 (가), (나), (다)에는 죽음에 대해 인간이 가질 수 있는 태도가 각기 다르게 드러나 있다. 이들의 다른 점을 기술하고, 이를 논거로 활용하여 인간이 죽음에 대해 가져야 할 태도가 무엇인지 논술하라. (띄어쓰기 포함 1,600자 내외. 2001 서강대)

| 필사하기 |

● 安時而處順(안시이처순)이라.

*安(편안할 안), 時(때 시), 處(머무를 처), 順(순할 순, 따를 순)

【편안하게 때를 받아들이고 머무르는 곳에 순응한다.】

● 帝之縣解(제지현해)라.

*帝(임금 제), 之(소유격 조사 지), 縣(매달 현), 解(풀 해)

【조물주가 거꾸로 매달아 놓은 것에서 해방된다.】

■『논어』「자장」子游曰(자유왈), 喪致乎哀而止(상치호애이지)하니라.

【자유 가로되, "상을 당해서는 슬픔을 다하는 데서 그쳐야 한다.】

『장자』와 『논어』로 삶의 균형 찾기[65]

『장자』에서는 죽음을 하늘의 뜻에 순응하여 편안히 때를 받아들이는 것으로 본다. 노담의 친구 진일이 노담의 조문을 간략히 한다. 공자는 부모가 자기를 품어서 기른 기간이 최소 3년이라 3년 상을 받들어야 한다고 말한다. 그러면서 공자는 상례의 검소함도 강조한다. 공자 입장에서 장자의 조문은 간략하면서 슬퍼함도 없어 비판의 대상이다. 공자는 반복해서 상을 당해서는 슬픔으로 다해야 한다고 강조한다. 상례와 함께 제례도 공자는 중시하는데 이를 허례허식이라며 묵가는 절장(節葬)을 내세우며 비판한다. 묵자는 천하를 망치는 유가의 네 가지 도(道) 중 하나로 장례 문화를 들면서 검소한 장례를 내세우며 3년 상이 아니라 3개월이면 충분하다고 호화스러운 장례를 비판한다. 묵가는 가난한 백성들의 입장에서 실용주의를 내세

---

65. ■「팔일」禮與其奢也(예여기사야)론 寧儉(영검)이요 喪與其易也(상여기이야)론 寧戚(영척)이니라. ■「술이」子食於有喪者之側(자식어유상자지측)에 未嘗飽也(미상포야)러시다. 子於是日哭(자어시일곡)이면 則不歌(즉불가)러시다. ■「향당」羔裘玄冠不以弔(고구현관불이조)하다. ■「양화」宰我問(재아문), 三年之喪(삼년지상)이 期已久矣(기이구의)로소이다. 君子三年不爲禮(군자삼년불위례)면 禮必壞(예필괴)하고, 三年不爲樂(삼년불위락)이면 樂必崩(낙필붕)하리이다. 舊穀旣沒(구곡기몰)하고, 新穀旣升(신곡기승)하며, 鑽燧改火(찬수개화)하니, 期可已矣(기가이의)로다. 子曰(자왈), 食夫稻(식부도)하고 衣夫錦(의부금)이 於女安乎(어녀안호)아? 曰(왈), 安(안)하이다. 女安則爲之(여안칙위지)하라. 夫君子之居喪(부군자지거상)에 食旨不甘(식지불감)하며, 聞樂不樂(문락불락)하며, 居處不安(거처불안)이라 故不爲也(고불위야)하니 今女安則爲之(금녀안칙위지)하라. 宰我出(재아출)하거늘 子曰(자왈), 予之不仁也(여지불인야)여. 子生三年(자생삼년)에 然後免於父母之懷(연후면어부모지회)하니 夫三年之喪(부삼년지상)은 天下之通喪也(천하지통상야)니 予也有三年之愛於其父母乎(여야유삼년지애어기부모호)아! ■「자장」子張曰(자장왈), 士見危致命(사견위치명)하며 見得思義(견득사의)하며 祭思敬(제사경)하며 喪思哀(상사애)면 其可已矣(기가이의)니라. ■「자장」曾子曰(증자왈), 吾聞諸夫子(오문제부자)하니 人未有自致者也(인미유자치자야)니 必也親喪乎(필야친상호)인저! ■「요왈」所重(소중)은 民食喪祭(민식상제)니라.

운 제자백가의 주요 사상이다. 각 집안마다 다르게 지내온 제사 양식을 현대에는 각 가정에 맞게 균형을 갖추어 행해야 할 것이다. 공자가 중요하게 여긴 상례와 관련한 『논어』의 글들을 전체적으로 살펴보자. ■「팔일」【예는 사치스러운 것보다 차라리 검소한 것이 낫고, 상례는 쉽게 형식으로 치르는 것보다 차라리 슬퍼하는 것이 낫다.】 ■「술이」【공자가 상을 당한 사람 옆에서 배부르게 먹지 않았다. 공자가 이에 곡을 하면 노래를 부르지 않았다.】 ■「향당」【검은 털가죽 옷과 검은 관을 쓰고 조문을 하지 않았다.(조문할 때는 흰색, 좋은 일에는 검은 색을 썼다.)】 ■「양화」【재아가 물었다. "삼년상은 너무 깁니다. 군자가 삼년 동안 예를 행하지 않으면 예가 반드시 무너집니다. 삼년 동안 음악을 하지 않으면 음악이 무너집니다. 묵은 곡식이 이미 없어지고 새로운 곡식이 올라옵니다. 불씨를 얻는 나무도 다시 바뀌니 1년이면 충분합니다." 공자 가로되, "쌀밥을 먹고 비단옷을 입는 것이 너에게 편안하느냐?" 재아가 말했다. "편안합니다." "네가 편하다면 그렇게 하라. 군자는 상을 치를 때 음식이 맛있어도 달지 않고 음악을 들어도 즐겁지 않으며 집에 있어도 편안하지 않다. 그래서 그렇게 하지 않는다. 이제 네가 편안하다면 그렇게 하라." 재아가 나갔다. 공자가 가로되. "여는 어질지 않다. 자식이 태어나서 삼년이 지나서야 부모의 품을 벗어난다. 삼년상은 천하에서 통용되는 상례이다. 여도 삼년 동안 부모에게 사랑을 받았을까?"】 ■「자장」【자장 가로되, "선비가 위험을 보면 목숨을 바치고, 이익을 보면 의를 생각하며, 제사에서는 공경을 생각하고, 상을 당해서는 슬픔을 생각하면 옳다."】 ■「자장」【증자 가로되, "내가 스승에게 듣기에 '사람은 스스로 (마음을) 다하는 사람은 없지만 반드시 어버이 상에는 다하는구나!'라고 하셨다."】 ■「요왈」【소중이 하는 바는 백성과 식량과 상례와 제사이다.】

제4편 인간세(人間世), 처세법

인간세란 인간 세상, 속세를 뜻한다. 여기서는 처세법을 이야기한다. 마음을 비우고 도와 하나가 되는 경지에 이르는 심재(心齊), 쓸모없음의 쓸모 곧 무용지용(無用之用)이 중요 사상이다. 자신을 보존하고 다른 사람과 함께 사는 세상을 장자는 꿈꾼다. 춘추전국시대의 혼란한 시기에 스스로를 보존하고 남을 보전하는 묘술을 추구한 글이 인간세이다. 이 글은 관직에서 부딪칠 수 있는 문제에 대해 우화로 이야기한다.

명예와 앎에서 벗어나기, 마음을 비워라

제자 회야,
가는 곳마다 곤궁에 처함으로써 이룬
처세의 달인 공자가 말하노니 들어라.
심재(心齋),
마음을 다스려라.
내 안에 내가 없어야 윗사람 앞에서 목숨 유지한다.
명예와 지위와 그 자랑은 자기 에고이니
성인도 이기기 어렵다.
숨을 들이쉬고 내어 쉬며 이를 버려 네가 없어야 한다.
힘 가진 자 앞에서 비우지 않으면 상처를 넘어 허리 꺾인다.
너는 바로잡으려는 게 너무 많다.
울타리에 들어 노닐면 명예를 생각지 말고
받아들여지지 않으면 말을 그쳐야 한다.
안으로 통하게 하고 마음을 밖으로 내쳐
만물을 감화시키려면 마음의 재계, 마음을 비워라.

도는 텅 빈 곳에 머문다.
네 위에 있는 사람이 네 말에 설복하겠느냐
건방떤다고 하겠느냐.

| **본문** | 顔回見仲尼請行(안회견중니청행). 曰(왈) "奚之(해지)?" 曰(왈), "將之衛
(장지위)." 曰(왈), "奚爲焉(해위언)?" 曰(왈), "回聞衛君(회문위군), 其年壯(기년장),
其行獨(기행독), 輕用其國(경용기국), 而不見其過(이불견기과), 輕用民死(경용민
사), 死者以國量乎澤(사자이국량호택), 若蕉(약초), 民其无如矣(민기무여의). 回嘗
聞之夫子曰(회상문지부자왈), 『治國去之(치국거지), 亂國就之(난국취지), 醫門多
疾(의문다질).』願以所聞思其則(원이소문사기즉), 庶幾其國有瘳乎(서기기국유추
호)!" 仲尼曰(중니왈), "譆(희)! 若殆往而刑耳(약태왕이형이)! 夫道不欲雜(부도불욕
잡), 雜則多(잡즉다), 多則擾(다즉요), 擾則憂(요즉우), 憂而不救(우이불구). 古之
至人(고지지인), 先存諸己(선존저기), 而後存諸人(이후존저인). 所存於己者未定
(소존어기자미정), 何暇至於暴人之所行(하가지어포인지소행)! 且若亦知夫德之所
蕩(차약역지부덕지소탕), 而知之所爲出乎哉(이지지소위출호재)? 德蕩乎名(덕탕
호명), 知出乎爭(지출호쟁). 名也者(명야자), 相軋也(상알야) ; 知也者(지야자), 爭
之器也(쟁지기야). 二者凶器(이자흉기), 非所以盡行也(비소이진행야). 且德厚信
矼(차덕후신강), 未達人氣(미달인기). 名聞不爭(명문부쟁), 未達人心(미달인심).
而彊以仁義繩墨之言術暴人之前者(이강이인의승묵지언술포인지전자), 是以人惡
有其美也(시이인악유기미야), 命之曰菑人(명지왈재인). 菑人者(재인자), 人必反菑
之(인필반재지), 若殆爲人菑夫(약태위인재부)! 且苟爲悅賢而惡不肖(차구위열현
이오불초), 惡用而求有以異(오용이구유이)? 若唯无詔(약유무조), 王公必將乘人
而鬪其捷(왕공필장승인이투기첩). 而目將熒之(이목장형지), 而色將平之(이색장
평지), 口將營之(구장영지), 容將形之(용장형지), 心且成之(심차성지). 是以火救火
(시이화구화), 以水救水(이수구수), 名之曰益多(명지왈익다), 順始无窮(순시무궁).
若殆以不信厚言(약태이불신후언), 必死於暴人之前矣(필사어폭인지전의).

안회가 중니를 뵙고 여행을 허락해 달라고 했다.

중니가 말했다.

"어디를 가려는가?"

안회가 말했다.

"위나라에 가려 합니다."

중니가 말했다.

"어찌 가려느냐?"

안회가 말했다.

"회(回)가 들으니 위나라의 왕은 나이가 젊고 행실이 독단적이어서 나라를 가볍게 다스리고 지나침을 알지 못합니다. 백성의 죽음을 가볍게 여기고, 나라 안에 죽은 자가 연못에 가득 차서 마치 불에 탄 것 같아 백성들이 갈 곳을 알지 못합니다. 선생님께서는 '다스려지는 나라에서는 떠나고 어지러운 나라로 가라. 의사의 집에는 병자가 많다'라고 하였습니다. 원하건대 들은 바대로 가르침을 받들어 그 나라의 병을 고쳐보고자 합니다."

중니가 말했다.

"아! 네가 위태한 곳에 가면 형벌을 받는다. 무릇 도란 섞이고자 하지 않으니 섞이면 번다해지고, 번다해지면 소란스럽고, 소란스러우면 우환이 있고, 우환이 있으면 구하지 못한다. 옛날 지인(至人)[66]은 먼저 자기를 보존한 이후에 남을 보존하라고 했다. 자기의 보존도 정해지지 않았거늘 어느 겨를에 포악한 자의 행동을 바로잡을 수 있겠는가? 또한 너는 덕이 무너지고 앎이 나타나는 곳을 알고 있지 않으냐? 덕은 명성에서 무너지고, 앎은 경쟁에서 나타난다. 명예란 서로 알력을 일으키고, 앎은 다툼의 도구이다.

---

66. 지인(至人): 덕이 극치에 이른 사람.

이 둘은 흉기이니 끝까지 행할 바가 아니다. 또한 덕이 두텁고 신의가 굳더라도 다른 사람의 기질을 잘 알지 못하고, 명예를 다투지 않더라도 다른 사람의 마음을 알지 못한다. 강직하고 어질고 의리에 맞는 말과 먹줄과 먹(법도)의 말로 포악한 사람 앞에서 말하면 이것은 남의 악함으로써 선을 자랑하는 것이다. 이를 일러 '재앙을 부르는 사람'이라 한다. 남에게 재앙을 끼치는 사람은 남들이 반드시 재앙을 돌려준다. 너는 위태롭게 남에게서 재앙을 당하겠구나!

또한 만약 어진 사람을 좋아하고 불초한 사람을 미워한다면 어찌 너를 등용하여 특별한 정치를 하겠느냐? 너는 오로지 말을 하지 않아야 한다. 왕공은 반드시 장차 다른 사람을 올라타 이기려고 다툴 것이다. 그러면 너의 눈은 어리둥절하고 너의 낯빛은 스스로 낮추려 하고 입은 변명하려 하고 용모는 잘 보이려 하고 마음은 이루게 하려 한다. 이는 불로 불을 끄는 것이고, 물로 물을 막으려는 것이다. 이를 일러 '더 보태주기'라 한다. 순종하기 시작하면 끝이 없다. 네가 대개 믿어 주지 않는 사람에게 정성스러운 말을 하면 반드시 포악한 사람 앞에서 죽게 될 것이다.

| 본문 | 且昔者桀殺關龍逢(차석자걸살관룡봉), 紂殺王子比干(주살왕자비간), 是皆脩其身以下傴拊人之民(시개수기신이하구부인지민), 以下拂其上者也(이하불기상자야), 故其君因其脩以擠之(고기군인기수이제지). 是好名者也(시호명자야) 昔者堯攻叢枝胥敖(석자요공총지서오), 禹攻有扈(우공유호), 國爲虛厲(국위허려), 身爲刑戮(신위형륙), 其用兵不止(기용병부지), 其求實无已(기구실무이). 是皆求名實者也(시개구명실자야), 而獨不聞之乎(이독불문지호)? 名實者(명실자), 聖人之所不能勝也(성인지소불능승야), 而況若乎(이황약호)! 雖然(수연), 若必有以也(약필유이야), 嘗以語我來(상이어아래)!" 顔回曰(안회왈), "端而虛(단이허), 勉而一(면이일), 則可乎(즉가호)?" 曰(왈), "惡(오)! 惡可(오가)? 夫以陽爲充孔揚(부이양위충

공양), 采色不定(채색부정), 常人之所不違(상인지소불위), 因案人之所感(인안인지소감), 以求容與其心(이구용여기심). 名之曰日漸之德不成(명지왈일점지덕불성), 而況大德乎(이황대덕호)! 將執而不化(장집이불화), 外合而內不訾(외합이내불자), 其庸詎可乎(기용거가호)!""然則我內直而外曲(연즉아내직이외곡), 成而上比(성이상비). 內直者(내직자), 與天爲徒(여천위도). 與天爲徒者(여천위도자), 知天子之與己皆天之所子(기천자지여기개천지소자), 而獨以己言蘄乎而人善之(이독이기언기호이인선지), 蘄乎而人不善之邪(기호이인불선지야)? 若然者(약연자), 人謂之童子(인위지동자), 是之謂與天爲徒(시지위여천위도). 外曲者(외곡자), 與人之爲徒也(여인지위도야). 擎跽曲拳(경기곡권), 人臣之禮也(인신지례야), 人皆爲之(인개위지), 吾敢不爲邪(오감불위야)! 爲人之所爲者(위인지소위자), 人亦无疵焉(인역무자언), 是之謂與人爲徒(시지위여인위도). 成而上比者(성이상비자), 與古爲徒(여고위도). 其言雖敎(기언수교), 謫之實也(적지실야). 古之有也(고지유야), 非吾有也(비오유야). 若然者(약연자), 雖直不爲病(수직이위병), 是之謂與古爲徒(시지위여고위도). 若是(약시), 則可乎(즉가호)?"仲尼曰(중니왈), "惡(오)! 惡可(오가)? 大多政(대다정), 法而不諜(법이불첩), 雖固(수고), 亦无罪(역무죄). 雖然(수연), 止是耳矣(지시이의), 夫胡可以及化(부호가이급화)! 猶師心者也(유사심자야)."顔回曰(안회왈), 「吾无以進矣(오무이진의), 敢問其方(감문기방)."仲尼曰(중니왈), "齋(재), 吾將語若(오장어약)! 有而爲之(유이위지), 其易邪(기이야)? 易之者(이지자), 皥天不宜(호천불의)."顔回曰(안회왈), "回之家貧(회지가빈), 唯不飮酒(유불음주), 不茹葷者數月矣(불여훈자수월의). 若此(약차), 則可以爲齋乎(즉가이위재호)?"曰(왈), "是祭祀之齋(시제사지재), 非心齋也(비심재야)."回曰(회왈), "敢問心齋(감문심재)."仲尼曰(중니왈), "若一志(약일지), 无聽之以耳而聽之以心(무청지이이이청지이심), 无聽之以心而聽之以氣(무청지이심이청지이기). 聽止於耳(청지어이), 心止於符(심지어부). 氣也者(기야자), 虛而待物者也(허이대물자야). 唯道集虛(유도집허). 虛者(허자), 心齋也(심재야)."顔回曰(안회왈), "回之未始得使(회지미시득사), 實自回也(실자회야). 得使之也(득사지야), 未始有回也(미시유회야). 可謂虛乎(가위허호)?"夫子曰(부자왈), "盡矣(진의). 吾語若(오어약)! 若能入遊其樊而无感其名

(약능입유기번이무감기명), 入則鳴(입즉명), 不入則止(불입즉지). 无門无毒(무문무독), 一宅而寓於不得已(일택이우어부득이), 則幾矣(즉기의). 絶迹易(절적이), 无行地難(무행지난). 爲人使(위인사), 易以僞(이이위). 爲天使(위천사), 難以僞(난이위). 聞以有翼飛者矣(문이유익비자의), 未聞以无翼飛者也(미문이무익비자야). 聞以有知知者矣(문이유지지자의), 未聞以无知知者也(미문이무지지자야). 瞻彼闋者(첨피결자), 虛室生白(허실생백), 吉祥止止(길상지지). 夫且不止(부차부지), 是之謂坐馳(시지위좌치). 夫徇耳目內通而外於心知(부순이목내통이외어심지), 鬼神將來舍(귀신장래사), 而況人乎(이황인호)! 是萬物之化也(시만물지화야), 禹,舜之所紐也(우순지소뉴야), 伏戲,几蘧之所行終(복희궤거지소행종), 而況散焉者乎(이황산언자호)!"

또한 옛날 걸 임금은 관룡봉을 죽였고 주 임금은 왕자 비간을 죽였다. 이는 모두 자기 몸을 수양하여 아랫사람으로서 임금의 백성을 어루만졌으니 아랫사람으로서 윗사람을 거스른 것이다. 그러므로 그 임금은 그 수양으로써 그들을 물리쳤다. 이 둘은 명예를 좋아한 사람들이다.

옛날 요임금은 총, 지, 서오를 공격하고, 우왕은 유호(有扈)를 쳤는데 이들 나라는 폐허가 되고 군주는 죽임을 당했다. 그들이 전쟁을 그치지 않고 끝없이 실리를 구했기 때문이다. 이는 모두 명예와 실리를 구하는 것인데 너 홀로 듣지 못했느냐? 명예와 실리는 성인도 이기기 어려운데 하물며 너이겠느냐? 비록 그러하나 너에게도 반드시 그럴 까닭이 있겠지? 나에게 말해 보아라."

안회가 말했다.

"몸가짐을 단정히 하고 마음을 비우며, 힘써 노력하고 마음이 한결같으면 가능하겠습니까?"

공자가 말했다.

"오! 어찌 가능하겠느냐? (위나라 왕은) 양[67]을 충만하게 하여 그 모습이 드러나고, 정신과 안색이 일정하지 않아 보통 사람은 거스를 수 없으며, 남의 감정을 누르고 자기 마음을 받아들이게 한다. 이를 일러 '날마다 덕을 조금씩 이루어 나가는 것도 불가능하다'라고 한다. 하물며 큰 덕이 이루어지겠느냐? 고집 때문에 감화되지 않고 겉으로는 합치된 듯하지만 속으로는 비방할 것이니 어찌 가능하겠느냐?"

"그러면 저는 안으로는 곧고 밖으로는 굽히며, 성견(成見)을 내세울[68] 때는 옛사람의 가르침을 빌어서 말하겠습니다. 속으로 곧은 사람은 하늘과 함께하는 무리들입니다. 하늘과 함께하는 무리는 천자와 자기가 다 같이 하늘이 낸 자식이라고 알고 있는데 어찌 자기의 말로 독단적으로 되어 남들이 이를 좋다거나 좋지 않다고 하기를 바라겠습니까? 이와 같은 사람을 어린 아이라고 하며 하늘과 함께하는 무리라고 합니다. 겉으로 굽히는 것은 사람과 한 무리가 되는 것입니다. 홀을 높이 들며 무릎을 꿇고 몸을 굽히는 것은 신하의 예법입니다. 남들도 모두 하는데 저라고 감히 못 할 바 없습니다. 남들이 하는 바를 따라 하는 것은 남들도 헐뜯지 않을 것이니 이를 일러 사람과 한 무리가 된다고 말합니다. 성견(成見)을 말하되 옛사람의 가르침을 빌리는 것은 옛사람과 한 무리가 되는 것입니다. 그 말은 비록 옛사람의 가르침이지만 꾸짖음의 실제는 옛 말에 있지 저에게 있지 않습니다. 이렇게 하면 비록 곧지만 병이 되지 않을 것이니 이것을 일러 옛사람과 같은 무리가 된다고 합니다. 이렇게 하면 되겠지요?"

중니가 말했다.

---

67. 사나운 본성.

68. 의견을 얘기할.

"오! 어찌 되겠느냐? 바로잡는 것이 지나치게 많다. 법도를 지키면서 치우치지 않으면 비록 고루하지만 벌은 면할 수 있다. 그렇지만 그것으로 그칠 뿐, 어찌 교화에 미치겠느냐? 여전히 너는 너의 성심(成心)[69]을 스승으로 삼고 있다."

안회가 말했다.

"저로서는 더 이상 나은 방법이 없습니다. 감히 그 방법을 여쭙고자 합니다."

공자가 말했다.

"재계(齋戒)하라. 내 너에게 말해 주겠다. 마음[70]에 있는 것을 하려니 쉬우냐? 그것을 쉽게 하려는 자는 밝은 하늘이 마땅하게 여기지 않는다."

안회가 말했다.

"회(回)는 집이 가난하여 술도 마시지 못하고 양념한 채소도 먹지 못한 지 몇 달이 되었습니다. 이와 같으면 가히 재계했다고 할 수 있겠지요?"

중니가 말했다.

"그런 것은 제사 때 재계이지 마음의 재계가 아니다."

안회가 말했다.

"감히 마음의 재계에 대해 여쭙습니다."

중니가 말했다.

"너는 뜻을 한결같이 하라. 귀로 듣지 말고 마음으로 들어라. 마음으로 듣지 말고 기(氣)로 들어라. 듣는 것은 귀에 그치고, 마음은 부합[71]하는 데

---

69. 成心, 주관적인 견해.

70. 사심(私心).

71. 외부 사물을 지각.

서 그치지만 기(氣)라는 것은 텅 비어서 (감각과 편견을 없애고) 사물을 기다린다. 오로지 도는 텅 빈 곳에 모이니 비우는 것이 마음의 재계이다."

안회가 말했다.

"회(回)가 처음에 재계하지 않았을 때는 실제로 스스로 안회 자신이었지만 마음의 재계를 하고는 비로소 제 자신 안회가 있지 않게 되었습니다. 가히 비웠다고 할 수 있는지요?"

공자가 말했다.

"충분하구나! 내 너에게 말해 주겠다. 네가 그 울타리[72]에 들어가 노닐려면 명예를 생각지 말아야 한다. 받아들여지면 말을 하고, 받아들여지지 않으면 그쳐야 한다. 문도 없고 담장도 없이 한결같이 집으로 삼고 부득이함에 맡겨야 가까워질 것이다. 발자취를 없애기는 쉬워도, 땅 위를 걷지 않기는 어렵다. 남의 부림을 받는 처지이면 거짓을 저지르기 쉽고, 하늘의 부림을 받는 처지가 되면 거짓을 저지르기 어렵다. 날개가 있어서 난다는 말은 들었어도 날개가 없이 난다는 말은 듣지 못했다. 앎이 있어서 안다는 것을 들었으나 앎이 없이 안다는 것을 아직 듣지 못했다.

저 빈 집을 보라.

빈방에 햇살이 비치니

길하고 상서로운 것이 고요한 곳에 머문다.

또한 고요히 머물지 않으니

이를 '앉아서 내달리기'라고 한다.

귀와 눈을 따라 안으로 통하게 하고, 마음(욕심)과 앎을 밖으로 내치면 귀신이 와서 머무르려 할 것인데 하물며 사람은 어떻겠느냐? 이는 만물을 감

---

72. 위나라.

화시키는 것이니 우임금과 순임금이 지켰던 방법이며 복희씨와 궤거씨가 평생 행한 바이니 하물며 보통 사람들은 어떻겠느냐?"

| 해석과 감상 |

장자는 공자의 처세술을 소개한다. 장자가 보기에도 공자를 비롯한 유가학파들의 처세술이 뛰어나다. 공자의 방식으로는 벼슬에 나아가는 것이고, 장자의 방식이라면 벼슬에 나아가지 않는 것이다. 이때 심재는 공자와 장자의 방식을 결합한 해결 방식이다. 처세에서 장자는 소극적이고 공자는 적극적이다. 공자는 어쩔 수 없을 때 벼슬에 나아가지 않고, 장자는 어쩔 수 없을 때에도 벼슬에 나아가려 하지 않는다. 심재(心齋)하여야 험한 세상에서 살 수 있다. 재계(齋戒)란 종교적 의식 따위를 치르기 위하여 몸과 마음을 깨끗이 하고 부정(不淨)한 일을 멀리하는 것이다. 일반적으로 목욕재계를 지칭한다. 여기에서 더 나아가 심재(心齊)란 마음의 재계, 마음의 굶음, 마음의 가지런함, 마음의 빔, 마음의 가난을 뜻한다. 마음이 빈다는 것은 자신이 더 이상 존재하지 않는 것이다. 마음이 비어야 도가 들어온다. 마음을 비우고 굶겨서 가난해져야 도가 들어갈 자리가 있다. 『한비자』「세난」편에서는 임금 설득의 어려움에 대해 말하고 있다. 임금 마음을 알아서 그에 맞추어야 살아남는다. 공자와 맹자가 제후를 찾아가 설득하지만 등용이 되지 못했다. 그러나 공자와 맹자는 후세에 성인으로 추앙받는다. 걸 임금과 주 임금은 충신을 죽였다.

| 필사하기 |

● 德蕩乎名(덕탕호명)이요 知出乎爭(지출호쟁)이라.

*德(덕 덕), 蕩(방탕할 탕), 名(이름 명), 知(알 지), 出(날 출), 爭(다툴 쟁)

【덕은 명성에서 무너지고, 앎은 경쟁에서 나타난다.】

● 虛者心齋也(허자심재야)라.

*虛(빌 허), 者(사람 자. 것 자), 心(마음 심), 齋(재계할 재. 깨끗할 재)

【비우는 것이 마음의 재계이다.】

■ 『논어』「위령공」子曰(자왈), 君子疾沒世而名不稱焉(군자질몰세이명불칭언).

*疾(병 질, 괴로워할 질), 沒(가라앉을 몰), 稱(일컬을 칭)

【공자 가로되, "군자는 죽은 뒤에 이름이 일컬어지지 않을까 걱정한다."】

『장자』와 『논어』로 삶의 균형 찾기

장자는 덕이 이름 때문에 무너진다고 보고, 공자는 죽은 뒤에 이름이 남도록 해야 한다고 말한다. 장자는 이름을 내세우지 말라 하고, 공자는 이름을 위해 살라 말한다. 많은 이들이 성취욕이 있을 때는 이름 때문에 노력하고, 나이 들어서는 껍질인 이름을 버리고 자신을 사랑하는 장자를 따르고자 한다.

자고의 고민, 공자의 조언, 안지약명(安之若命) 양중(養中)

오른 이들에게는 오르지 않은 이들의 언어가 닿지 않는다.
성인이라던 공자도, 처세술의 대가 한비자도 어렵다 했으니
명령을 고치지도 말고 이루려고 힘쓰지도 말라.
중심을 잡으라.
훌륭한 성공은 시간이 걸린다.
어쩔 수 없음을 받아들이고 삼가서
천명을 받들어야 한다.

높은 자리에 앉은 사람들이 그리 만만한가!

[본문] 葉公子高將使於齊(섭공자고장사어제), 問於仲尼曰(문어중니왈), "王使諸
梁也甚重(왕시제량야심중), 齊之待使者(제지대사자), 蓋將甚敬而不急(개장심경
이불급). 匹夫猶未可動(필부유미가동), 而況諸侯乎(이황제후호)! 吾甚慄之(오심
률지). 子常語諸梁也(자상어제량야), 曰(왈), '凡事若小若大(범사약소약대), 寡不
道以懽成(과부도이환성). 事若不成(사약불성), 則必有人道之患(즉필유음양지환).
事若成(사약성), 則必有陰陽之患(즉필유음양지환). 若成若不成而後無患者(약성
약불성이후무환자), 唯有德者能之(유유덕자능지).' 吾食也(오식야), 執粗而不臧
(집조이부장), 爨無欲淸之人(찬무욕청지인). 今吾朝受命而夕飮冰(금오조수명이석
음빙), 我其內熱與(아기내열여)! 吾未至乎事之情(오미지호사지정), 而旣有陰陽之
患矣(이기유음양지환의). 事若不成(사약불성), 必有人道之患(필유인도지환). 是
兩也(시량야), 爲人臣者不足以任之(위인신자부족이임지), 子其有以語我來(자기
유이어아래)!"仲尼曰(중니왈), "天下有大戒二(천하유대계이), 其一(기일), 命也(명
야) ; 其一(기일), 義也(의야). 子之愛親(자지애친), 命也(명야), 不可解於心(불가해
어심). 臣之事君(신지사군), 義也(의야), 無適而非君也(무적이비군야), 無所逃於天
地之間(무소도어천지지간). 是之謂大戒(시지위대계). 是以夫事其親者(시이부사
기친자), 不擇地而安之(불택지이안지), 孝之至也(효지지야). 夫事其君者(부사기군
자), 不擇事而安之(불택사이안지), 忠之盛也(충지성야). 自事其心者(자사기심자),
哀樂不易施乎前(애락불역이호전), 知其不可奈何(지기불가내하) 而安之若命(이
안지약명), 德之至也(덕지지야). 爲人臣子者(위인신자자), 固有所不得已(고유소
부득이), 行事之情而忘其身(행사지정이망기신), 何暇至於悅生而惡死(하가지어열
생이오사)! 夫子其行可矣(부자기행가의)! 丘請復以所聞(구청복이소문). 凡交(범
교), 近則必相靡以信(근즉필상미이신), 遠則必忠之以言(원즉필충지이언), 言必或
傳之(언필혹전지). 夫傳兩喜兩怒之言(부전량희량노지언), 天下之難者也(천하지
난자야). 夫兩喜必多溢美之言(부량희필다일미지언), 兩怒必多溢惡之言(양노필다
일악지언). 凡溢之類妄(범일지류망), 妄則其信之也莫(망즉기신지야막), 莫則傳言

者殃(막즉전언자앙). 故法言曰(고법언왈), 『傳其常情(전기상정), 無傳其溢言(무전기일언), 則幾乎全(즉기호전).』且以巧鬪力者(차이교투력자), 始乎陽(시호양), 常卒乎陰(상졸호음), 大至則多奇巧(태지즉다기교). 以禮飮酒者(이례음주자), 始乎治(시호치), 常卒乎亂(상졸호란), 大至則多奇樂(태지즉다기락). 凡事亦然(범사역연). 始乎諒(시호량), 常卒乎鄙(상졸호비). 其作始也簡(기작시야간), 其將畢也必巨(기장필야필거). 夫言者(부언자), 風波也(풍파야) ; 行者(행자), 實喪也(실상야). 風波易以動(풍파이이동), 實喪易以危(실상이이위). 故忿設無由(고분설무유), 巧言偏辭(교언편사). 獸死不擇音(수사불택음), 氣息茀然(기식발연), 於是並生心厲(어시병생심려). 剋核大至(극핵태지), 則必有不肖之心應之(즉필유불초지심응지), 而不知其然也(이부지기연야). 苟爲不知其然也(구위부지기연야), 孰知其所終(숙지기소종)! 故法言曰(고법언왈), '無遷令(무천령), 無勸成(무권성).' 過度(과도), 益也(일야). 遷令, 勸成殆事(천령권성태사), 美成在久(미성재구), 惡成不及改(악성불급개), 可不愼與(가불신여)! 且夫乘物以遊心(차부승물이유심), 託不得已以養中(탁부득이이양중), 至矣(지의). 何作爲報也(하작위보야)! 莫若爲致命(막약위치명). 此其難者(차기난자)."

섭공 자고가 제나라에 사신으로 가려고 중니에게 물었다.

"왕이 제량(諸梁)을 사신으로 보내는 것은 임무가 심히 중대하다고 여겨서입니다. 제나라에서 사신을 대할 때는 몹시 공경하지만 급하게 여기지 않을 것입니다. 보통 사람도 움직이지 않는데 하물며 제후이겠습니까? 저는 심히 두렵습니다. 선생은 평소 제량(諸梁)에게 말하기를 '일이란 크든 작든 도를 어기고서 만족스럽게 이루기란 드물다. 일이 성공하지 못하면 반드시 인간의 도를 어긴 환란[73]을 당할 것이고, 일이 성공하면 반드시 음양의 환란이 있을 것이다. 성공하든 실패하든 환란을 당하지 않는 것은 오

---

73. 왕의 벌.

로지 덕이 있는 사람만 가능하다.'라고 하셨습니다. 나의 식사는 거칠고 좋지 않으며 밥을 지을 때 시원하기를 바라는 사람이 없는데[74] 오늘 아침에 명을 받고 저녁에 얼음물을 마셨습니다. 내 속에서 열불이 나기 때문입니다. 나는 일의 실상을 부딪치지도 않았는데 이미 음양의 재앙을 얻었습니다. 일에 성공하지 못하면 인간의 도를 어긴 환란까지 받아 두 가지 벌을 받습니다. 남의 신하로서 임무를 수행하기에 부족합니다. 선생은 나에게 어떻게 하면 좋을지 말씀해 주십시오."

중니가 말했다.

"천하에 크게 경계할 것이 둘인데 하나는 천명이고 다른 하나는 의(義)입니다. 자식이 어버이를 사랑하는 것은 천명이라 마음에서 버릴 수 없습니다. 신하로서 군주를 섬기는 것은 의리입니다. 어디를 가나 임금이 없는 곳은 없습니다. 이 둘은 하늘과 땅 사이 어디를 가나 피할 수 없어 이를 일러 크게 경계할 일이라 합니다. 어버이를 섬길 때는 처지를 가리지 않고 편안하게 모시는 것이 효의 지극함이고, 군주를 섬길 때는 일을 가리지 않고 편안하게 모시는 것이 충의 성대함입니다. 진심으로 자신의 마음을 섬기는 사람은 슬픔과 기쁨을 앞에서 바꾸지 않고, 어찌할 수 없음을 알아 이를 편안히 하고 천명을 따르니 덕의 지극함입니다. 남의 신하와 자식이 되는 것은 진실로 어쩔 수 없으니 일의 실질을 행함에 자기 몸을 잊는 것입니다. 어느 겨를에 삶을 즐기고 죽음을 싫어하겠습니까? 선생은 가는 것이 옳습니다.

구(丘)가 들은 바를 다시 말하겠습니다. 무릇 외교란 가까우면 (만날 수 있으니) 반드시 신의로써 서로 가까이 따르고, 멀면 (만나기 어려우니) 반드시 말로써 충심을 보여주어야 합니다. 말은 반드시 누군가 전해야 합니다. 무

---

74. 불을 때지 않아 음식을 하지 않기를 바라는 일이 없는데.

릇 양쪽 모두 기뻐하거나 성나게 하는 말을 전하는 것은 천하에 어려운 일입니다. 양쪽 모두 기뻐함은 반드시 지나치게 칭찬하는 말이 많고, 양쪽이 모두 노여우면 반드시 지나치게 미워하는 말이 많기 때문입니다. 무릇 지나침은 거짓되고, 거짓되면 믿음이 막연해지고, 막연해지면 말을 전하는 사람이 화를 받습니다. 그러므로 법에 이르기를 평상의 실정을 진실하게 전하고, 넘치는 말을 전하지 않으면 온전함에 가깝다고 했습니다. 또 재주로 겨루는 사람들이 양[75]의 분위기로 시작하나 항상 음[76]의 분위기로 끝납니다. 크게 이르면 기이한 기교가 많아집니다. 예로써 술을 마시는 사람도 다스림으로 시작하다가 항상 어지럽게 끝나는데, 커지고 지나치면 기이한 즐거움[77]이 많아집니다. 무릇 일이란 또한 다 그런 것이어서 신의로 시작하지만 항상 비루하게 끝납니다. 그 시작은 간단하지만 그 끝은 반드시 커집니다.

　대저 말이란 풍파가 있고 행동에는 얻음과 잃음이 있습니다. 풍파는 움직이기 쉽고, 득실은 위태롭기 쉽습니다. 그러므로 분노가 일어나는 것은 다른 이유가 없고, 교묘한 말과 치우친 말 때문입니다. 짐승이 죽을 때는 소리를 가리지 않는데 숨이 막혀 거칠어져 사나운 기운이 생깁니다. 급박한 문책이 크게 달하면 반드시 좋지 못한 마음으로 응대하기 마련이지만 스스로 그러한 줄 모릅니다. 정말 그런 줄 모른다면 누가 그 끝을 알겠습니까? 그러므로 법(法)에 이르기를 '명령을 고치지도 말고 이루려고 힘쓰지도 말라'고 하였습니다. 정도가 지나치면 넘칩니다. 명령을 고치고 성취를

75.　인덕(仁德).

76.　형기(形氣), 노여운 기운.

77.　쾌락.

권장함은 위태롭습니다. 훌륭한 성공은 시간이 걸리고, 잘못된 일은 미처 고치기 어려우니 가히 삼가지 않을 수 있겠습니까? 또한 만물을 타고 마음에 노닐며 어쩔 수 없음에 의탁하고 중심을 기르는 데 지극(전념)하십시오. 어찌 인위로 지어내서 보고할 것 있겠습니까? 천명을 이루게 하는 것보다 좋은 것은 없습니다. 그것이 어려운 일입니까?"

| 해석과 감상 |

운명으로 알고 편안히 받아들여라. 망아(忘我), 승물(乘物), 유심(遊心), 탁부득이(託不得已), 안지약명(安之若命, 편안함을 운명처럼 하라. = 안명론(安命論), 순명론(順命論)), 양중(養中, 중심을 기른다, 중정을 기른다), 이 모두가 무위(無爲)의 가르침으로 장자 사상의 핵심 어휘들이다.

효와 충은 차이(『예기』)가 있다. "군주에게 세 차례 간했는데 듣지 않으면 떠나고, 어버이에게 세 차례 간했는데 듣지 않으면 눈물을 흘리며 따른다." 임금은 떠날 수 있으나 부모는 천륜이라 거스를 수 없다. 종종 임금으로 상징되는 부와 명예를 위해 부모를 거스르는 사람들이 있다. 이는 『예기』에서 말하는 천륜을 어기는 일이다.

노자의 『도덕경』 마지막 81장은 형식상 결론에 해당한다. 진실한 말은 아름답지 않고, 아름다운 말은 믿음이 없다. 선한 사람은 달변이 아니고, 달변인 사람은 선하지 않다(信言不美하고 美言不信하며, 善者不辯하고 辯者不善하니라). 말이 많으면 가볍고, 말이 없으면 무뚝뚝하다. 술을 마시기 전에는 말이 없고, 술에 취하면 말이 많다. 아첨할 때는 말이 많고, 부득이할 때는 말이 적다. 말이 많으면 진실이 적고, 말이 적으면 진실이 많다. 자기광고의 시대라는 말도 있다. 반대로 낭중지추라는 말도 있다.

『한비자』「세난」편에 제후의 마음을 얻을 수 있는 기술에 관해 이야기하고 있다. 지도자에 관한 책으로 고전 중에는 손무의 『손자병법』, 마키아벨리의 『군주론』이 이 책과 함께 대표적이다.

| 필사하기 |

● 安之若命(안지약명)이니 德之至也(덕지지야)라.

*安(편안할 안), 若(같을 약), 命(목숨 명, 천명 명), 德(덕 덕), 至(이를 지. 궁극 지)

【이를 편안히 하고 천명을 따르니 덕의 지극함이다.】

■ 『논어』 「자한」 子絶四(자절사)니 毋意(무의), 毋必(무필), 毋固(무고), 毋我(무아)라.

*絶(끊을 절), 毋(말 무, 없을 무), 意(뜻 의), 固(굳을 고), 我(나 아)

【공자는 네 가지를 끊었으니 뜻이 없고, 반드시가 없고, 고집이 없고, '나'가 없다.】

■ 『논어』 「선진」 子曰(자왈), 過猶不及(과유불급)이니라.

*過(지날 과), 猶(오히려 유), 及(미칠 급)

【공자 가로되, 지나침은 오히려 미치지 못한다.】

『장자』와 『논어』로 우리 삶의 균형 찾기

장자는 천명을 따르라 하고, 공자는 중용을 따르라 한다. 장자와 공자의 사상이 처세론에서 비슷하다. 단지 장자보다 공자가 처세에서 더 적극적이다.

거백옥의 충고, 자신을 지키는 법

당랑거철, 분수를 모르는 사마귀는 위태롭다.
본성을 거스르면 호랑이는 사육사를 죽인다.

한 가지에만 몰두하면 사랑을 잃는다.

남의 잘못을 잘 알지만 자기의 허물을 모르면

위태로우니 주고받는 사랑이 그렇다.

언제나 바르게 화합해야 사랑도 바르다.

본성을 거스르면 늘어놓은 사랑도 바람이 돌돌 걷어버린다.

이쁘다고 생각하는 사람은 자기의 이쁨만을 보지만

주변사람들에게 그 이쁨이 돌 맞기 십상이다.

| **본문** | 顏闔將傅衛靈公大子(안합장부위령공태자), 而問於蘧伯玉曰(이문어거백옥왈), "有人於此(유인어차), 其德天殺(기덕천살). 與之爲無方(여지위무방), 則危吾國(즉위오국). 與之爲有方(여지위유방), 則危吾身(즉위오신). 其知適足以知人之過(기지적족이지인지과), 而不知其所以過(이부지기소이과). 若然者(약연자), 吾奈之何(오내지하)?" 蘧伯玉曰(거백옥왈), "善哉問乎(선재문호)! 戒之愼之(계지신지), 正汝身也哉(정여신야재)! 形莫若就(형막약취), 心莫若和(심막약화). 雖然(수연), 之二者有患(지이자유환). 就不欲入(취불욕입), 和不欲出(화불욕출). 形就而入(형취이입), 且爲顚爲滅(차위전위멸), 爲崩爲蹶(위붕위궐). 心和而出(심화이출), 且爲聲爲名(차위성위명), 爲妖爲孽(위요위얼). 彼且爲嬰兒(피차위영아), 亦與之爲嬰兒(역여지위영아). 彼且爲無町畦(피차위무정휴), 亦與之爲無町畦(역여지위무정휴). 彼且爲無崖(피차위무애), 亦與之爲無崖(역여지위무애). 達之(달지), 入於無疵(입어무자). 汝不知夫螳蜋乎(여부지부당랑호)? 怒其臂以當車轍(노기비이당거철), 不知其不勝任也(부지기불승임야), 是其才之美者也(시기재지미자야). 戒之愼之(계지신지)! 積伐而美者以犯之(적벌이미자이범지), 幾矣(기의). 汝不知夫養虎者乎(여부지부양호자호)? 不敢以生物與之(불감이생물여지), 爲其殺之之怒也(위기살지지노야). 不敢以全物與之(불감이전물여지), 爲其決之之怒也(위기결지지노야). 時其飢飽(시기기포), 達其怒心(달기노심). 虎之與人異類而媚養己者(호지여인이류이미양기자), 順也(순야). 故其殺者(고기살자), 逆也(역야). 夫愛馬者(부애마자), 以筐盛矢(이광성시), 以蜄盛溺(이신성뇨). 適有蚊虻僕緣(적유문맹복연), 而

拊之不時(이부지불시), 則缺銜,毁首,碎胸(즉결함훼수쇄흉). 意有所至(의유소지), 而愛有所亡(이애유소망), 可不愼邪(가불신야)!"

안합(顏闔)이 위나라 영공의 태자의 사부가 되려할 때 거백옥(蘧伯玉)에게 물었다.

"여기 어떤 사람이 있는데 그 성품이 타고나면서부터 잔인합니다. 그와 더불어 무도한 일을 하면 우리나라를 위태롭게 하고, 그와 더불어 도리에 맞게 하면 내 몸을 위태롭게 합니다. 그의 앎은 단지 남의 잘못은 잘 알지만 자기의 허물은 알지 못합니다. 그런 사람을 나는 어찌해야 할까요?

거백옥이 말했다.

"좋은 질문이시구려! 경계하고 삼가서 자기 몸을 바르게 해야 합니다. 몸은 그를 따르는 것만 한 것이 없고, 마음은 그와 화합하는 것만 한 것이 없습니다. 비록 그렇지만 이 두 가지에도 걱정이 있습니다. 따르되 빠지려 하지 않고, 화합하되 드러나려 하지 않아야 합니다. 따르다가 빠져들면 뒤집히고, 파멸하고, 무너지고, 넘어질 것입니다. 화합하되 마음이 드러나면 명성이 쌓여 요악한 귀신의 재앙을 당하게 됩니다. 그가 어린아이가 되면 또한 그와 더불어 어린아이가 되고, 그가 절도 없이 행동하면 또한 그와 함께 절도 없이 행동하며, 그가 끝없이 방탕하게 굴면 그와 함께 방탕하게 구십시오. 이런 식으로 소통의 경지에 들어가야 허물이 없는 경지에 들어갑니다. 그대는 사마귀를 모르십니까? 사마귀가 앞발을 사납게 쳐들고 수레바퀴를 감당하려 합니다. 자기가 이기지 못할 것을 알지 못하니 이는 그 재능이 뛰어나다고 생각하기 때문입니다. 경계하고 삼가십시오. 자기 능력을 쌓아두고 자랑하는 자는 그를 침범하는 것이니 위태롭습니다. 그대는 호랑이 기르는 사람을 모르십니까? 감히 살아 있는 먹이를 호랑이에게 주지 않는데 이는 죽이려는 사나움을 일어나게 하기 때문입니다. 감히 통째로 주지 않는 것은 찢어발기려는 사나움 때문입니다. 그 배고픔과 배부름에 맞추어 성내는 마음을 발산시킵니다. 호랑이는 사람과 종류가 다르지만 자기를 길러준 사람을 잘 따르는 것은 순리입니다. 그러므로 호랑이가 사육하는 사람을 죽이는 것은 본성을 거스르기 때문입니다.

말을 사랑하는 사람은 똥을 네모난 광주리에 받고, 조개껍데기로 장식한 그릇에 오줌을 받습니다.[78] 그러다가 마침 모기와 등에[79]가 말 등에 붙어 있는 것을 보고 불시에 때리면 재갈을 물어뜯고 사람의 머리와 가슴을 칠 것입니다. 뜻을 한 가지에만 몰두하면 사랑을 잃게 되니 삼가지 않을 수 있겠습니까?"

| 해석과 감상 |

공존하려면 자연스러운 성질을 따라 움직여야 한다. 취불욕입(就不欲入), 따르더라도 빠져들지 않게 한다. 따르더라도 동화(同化)되어 자신을 잃어버리는 지경에 빠지지 말아야 한다. 화불욕출(和不欲出), 화합하더라도 드러나지 않게 한다. 자신을 잃지 않고 넘쳐도 안 되며, 부족해도 안 된다. 모자란 사람은 모자라서 문제이고, 똑똑한 사람은 똑똑해서 사람들이 가까이하지 않는다. 물처럼 살라, 상선약수(上善若水. 노자 『도덕경』 8장). 이와 반대가 당랑거철(螳螂拒轍)이다. 이는 '제 분수를 모르고 강적에게 대항

---

78. 극진히 보살핀다는 뜻.
79. 가축이나 사람에 붙어 피를 빨아먹는 곤충. 소크라테스의 별명이 '아테네의 등에'이다. 이 말은 등에가 가축을 잠자지 못하게 하듯 아테네에 사는 소크라테스가 인류에게 잠을 자지 못하게 깨우는 존재라는 뜻을 담고 있다.

한다.'는 뜻이다. '당랑거철'은 '당랑지력(螳螂之力)', '당랑지부(螳螂之斧)'라고도 하며, 비슷한 말로는 '당비당거(螳臂當車)'가 있다. 분수를 모르나 용기가 가상하다로 보기도 한다.

즐기다 보면 빠져든다. 빠져들면, 좋은 일이라면 성취를 이루지만 나쁜 일이라면 망친다. 빠져들면 본성을 잊기 쉽다. 본성을 잊으면 평상심을 잃고 무너진다. 빠져들어야 이룰 수 있기에 빠져들지 않을 수도 없다. 공자는 인의에 빠졌고, 도척은 도둑질에 빠졌다. 학자는 학문에 빠지고 사업하는 자는 사업에 빠진다. 사랑하는 사람은 상대에 빠진다.

| 필사하기 |

● 就不欲入(취불욕입)이요 和不欲出(화불욕출)이라.

*就(나아갈 취. 좇을 취), 入(들 입), 慾(욕심 욕), 和(화할 화), 出(날 출)

【따르되 빠지려 하지 않고, 화합하되 드러나려 하지 않는다.】

● 意有所至(의유소지)면 而愛有所亡(이애유소망)이라.

*意(뜻 의), 有(있을 유), 所(바 소), 至(이를지), 愛(사랑 애), 亡(잃을 망)

【뜻을 이루고자 하면 사랑을 잃는다.】

■ 『논어』「학이」 曾子曰(증자왈), 吾日三省吾身(오일삼성오신)하니 爲人謀而不忠乎(위인모이불충호)아? 與朋友交而不信乎(여붕우교이불신호)아? 傳不習乎(전불습호)아?

*曾(일찍 증), 吾(나 오), 省(살필 성), 身(몸 신), 爲(할 위), 謀(꾀할 모), 忠(충성 충), 與(더불 여), 朋(벗 붕), 友(벗 우), 信(믿을 신), 傳(전할 전), 習(익힐 습)

【증자 가로되, 나는 매일 내 몸을 세 가지 살핀다. 남을 위하여 도모하는데 충실하지 않았는가? 벗과 사귐에 믿음이 없었는가? 전수한 것을 익히지 않았는가?】

『장자』와 『논어』로 우리 삶의 균형 찾기

장자는 드러나려 하면 잃는다며 화합하라고 말한다. 공자는 자신을 살피라고 말한다. 장자와 공자 모두 처세를 위해서 삼가라고 말한다. 장자의 처세는 잘못될 경우를 먼저 생각하라 하고, 공자의 처세는 미리 자신을 잘 준비하라고 말한다.

무용지용(無用之用), 쓸모없는 사람의 행복

나는 쓸모없어서 쓸모가 되었다.
사람의 이치로 칭송하지 마라.
니체는 장자처럼 말한다.
이제까지와 다른 근거들에 의해 판단해야 한다.
진정한 도덕에 충실하기 위해
그동안 신봉해온 도덕에 대한 신뢰를 철회한다.
니체는 장인 석을 흉내 내는가!

쓸모없어서 잘리지 않은 상수리나무,
재목감이 될 수 없어서 거대해진 나무,
제물로 바칠 수 없는 이마의 흰 점 소, 들창코 돼지,
병자의 곡식을 받아 천수를 누리는 꼽추,

산의 나무는 스스로 해치고
등잔불은 자기 몸을 태운다.

장인 석이 본 사직단의 상수리나무

| **본문** | 匠石之齊(장석지제), 至乎曲轅(지호곡원), 見櫟社樹(견력사수). 其大蔽
數千牛(기대폐수천우), 絜之百圍(혈지백위), 其高臨山十仞而後有枝(기고임산십
인이후유지), 其可以爲舟者旁十數(기가이위주자방십수). 觀者如市(관자여시), 匠
伯不顧(장백불고), 遂行不輟(수행불철). 弟子厭觀之(제자염관지), 走及匠石(주급
장석), 曰(왈), "自吾執斧斤以隨夫子(자오집부근이수부자), 未嘗見材如此其美也
(미상견재여차기미야). 先生不肯視(선생불긍시), 行不輟(행불철), 何邪(하야)?" 曰
(왈), "已矣(이의), 勿言之矣(물언지의)! 散木也(산목야), 以爲舟則沈(이위주즉침),
以爲棺槨則速腐(이위관곽즉속부), 以爲器則速毀(이위기즉속훼), 以爲門戸則液樠
(이위문호즉액만), 以爲柱則蠹(이위주즉두). 是不材之木也(시부재지목야), 無所可
用(무소가용), 故能若是之壽(고능약시지수)." 匠石歸(장석귀), 櫟社見夢曰(역사현
몽왈), "女將惡乎比予哉(여장오호비여재)? 若將比予於文木邪(약장비여어문목야)?
夫柤,梨,橘,柚,果,蓏之屬(부사리귤유과라지속), 實熟則剝(실숙즉박), 剝則辱(박즉
욕), 大枝折(대지절), 小枝泄(소지예). 此以其能苦其生者也(차이기능고기생자야),
故不終其天年而中道夭(고부종기천년이중도요), 自掊擊於世俗者也(자부격어세속
자야). 物莫不若是(물막불약시). 且予求無所可用久矣(차여구무소가용구의), 幾死
(기사), 乃今得之(내금득지), 爲予大用(위여대용). 使予也而有用(사여야이유용),
且得有此大也邪(차득유차대야야)? 且也(차야), 若與予也皆物也(약여여야개물야),
奈何哉其相物也(내하재기상물야)? 而幾死之散人(이기사지산인), 又惡知散木(우
오지산목)!" 匠石覺而診其夢(장석교이진기몽). 弟子曰(제자왈), "趣取無用(취취무
용), 則爲社何邪(즉위사하야)?" 曰(왈), "密(밀)! 若無言(약무언)! 彼亦直寄焉(피역
직기언), 以爲不知己者詬厲也(이위부지기자구려야). 不爲社者(불위사자), 且幾有
翦乎(차기유전호)! 且也(차야), 彼其所保(피기소보), 與衆異(여중이), 以義譽之(이
의예지), 不亦遠乎(불역원호)!"

1) 장인 석[80]이 제나라로 갈 적에 곡원(曲轅)[81]에 이르러 사직단에 심어진 상수리나무를 보았다. 그 크기는 수천 마리 소를 가릴 만하고, 둘레를 헤아려보면 백 아름쯤 되고, 높이는 산을 내려다볼 정도이고, 가지는 열 길쯤 위에서 뻗어 있는데 배를 만들 나무들이 수십 개나 되었다. 구경꾼이 저잣거리처럼 많았는데 장백[82]이 돌아보지도 않고 가는 길을 멈추지 않았다. 제자가 실컷 구경하다가 장인 석에게 달려와 말했다.

"제가 도끼를 잡고 선생님을 따라다닌 이래 이같이 좋은 나무는 본 적이 없습니다. 그런데 선생님은 기꺼이 보지도 않고 가던 길을 멈추지 않으니 어쩐 일입니까?

석이 말했다.

"그만두어라. 말할 것 없이 그것은 쓸모없는 잡목이니라. 배를 만들면 가라앉고, 관을 짜면 곧 썩고, 그릇을 만들면 곧 부서지고, 창문을 만들면 수액이 흘러나오고, 기둥을 만들면 좀이 슬 것이니 이 나무는 재목이 되지 못한다. 쓸 만한 데가 없어서 이처럼 장수할 수 있단다."

장인 석이 돌아왔는데 상수리나무의 신이 꿈에 나타나 말했다.

"그대는 나를 무엇에 견주려 하는가? 어찌 그대는 나를 쓸모 있는 문목(文木)[83]에 비교하느냐? 아가위나무, 배나무, 귤나무, 유자나무 등 열매를 맺는 나무는 열매가 익으면 잡아 뜯긴다. 잡아 뜯기면 욕을 당하니 큰 나무는 부러지고 작은 가지는 찢기니 이는 그 재능 때문에 그 삶에 고통이 생긴

---

80. 장석(匠石).

81. 길이 굽어진 곳의 마을.

82. 匠伯, 장석.

83. 문(文)은 무늬를 뜻한다. 문맥으로 보아 '쓸모 있는 나무'이다.

다. 그러므로 천수를 마치지 못하고 중도에서 요절하니 스스로 세상살이에서 공격을 받게 되는 것이다. 모든 사물이 이와 같지 않음이 없다. 나는 쓸데없는 것을 추구한 지 오래다. 거의 죽을 뻔했다가 이제야 쓸모없음을 얻어 나를 큰 쓰임으로 만들었다. 가령 내가 쓸모가 있었다면 이렇게 큰 나무가 될 수 있었겠는가? 또 그대와 나는 모두가 사물이다. 서로 사물인 것을 어찌겠느냐? 그대도 거의 죽어가는 쓸모없는 사람이니 또 어찌 쓸모없는 나무를 알겠는가?"

장인 석이 잠이 깨어 그 꿈의 길흉을 점쳤다. 제자가 말했다.

"취향이 쓸모없음을 취한다면서 사직단의 신성한 나무가 된 것은 어찌 된 것이오?"

장인 석이 말했다.

"쉿! 자네는 입을 다물게. 저 또한 단지 의탁했을 뿐이다. (저 나무는 네가 하는 말을 듣고) 자기를 알아주지 않는 자가 하는 욕지거리와 비난으로 여겼을 것이다. 사직단의 나무가 되지 않았다 하더라도 어찌 잘리겠느냐? 저 나무가 보전하는 것이 사람들과 다르다. 사람의 이치로써 칭송한다면 또한 멀지 않은가?"

남백자기가 본 큰 나무

| 본문 | 南伯子綦遊乎商之丘(남백자기유호상지구), 見大木焉有異(견대목언유이), 結駟千乘(결사천승), 隱將芘其所藾(은장비기소뢰). 子綦曰(자기왈), "此何木也哉(차하목야재)? 此必有異材夫(차필유이재부)!" 仰而視其細枝(앙이시기세지), 則拳曲而不可以爲棟梁(즉권곡이불가이위동량). 俯而見其大根(부이견기대근), 則軸解而不可爲棺槨(즉축해이불가이위관곽). 咶其葉(시기엽), 則口爛而爲傷(즉구

란이위상). 嗅之(후지), 則使人狂醒三日而不已(즉사인광정삼일이불이). 子綦曰(자기왈), "此果不材之木也(차과부재지목야), 以至於此其大也(이지어차기대야). 嗟乎(차호)! 神人以此不材(신인이차부재)!"

2) 남백자기가 상구에서 노닐 때 큰 나무를 보았는데 특이했다. 말 네 필이 끄는 수레 천 대를 매어 놓았는데 나무 그늘이 덮었다. 자기(子綦)가 말했다.

"이것은 무슨 나무일까? 이것은 반드시 특별한 쓸모가 있을 것이다."

고개를 들어 나뭇가지를 보니 굽어서 마룻대나 들보가 될 수 없고, 머리를 숙여 나무 밑동을 보니 뚫리고 갈라져 관을 만들 수도 없고, 혀로 핥으니 입이 불에 덴 것처럼 상처가 나고, 냄새를 맡으니 사람이 미친 것처럼 취해 삼 일이 지나도 그치지 않았다. 자기가 말했다.

"과연 재목감이 될 수 없어서 이처럼 클 수 있었구나. 아! 신인(神人)이 이처럼 쓸모가 없었구나.[84]"

들창코 돼지와 치질이 있는 사람

| 본문 | 宋有荊氏者(송유형씨자), 宜楸,柏,桑(의추백상). 其拱把而上者(기공파이상자), 求狙猴之杙者斬之(구저후지익자참지). 三圍四圍(삼위사위), 求高名之麗者斬之(구고명지려자참지). 七圍八圍(칠위팔위), 貴人富商之家求樿傍者斬之(귀인부상지가구선방자참지). 故未終其天年(고미종기천년), 而中道已夭於斧斤(이중도이요어부근), 此材之患也(차재지환야). 故解之以牛之白顙者(고해지이우지백상

---

84. 쓸모없음으로 삶을 지켰구나.

자), 與豚之亢鼻者(여돈지항비자), 與人有痔病者(여인유치병자), 不可以適河(불가이적하). 此皆巫祝以知之矣(차개무축이지지의), 所以爲不祥也(소이위불상야), 此乃神人之所以爲大祥也(차내신인지소이위대상야).

3) 송나라에 형씨(荆氏)라는 곳이 있는데 가래나무, 잣나무, 뽕나무가 잘 자란다. 한두 줌 이상 크면 원숭이 말뚝용으로 베어가고, 서너 아름이 되면 높고 이름 있는 집의 대들보용으로 베어가고, 일곱 여덟 아름이 되면 귀족 집안이나 부유한 상인의 집안에서 널빤지로 쓰기 위해 베어간다. 그러므로 천수를 다하지 못하고 중도에서 도끼에 찍혀 일찍 죽는다. 이것이 쓸모가 있어서 당하는 환란이다. 그 때문에 제사를 지낼 때 이마에 흰 점이 있는 소와 들창코 돼지와 치질이 있는 사람은 황하의 신에게 제물로 바치지 않는다. 무축이 이를 알고 상서롭지 못하다고 여긴다. 그러나 신인은 그것들을 크게 상서[85]로운 것으로 생각한다.

천수를 누리는 꼽추, 지리소

| 본문 | 支離疏者(지리소자), 頤隱於臍(이은어제), 肩高於頂(견고어정), 會撮指天(괄최지천), 五管在上(오관재상), 兩髀爲脅(양비위협). 挫鍼治繲(좌침치해), 足以餬口(족이호구). 鼓筴播精(고책파정), 足以食十人(족이사십인). 上徵武士(상징무사), 則支離攘臂而遊於其間(즉지리양비이유어기간). 上有大役(상유대역), 則支離以有常疾不受功(즉지리이유상질불수공). 上與病者粟(상여병자속), 則受三鐘與十束薪(즉수삼종여십속신). 夫支離其形者(부지리기형자), 猶足以養其身(유족이

---

85. 복되고 길한 일이 일어날 조짐.

양기신), 終其天年(종기천년), 又況支離其德者乎(우황지리기덕자호)!

4) 지리소라는 꼽추는 턱이 배꼽 아래 숨어 있고, 어깨가 이마보다 높고, 상투는 하늘을 가리키고, 오장은 위에 있으며, 두 넓적다리는 옆구리에 닿아 있다. 바느질과 세탁으로 충분히 입에 풀칠했으며, 점을 치면 쌀을 얻어 열 식구를 풍족히 먹여 살린다. 나라에서 병사를 모집하면 지리소는 팔을 걷고 그 사이에서 노닐며, 나라에 큰 부역이 있으면 지리소는 병이 있어서 일을 받지 않는다. 나라에서 병자에게 곡식을 나누어 주면 세 종[86]의 곡식과 열 묶음의 땔나무를 받는다. 지리소도 충분히 몸을 잘 기르고 천수를 마치는데, 하물며 지리소가 덕이 있으니 말해 무엇 하랴!

사람들은 쓸모없는 것의 쓸모를 모르는구나

| 본문 | 孔子適楚(공자적초), 楚狂接輿(초광접여) 遊其門曰(유기문왈), "鳳兮鳳兮(봉혜봉혜), 何如德之衰也(하여덕지쇠야)! 來世不可待(내세불가대), 往世不可追也(왕세불가추야). 天下有道(천하유도), 聖人成焉(성인성언). 天下無道(천하무도), 聖人生焉(성인생언). 方今之時(방금지시), 僅免刑焉(근면형언). 福輕乎羽(복경호우), 莫之知載(막지지재). 禍重乎地(화중호지), 莫之知避(막지지피). 已乎已乎(이호이호), 臨人以德(임인이덕)! 殆乎殆乎(태호태호), 畫地而趨(획지이추)! 迷陽迷陽(미양미양), 無傷吾行(무상오행)! 吾行卻曲(오행각곡), 無傷吾足(무상오족)! 山木自寇也(산목자구야), 膏火自煎也(고화자전야). 桂可食(계가식), 故伐之(고벌지). 漆可用(칠가용), 故割之(고할지). 人皆知有用之用(인개지유용지용), 而莫知無用之用也(이막지무용지용야)."

---

86. 鍾, 부피의 단위.

5) 공자가 초나라에 갔는데 초나라 광인 접여(接輿)[87]가 문 앞에서 놀다가 말했다.

"봉황새여! 봉황새여! 어찌 덕이 미약해졌는가? 오는 세상 기다릴 수 없고 가는 세상 따를 수 없네. 천하에 도가 있으면 성인은 (도를) 이루고 천하에 도가 없으면 성인은 살아갈 뿐이다. 지금 같은 때를 만나서는 겨우 벌을 면할 뿐이네. 복은 깃털보다 가벼운데 들어올 줄을 모르고 화는 대지보다 무거운데 피할 줄을 모르네. 그만두자, 그만두어라! 덕으로써 남에게 나아감이여. 위태롭다, 위태롭구나! 땅에 금을 그어 놓고 달리는구나. 가시풀이여, 가시풀이여! 내 다리를 찌르지 마라. 내가 물러나고 돌아가고 하여 내 발에 상처를 내지 않으리. 산의 나무는 스스로 해치며 등잔불은 스스로 몸을 불태운다. 계피는 먹을 수 있어 잘리고 옻나무는 쓸모가 있어 쪼개진다. 사람들은 모두 쓸모 있는 것의 쓸모만 알고 쓸모없는 것의 쓸모는 아무도 알지 못하는구나!"

| 해석과 감상 |

쓸모없음이 더 커다란 쓸모이다. 무용지대용(無用之大用)이 이 글의 주제이다. 무용지용(無用之用)은 더 큰 유용성에 대해 말한다. 사소한 유용성이나 실용성에 정신 팔지 말고 심재(心齋)를 실천하라. 지인(至人)의 경지에 이르기 이전의 모든 유용성은 진정한 유용성이 아니다. 큰 나무나, 사당의 상수리나무 등은 유용의 용도와 규모에서 다르다.

니체는 관습적 사고를 거부한다. 그는 『아침놀』의 서문에서 진정한 도덕에 충실하기 위해서 그동안 신봉해온 도덕에 대한 신뢰를 철회한다며 다

87.　접여는 도가의 대변자이다.

음과 같은 논지를 펼친다. 나, 니체는 나 자신만의 길을 홀로 고독하게 걸어 들어가 우리 철학자들이 수천 년 동안 신봉해 온 낡은 신념, 도덕에 대한 그 동안의 신뢰를 파괴했다. 선악에 대한 지금까지의 고찰은 조악하기 짝이 없고, 도덕은 마술처럼 사악한 설득으로 공고해지고 비판적 의지가 마비되었으며 복종만이 허용되어 왔다. 도덕은 사람들을 유혹했다. 도덕은 도덕적일 것이라는 관념이 이성적인 비판을 가두었다. 칸트조차 도덕적 광신에 영혼이 마비되어 도덕을 공격할 수 없었다. 그는 비도덕성을 보고서도 도덕을 신뢰했다. 루터 또한 많은 분노와 악의를 내 보이는 신을 이성을 통해 파악할 수 있다면 무엇 때문에 신앙이 필요하겠느냐는, 불합리하기 때문에 믿는다는 위험한 추론을 했다. '모순이 세계를 움직이고, 모든 사물은 자기 자신에게 모순적이다'라는 변증법적 명제를 내세운 헤겔 또한 칸트, 루터처럼 비관주의자이다. 전도된 사고, 관점을 달리하는 사고라는 점에서 장자와 니체는 유사한 면이 있다.

| 필사하기 |

● 來世不可待(내세 불가래)요 往世不可追也(왕세불가추야)라.

*來(올 래), 世(세상 세), 可(옳을 가), 待(기다릴 대), 往(갈 왕), 追(따를 추)

【오는 세상 기다릴 수 없고 가는 세상 따를 수 없다.】

● 人皆知有用之用(인개지유용지용)하고 而莫知無用之用也(이막지무용지용야)라.

*皆(모두 개), 知(알 지), 有(있을 유), 用(쓸 용), 莫(없을 막), 無(없을 무)

【사람들은 모두 쓸모 있는 것의 쓸모만 알고 쓸모없는 것의 쓸모는 알지 못한다.】

■ 『논어』「학이」子曰(자왈), 不患人之不己知(불환인지불기지)요 患

不知人也(환부지인야)니라.

【공자 가로되. 남이 자기를 알아주지 않는 것을 걱정하지 말고 남을 알아주지 못하는 것을 걱정하라.】

■『논어』「위령공」 子曰(자왈), 君子病無能焉(군자병무능언)이요 不病人之不己知也(불병인지불기지야)니라.

*君(임금 군), 病(병 병), 無(없을 무), 能(능할 능), 焉(어조사 언), 己(자기 기)

【공자 말씀하시되, 군자는 능력 없음을 걱정하고, 남이 자기를 알아주지 않음을 걱정하지 않는다.】

■『논어』「헌문」 子曰(자왈), 不患人之不己知(인환인지부기지)요 患其不能也(환기불능야)니라.

*患(근심 환), 己(자기 기), 知(알지), 其(그 기), 能(능할 능, 재능)

【공자 가로되, 남이 자기를 알아주지 않음을 걱정하지 말고 능력이 없음을 걱정하라.】

■『논어』「이인」 子曰(자왈), 不患無位(불환무위)요 患所以立(환소이립)하며 不患莫己知(불환막기지)요 求爲可知也(구위가지야)니라.

*患(근심 환), 無(없을 무), 位(자리 위), 莫(없을 막), 己(자기 기), 求 (구할 구)

【공자 가로되, 자리가 없음을 근심하지 말고, 설 수 있는 것을 근심하라. 자기를 알아주지 않음을 근심하지 말고, 알 수 있도록 하는 것에 힘써라.】

『장자』와 『논어』로 우리 삶의 균형 찾기

장자는 쓸모없음의 쓸모에 대해 말하고, 공자는 능력이 없음을 걱정한다. 장자는 심재(心齋)를 실천하라 말하고, 공자는 남이 자기를 알아주지 않음을 걱정하지 말라고 말한다. 장자는 쓸모없음의 더 큰 유용성에 대해 말하고, 공자는 더 큰 쓸모를 위해 능력을 기르라고 말한다.

제5편 덕충부(德充符), 덕을 충만하게

덕충부란 덕이 충만한 표시, 덕이 가득해서 저절로 밖으로 드러나는 표시란 뜻이다. 도(道)를 체득한 인물의 내면성이 밖으로 드러나는 모습을 의미한다. 장자는 참다운 덕(德)은 형상(形象)을 초월한 높은 내면성(內面性)에 있다고 말한다.

이 편은 도를 체득해서 내면화한 사람 이야기이다. 죄를 지어 절름발이가 된 왕태(王駘), 절름발이 신도가(申徒嘉), 절름발이 숙산무지(叔山無趾), 절름발이에 곱사등이 애태타(哀駘它), 절름발이에 언청이인 인기지리무순(闉跂支離無脣) 등은 모두 장애인들이다. 이들은 인간으로서 실존적 한계성과 결함을 지니고 살아가는 인간 군상을 상징적으로 과장해서 우화의 방식으로 보여준다. 덕이 충만해 있으면 외형의 결핍은 보이지 않는다는 것을 보여준다. 덕이 충만한 사람은 귀천을 잊고, 미추를 포용하고 만물을 품속에 노닐게 한다. 애태타는 권세, 재산, 외모, 언변, 지적 능력이 없음에도 남녀가 모여든다. 보통의 덕은 눈에 잘 띄어 칭찬의 대상이 되지만, 지극한 덕은 잘 드러나지 않는다. 이 편은 지극한 덕을 가진 사람은 장애를 가졌더라도 뭇 사람들의 사랑을 받는다는 것을 보여준다. 노자의 『도덕경』을 여성운동가의 성서라면 이 장은 장애인의 성서이다.

> 잘 익은 과일은 향기가 껍질을 뚫고 나오고
> 물을 충분히 머금은 흙은 물방울이 흘러넘친다.
> 몸에 열이 나면 땀으로 흘러나온다.
> 숨긴다고 숨겨지는 것이 아니니
> 사랑이 넘치면 눈빛으로 넘쳐흐른다.

외발이 왕태는 한쪽 다리 잃은 것을 보고
오히려 흙이 떨어져 나간 것으로 여긴다.
사람은 고요한 물에 비추어 이를 거울로 삼고
왕태는 육체를 일시적인 처소로 삼는다.

육체의 내면에서 교유해왔는데
육체의 바깥에서 나를 찾으니 잘못 아닌가 되물으며
발꿈치가 잘린 신도가는 절름발이를 의식하지 않고
본래의 마음속에서 노닌다.
하늘이 공자에게 벌을 내렸는데
이를 어찌 풀 수 있단 말인가.
공자가 이름이 나기를 바라 질곡이 된다며
외발이 숙산무지는 그를 하늘의 형벌을 받은 이라 한다.

여자들은 추한 애태타의 첩이라도 되려 하고
임금은 재상을 주려 하니
일러 덕우라 할 만하다
세상은 미남을 추앙해 왔는데
추남 애태타는 여자들조차 애태우는 사랑이 된다.

온갖 불구자 인기지리무순,
덕을 잊지 않고 외형을 잊어야 잊지 않음이나
사람들은 덕을 잊고 형체를 잊지 않아 정말 잊고 산다.
사람들은 정말 잊지 않을 것을 잊고 산다.

하늘이 어느 날 나에게 질병을 주면
간이나 폐를 잘라내고

달려드는 차에 내 몸이 부서지면
휠체어를 타게 되니
세상 사람은 모두 잠재적 장애인,
장애인 앞에서 더 겸손해져야 하는 까닭이니
그 앞에서 오만한 자야말로 진정 정신의 불구, 장애인이다.
삶은 단지 범사에 감사할 뿐이다.

성자의 모습, 외발이 왕태

| **본문** | 魯有兀者王駘(노유올자왕태), 從之遊者(종지유자), 與仲尼相若(여중니
상약). 常季問於仲尼曰(상계문어중니왈), "王駘(왕태), 兀者也(올자야), 從之遊者
(종지유자), 與夫子中分魯(여부자중분로). 立不教(입불교), 坐不議(좌불의), 虛而
往(허이왕), 實而歸(실이귀). 固有不言之教(고유불언지교), 無形而心成者邪(무
형이심성자야)? 是何人也(시하인야)?" 仲尼曰(중니왈), "夫子(부자), 聖人也(성인
야). 丘也(구야), 直後而未往耳(직후이미왕이). 丘將以爲師(구장이위사), 而況不如
丘者乎(이황불여구자호)! 奚假魯國(해가로국)! 丘將引天下而與從之(구장인천하
이여종지)." 常季曰(상계왈), "彼兀者也(피올자야), 而王先生(이왕선생), 其與庸亦
遠矣(기여용역원의). 若然者(약연자), 其用心也(기용심야), 獨若之何(독약지하)?"
仲尼曰(중니왈), "死生亦大矣(사생역대의), 而不得與之變(이부득여지변), 雖天地
覆墜(수천지복추), 亦將不與之遺(역장불여지유). 審乎無假(심호무가), 而不與物
遷(이불여물천), 命物之化(명물지화), 而守其宗也(이수기종야)." 常季曰(상계왈),
"何謂也(하위야)?" 仲尼曰(중니왈), "自其異者視之(자기이자시지), 肝膽楚越也(간
담초월야). 自其同者視之(자기동자시지), 萬物皆一也(만물개일야). 夫若然者(부
약연자), 且不知耳目之所宜(차부지이목지소의), 而游心於德之和(이유심어덕지
화), 物視其所一(물시기소일), 而不見其所喪(이불견기소상), 視喪其足(시상기족),
猶遺土也(유유토야)." 常季曰(상계왈), "彼爲己(피위기), 以其知得其心(이기지득기
심), 以其心得其常心(이기심득기상심), 物何爲最之哉(물하위최지재)?" 仲尼曰(중

니왈), "人莫鑑於流水(인막감어류수), 而鑑於止水(이감어지수), 唯止能止衆止(유지능지중지). 受命於地(수명어지), 唯松柏獨也在(유송백독야재), 冬夏靑靑(동하청청). 受命於天(수명어천), 唯舜獨也正(유순독야정), 幸能正生(행능정생), 以正衆生(이정중생). 夫保始之徵(부보시지징), 不懼之實(불구지실). 勇士一人(용사일인), 雄入於九軍(웅입어구군). 將求名而能自要者(장구명이능자요자), 而猶若此(이유약차), 而況官天地(이황관천지), 府萬物(부만물), 直寓六骸(직우육해), 象耳目(상이목), 一知之所知(일지지소지), 而心未嘗死者乎(이심미상사자호)! 彼且擇日而登假(피차택일이등가), 人則從是也(인즉종시야). 彼且何肯以物爲事乎(피차하긍이물위사호)!"

노나라에 형벌[88]을 받아 발꿈치가 잘린 왕태라는 사람이 있었다. 그를 따라 배우는 사람들이 중니와 서로 같았다. 상계가 중니에게 말했다.

"왕태는 느리고 절름발이인데 그를 따라 배우는 사람들이 선생님과 노나라를 반씩 나누었습니다. 서 있을 뿐 가르치지 않고, 앉아 있되 토의하지도 않으나 텅 빈 채로 와서 가득 채워 돌아갑니다. 진실로 말이 없는 가르침이요, 드러남이 없이 이루는 사람인가요? 이 사람은 어떤 사람입니까?"

중니가 말했다.

"그는 성인이다. 구(丘)는 다만 뒤처져 있어 아직 찾아가 보지 못했을 뿐이다. 구(丘)는 장차 스승으로 삼으려 한다. 하물며 구(丘)보다 못한 사람들이겠느냐? 구(丘)는 천하를 이끌고 함께 그를 따를 것이다."

상계가 말했다.

---

88. 五刑(오형): 옛날 중국(中國)의 다섯 가지 형벌(刑罰). 살갗에 먹물 넣기(묵형:墨刑), 코 베기(비형:劓刑), 발뒤꿈치 베기(월형:刖刑), 거세하기(궁형:宮刑), 죽이기(대벽:大辟)를 말한다.

"그는 절름발이로 선생님보다 뛰어나다[89]고 하니, 역시 보통 사람과는 거리가 있을 것입니다. 그 같은 사람의 마음 씀씀이가 뭔가 특별한 점이 있습니까?"

중니가 말했다.

"죽고 사는 것이 역시 큰 것이나 이것 때문에 변하지 않는다. 비록 하늘이 무너지고 땅이 꺼져도 그와 함께 떨어지지 않는다. 거짓이 없는 것을 살펴 사물과 함께 옮겨 다니지 않고, 사물의 변화를 운명으로 받아들여 그 근본[90]을 지킨다."

상계가 말했다.

"무슨 말씀이십니까?"

중니가 말했다.

"다른 관점에서 보면 간과 쓸개도 초나라와 월나라이고[91], 같은 관점에서 보면 만물은 하나처럼 같다. 대저 그런 사람은 또한 눈과 귀가 마땅하다고 여기는 것을 알지 못하고, 덕이 조화로운 곳에 마음이 노닐며, 사물을 하나로 보고 그 잃은 바를 보지 않는다. 다리를 잃은 것을 보고 오히려 흙이 떨어져 나간 것으로 여긴다."

상계가 말했다.

"그가 자기를 위했군요. 그 앎으로 그 마음을 얻고, 그 마음으로 그 변하지 않는 마음[92]을 얻었거늘 만물[93]이 어찌 그에게 모여듭니까?"

---

89. 왕(王, 크다, 낫다).

90. 도(道).

91. 초나라와 월나라처럼 멀다.

92. 항심(恒心).

중니가 말했다.

"사람은 흐르는 물에 비춰보지 않고 고요한 물에 비추어 거울로 삼는다. 오로지 고요함만이 많은 고요함을 고요하게 할 수 있다.[94] 땅에서 명[95]을 받아 오로지 소나무와 잣나무만이 홀로 올바르니 겨울과 여름에 푸르디 푸르다. 하늘에서 명을 받아 오로지 순임금만이 홀로 올바르니 만물의 으뜸이 되어 행복하게도 삶을 올바르게 하여 중생들의 삶을 바로 잡았다. 시원[96]을 보존하고 있다는 증거는 두려움 없는 실제로 나타난다. 용감한 병사 한 명이 적의 십만 대군[97] 속으로 용감히 들어가 이름을 얻고 스스로를 요구할 줄 아는 사람도 오히려 이와 같거늘, 하물며 천지를 다스리고 만물을 어루만져서 줄곧 육체를 일시적인 처소로 여기며, 귀와 눈을 허상으로 여기고, 앎으로 아는 것을 하나로 여기며, 마음이 죽은 적이 없는 사람이겠느냐? 그는 또한 날짜를 선택하여 아득한 곳[98]에 오르고, 사람들이 이를 따를 것이다. 그가 또한 어찌 즐겨 만물로써 (자기) 일을 삼으려 하겠느냐?"[99]

---

93. 또는 다른 사람.

94. 유지능지중지(惟止能止衆止) (1) 오로지 고요함이 많은 고요함을 고요하게 할 수 있다. (2) 오로지 그치는 것이 그치게 할 수 있고, 모두 그칠 수 있다. 오로지 거울이 고요해야 그림자를 고요하게 비출 수 있고, 모두가 고요하여 비친다.

95. 생명.

96. 시원의 도(始原의 道).

97. 구군(九軍). 구군(九軍)은 적의 10만 대군. 일군(一軍)은 12,500명. 天子는 六軍을 거느리고 諸侯는 三軍을 거느린다. 모든 적이라 구군이라 한다.

98. 도(道).

99. 그가 어찌 사람들을 모으려 하겠느냐?

| 해석과 감상 |

공자는 제자가 삼천이었다고 한다. 왕태가 이와 맞먹을 정도였다면 역사에 기록이 되어 있을 것이다. 기록이 없는 것은 장자가 지어낸 이야기이기 때문이다. 이솝 우화처럼 문학 작품이다. 공자는 왕태가 성인인 이유를 말한다. 첫째는 왕태가 생사에 초연한 사람, 둘째는 사물의 본성을 꿰뚫어 상심을 가진 의연한 사람이라는 것이다. 왕태는 육체를 일시적인 처소로 삼아 만물을 자기 일로 삼으려하지 않는 사람이라는 것이다. 형벌을 받아 발뒤꿈치가 잘린 사람을 올자라 하는데 벌을 받아 얼굴에 먹물 글자를 새기는 묵형과 함께 중국인들이 매우 부끄러운 일로 여긴 형벌이다. 그런데도 왕태에게는 제자가 수천 명이었다. 그는 육신을 초월한 사람이다.

수많은 사람이 타고난 외모를 성형으로 고치고 성장호르몬을 투입하여 키를 키우며, 피부 시술, 모발 이식 등 다양한 노력을 기울이고 있다. 미인들의 이야기는 역사의 중심축의 하나였다. 『일리아스』는 미인을 두고 벌어지는 전쟁이고, 제우스를 중심으로 이루어지는 그리스 신화는 미인들의 무대였다. 동양에서 나라를 기울게 하는 미인은 경국지색 등 많은 고사를 만들어냈다. 미인대회는 오랜 역사가 있고, 많은 그림은 미인을 옮기기에 힘을 쏟았다. 호메로스의 『일리아스』나 베르길리우스의 『아이네이스』에는 남자에서도 미남을 자주 언급하고 있다. 이러한 외모 중심 사상을 장자는 왕태를 내세워 비판하고 있다.

| 필사하기 |

● 鑑於止水(감어지수)라.

*鑑(거울 감), 於(어조사 어), 止(그칠지), 水(물 수)

【고요한 물에 비추어 거울로 삼는다.】

● 유지능지중지(惟止能止衆止)라.

*惟(생각할 유. 오로지 유), 止(그칠 지), 能(능할 능), 衆(무리 중)

【오로지 고요함이 많은 고요함을 고요하게 할 수 있다.】

■『논어』「태백」子曰(자왈), 巍巍乎(외외호)여, 舜禹之有天下也
而不與焉(순우지유천하야이불여언)로다!

*巍(높을 외), 舜(순임금 순), 禹(하우씨 우), 與(더불 여), 焉(어조사 언)

【공자 가로되, 높고 높구나! 순임금과 우임금이 천하를 가지고도 관여하
지 않으셨구나!】

■『논어』「자한」子曰(자왈), 歲寒然後(세한연후)에 知松柏之後彫
也(지송백지후각야)니라.

*歲(해 세), 寒(찰 한), 松(소나무 송), 柏(잣나무 백), 彫(새길 조, 시들 조)

【겨울 추위가 온 뒤에라야 소나무와 잣나무가 뒤늦게 시듦을 안다.】

『장자』와 『논어』로 우리 삶의 균형 찾기

노장사상은 고요함을 평상심으로 중심에 둔다. 공자는 요순임금의 높음
과 겨울을 견디는 소나무를 따르며 자기를 극복하려 한다. 소나무와 잣나
무가 푸르디푸른 것보다 왕태가 높다고 본문은 말한다.

차별이 없는 도, 신도가(申徒嘉)

| 본문 | 申徒嘉(신도가), 兀者也(올자야), 而與鄭子産同師於伯昏無人(이여정자
산동사어백혼무인). 子産謂申徒嘉曰(자산위신도가왈), "我先出(아선출), 則子止
(즉자지) ; 子先出(자선출), 則我止(즉아지)." 其明日(기명일), 又與合堂同席而坐
(우여합당동석이좌). 子産謂申徒嘉曰(자산위신도가왈), "我先出(아선출), 則子止

(즉자지) ; 子先出(자선출), 則我止(즉아지). 今我將出(금아장출), 子可以止乎(자가이지호), 其未邪(기미야)? 且子見執政而不違(차자견집정이불위), 子齊執政乎(자제집정호)?”申徒嘉曰(신도가왈), “先生之門(선생지문), 固有執政焉如此哉(고유집정언여차재)? 子而說子之執政而後人者也(자이열자지집정이후인자야)!” 聞之曰(문지왈), “鑑明則塵垢不止(감명즉진구부지), 止則不明也(지즉불명야). 久與賢人處(구여현인처), 則無過(즉무과). 今子之所取大者(금자지소취대자), 先生也(선생야), 而猶出言若是(이유출언약시), 不亦過乎(불역과호)!” 子產曰(자산왈), “子旣若是矣(자기약시의), 猶與堯爭善(유여요쟁선), 計子之德不足以自反邪(계자지덕부족이자반야)?”申徒嘉曰(신도가왈), “自狀其過以不當亡者衆(자상기과이부당망자중), 不狀其過以不當存者寡(불상기과이부당존자과). 知不可奈何而安之若命(지불가내하이안지약명), 惟有德者能之(유유덕자능지). 遊於羿之彀中(유어예지구중), 中央者(중앙자), 中地也(중지야), 然而不中者(연이부중자), 命也(명야). 人以其全足笑吾不全足者多矣(인이기전족소오부전족자다의). 我怫然而怒(아불연이노), 而適先生之所(이적선생지소), 則廢然而反(즉폐연이반). 不知先生之洗我以善邪(부지선생지세아이선야)! 吾與夫子遊十九年矣(오여부자유십구년의), 而未嘗知吾兀者也(이미상지오올자야). 今子與我遊於形骸之內(금자여아유어형해지내), 而子索我於形骸之外(이자색아어형해지외), 不亦過乎(불역과호)!” 子產蹴然改容更貌曰(자산축연개용경모왈), “子無乃稱(자무내칭)!”

신도가는 형벌로 발꿈치가 잘린 절름발이다. 그는 정나라 자산과 함께 백혼무인(伯昏无人)을 스승으로 삼았다. 자산이 신도가에게 일러 말했다.

"내가 먼저 나가면 그대는 남아 있고, 그대가 나가면 내가 남겠네."

다음 날 또 두 사람이 같은 방에 들어가 함께 앉게 되었다. 자산이 신도가에게 일러 말했다.

"내가 먼저 나가면 그대는 남아 있고, 그대가 먼저 나가면 내가 남겠네. 내가 지금 나가려는데 그대는 남아 있겠는가, 남아 있지 않겠는가? 그대는 재상[100]을 보고 비켜서지 않으니 그대는 재상과 나란히 하겠다는 말인가?"

신도가가 말했다.

"선생의 문하에 본디 이 같은 재상이 있던가? 그대는 재상이 된 것을 기뻐하고, 남을 뒤로 밀어내는 사람이군. 내가 들으니 '거울이 깨끗하면 때와 먼지가 앉지 않고, 때와 먼지가 앉으면 밝게 비추지 못한다. 오랫동안 현인과 함께 있으면 잘못이 없어진다.'라고 했네. 지금 자네는 위대하다고 하는 사람으로 선생님을 모시고 있는데 아직도 이 같은 말을 하니 잘못이 아닌가?"

자산이 말했다.

"그대는 이미 이런 처지가 되었는데 오히려 요임금과 선함을 다투려 하는군. 그대의 덕을 헤아려보게. 스스로 반성해도 부족할 것이네."

신도가가 말했다.

"스스로 자기 잘못을 변명하면서 잃은 것을 부당하다고 여기는 사람은 많지만, 자기 잘못을 변명하지 않음으로써 보존하는 것이 부당하다고 여기는 사람은 적다네. 어쩔 수 없음을 깨닫고 운명처럼 편히 여기는 것은 덕이 있는 사람만이 할 수 있지. 활 잘 쏘는 예(羿)의 과녁 안에서 놀면 그 중앙이 화살이 맞는 곳이네. 그런데도 화살에 맞지 않는 것은 운명이라네. 사람들은 자기가 온전한 발을 가졌다고 나의 온전하지 못한 발을 비웃는 자들이 많네. 나는 그럴 때마다 불끈 화가 났지. 그러나 선생님이 계신 곳에 가면 모두 잊고 본래 마음으로 돌아오게 되네. 선생님께서 훌륭함으로 나를 씻어 준 것이 아닌지 모르겠네. 내가 선생님과 19년 동안 노닐었는데 오히려 내가 절름발이라는 것을 의식하지(알지) 않았다네. 지금까지 그대

---

100. 집정자.

와 나는 육체의 내면에서 교유해 왔는데 그대는 나를 육체의 바깥에서 찾고 있으니 또한 잘못 아닌가?"

자산은 깜짝 놀라 얼굴색을 바꾸고 태도를 고치며 말했다.

"(알겠네.) 자네는 더 이상 말하지 말게."[101]

| 해석과 감상 |

외물로 보지 말고 내면으로 대하라. 안지약명(安之若命)하라, 운명처럼 편히 하라, 운명을 편히 따르라. 천한 신분과 욕된 삶의 상징으로 절름발이가 등장하고, 부귀의 상징으로 명성이 높은 정나라 재상 자산이 등장한다. 둘은 같은 스승을 모신다.

| 필사하기 |

● 知不可奈何(지불가내하)요 而安之若命(이안지약명)이라.

*奈(어찌 내), 何(어찌 하), 安(편안할 안), 若(같을 약), 命(목숨 명. 운명 명)

【어쩔 수 없음을 깨닫고 운명처럼 편히 여긴다.】

■『논어』「위령공」子曰(자왈), 過而不改(과이불개), 是謂過矣(소위 과의)니라.

*過(지날 과), 改(고칠 개, 허물 과), 是(옳을 시, 이 시), 謂(이를 위)

【공자 가로되, 허물이 있으면서 고치지 않으면 이를 허물이라 한다.】

『장자』와 『논어』로 우리 삶의 균형 찾기

장자는 운명을 말하고, 공자는 허물이 있으면 고치라 한다. 장자는 운명

---

101. 자신이 잘못했음을 시인하는 말이다.

을 수용하라 말하고, 공자는 극복하라 말한다.

외발이 숙산무지(叔山無趾)

| 본문 | 魯有兀者叔山無趾(노유올자숙산무지), 踵見仲尼(종현중니). 仲尼曰(중
니왈), "子不謹(자불근), 前旣犯患若是矣(전기범환약시의). 雖今來(수금래), 何及
矣(하급의)?" 無趾曰(무지왈), "吾唯不知務而輕用吾身(오유부지무이경용오신), 吾
是以亡足(오시이망족). 今吾來也(금오래야), 猶有尊足者存(유유존족자존), 吾是
以務全之也(오시이무전지야). 夫天無不覆(부천무불복), 地無不載(지무부재), 吾以
夫子爲天地(오이부자위천지), 安知夫子之猶若是也(안지부자지유약시야)!" 孔子
曰(공자왈), "丘則陋矣(구즉루의). 夫子胡不入乎(부자호불입호)? 請講以所聞(청강
이소문)!" 無趾出(무지출). 孔子曰(공자왈), "弟子勉之(제자면지)! 夫無趾(부무지),
兀者也(올자야), 猶務學以復補前行之惡(유무학이부보전행지악), 而況全德之人乎
(이황전덕지인호)!" 無趾語老聃曰(무지어노담왈), "孔丘之於至人(공구지어지인),
其未邪(기미야)! 彼何賓賓以學子爲(피하빈빈이학자위)? 彼且蘄以諔詭幻怪之名
聞(피차기이숙궤환괴지명문), 不知至人之以是爲己桎梏邪(부지지인지이시위기질
곡야)?" 老聃曰(노담왈), "胡不直使彼以死生爲一條(호부직사피이사생위일조), 以
可不可爲一貫者(이가불가위일관자), 解其桎梏(해기질곡), 其可乎(기가호)?" 無趾
曰(무지왈), "天刑之(천형지), 安可解(안가해)?"

노나라 외발이 숙산의 무지(절름발이란 뜻)가 절뚝거리며 중니를 찾아와
뵈었다. 중니가 말했다.

"그대는 이전에 삼가지 않아 이미 환난을 당해 이처럼 되었소. 인제 와서
어찌 미칠 수 있겠소[102]?"

---

102. 인제 와서 배운들 소용이 있소? 미칠(도달할) 수 있겠소?

무지가 말했다.

"저는 오로지 세상일에 힘쓸 줄 몰라, 몸을 가볍게 써서 이 때문에 발을 잃었습니다. 지금 제가 온 것은 오히려 발보다 존귀한 것이 있어서 이것을 힘써 온전히 하기 위해서입니다. 대저 하늘은 덮어주지 않는 것이 없고 땅은 대지 위에 실어 주지 않는 것이 없습니다. 저는 선생님을 하늘과 땅으로 여겨왔는데, 어찌 선생님이 이런 분인 줄 알았겠습니까?"

공자(孔子)가 말했다.

"구(丘)가 생각이 짧았습니다. 선생은 어찌 들어오지 않으시오? 청하건대 들은 바에 대해 말해 드리지요."

무지가 나가고 공자가 말했다.[103]

"제자들아 힘쓰라. 무지는 절름발이인데도 오히려 배우기에 힘쓰고 이전의 잘못을 다시 보완하려 한다. 하물며 덕이 온전한 사람은 말해 무엇 하겠느냐?"

무지가 노담(老聃)을 찾아가 말했다.

"공구(孔丘)는 지인(至人)에 이르렀습니까, 아닙니까? 그는 어째서 자꾸 선생님에게 배우고자 하나요? 그는 또 수수께끼나 속임수로 이름이 나기를 바라는데, 지인(至人)은 이것이 자기를 구속하는 질곡(桎梏)[104]이 된다는 것을 알지 못하나요?"

노담이 말했다.

---

103. 무지출(無趾出)을 두 가지로 해석할 수 있다. (1) 무지가 그냥 나갔다. 무지가 중니의 말을 듣지 않고 그냥 갔다. (2) 무지가 이후 나갔다. 무지가 중니의 말을 들은 다음 돌아갔다. 이 글의 마지막에서 무지가 공자에게 하늘이 벌을 내렸다고 말하는 것으로 보아 (1)과 같이 해석하는 것이 맥락상 맞다.

104. 차꼬와 수갑으로 구속의 비유. 멍에.

"다만 그대는 그로 하여금 죽고 사는 것이 한 가지요, 옳고 옳지 않은 것이 한 줄로 꿰어져 있음을 여겨 그 질곡을 풀어주는 것이 좋지 않겠는가?"

무지가 말했다.

"하늘이 그에게 형벌을 내렸는데 어찌 풀 수 있겠습니까?"

| 해석과 감상 |

장자와 열자는 공자를 끌어들여 자신의 논리를 강화한다. 공자는 노자를 찾아가 도를 묻는다. 장자는 공자의 인의가 자연의 질서를 무너뜨렸다고 비판한다. 형벌을 받았다고 꾸짖던 공자를 외발이 무지는 오히려 그가 하늘의 형벌을 받았다고 말한다. 노자가 공자의 질곡을 왜 풀어주지 않느냐고 묻자 무지는 하늘이 준 형벌을 자기가 벗겨 줄 수 없다고 대답한다. 천형(天刑)은 하늘의 형벌이다. 흔히 문둥병을 천형이라 한다. 하늘을 배반한 죄는 끔찍하고 운명적이어서 헤어날 수 없다. 무지는 인간에게 받은 형벌이지만 공자는 하늘에 의해 벌을 받았다는 말이다. 관점이 다른 왕필(226~249)은 공자는 무(無)를 알기에 유(有)를 말했으며, 노장은 유(有)의 경지를 벗어나지 못해서 무(無)를 이야기한다고 말한다.

| 필사하기 |

● 天刑之(천형지)면 安可解(안가해)리오?

*天(하늘 천), 刑(형벌 형), 安(어찌 안), 可(옳을 가. 가능 가), 解(풀 해)

【하늘이 그에게 벌을 내렸는데 어찌 풀 수 있겠는가?】

곱사등이 추남, 애태타

| **본문** | 魯哀公問於仲尼曰(노애공문어중니왈), "衛有惡人焉(위유악인언), 曰哀
駘它(왈애태타). 丈夫與之處者(장부여지처자), 思而不能去也(사이불능거야). 婦人
見之(부인견지), 請於父母曰(청어부모왈), 『與爲人妻(여위인처), 寧爲夫子妾(영위
부자첩)』者(자), 十數而未止也(십수이미지야). 未嘗有聞其唱者也(미상유문기창
자야), 常和而已矣(상화이이의). 無君人之位以濟乎人之死(무군인지위이제호인지
사), 無聚祿以望人之腹(무취록이망인지복). 又以惡駭天下(우이악해천하), 和而不
唱(화이불창), 知不出乎四域(지불출호사역), 且而雌雄合乎前(차이자웅합호전). 是
必有異乎人者也(시필유이호인자야). 寡人召而觀之(과인소이관지), 果以惡駭天下
(과이악해천하). 與寡人處(여과인처), 不至以月數(부지이월수), 而寡人有意乎其
爲人也(이과인유의호기위인야). 不至乎期年(부지호기년), 而寡人信之(이과인신
지). 國無宰(국무재), 寡人傳國焉(과인전국언). 悶然而後應(민연이후응), 氾而若
辭(범이약사). 寡人醜乎(과인추호), 卒授之國(졸수지국). 無幾何也(무기하야), 去
寡人而行(거과인이행), 寡人卹焉若有亡也(과인술언약유망야), 若無與樂是國也
(약무여락시국야). 是何人者也(시하인자야)?" 仲尼曰(중니왈), "丘也(구야), 嘗使於
楚矣(상시어초의), 適見㹠子食於其死母者(적견돈자식어기사모자), 少焉眴若(소언
현약), 皆棄之而走(개기지이주). 不見己焉爾(불견기언이), 不得類焉爾(부득류언
이). 所愛其母者(소애기모자), 非愛其形也(비애기형야), 愛使其形者也(애사기형
자야). 戰而死者(전이사자), 其人之葬也(기인지장야), 不以翣資(불이삽자), 刖者之
屨(월자지구), 無爲愛之(무위애지), 皆無其本矣(개무기본의). 爲天子之諸御(위천
자지제어), 不爪翦(부조전), 不穿耳(불천이). 娶妻者止於外(취처자지어외), 不得復
使(부득부사). 形全猶足以爲爾(형전유족이위이), 而況全德之人乎(이황전덕지인
호)! 今哀駘它未言而信(금애태타미언이신), 無功而親(무공이친), 使人授己國(사인
수기국), 唯恐其不受也(유공기불수야), 是必才全而德不形者也(시필재전이덕불형
자야)." 哀公曰(애공왈), "何謂才全(하위재전)?" 仲尼曰(중니왈), "死生存亡(사생존
망), 窮達貧富(궁달빈부), 賢與不肖(현여불초), 毁譽,饑渴,寒暑(훼예기갈한서), 是

事之變(시사지변), 命之行也(명지행야). 日夜相代乎前(일야상대호전), 而知不能 規乎其始者也(이지불능규호기시자야). 故不足以滑和(고부족이골화), 不可入於靈 府(불가입어령부). 使之和豫通而不失於兌(사지화예통이부실어열), 使日夜無郤而 與物爲春(사일야무극이여물위춘), 是接而生時於心者也(시접이생시어심자야). 是 之謂才全(시지위재전)." "何謂德不形(하위덕불형)?" 曰(왈), "平者(평자), 水停之盛 也(수정지성야). 其可以爲法也(기가이위법야), 內保之而外不蕩也(내보지이외불 탕야). 德者(덕자), 成和之修也(성화지수야). 德不形者(덕불형자), 物不能離也(물 불능리야)." 哀公異日以告閔子曰(애공이일이고민자왈), "始也(시야), 吾以南面而 君天下(오이남면이군천하), 執民之紀(집민지기), 而憂其死(이우기사), 吾自以爲至 通矣(오자이위지통의). 今吾聞至人之言(금오문지인지언), 恐吾無其實(공오무기 실), 輕用吾身而亡其國(경용오신이망기국). 吾與孔丘(오여공구), 非君臣也(비군신 야), 德友而已矣(덕우이이의)."

노나라 애공(哀公)이 중니(仲尼)에게 말했다.

"위나라에 추한 사람이 있는데 애태타(哀駘它)라 합니다. 사내들이 그와 함께 있으면 사모하여 떠날 줄을 모르고, 여인들이 그를 보면 부모에게 청 하기를 '남의 처가 되느니 차라리 그 사람의 첩이 되겠다'라고 하는 사람이 수십 명인데도 그치지 않는다고 합니다. 그가 앞장서서 인도했다[105]는 소 리를 듣지 못했습니다. 그는 다만 항상 다른 사람과 화합할 뿐입니다. 군 주의 자리에 앉아 남의 죽음을 구제한 일도 없고, 곡식을 쌓아두고 남의 배 를 채워줄 가망도 없습니다. 또한 추하여 천하를 놀라게 하고, 화합할 뿐 주창하지도 않고, 앎이 사방으로 드러나지도 않는데 남자와 여자들이 그 앞에 모여듭니다. 이는 반드시 다른 사람들과 다른 점이 있을 것입니다.

---

105. 주창(主唱)했다.

과인이 그를 불러 보았더니 과연 추함이 천하가 놀랄 만했습니다. 과인이 그와 함께 거처한 지 몇 달이 지나지 않아 과인은 그 사람됨에 마음이 끌렸습니다. 일 년도 되지 않아 과인은 그를 믿게 되었습니다. 나라에 재상이 비어서 과인이 나라를 전해주어 국정을 맡기려 했더니 무심히 있다가 후에 응답하는데 무관심하게 사양하는 것 같았습니다. 과인은 갑자기 나라를 맡기는 것을 부끄럽게 여겼는데 얼마 안 가서 과인을 버리고 떠나갔습니다. 과인은 마치 무엇을 잃은 것처럼 슬펐습니다. 마치 나라 안에 즐거움을 함께 할 사람이 없는 듯했습니다. 그는 어떤 사람입니까?"

중니가 말했다.

"내가 일찍이 초나라에 사신으로 간 적이 있는데 새끼 돼지가 죽은 어미의 젖을 빠는 것을 보았습니다. 잠시 후에 깜짝 놀라 모두 어미를 버리고 달아났습니다. 자기를 바라보지 않고 같은 종류가 아니라는 것을 알았기 때문입니다. 그 어미를 사랑한 것은 어미의 몸을 사랑해서가 아니라 그 몸을 부리는 것[106]을 사랑했습니다. 전쟁에서 죽은 사람은 장례를 치를 때 새의 깃털로 보내지 않고, 발꿈치가 잘린 사람의 신발은 사랑을 받지 못합니다. 모두 그 근본이 없어졌기 때문입니다. 천자의 후궁이 되면 (소중한 몸이어서) 손톱을 깎지 않고, 귀를 뚫지 않습니다. 아내를 얻은 사람은 밖에 머무르지 않고, 다시 숙직시키지 않습니다. 육체가 온전한데도 오히려 만족스럽게 이처럼 되는데 하물며 덕이 온전한 사람은 어떻겠습니까? 지금 애태타는 말을 하지 않아도 믿음이 있으며, 공이 없어도 친애합니다. 남이 나라[107]를 주면서 오로지 그가 받지 않을까 걱정을 하니 이는 반드시 재능

---

106. 움직이게 하는 것.

107. 재상 자리.

을 온전히 갖고 있으면서 그 덕을 드러내지 않는 사람입니다."

애공이 말했다.

"무엇을 일러 재능이 온전하다고 합니까?"

중니가 말했다.

"죽음과 삶, 보존과 패망, 곤궁과 영달, 가난과 부유함, 현명함과 어리석음, 치욕과 명예, 배고픔과 목마름, 추위와 더위 등은 사물의 변화요 천명의 운행입니다. 밤낮으로 앞에서 교대하는데 앎으로는 그 시작을 규명할 수 없습니다. 그러므로 (변화는) 조화를 어지럽히기에 부족하고 마음속에 들어올 수 없습니다. 조화롭고 즐겁게 통하게 하여 기쁨을 잃지 않고 밤낮으로 틈이 없게 하면 만물과 더불어 따뜻한 봄이 됩니다. 이것이 접촉하여 마음에 변화의 시기를 만들어냅니다. 이를 일러 재능이 온전하다고 합니다."

"무엇을 일러 덕이 드러나지 않는다고 합니까?"

(중니가) 말했다.

"평평한 것으로 물이 정지해 있는 것이 가장 성대합니다. 이것이 법이 될 수 있으니 안에서 이를 보전하고 밖에서 출렁이지 않아야 합니다. 덕이란 화평을 이루는 수양입니다. 덕이 형체로 (밖으로) 드러나지 않는 자는 만물이 떠나지 않습니다."[108]

---

108. 덕불형자 물불능이야(德不形者 物不能離也). 덕이 몸으로 나타나지 않는 자는 사물이 떠날 수 없다. 덕이 몸으로 드러나지 않는 자는 덕이 내면에 머무르는 자로 제대로 덕을 갖춘 사람을 이른다. 『도덕경』 38장에 "훌륭한 덕이 있는 사람은 자신의 덕을 의식하지 않는다. 그러기에 정말로 덕이 있는 사람이다. 훌륭하지 못한 덕을 가진 사람은 자신의 덕을 의식한다. 그러기에 정말로 덕이 없는 사람이다. 훌륭한 덕이 있는 사람은 일을 억지로 하지 않는다"라고 했다. 훌륭한 덕이 있는 사람은 덕을 의식하지 않기 때문에 덕이 밖으로 드러나지 않으며 살아간다. 이런 까닭으로 다른 사람들이 떠나갈 수 없다. 아름다움은 남들에 의해 스스로 드러날 뿐이다.

애공이 다른 날에 민자에게 알리면서 말했다.

"처음 내가 남면(南面)[109]하여 천하의 군주가 되었을 때 백성의 기강을 잡고, 그들의 죽음을 걱정하며, 나 스스로 지극한 도리라고 생각했습니다. 이제 지인(至人)의 말을 듣고 보니 내가 실질이 없고, 내 몸을 가볍게 써서 나라를 망치는 게 아닌가 두렵습니다. 나와 공구는 군신의 사이가 아니라 덕으로 사귄 벗입니다."

| 해석과 감상 |

덕은 화평을 이루는 수양이다. 애공은 공자를 덕우(德友), 곧 덕이 있는 벗, 착하고 어진 마음으로 사귀는 벗, 도반(道伴)이라고 표현한다. 그는 삶과 죽음, 가난과 부귀, 비난과 칭찬 등 인간사를 천명이자 우주의 변화로 자연스럽게 받아들여 마음의 평화를 유지하는 사람이다. 애태타는 슬플 정도로 낙타처럼 굽은 사람이란 뜻이다. 추남 애태타는 나서서 주창하는 일이 없이 언제나 사람에게 동조할 뿐이며, 태도가 모호하고 분명하지 않아 이것도 저것도 감싸 안는다. 『도덕경』 제15장에 나오는 도를 잘 닦은 사람이다. 그런 그에게 모두가 반해 그를 만난 사람들은 헤어지기 싫어하고, 그를 만난 여자들은 그 남자의 첩이 되고 싶어 한다. 애태타는 하늘이 준 바탕을 보전하고, 그것을 밖으로 드러내지 않았다. 장자의 덕우(德友)는 아리스토텔레스의 최고의 우정과 같다. 최고의 우정은 덕을 보고 친구를 사귀는 것이다. 관포지교(管鮑之交), 금란지교(金蘭之交), 지음지교(知音), 빈천지교(貧賤之交), 문경지교(刎頸之交), 수어지교(水魚之交), 죽마고우(竹馬故友), 백아절현(伯牙絶絃), 막역지우(莫逆之友), 지란지교(芝蘭之交) 등은 덕우

---

109. 임금이 앉던 자리의 방향.

의 다른 표현이다. 흔히 지위가 높은 데 이른 사람들이 사회적으로 문제가
되어 자기 책임을 말할 때 덕이 부족한 탓이라고 한다.

| 필사하기 |

● 덕불형자 물불능이야(德不形者 物不能離也)라.

*德(덕 덕), 形(모양 형. 드러날 형), 物(만물 물), 能(능할 능), 離(떠날 리)

【덕이 드러나지 않는 사람은 만물이 떠날 수 없다.】

■『논어』「이인」子曰(자왈), 德不孤(덕불고)라 必有鄰(필유린)이니
라.

*德(덕 덕), 孤(외로울 고), 隣(이웃 린)

【공자 가로되, "덕은 외롭지 않다. 반드시 이웃이 있다."】

■『논어』「양화」子曰(자왈), 道聽而塗說(도청이도설)이면 德之棄
也(덕지기야)니라.

*聽(들을 청), 塗(진흙 도), 棄(버릴 기)

【공자 가로되, "길에서 듣고 길에서 말하면 덕을 버리는 것이다."】

『장자』와 『논어』로 삶의 균형 찾기

『장자』에서는 공자를 내세워 덕을 드러내지 않아야 한다고 말하고, 『논
어』에서는 덕은 이웃이 있어 외롭지 않다고 말한다. 공자는 길에서 듣고
마음 깊이 새겨 자기 것으로 만들지 않고 길에서 남에게 떠들어 대면 덕을
버리는 것이라 말한다. 『장자』에서는 덕은 드러내는 것이 아니라며 태도
를 말하고, 『논어』에서는 덕은 마음 깊이 새겨 자기 것으로 만들면 외롭지
않다고 행위와 결과를 말한다.

온갖 불구자 인기지리무신, 잊지 말아야 할 것

| **본문** | 闓跂支離無脤說衛靈公(인기지리무신세위령공), 靈公說之(영공열지), 而視全人(이시전인), 其脰肩肩(기두견견). 甕㼜大癭說齊桓公(옹앙대영세제환공), 桓公說之(환공열지), 而視全人(이시전인), 其脰肩肩(기두견견). 故德有所長(고덕유소장), 而形有所忘(이형유소망), 人不忘其所忘(인불망기소망), 而忘其所不忘(이망기소불망), 此謂誠忘(차위성망). 故聖人有所遊(고성인유소유), 而知爲孽(이지위얼), 約爲膠(약위교), 德爲接(덕위접), 工爲商(공위상). 聖人不謀(성인불모), 惡用知(오용지)? 不斲(불착), 惡用膠(오용교)? 無喪(무상), 惡用德(오용덕)? 不貨(불화), 惡用商(오용상)? 四者(사자), 天鬻也(천육야). 天鬻者(천육자), 天食也(천사야). 旣受食於天(기수사어천), 又惡用人(우오용인)? 有人之形(유인지형), 無人之情(무인지정). 有人之形(유인지형), 故群於人(고군어인). 無人之情(무인지정), 故是非不得於身(고시비부득어신). 眇乎小哉(묘호소재)! 所以屬於人也(소이속어인야). 謷乎大哉(오호대재)! 獨成其天(독성기천).

절름발이요 꼽추이며 언청이인 사람이 위나라 영공에게 유세(遊說)했다. 영공이 그를 좋아하여 온전한 사람을 보면 목덜미가 야위고 가냘프게 보였다. 커다란 혹이 붙은 사람이 제나라 환공에게 유세했다. 환공이 그를 좋아하여 온전한 사람을 보면 목덜미가 야위고 가냘프게 보였다. 그러므로 덕이 뛰어나면 형체는 잊는다. 사람들은 잊지 말아야 할 것은 잊고, 잊어야 할 것은 잊지 않는다. 이를 진짜 잊음이라 한다. 그러므로 성인은 자유롭게 노닌다. 앎은 서자[110]가 되고, 구속하는 규약을 아교풀로 여기며,

---

110. 재앙.

덕은 접속[111]을 위함이고, 기술은 장사하기 위함이다. 성인은 (이처럼) 도모하지 않으니 어찌 앎을 쓰겠는가? 쪼개지 않으니 아교풀을 어찌 쓰며, 잃음이 없으니 어디에 덕을 쓰고, 돈을 벌지 않으니 어찌 장사가 소용이 있겠는가? 이 네 가지는 하늘이 길러준다. 하늘이 길러주는 것은 하늘이 먹여 준다. 이미 하늘에서 먹을 것을 받았으니 또한 어디에 사람을 쓰겠는가?[112] 사람의 형체는 있으나 감정은 없다. 사람의 형체가 있기에 사람들과 무리를 지어 살고, 사람의 감정이 없기에 시비가 몸에 침입하지 못한다. 아득히 작구나! 인간에 속한 것이여! 놀랄 만큼 크구나! 홀로 그 하늘을 이룸이여.

| 해석과 감상 |

덕이 뛰어나면 외형은 잊어버린다. 그런데 사람들은 덕을 잊고 외형을 잊지 않는다. 이를 성망(誠忘, 정말 잊는 것)이라 한다. 성인은 세속의 가치를 잊고 자연의 도를 잊지 않는다.

---

111. 접(接)은 사귐 또는 끊어진 것을 기워 붙이는 것으로 해석한다. 이는 뒤에 나오는 앎이 재앙이니 도모하지 않고, 규약은 쪼개지 않으니 아교풀이 필요 없고, 덕은 사귐이 없으니 소용없고, 기술은 돈을 벌지 않으니 소용없다 등으로 문맥이 이어져야 한다.

112. 우오용인(又惡用人). (1) 또한 사람을 씀을 미워한다. 곧, 사람이 하는 지(知, 지식), 약(約, 약속, 규제), 덕(德), 공(工, 장인) 등 보통의 인간이 사용하는 것을 싫어하고, 성인처럼 이들에서 벗어나 자연에 노닌다는 뜻으로 해석할 수 있다. (2) 또한 어찌 사람을 쓰겠는가? 또한 어찌 사람이 필요하겠는가? 사람이 소용이 있겠는가? 오(惡, 어찌)를 의문사로 보아 이처럼 해석할 수 있다. 이미 자연에서 먹을 것을 받았으니 어찌 사람이 소용이 있겠는가?

| 필사하기 |

● 人不忘其所忘(인불망기소망)하고 而忘其所不忘(이망기소불망)이라.

*人(사람 인), 忘(잊을 망), 所(바 소)

【사람들은 잊지 말아야 할 것은 잊고, 잊어야 할 것은 잊지 않는다.】

혜자와 장자, 장자는 항상 자연을 따르니

울음이 슬픔을 넘으면 몸을 해치고
환락이 기쁨을 넘으면 몸이 망가진다.
집착에서 벗어나면 감정이 순수함으로 남고
애증도 먼지처럼 털털 털어버릴 수 있으니
떠나간 사람 잡으려 서로의 몸을 상하게 하지 않아야 하리.
우리 안에 남길 것은
혜자처럼 견백론을 내세우는 시비곡직에서 벗어나
자연이 주는 덕, 자연이 주는 생명을 무심히 따르는 것뿐이리.
따진다고 인간의 힘으로는 따져지는 것도 아닌 세상인 것을
말이 끝나자마자 사라져버릴 목소리 높일 것 없다.

| 본문 | 惠子謂莊子曰(혜자위장자왈), "人故無情乎(인고무정호)?" 莊子曰(장자왈), "然(연)." 惠子曰(혜자왈), "人而無情(인이무정), 何以謂之人(하이위지인)?" 莊子曰(장자왈), "道與之貌(도여지모), 天與之形(천여지형), 惡得不謂之人(오득불위지인)?" 惠子曰(혜자왈), "旣謂之人(기위지인), 惡得無情(오득무정)?" 莊子曰(장자왈), "是非吾所謂情也(시비오소위정야). 吾所謂無情者(오소위무정자), 言人之不以好惡內傷其身(언인지불이호오내상기신), 常因自然而不益生也(상인자연이불익

생야)." 惠子曰(혜자왈), "不益生(불익생), 何以有其身(하이유기신)?" 莊子曰(장자
왈), "道與之貌(도여지모), 天與之形(천여지형), 無以好惡內傷其身(무이호오내상
기신). 今子外乎子之神(금자외호자지신), 勞乎子之精(노호자지정), 倚樹而吟(의
수이음), 據槁梧而瞑(거고오이명). 天選子之形(천선자지형), 子以堅白鳴(자이견백
명)!"

혜자가 장자에게 말했다.

"사람은 감정이 없는 것인가?"

장자가 말했다.

"그렇다네."

혜자가 말했다.

"사람이 감정이 없다면 사람이라 부를 수 있는가?"

장자가 말했다.

"도(道)는 그에게 용모를 주었고, 하늘은 그에게 형체를 주었네. 어찌 인
간이라 할 수 없는가?"

혜자가 말했다.

"이미 인간이라고 부른다면 어찌 감정이 없다고 하는가?"

장자가 말했다.

"이는 내가 말하는 감정이 아니네. 내가 감정이 없다고 한 것은 사람이
좋고 싫은 마음으로 그 몸을 상하지 않는 것이네. 항상 자연을 따라 삶의
군더더기를 무리하게 보태지 않는 것을 이르는 것일세."

혜자가 말했다.

"삶을 덧붙이지 않으면 어떻게 삶을 유지할 수 있는가?"

장자가 말했다.

"도는 모습을 부여했고, 자연은 형체를 부여했으니 좋고 싫은 마음으로

안에서 자기 몸을 해치지 않아야 하네. 지금 자네는 정신을 겉으로 드러내고 자네의 감정을 수고롭게 하여, 나무에 기대어 신음하고, 마른 오동나무에 기대어 졸고 있네. 하늘이 자네의 형체를 선택했는데 자네는 지금 단단하다느니 희다느니[113] 떠들고 있네."

| 해석과 감상 |

감정에 휘둘리지 않아 자기 몸을 해치지 않아야 한다. 참자유는 육체나 외부 환경에 흔들리지 않는 경지, 집착에서 벗어나는 경지를 이른다. 그것이 자연을 따르는 것이다. 그런데 장자는 혜자가 단단하다느니 희다느니 쓸데없이 따진다고 말한다. 혜자는 앞에서 장자가 크기만 하지 쓸모없다고 비판했는데 장자는 혜자의 견백론이야말로 쓸모없다고 반박한다. 도가 모습을 부여하고, 하늘이 형체를 주었으니 이를 순수하게 받아들이면 생명이 제대로 보존된다. 하늘이 준 형체에 쓸모없이 감정을 넣어 해치지 않아야 한다. 장자는 감정을 넘어선 경지, 감정에 좌우되지 않는 경지를 지향한다.

| 필사하기 |

● 無以好惡內傷其身(무이호오내상기신)이라.

無(없을 무), 好(좋을 호), 惡(미워할 오), 內(안 내), 傷(다칠 상), 身(몸 신)

【좋고 싫은 마음으로 안에서 그 몸을 해치지 않는다.】

---

113. 견백론(堅白論). 쓸데없이 논리나 따지고 궤변을 일삼는 이론. 견백론(堅白論)은 같은 것을 다르다고 하는 공손룡(公孫龍)의 주장이고, 동이론(同異論)은 다른 것을 같다고 하는 혜시(惠施)의 주장이다.

■『논어』「팔일」子曰(자왈), 關雎(관저)는 樂而不淫(낙이불음)하고
哀而不傷(애이불상)이니라.

*關(빗장 관), 雎(물수리 저), 樂(즐길 락), 淫(음란할 음), 哀(슬플 애), 傷(상처 상)

【공자 가로되, 「관저」[114]에 즐거워하되 음란하지 않으며 슬프되 상처가
없다.】

『장자』와 『논어』로 우리 삶의 균형 찾기

장자는 감정에 휘둘리지 않는 사람을 말하고, 공자는 즐겁거나 슬픔을
갖되 그에 빠져서 자신을 해쳐서는 안 된다고 말한다. 감정의 강도에서 장
자는 공자보다 감정에 좌우되지 않는 더 높은 경지를 말한다.

제6편 대종사(大宗師), 스승 중의 스승

대종사는 큰 스승이란 뜻이다. 위대하고 으뜸 되는 스승, 스승 중의 스승
으로 대종사는 도, 또는 도를 가진 사람인 진인을 의미한다. 본문 속 고지
진인(古之眞人), 천도(天道)가 대종사이다. 대종사는 모든 가르침의 으뜸이
되는 도(道)이다.

대종은 제사 용어이다. 시조부터 장자 계통을 대종이라 하고, 그 방계를
소종이라 한다. 소종은 보통 위로 4대까지 올라가며, 나를 기준으로 위로
4대, 아래로 4대까지를 구족(九族)이라 한다. 이러한 종법은 주(周)나라 때
형성된다. 모계가 중심이 되는 은나라를 지나 주나라에 와서 부계 가족 중
심으로 바뀌면서 종법이 만들어진다. 대종은 시조로 이어져 오는 큰 뿌리

---

114. 「관저」는 『시경』의 처음에 나오는 시이다.

를 뜻한다. 그러므로 대종사는 모든 가치의 뿌리를 가진 사람이다. 국어사전에는 대종사를 '대종교에서 도를 통하여 깨달음이 이루어진 사람을 높여 이르는 말', 불교에서 '조계종에서 이르는 비구 법계의 첫째로 종사의 법계를 받은 지 7년 이상 지난 사람 가운데 특히 뛰어난 이에게 준다.'라고 정의하고 있다.

'샘이 마르면 물고기들이 땅 위에서 서로 습기를 뿜어내며 서로 거품으로 적셔 주지만 강호(江湖)에서 서로를 잊고 사느니만 못하다[泉涸 魚相與處於陸 相呴以濕 相濡以沫 不如相忘於江湖].' 재앙 속에서 서로 협력하고 배려하면서 살아가지만 서로 잊고 지내더라도 강과 호수에서 자유롭게 사는 것이 낫다.

도의 단계별 수행과정은 외천하(外天下) → 외물(外物) → 외생(外生) → 조철(朝徹) → 견독(見獨) → 무고금(無古今) → 입어불사불생(入於不死不生)이다. 도의 전수는 의시(疑始: 시작을 알 수 없는 경지에 도달한 사람) → 삼요(參寥: 텅 비어 있는 道에 참여하는 사람) → 현명(玄冥: 깊고 어두워 알 수 없는 사람) → 어구(於謳: 道를 즐기는 사람) → 유역(需役: 道를 기르는 사람) → 섭허(聶許: 道를 바로 알아듣는 사람) → 첨명(瞻明: 직접 道를 본 사람) → 낙송(洛誦)의 손자(말) → 부묵(副墨)의 아들(문자)이라는 과정을 거친다.

좌망(坐忘)이란 일체의 인위적이고 차별적인 지식을 잊어버리는 상태를 말한다.

진인(眞人), 참다운 사람

진인은 참다운 사람이니
참은 껍질 속 알맹이다.

과육이 좋으면 껍질에 윤기가 나고
그 윤기가 아름다운 태양의 무지개색을 되받아 반사한다.
참다움은 그 자체로 머무르니
옆을 곁눈질하며 이기려 하지 않는다.
뿌리는 잎과 줄기에 힘을 쏟아 열매를 맺게 할 뿐,
계절에 따라 움직이고 쉬게 도울 뿐이다.
자연처럼 이치에 따라 움직이면 참사람이다.
뿌리는 천하 속에 숨어 열매를 드러낸다.

진인은 적은 것을 거역하지 않고 공을 뽐내지 않으며
발꿈치로 깊고 깊게 숨을 쉰다.
옛 진인은 생사의 즐거움과 싫어함을 몰랐고
마음이 한결 같아 만물과 더불어 마땅하다.
외물을 따르면 신인이 아니고
하늘과 사람이 서로 이기지 않으니 진인이다.
하물며 큰 스승, 도는 어떻겠는가!
물고기가 물을 잊고 강과 호수에서 사는 것이
마른 샘물에서 서로 물기를 뿜어 적셔주는 것보다 나으니
도의 강물에 빠지는 일이
요임금을 칭송하거나 걸왕을 비난하는 것보다 낫지 않은가.
천하를 천하 속에 감추면 힘 있는 자가 지고 달아날 수 없다.
성인은 훔칠 수 없는 곳에 노닐어 모두를 보존하여
시작도 끝도 죽음도 좋게 여기니 하물며 도는 어떻겠는가!
도는 스스로 근본이어서
천지가 있기 전부터 이미 존재하나
오래되었다고 하지 않고 늙었다고 하지 않는다.
천지, 삼황오제, 하늘의 별이 된 사람들이 가르침의 으뜸, 도로 이루어졌다.

옛 진인과 성인

| 본문 | 知天之所爲(지천지소위), 知人之所爲者(지인지소위자), 至矣(지의). 知天之所爲者(지천지소위자), 天而生也(천이생야). 知人之所爲者(지인지위소자), 以其知之所知(이기지지소지), 以養其知之所不知(이양기지지소부지), 終其天年而不中道夭者(종기천년이부중도요자), 是知之盛也(시지지성야). 雖然(수연), 有患(유환). 夫知有所待而後當(부지유소대이후당), 其所待者特未定也(기소대자특미정야). 庸詎知吾所謂天之非人乎(용거지오소위천지비인호)? 所謂人之非天乎(소위인지비천호)? 且有眞人(차유진인), 而後有眞知(이후유진지). 何謂眞人(하위진인)? 古之眞人(고지진인), 不逆寡(불역과), 不雄成(불웅성), 不謨士(불모사). 若然者(약연자), 過而弗悔(과이불회), 當而不自得也(당이부자득야). 若然者(약연자), 登高不慄(등고불률), 入水不濡(입수불유), 入火不熱(입화불열). 是知之能登假於道也若此(시지지능등격어도야약차). 古之眞人(고지진인), 其寢不夢(기침불몽), 其覺無憂(기교무우), 其食不甘(기식불감), 其息深深(기식심심). 眞人之息以踵(진인지식이종), 衆人之息以喉(중인지식이후). 屈服者(굴복자), 其嗌言若哇(기익언약와). 其耆欲深者(기기욕심자), 其天機淺(기천기천). 古之眞人(고지진인), 不知說生(부지열생), 不知惡死(부지오사), 其出不訢(기출불흔), 其入不距(기입불거). 翛然而往(소연이왕), 翛然而來而已矣(소연이래이이의). 不忘其所始(불망기소시), 不求其所終(불구기소종). 受而喜之(수이희지), 忘而復之(망이복지). 是之謂不以心捐道(시지위불이심연도), 不以人助天(불이인조천). 是之謂眞人(시지위진인). 若然者(약연자), 其心志(기심지), 其容寂(기용적), 其顙頯(기상규), 淒然似秋(처연사추), 煖然似春(훤연사춘), 喜怒通四時(희노통사시), 與物有宜(여물유의), 而莫知其極(이막지기극). 故聖人之用兵也(고성인지용병야), 亡國而不失人心(망국이부실인심), 利澤施於萬物(이택시어만세), 不爲愛人(불위애인). 故樂通物(고락통물), 非聖人也(비성인야). 有親(유친), 非仁也(비인야) ; 天時(천시), 非賢也(비현야). 利害不通(이해불통), 非君子也(비군자야). 行名失己(행명실기), 非士也(비사야). 亡身不眞(망신부진), 非役人也(비역인야). 若狐不偕(약호불해), 務光(무광), 伯夷(백이), 叔齊(숙

제), 箕子胥餘(기자서여),紀他(기타),申徒狄(신도적), 是役人之役(시역인지역), 適人之適(적인지적), 而不自適其適者也(이부자적기적자야). 古之眞人(고지진인), 其狀義而不朋(기상의이불붕), 若不足而不承(약부족이불승), 與乎其觚而不堅也 (여호기고이불견야), 張乎其虛而不華也(장호기허이불화야), 邴邴乎其似喜乎(병병 호기사희호)! 崔乎其不得已乎(최호기부득이호)! 滀乎進我色也(축호진아색야), 與 乎止我德也(여호지아덕야), 厲乎其似世乎(여호기사세호)! 謷乎其未可制也(오호 기미가제야), 連乎其似好閉也(연호기사호폐야), 悗乎忘其言也(문호망기언야).

1) 하늘이 하는 일을 알고, 사람이 하는 일을 알면 지극하다. 하늘이 하는 일을 아는 사람은 하늘을 따라 살고, 사람이 하는 일을 아는 사람은 그 앎이 아는 것으로써 그 앎이 알지 못하는 것을 기른다. 천수를 다하고 중도에 요절하지 않는 것이 앎의 성대함이다. 비록 그러하나 근심이 있다. 대저 앎은 의지하는[115] 것이 있어야 뒤에 합당한 것이 되는데 그 대상은 일정하게 정해져 있지 않다. 내가 말하는 하늘이 사람이 아님을 어찌 알고 내가 말하는 사람이 하늘이 아님을 어찌 알겠는가? 그러므로 참다운 사람이 있은 뒤라야 참다운 앎이 있을 수 있다.

누구를 진인(眞人)이라 하는가? 옛 진인은 적은 것을 거역하지 않고, 공을 뽐내지 않고, 인위적으로 일을 도모하지 않았다. 그런 사람은 잘못했다고 후회하지 않고, 합당하게 했다고 자신만만해하지 않는다. 그런 사람은 높은 곳에 올라서도 떨지 않고, 물에 들어가도 젖지 않으며, 불에 들어가도 뜨겁지 않다. 이것은 앎이 도에 이를 수 있어 이와 같은 것이다. 옛 진인은 (정신이 안정되어) 잘 때 꿈을 꾸지 않고, 깨어나도 근심이 없고, 먹어도 달지

---

115. 기다리는, 마주하는.

않으며, 숨소리는 깊고 깊다. 진인은 발꿈치로 숨을 쉬지만[116] 사람들은 목구멍으로 숨을 쉰다. 굴복한 사람은 아첨하는 말소리가 토하는 것 같고, 욕심이 깊은 사람은 하늘의 기틀이 얕다. 옛 진인은 생을 즐거워할 줄 몰랐고, 죽음을 싫어할 줄도 몰랐다. 태어남을 좋아하지도 않고, 죽음을 거부하지도 않는다. 홀연히 가고, 홀연히 올 뿐이다. 시작된 바를 잊지 않지만, 끝나는 것을 찾지도 않는다. 받고 기뻐하며, 잊고 돌아간다. 이를 일러 마음으로 도를 버리지 않고 인위로 하늘을 돕지 않는 것이라고 한다. 이를 진인(眞人)이라 한다. 그런 사람은 마음이 한결같고, 얼굴은 고요하며, 이마는 넓게 드러난다. 시원함이 가을 같고, 따뜻하기가 봄과 같으며, 기쁨과 노함이 사계절에 통하고, 만물과 더불어 마땅함이 있으니 그 끝을 알 수 없다.

그러므로 성인(聖人)이 군대를 움직여 나라를 잃어도 인심을 잃지 않으며, 이익과 혜택을 만물에 베풀지만 사람을 사랑한다고 하지 않는다. 그러므로 외물(外物)을 따르는 것을 좋아하면 성인이 아니다. 친애함은 어진 사람이 아니며, 하늘의 때에 맞추려 하면 현명한 사람이 아니다. 이로움과 해로움이 통하여 하나로 여기지 않는 사람은 군자가 아니며, 이름을 위해 자기를 잃는 것은 선비가 아니다. 몸을 죽여 참되지 않으면 남을 부리는 사람이 아니다. 호불해(狐不偕), 무광(務光), 백이(伯夷), 숙제(叔齊), 기자(箕子), 서여(胥餘), 기타(紀他), 신도적(申徒狄) 등은 남이 부리는 대로 부림을 당한 사람들이다. 남이 가고자 한 곳을 가고, 자기가 가고자 한 곳을 가지 않았다.

옛 진인은 그 모습이 의롭지만 무너지지 않고, 부족한 듯하지만 받는 일

---

116. 진인지식이종(眞人之息以踵). 숨이 발꿈치까지 미치고, 참다운 사람은 발꿈치로 숨을 쉰다. 진인의 숨은 발꿈치까지 미쳐 숨이 길다. 인도의 요가 수행이 중국에까지 영향을 끼친 것이라는 학자가 있다. 숨을 천천히 깊게 쉬면 양생에 도움이 된다.

없다. 법도에 맞구나! 모나면서 완고하지 않다. 넓고 크구나! 비어 있지
만 화려하지 않다. 환하고 밝구나! 기쁜 듯하다. 임박했구나! 부득이하도
다![117]가득한 모습이구나! 나의 안색을 드러낸다. 법도에 맞구나! 나의 덕
에 머문다. 넓구나! 마치 세속 같도다! 오연하구나! 제약할 수 없다. 침묵하
는구나! 한가함을 좋아하는 것 같다. 무심하구나! 말을 잊었다.

진인, 서로 이기려 하지 않아야

| **본문** | 以刑爲體(이형위체), 以禮爲翼(이례위익), 以知爲時(이지위시), 以德爲
循(이덕위순). 以刑爲體者(이형위체자), 綽乎其殺也(작호기살야). 以禮爲翼者(이
례위익자), 所以行於世也(소이행어세야). 以知爲時者(이지위시자), 不得已於事也
(부득이어사야). 以德爲循者(이덕위순자), 言其與有足者至於丘也(언기여유족자
지어구야), 而人眞以爲勤行者也(이인진이위근행자야). 故其好之也一(고기호지야
일), 其弗好之也一(기불호지야일). 其一也一(기일야일), 其不一也一(기불일야일).
其一(기일), 與天爲徒(여천위도). 其不一(기불일), 與人爲徒(여인위도). 天與人不
相勝也(천여인불상승야), 是之謂眞人(시지위진인). 死生(사생), 命也(명야), 其有
夜旦之常(기유야단지상), 天也(천야). 人之有所不得與(인지유소부득예), 皆物之
情也(개물지정야). 彼特以天爲父(피특이천위부), 而身猶愛之(이신유애지), 而況其
卓乎(이황기탁호)! 人特以有君爲愈乎己(인특이유군위유호기), 而身猶死之(이신
유사지), 而況其眞乎(이황기진호)!

2) 형벌로 본체를 삼고, 예로 날개를 삼으며, 앎으로 때를 삼고, 덕으로
좇아야 할 준칙을 삼는다. 형벌로 본체를 삼는다는 것은 죽일 사람을 관대

---

117. 높은 산이구나! 그침이 없음이여!

하게 하는 것이고, 예로 날개를 삼는다는 것은 예를 세상에서 행하기 위함이다. 앎으로 때를 삼는다는 것은 부득이 일을 해야 하기 위함이며, 덕으로 좇음을 삼는다는 것은 발이 있는 사람과 함께 하면 언덕에 이른다는 것을 말한다. 그래서 사람들은 참으로 부지런히 걸어간 사람[118]이라고 여긴다. 그러므로 그들은 좋아하는 것도 하나이고, 좋아하지 않는 것도 하나이다. 그 하나가 되는 것도 하나이고, 그 하나가 아닌 것도 하나이다. 그 하나가 되는 것은 하늘과 함께 무리가 되고, 그 하나가 아닌 것은 사람과 더불어 무리가 된다. 하늘과 사람이 서로를 이기려 하지 않아야 이를 참사람, 진인(眞人)이라 한다. 죽고 사는 것은 운명이다. 저녁 아침의 일정함은 하늘이다. 사람이 관여할 수 없는 바가 있으니 모두가 만물의 본성, 본질이다. 그 사람들은 특별히 하늘로 아버지를 삼고, 몸은 오히려 이를 사랑한다. 하물며 탁월함이겠는가? 사람은 특히 군주가 자기보다 뛰어나다고 여겨 몸을 바쳐 죽으려 하는데 하물며 그 참된 것[도(道)]이겠는가?

죽음으로 나를 쉬게 한다

| 본문 | 泉涸(천학), 魚相與處於陸(어상여처어륙), 相呴以溼(상구이습), 相濡以沫(상유이말), 不如相忘於江湖(불여상망어강호). 與其譽堯而非桀(여기예요이비걸), 不如兩忘而化其道(불여양망이화기도). 夫大塊載我以形(부대괴재아이형), 勞我以生(노아이생), 佚我以老(일아이노), 息我以死(식아이사). 故善吾生者(고선오생자), 乃所以善吾死也(내소이선오사야).

---

118. 근행자(勤行者). 부지런히 걷는 사람, 열심히 노력하는 사람, 열심히 행하는 사람 등으로 해석이 가능하다. 여기서는 앞 문장과 관련하여 부지런히 걷는 사람으로 해석했다.

3) 샘물이 말라 고기들이 다 같이 땅 위에 드러나니, 서로 물기를 뿜어내며, 서로 거품으로 적셔 주지만 강과 호수에서 서로를 잊고 사는 것만 못하다. 요 임금을 칭송하고 걸 왕을 비난하지만 둘 다 잊고 도에 교화하는 것만 못하다. 대지는 나에게 형체를 실어 주고, 나에게 삶을 주어 힘쓰게 하며, 늙음으로 편안하게 하고, 죽음으로 나를 쉬게 한다. 그러므로 나의 삶을 좋다고 여기는 것은 나의 죽음이 좋다고 여기는 것이다.

천하 속에 천하를 감춘다면

| 본문 | 夫藏舟於壑(부장주어학), 藏山於澤(장산어택), 謂之固矣(위지고의). 然而夜半有力者負之而走(연이야반유력자부지이주), 昧者不知也(매자부지야). 藏大小有宜(장대소유의), 猶有所遯(유유소둔). 若夫藏天下於天下(약부장천하어천하), 而不得所遯(이부득소둔), 是恒物之大情也(시항물지대정야). 特犯人之形而猶喜之(특범인지형이유희지), 若人之形者(약인지형자), 萬化而未始有極也(만화이미시유극야), 其爲樂可勝計邪(기위락가승계야)! 故聖人(고성인) 將遊於物之所不得遯而皆存(장유어물지소부득둔이개존). 善妖善老(선요선로), 善始善終(선시선종), 人猶效之(인유효지), 又況萬物之所係(우황만물지소계), 而一化之所待乎(이일화지소대호)!

4) 배를 산골짜기에 감추고, 연못에 산을 감추고서 이를 단단히 감추었다고 한다. 그러나 한밤중에 힘 있는 자가 이를 등에 지고 달아나면 잠자는 사람은 알 수 없다. 큰 것과 작은 것을 감추는데 마땅한 곳이 있지만 그래도 달아날 곳이 있다. 만약 천하 속에 천하를 감춘다면 훔쳐 달아날 수 없다. 이것이 변함없는 사물의 커다란 본성이다. 오직 사람의 몸으로 나온 것을 오히려 기뻐하지만 사람의 형체란 만 가지로 변화하여 처음부터 끝

이 없다. 그 기쁨이 되는 것을 헤아릴 수 있단 말인가? 그러므로 성인은 사물을 훔쳐 달아날 수 없는 곳에 노닐어 모두를 보존한다. 일찍 죽는 것도 좋게 여기고 늙음도 좋게 여기며, 시작도 좋게 여기고 끝도 좋게 여긴다. 사람들이 오히려 이를 본받는다. 하물며 만물과 관계되고, 일체의 변화가 의지하는 나[도(道)]는 어떻겠는가?

도는 스스로 근본이며 스스로 뿌리이다

| 본문 | 夫道(부도), 有情有信(유정유신), 無爲無形(무위무형). 可傳而不可受(가전이불가수), 可得而不可見(가득이불가견). 自本自根(자본자근), 未有天地(미유천지), 自古以固存(자고이고존). 神鬼神帝(신귀신제), 生天生地(생천생지). 在太極之先而不爲高(재태극지선이불위고), 在六極之下而不爲深(재육극지하이불위심). 先天地生而不爲久(선천지생이불위구), 長於上古而不爲老(장어상고이불위로). 豨韋氏得之(시위씨득지), 以挈天地(이설천지). 伏戲氏得之(복희씨득지), 以襲氣母(이습기모). 維斗得之(유두득지), 終古不忒(종고불특). 日月得之(일월득지), 終古不息(종고불식). 堪坏得之(감배득지), 以襲崑崙(이습곤륜). 馮夷得之(풍이득지), 以遊大川(이유대천). 肩吾得之(견오득지), 以處太山(이처태산). 黃帝得之(황제득지), 以登雲天(이등운천). 顓頊得之(전욱득지), 以處玄宮(이처현궁). 禺强得之(우강득지), 立乎北極(입호북극). 西王母得之(서왕모득지), 坐乎少廣(좌호소광), 莫知其始(막지기시), 莫知其終(막지기종). 彭祖得之(팽조득지), 上及有虞(상급유우), 下及五伯(하급오패). 傅說得之(부열득지), 以相武丁(이상무정), 奄有天下(엄유천하), 乘東維(승동유), 騎箕尾(기기미), 而比於列星(이비어열성).

5) 대저 도(道)는 본질[정(情)]을 지니고 믿음이 있지만, 작위(作爲)가 없고 형체도 없다. 전할 수 있으나 받을 수 없으며, 터득할 수 있으나 볼 수 없

다. 도는 스스로 근본이며, 스스로 뿌리이다. 천지가 있기 전 옛날부터 이미 존재한다. 귀신과 천제[119]를 신령스럽게 하고, 하늘과 땅을 낳았다. 태극보다 먼저 있었으나 높다고 하지 않고, 육극[120]의 아래에 있으나 깊다고 하지 않는다. 천지보다 앞서 살았으나 오래되었다고 하지 않고, 상고(上古)보다 오래되었으나 늙었다고 하지 않는다.

　시위씨(豨韋氏)는 이것을 얻어 천지를 이루고, 복희씨(伏羲氏)는 이것을 얻어 기의 근원[母]으로 들어갔다. 북두성(北斗星)은 이것을 얻어 태고부터 어긋나지 않고, 해와 달은 이것을 얻어 태고부터 쉬지 않는다. 감배(堪坏)는 이것을 얻어 곤륜산으로 들어가고, 풍이(馮夷)는 이것을 얻어 큰 냇물에서 노닐고, 견오(肩吾)는 이것을 얻어 큰 산에서 머물렀다. 황제는 이것을 얻어 구름과 하늘에 오르고, 전욱(顓頊)은 이것을 얻어 현궁(玄宮, 검은 궁궐, 북방의 궁궐)에서 살았다. 우강(禺强)은 이것을 얻어 북극을 세우고, 서왕모는 이것을 얻어 소광산에 자리를 잡아 시작과 끝을 알지 못했다. 팽조는 이것을 얻어 위로는 유우씨에 미치고 아래로는 오패의 시대[121]까지 미치었다(살았다). 부열(傅說)은 이것을 얻어 무정의 재상이 되어 천하를 다스리고, 동유(東維, 별)를 타고 기미(箕尾, 별)에 올라타서 별들과 나란히 되었다.

---

119. 제(帝), 하느님.

120. 육극(六極) 1) 여섯 방위, 사방과 위 아래로 이 세상을 뜻한다. 2) 이 세상을 뜻하는 어휘는 방향으로 나누어 표현하였다. 두 방향은 천지(天地), 네 방향은 사방(四方), 여섯 방향은 육합(六合)과 육극(六極), 여덟 방향은 팔방(八方), 열 방향은 십방(十方)이다. 십방(十方)을 불교에서는 시방이라 읽으며 인간이 사는 속세를 뜻한다.

121. 주(周)나라 시대.

| 해석과 감상 |

진인을 이야기하다가 성인을 말하고 있다. 성인 부분은 형벌, 예, 지, 덕을 이행하는 내용으로 법가 사상과 관련 있으며, 후대에 삽입한 것으로 학자들은 보고 있다. 천학지어(泉涸之魚, 涸 물마를 학)는 샘이 마른 곳에 놓인 고기란 뜻으로 곤궁한 처지에 놓인 사람을 비유한다. 「외물」편에 천학지어와 같은 의미의 학철부어(涸轍鮒魚, 물마를 확, 수레바퀴 철, 붕어 부, 고기 어)가 나온다. 학철부어는 수레바퀴 자국의 고인 물에 있는 붕어란 뜻으로 천학지어와 함께 곤궁한 처지에 놓인 사람을 비유한다. 샘이 마른 곳에 놓인 고기는 강이나 바다 등 물속으로 돌아가야 자유롭다. 요임금은 물기를 뿜어 돌봐주는 사람의 비유이며, 걸왕은 못살게 하는 사람의 비유이다. 진인의 처지에서 보면 요임금이나 걸왕은 하찮은 존재이기에 굳이 구분할 필요가 없다. 서로 도우면서 사는 세상이 아니라 서로 도울 필요도 없는 세상에서 살아가면서 서로 도울 필요도 없어 서로 잊고 살아야 함을 말한다. 도의 경지에서 살아가야 한다. 유가에서는 천학지어처럼 곤궁한 상황에서 서로 도와 가며 인의예지로 살아가야 하는 태도를 보여준다. 그러나 장자의 입장에서는 인간의 삶은 잠시 뭍에 나온 물고기 같다. 강이나 호수로 돌아가야 자유롭다. 유가는 힘든 현실 속에서 살아가는 방법을 말하고, 장자는 자연으로 돌아가서 자유롭게 살아가는 방법을 말한다.

| 필사하기 |

● 利害不通(이해불통)이면 非君子也(비군자야)요 行名失己(행명실기)면 非士也(비사야)요 亡身不眞(망신부진)이면 非役人也(비역인야)라.

*利(이로울 리), 害(해칠 해), 通(통할 통), 非(아닐 비), 行(갈 행), 失(잃을 실), 己

(자기 기), 士(선비 사), 亡(잃을 망), 身(몸 신), 眞(참 진), 役(부릴 역)

【이로움과 해로움이 서로 하나로 통하지 않으면 군자가 아니며, 이름을 위해 자기를 잃는 것은 선비가 아니다. 몸을 죽여 참되지 않으면 남을 부리는 사람이 아니다.】

● 天與人不相勝也(천여인불상승야)면 是之謂眞人(시지위진인)이니라.

*天(하늘 천), 與(줄 여, 더불 여), 相(서로 상), 勝(이길 승), 謂(이를 위), 眞(참 진)

【하늘과 사람이 서로를 이기려 하지 않는 이를 참사람이라 한다.】

■『논어』「태백」曾子言曰(증자언왈), 君子所貴乎道者三(군자소귀호도자삼)이니 動容貌(동용모)에 斯遠暴慢矣(사원폭만의)며 正顔色(정안색)에 斯近信矣(사근신의)며 出辭氣(출사기)에 斯遠鄙倍矣(사원비패의)니라.

*貴(귀할 귀), 道(길 도), 動(움직일 동), 容(얼굴 용), 貌(얼굴 모), 斯(이 사), 遠(멀 원), 暴(사나울 폭), 慢(거만할 만), 正(바를 정), 顔(얼굴 안), 色(빛 색), 近(가까울 근), 信(믿을 신), 辭(말 사), 氣(기운 기), 鄙(더러울 비), 倍(곱 배, 등질 패)

【증자가 말했다. 군자는 도에서 귀하게 여기는 바가 세 가지가 있다. 용모를 움직일 때는 포악함과 거만함을 멀리하고, 안색을 바로잡을 때는 믿음을 가까이하고, 말의 기운을 낼 때는 비루함과 배반을 멀리한다.】

『장자』와 『논어』로 우리 삶의 균형 찾기

장자는 서로 하나가 되어 이기려 하지 않아야 한다고 말하고, 『논어』에서 공자의 제자인 증자는 군자가 귀하게 여기는 태도를 말한다. 장자는 서로 통하는 참됨을 말하고, 증자는 자신이 수양해야 함을 말한다.

득도의 과정

득도의 일곱 단계
습득의 아홉 개의 전수 과정을 거쳐야
시원의 도에 도달한다.
천하를 밖에 두고 난 후에 사물을 밖에 두면
이후 삶을 밖에 둘 수 있다.
아침 햇살 같은 밝음을 얻어, 홀로 보게 되고
옛날과 지금이 없어진 후 죽지도 살지도 않는 경지에 오른다.
글자, 말, 눈, 귀, 실천, 노래, 도의 과정을 거쳐
텅 빈 경지에 도달하면 대종사에게 들을 수 있다.
평범한 이들은 도를 얻으려 평생을 바친다.

| 본문 | 南伯子葵問乎女偊曰(남백자규문호여우왈), "之年長矣(자지연장의), 而色若孺子(이색약유자), 何也(하야)?" 曰(왈), "聞道矣(오문도의)." 南伯子葵曰(남백자규왈), "可得學邪(도가득학야)?" 曰(왈), "惡(오)! 惡可(오가)! 子非其人也(자비기인야). 夫卜梁倚有聖人之才(부복량기유성인지재), 而無聖人之道(이무성인지도), 我有聖人之道(아유성인지도), 而無聖人之才(이무성인지재), 吾欲以教之(오욕이교지), 庶幾其果爲聖人乎(서기기과위성인호)! 不然(불연), 以聖人之道告聖人之才(이성인지도고성인지재), 亦易矣(역이의). 吾猶守而告之(오유수이고지), 參日而後能外天下(삼일이후능외천하). 已外天下矣(이외천하의), 吾又守之(오우수지), 七日而後能外物(칠일이후능외물). 已外物矣(이외물의), 吾又守之(오우수지), 九日而後能外生(구일이후능외생). 已外生矣(이외생의), 而後能朝徹(이후능조철). 朝徹(조철), 而後能見獨(이후능견독). 見獨(견독), 而後能無古今(이후능무고금). 無古今(무고금), 而後能入於不死不生(이후능입어불사불생). 殺生者不死(살생자불사), 生生者不生(생생자불생). 其爲物(기위물), 無不將也(무불장야), 無不迎也(무불영

야). 無不毀也(무불훼야), 無不成也(무불성야). 其名爲攖寧(기명위영녕). 攖寧也者
(영녕야자), 攖而後成者也(영이후성자야)." 南伯子葵曰(남백자규왈), "子獨惡乎聞
之(자독오호문지)?" 曰(왈), "聞諸副墨之子(문저부묵지자), 副墨之子聞諸洛誦之孫
(부묵지자문저낙송지손), 洛誦之孫聞之瞻明(낙송지손문지첨명), 瞻明聞之聶許(첨
명문지섭허), 聶許聞之需役(섭허문지수역), 需役聞之於謳(수역문지오구), 於謳聞
之玄冥(오구문지현명), 玄冥聞之參寥(현명문지참료), 參寥聞之疑始(참료문지의
시)."

남백자규가 여왜에게 말했다.

"당신은 나이가 많은데 안색이 어린아이[122] 같으니 어쩐 일이오?"

여왜가 말했다.

"나는 도를 알기 때문이다."

규가 말했다.

"도를 배울 수 있습니까?"

여왜가 말했다.

"오! 어찌 가능하겠는가? 그대는 그런 사람이 아니다. 복량의(卜梁倚)는
성인의 재질이 있으나 성인의 도가 없다. 나는 성인의 도가 있으나 성인의
재능은 없다. 나는 그를 가르치고 싶었다. 바라건대 그가 과연 성인이 될
수 있을까? 그렇지 않더라도 성인의 도를 성인의 재목이 되는 사람에게 알
려 주는 것은 쉬운 일이다. 나는 다만 지켜보면서 일러주었다.[123] 삼 일이

---

122. 유자(孺子, 나이 어린 남자).

123. 수이고지(守而告之), 오우수지(吾又守之) 1) 스스로를 지키라고 가르쳐 주다, 나는 또
스스로를 지키도록 했다. 2) 그를 지켜보면서 알려주었다. 나는 또한 이를 지켜보았
다. * 성인의 재목이 될 사람에게 하는 말이란 점을 고려하면 무엇인가를 알려주기보
다 스스로 깨닫도록 안내하는 것이 문맥상 맞다. 그래서 '이를 지키라고 말했다'로 해

지나자 천하를 밖에 둘 수 있었고, 이미 천하를 버린 후에 내가 또 그를 지켜봤더니 칠 일이 지나자 사물을 밖에 둘 수 있었다. 이미 사물을 잊어버렸으므로 내가 또 그를 지켜봤더니 구 일이 지나자 이후에는 삶을 밖에 둘 수 있었다. 삶을 놓아버리자 그 후로는 아침햇살처럼 환히 꿰뚫을 수 있게 되고, 아침 햇살 같은 밝음을 얻은 이후에는 홀로[124] 볼 수 있었다(見獨). 홀로 보게 되니 옛날과 지금[125]이 없어지고(無古今), 고금(古今)이 없어진 이후에는 능히 죽지도 않고 살지도 않는 경지에 들어갈 수 있었다(不死不生). 삶을 죽이는 존재는 죽지 않고, 삶을 살리는 존재는 살지 못한다.[126] 사물을 대할 때 (그대로) 보내지 않음이 없고, (그대로) 맞이하지 않음이 없으며, (스스로) 훼손하지 않음이 없고, (스스로) 생성하지 않음이 없다. 이를 일러 영녕(攖寧)[127]이라 한다. 어지러움(혼돈)의 평안이란 어지럽게 된 이후에 이루어지는 것이다."

석한다.

124. 또는 하나를.

125. 시간의 변화.

126. 살생자불사, 생생자불생(殺生者不死, 生生者不生). 이 구절은 역설법을 사용하고 있다. 죽고자 하면 살고, 살고자 하면 죽는다. 표면상 모순이다. 이순신 장군은 '필사즉생, 필생즉사(必死卽生 必生卽死), 반드시 죽고자 하면 살고, 반드시 살고자 하면 죽는다'를 말하고, 오자는 위나라 무후에게 '필사즉생, 행생즉사(必死卽生 幸生卽死), 반드시 죽고자 하면 살고, 요행이 살고자 하면 죽는다'를 말했다. (1) 살아 있는 것을 죽이는 자는 죽지 않고, 살아 있는 것을 살리는 자는 살지 못한다. (2) 삶을 죽이는 자는 죽지 않고, 삶을 살리는 자는 살지 못한다. (3) 죽고자 하면 죽지 않고, 살고자 하면 살지 못한다. 삶을 욕망, 집착으로 볼 수 있다. 욕망을 죽이면 살고 욕망에 빠져 집착하면 죽는다. 앞과 뒤의 맥락으로 볼 때 이 내용은 집착하지 않을 때 도의 경지에 들어설 수 있다는 내용이어야 한다.

127. 어지러움의 평안, 혼돈의 안정.

남백자기가 말했다.

"선생은 어디서 이런 말을 들었습니까?"

여왜가 말했다.

"모두 부묵(副墨)[128]의 아들에게서 들었다. 부묵의 아들은 낙송(洛誦)[129]의 손자에게서 듣고, 낙송의 손자는 첨명(瞻明)[130]에게서 듣고, 첨명은 섭허(聶許)[131]에게서 듣고, 섭허는 수역(需役)[132]에게 듣고, 수역은 오구(於謳)[133]에게서 듣고, 오구는 현명(玄冥)[134]에게서 듣고, 현명은 참료(參寥)[135]에게서 듣고, 참료는 의시(疑始)[136]에게서 들었다."

| 해석과 감상 |

이 글은 도(道), 불사불생(不死不生), 의시(疑始)를 위한 득도의 단계와 도의 습득 과정을 의인화의 방법을 사용하여 말하고 있다. 도의 경지에 도달하기 위해서는 단순히 버림에 있지 않고 득도의 7단계, 습득의 9개 전수 과정을 거쳐야 한다. 마음을 버리고, 글자로 공부를 시작하여 도의 경지를 지나서 빔 상태에서 대종사에게 가르침을 들어야 한다.

---

128. 부묵(副墨): 먹물 자국, 문자.

129. 낙송(洛誦, 말로 암송함).

130. 첨명(瞻明, 눈으로 밝게 살펴봄).

131. 섭허(聶許, 귀로 잘 알아들음).

132. 수역(需役, 일 잘함).

133. 오구(於謳, 감탄사 오, 노래할 구. 노래를 잘함).

134. 현명(玄冥, 그윽함).

135. 참료(參寥, 고요하고 적막함. 빔).

136. 의시(疑始, 시작을 알 수 없음. 곧, 대종사).

1) 도는 진전과정(득도의 단계)을 거쳐 불사불생에 도달하는 것이고, 전수(습득)의 여덟 과정을 거쳐 의시(대종사)에게서 도를 듣는다.

2) 득도의 단계는 외천하, 외물, 외생, 조철, 견독, 무고금, 불사불생 등 7단계이며 도의 습득 과정은 부묵, 낙송, 첨명, 섭허, 수역, 오구, 현명, 참료, 의시 등 9개의 과정을 거친다. 문자(글자) → 암송(말) → 봄(눈) → 들음(귀) → 실천 → 노래 → 도 → 빔 → 대종사가 그것이다. 도의 습득 과정의 의인화는 다음과 같다. 처음 글을 읽은 후(부묵, 문자), 줄줄이 구송하며(洛誦, 말), 밝게 살펴본 다음(첨명, 눈), 소곤거림마저 빠짐없이 듣고(섭허, 귀), 이를 그대로 행하여(수역, 실천), 나아가 즐겨 노래하고(오구, 노래), 도의 그윽한 경지(현명, 도)를 지나, 텅 빈 경지에 도달하여(참료, 빔), 시원의 도와 하나가 된 사람에게 듣는다.

| 필사하기 |

● 殺生者不死(살생자불사)요 生生者不生(생생자불생)이라.
*殺(죽일 살), 生(삶 생, 삶=욕망, 집착), 者(사람 자), 死(죽을 사)
【삶을 죽이는 자는 죽지 않고 삶을 살리는 자는 살지 못한다.】

■ 必死卽生(필사즉생)이요 幸生卽死(행생즉사)니라.-오자병법-
*必(반드시 필), 卽(곧 즉), 幸(다행 행)
【반드시 죽고자 하면 살고, 요행히 살고자 하면 죽는다.】

■ 必死卽生(필사즉생)이요 必生卽死(필생즉사)니라.-이순신-
【반드시 죽고자 하면 살고, 반드시 살고자 하면 죽는다.】

『장자』와 『논어』로 우리 삶의 균형 찾기

장자는 삶에 집착하면 삶이 불행하다고 말한다. 『오자병법』이나 이순신

장군의 말과 같다. 모두 역설법을 사용하고 있다.

생사존망이 하나, 자사와 자상호의 막역지우

얻는 것은 때를 따르고,

잃는 것은 순리이다.

자사의 벗들처럼

순리에 따르면, 슬픔과 즐거움이 들어올 수 없어

현해(懸解), 곧 매달림에서 풀려난다.

시신 앞에서 노래를 부르니

자상호의 벗들은 세상 밖에서 노니는 사람들이다.

죽음은 변화일 뿐이니 슬퍼할 일 아니다.

문명을 좋아하는 이들의 언어로는 혁신이며 발전 아닌가!

자사, 자여, 자려, 자래의 현해(懸解)

| **본문** | 子祀(자사), 子輿(자여), 子犁(자리), 子來(자래) 四人相與語曰(사인상여어왈), "孰能以無爲首(숙능이무위수), 以生爲脊(이생위척), 以死爲尻(이사위고), 孰知生死存亡之一體者(숙지생사존망지일체자), 吾與之友矣(오여지우의)."四人相視而笑(사인상시이소), 莫逆於心(막역어심), 遂相與爲友(수상여위우). 俄而子輿有病(아이자여유병), 子祀往問之(자사왕문지). 曰(왈), "偉哉(위재)! 夫造物者(부조물자), 將以予爲此拘拘也(장이여위차구구야)! 曲僂發背(곡루발배), 上有五管(상유오관), 頤隱於齊(이은어제), 肩高於頂(견고어정), 句贅指天(구췌지천)." 陰陽之氣有沴(음양지기유려), 其心閒而無事(기심한이무사), 跰足而鑑於井(변족이감어정), 曰(왈), "嗟乎(차호)! 夫造物者(부조물자), 又將以予爲此拘拘也(우장이여위차구구야)!" 子祀曰(자사왈), "汝惡之乎(여오지호)?" 曰(왈), "亡(무), 予何惡(여하오)! 浸假

而化予之左臂以爲雞(침가이화여지좌비이위계), 予因以求時夜(여인이구시야). 浸假而化予之右臂以爲彈(침가이화여지우비이위탄), 予因以求鴞炙(여인이구효자). 浸假而化予之尻以爲輪(침가이화여지고이위륜), 以神爲馬(이신위마), 予因以乘之(여인이승지), 豈更駕哉(기경가재)! 且夫得者時也(차부득자시야), 失者順也(실자순야), 安時而處順(안시이처순), 哀樂不能入也(애락불능입야). 此古之所謂縣解也(차고지소위현해야), 而不能自解者(이불능자해자), 物有結之(물유결지). 且夫物不勝天久矣(차부물불승천구의), 吾又何惡焉(오우하오언)?" 俄而子來有病(아이자래유병), 喘喘然將死(천천연장사), 其妻子環而泣之(기처자환이읍지). 子犁往問之曰(자리왕문지왈), "叱(질)! 避(피)! 無怛化(무달화)!" 倚其戶與之語曰(의기호여지어왈), "偉哉造物(위재조물)! 又將奚以汝爲(우장해이여위)? 將奚以汝適(장해이여적)? 以汝爲鼠肝乎(이여위서간호)? 以汝爲蟲臂乎(이여위충비호)?" 子來曰(자래왈), "父母於子(부모어자), 東西南北(동서남북), 唯命之從(유명지종). 陰陽於人(음양어인), 不翅於父母(불시어부모), 彼近吾死而我不聽(피근오사이아불청), 我則悍矣(아즉한의), 彼何罪焉(피하죄언)! 夫大塊載我以形(부대괴재아이형), 勞我以生(노아이생), 佚我以老(일아이노), 息我以死(식아이식). 故善吾生者(고선오생자), 乃所以善吾死也(내소이선오사야). 今之大冶鑄金(금지대야주금), 金踊躍曰(금용약왈)『我且必爲鎮鋣(아차필위막야)』, 大冶必以爲不祥之金(대야필이위불상지금). 今一犯人之形(금일범인지형), 而曰(이왈)『人耳人耳(인이인이)』, 夫造化者必以爲不祥之人(부조화자필이위불상지인). 今一以天地爲大鑪(금일이천지위대로), 以造化爲大冶(이조화위대야), 惡乎往而不可哉(오호왕이불가재)! 成然寐(성연매), 蘧然覺(거연교)."

1) 자사, 자여, 자려, 자래 네 사람이 서로 말했다.

"누가 무위(無爲)로 머리를 삼고, 삶으로 등뼈를 삼고, 죽음으로 꼬리를 삼을까? 누가 생사존망이 한 몸인 것을 알까? 나는 그런 사람과 벗하고 싶다."

네 사람이 서로를 보면서 웃었다. 마음에 거스름이 없자 드디어 서로 벗이 되었다. 얼마 안 되어 자여는 병이 들었다. 자사가 문병을 가서 말했다.

"위대하구나! 조물자(造物者)는 그대를 이렇게 구부러지고 오그라들게 했구나."

굽은 곱사등이 등에 튀어나오고, 오장은 위에 있고, 턱은 배꼽 아래에 숨고, 어깨는 이마보다 높고, 상투는 하늘을 가리킨다. 음양의 기운이 어지러워지고, 마음은 한가로워 아무 일도 없는 듯했다. 비틀거리며 가서 우물에 비춰보았다.

"아! 조물자는 또한 나에게 이렇게 구부러지고 오그라들게 했구나."

자사가 말했다.

"그대는 이것이 싫은가?"

자여가 말했다.

"아니네! 내가 왜 싫어하겠는가? 점점 변하여 내 어깨가 닭이 된다면 나는 때를 맞추어 새벽을 알려주고, 점점 변하여 내 팔뚝이 화살이 된다면 나는 부엉이 구이를 구할 것이네. 점점 변하여 내 꼬리뼈가 바퀴가 되고 정신이 말이 되면, 나는 이것을 탈 것이네. 어찌 따로 탈 것을 구하겠는가? 대저얻는 것은 때를 따르고, 잃는 것은 순리라네. 편안히 때를 맞이하고 거처를 순리에 따르면[137], 슬픔과 즐거움이 들어올 수 없네. 이것이 옛사람들이 말한 '매달림에서 풀려나는 것'[138]이라네. 스스로 풀려나지 못한 것은 사물이 그것을 묶어놓았기 때문이네. 또 사물이 하늘을 이기지 못한 것이 오래

---

137. 안시이처순은 안시이생(安時而生) 처순이사(處順而死)의 줄임말로 때에 따라 태어나고, 때에 따라 죽는다는 뜻이다.

138. 현해(懸解). 거꾸로 매달려 있다가 풀려난다. 풀려나지 못하는 원인은 다음 구절에 나오는 외물이다.

되었으니 내 어찌 싫어하겠는가?"

갑자기 자래가 병이 들어 숨을 몰아쉬며 장차 죽게 되었다. 그 처자가 그를 빙 둘러싸고 울었다. 자려가 문병을 와서 말했다.

"자, 저리들 비키시오. 변화를 슬퍼하지 마세요!"

그 창문에 기대어 그에게 말했다. "위대하구나, 조화여! 조물주는 또 자네를 무엇이 되게 하려는가? 자네를 어디로 가게 하려는가? 자네를 쥐의 간으로 만들까? 자네를 벌레의 다리로 만들까?"

자래가 말했다.

"부모란 자식에게 동서남북 어디든 오로지 명령에 따르는 존재네. 사람에게 음양은 부모일 뿐만이 아니네. 그것이 나에게 죽음 가까이 오라고 하는데 내가 듣지 않는다면 나는 버릇없는 것이니 그것이 어찌 죄가 되지 않겠는가? 대지는 나에게 몸을 실어 주고, 삶을 주어 힘쓰게 하며, 늙음을 주어 편안하게 하고, 죽음을 주어 쉬게 하네. 그러므로 나의 삶을 좋게 하는 것은 내가 죽음을 좋게 하는 것이네. 지금 대장장이가 쇠를 녹이는데 쇠가 펄펄 뛰면서 말하기를 '나는 반드시 막야 같은 명검이 되겠다.'라고 하면 대장장이는 반드시 상서롭지 못한 쇠로 여길 것이네. 지금 사람 형체로 만들어져 '사람으로만 있겠다. 사람으로만 있겠다.'라고 말한다면 조물자는 반드시 상서롭지 못한 사람이라고 여길 것이네. 지금 한 번 천지를 큰 용광로로 여기고 조물자를 대장장이로 생각한다면 어디로 간들 좋지 않겠는가? 조용히 잠들었다가 화들짝 깨어날 것[139]이라네."

---

139. 편안히 잠든 모습은 자래의 죽음 상황을 고려하면 죽음을 맞이하는 모습의 표현이다. 화들짝 깨어난다는 다른 모습으로 깨어난다는 뜻이다.

| 해석과 감상 | (2001 서강대 논술 고사 제시문)

때에 맞춰 순리에 처하면 생사존망이 하나가 되어 밧줄에서 해방된다는 내용을 말하고 있다. 생사존망일체(生死存亡一體), 안시처순(安時而處順), 현해(懸解)가 핵심어이다.

| 필사하기 |

● 생사존망일체(生死存亡一體)니라.

*生(날 생), 死(죽을 사), 存(있을 존), 亡(잃을 망), 體(몸 체)

【살아 있음과 죽어 없어짐이 하나의 몸이다.】

● 安時而處順(안시이처순), 哀樂不能入也(애락불능입야). 此古之所謂縣解也(차고지소위현해야),

*安(편안할 안), 處(살 처), 順(순할 순), 哀(슬플 애), 樂(즐길 락), 謂(이를 위), 懸(매달 현), 解(풀 해)

【편안히 때를 맞이하고 거처를 순리에 따르면, 슬픔과 즐거움이 들어올 수 없다. 이것이 옛사람들이 말한 '매달림에서 풀려나는 것'이다.】

■ 『논어』「이인」子曰(자왈), 父母在(부모재)거든 不遠遊(불원유)하며 遊必有方(유필유방)이니라.

*母(어머니 모), 在(있을 재), 遠(멀 원), 遊(놀 유), 必(반드시 필), 有(있을 유)

【공자 가로되, 부모가 계시면 멀리 놀러 가지 않으며, 놀러 가더라도 반드시 행방이 있어야 한다.】

■ 『논어』「이인」子曰(자왈), 父母之年(부모지년)을 不可不知也(불가부지야)니 一則以喜(일즉이희)하고 一則以懼(일즉이구)니라.

*父(아버지 부), 母(어머니 모), 年(해 년), 則(곧 즉), 喜(기쁠 희), 懼(두려워할 구)

【공자 가로되, 부모의 나이를 알지 않으면 안 된다. 한 편으로는 기쁘고,

한 편으로는 두렵다.[140]】

『장자』와 『논어』로 우리 삶의 균형 찾기

장자는 삶과 죽음을 하나로 본다. 공자는 죽음을 두려움의 대상으로 본다. 장자는 순리를 따르라며 죽음을 변화라 하고, 공자는 부모가 자식 걱정할 것을 염려하고 부모가 언제 돌아가실지 죽음을 걱정한다. 장자는 자연의 순리를 따를 것을 말하고, 공자는 자연의 순리에서라도 부모의 죽음을 걱정한다.

자상호, 맹자반, 자금장, 자공, 공자

| 본문 | 子桑戶(자상호), 孟子反(맹자반), 子琴張三人相與友(자금장삼인상여우), 曰(왈), "孰能相與於無相與(숙능상여어무상여), 相爲於無相爲(상위어무상위)? 孰能登天遊霧(숙능등천유무), 撓挑無極(효도무극), 相忘以生(상망이생), 無所終窮(무소종궁)?" 三人相視而笑(삼인상시이소), 莫逆於心(막역어심), 遂相與友(수상여우). 莫然有間(막연유간), 而子桑戶死(이자상호사), 未葬(미장). 孔子聞之(공자문지), 使子貢往侍事焉(시자공왕시사언). 或編曲(혹편곡), 或鼓琴(혹고금), 相和而歌曰(상화이가왈), "嗟來桑戶乎(차래상호호)! 嗟來桑戶乎(차래상호호)! 而已反其眞(이이반기진), 而我猶爲人猗(이아유위인의)!" 子貢趨而進曰(자공추이진왈), "敢問臨尸而歌(감문임시이가), 禮乎(예호)?" 二人相視而笑(이인상시이소), 曰(왈), "是惡知禮意(시오지례의)!" 子貢反(자공반), 以告孔子曰(이고공자왈), "彼何人者邪(피하인자야)? 修行無有(수행무유), 而外其形骸(이외기형해), 臨尸而歌(임시이가), 顔色不變(안색불변), 無以命之(무이명지). 彼何人者邪(피하인자야)?" 孔子曰(공자왈),

---

140. 오래 사셔서 기쁘지만 그만큼 노쇠하셔서 두렵다.

"彼遊方之外者也(피유방지외자야), 而丘游方之內者也(이구유방지내자야). 外內不相及(외내불상급), 而丘使女往弔之(이구시녀왕조지), 丘則陋矣(구즉루의). 彼方且與造物者爲人(피방차여조물자위인), 而遊乎天地之一氣(이유호천지지일기). 彼以生爲附贅縣疣(피이생위부췌현우), 以死爲決潰癰(이사위결환궤옹). 夫若然者(부약연자), 又惡知死生先後之所在(우오지사생선후지소재)! 假於異物(가어이물), 託於同體(탁어동체), 忘其肝膽(망기간담), 遺其耳目(유기이목), 反覆終始(반복종시), 不知端倪(부지단예), 芒然彷徨乎塵垢之外(망연방황호진구지외), 逍遙乎無爲之業(소요호무위지업). 彼又惡能憒憒然爲世俗之禮(피우오능궤궤연위세속지례), 以觀衆人之耳目哉(이관중인지이목재)!" 子貢曰(자공왈), "然則夫子何方之依(연즉부자하방지의)?" 孔子曰(공자왈), "丘(구), 天之戮民也(천지륙민야). 雖然(수연), 吾與汝共之(오여여공지)." 子貢曰(자공왈), "敢問其方(감문기방)." 孔子曰(공자왈), "魚相造乎水(어상조호수), 人相造乎道(인상조호도). 相造乎水者(상조호수자), 穿池而養給(천지이양급). 相造乎道者(상조호도자), 無事而生定(무사이생정). 故曰(고왈), 魚相忘乎江湖(어상망호강호), 人相忘乎道術(인상망호도술)." 子貢曰(자공왈), "敢問畸人(감문기인)." 曰(왈), "畸人者(기인자), 畸於人而侔於天(기어인이모어천). 故曰(고왈), 天之小人(천지소인), 人之君子(인지군자). 人之君子(인지군자), 天之小人也(천지소인야)."

2) 자상호, 맹자반, 자금장 세 사람이 서로 벗이 되어 말했다.

"누가 서로 사귐이 없는 것을 서로 사귐이라 하고, 서로 위함이 없는 것을 서로 위함이라고 할 수 있을까? 누가 하늘에 올라 안개 속을 노닐며, 끝이 없는 세계에서 자유롭게 다니고, 서로 삶을 잊고 끝나고 다하는 바가 없게 할 수 있을까?"

세 사람이 서로 보면서 웃었다. 거스르는 마음이 없어 서로 벗이 되었다. 아무 일 없이 지내다가 자상호가 죽었다. 장례를 치르기 전에 공자가 이를 듣고 자공을 시켜 일을 돕게 했다. 어떤 사람은 노래를 짓고, 어떤 사람은 거문고를 타면서 서로 화답하며 노래를 불렀다.

"오, 상호여! 이미 그대는 참됨으로 돌아갔는데 우리는 아직 사람으로 남아 있구나!"

자공은 서둘러 종종걸음으로 나아가 말했다.

"감히 묻겠는데 시체 앞에서 노래를 부르는 것이 예입니까?"

두 사람이 서로를 보고 웃으며 말했다.

"이런 사람이 어찌 예의 뜻을 알겠는가?"

자공이 돌아와 공자에게 고하여 말했다.

"저들은 어떤 사람들입니까? 수행하는 일이 없고, 몸의 뼈를 바깥에 두어 잊고서, 시체 앞에서 노래를 부르면서 안색이 변하지 않습니다. 저들을 이름 붙일 수 없으니 저들은 어떤 사람들입니까?"

공자가 말했다.

"저들은 세상[141] 밖을 노니는 사람들[142]이고, 구(丘)는 세상 안에 노니는 사람이다. 안과 밖이 서로서로 미치지 않는데 내가 너에게 가서 조문하게 했으니, 내 생각이 좁았다. 저들은 조물자와 함께하는 사람이 되고, 천지의 한결같은 기운에서 노닌다. 저들은 삶을 혹이 붙어 있고 사마귀가 달린 것처럼 생각한다. 죽음은 부스럼을 떼어내고, 종기를 짜내는 것으로 생각한다. 그런 사람들이므로 어찌 죽음과 삶이 선후가 있는 것을 알겠느냐? 다른 물건을 빌리고, 같은 형체에 의탁하여, 간과 쓸개를 잊고 귀와 눈을

---

141. 방(方, 테두리, 법), 예법, 세속.

142. 방지외자, 방지내자(方之外者, 方之內者). (1) 방지외자는 세상 밖에 있는 사람, 방지내자는 세상 안에 있는 사람이다. (2) 방외자는 국외자로 범위 밖의 사람을 뜻한다. (3) 방내자는 세속의 예법 속에서 살아가는 사람이다. 방내자는 세속의 중심이며 그 밖을 방외자라 한다.

버린 채, 처음과 끝을 반복하니 실마리와 마지막을 알지 못한다. 망연히 먼지와 때로 가득한 세상 밖에서 방황하고, 무위의 일에 소요(逍遙)한다. 저들이 또 어찌 번거롭게 세속의 예를 다하여 사람들의 이목을 끌겠느냐?"

자공이 말했다.

"그러면 선생님께서는 어떤 세계에 의탁하고 계십니까?"

공자가 말했다.

"구(丘)는 하늘의 형벌을 받는 백성이다. 비록 그러하지만 나는 너와 그것[143]을 함께 할 것이다."

자공이 말했다.

"감히 그 세계에 대해 묻습니다."

공자가 말했다.

"물고기는 함께 물로 나아가고, 사람은 함께 도(道)로 나아간다. 함께 물로 나아가는 것은 연못을 파서 넉넉히 기를 수 있고, 함께 도로 나아가는 것은 일을 없애 삶이 안정되게 한다. 그러므로 '물고기는 강과 호수에서 서로 잊고, 사람은 도술에서 서로 잊는다'.[144]고 말한다."

자공이 말했다.

"감히 기인(畸人, 奇人)에 대해 묻습니다."

공자가 말했다.

"기인이란 사람들에게 이상하게 보이지만 하늘과 같다. 그러므로 말하

---

143. 방외지사. 공자가 추구하고자 하는 세계.

144. 맹자반과 자금장이 도술의 세계에서 노닐기 때문에 자상호의 죽음을 잊고 노래한다는 뜻의 비유적 표현이다. 물고기가 강과 호수에서는 서로 도울 것이 없어 서로를 잊고 지낸다. 장자가 추구하는 세계이다. 그러나 말라가는 웅덩이에서는 공자식으로 서로 도와야 한다.

기를 '하늘의 소인은 사람의 군자이고, 사람의 군자는 하늘의 소인이다.'라
하였다."

| 해석과 감상 |

　세상 밖을 노니는 사람들은 무위의 근본에서 노닌다. 기인이란 자연을
닮은 사람을 말한다. 장자는 당시에 영향력이 있는 공자를 끌어들여 자신
의 이야기를 전개한다. 공자를 등장시켜 장자의 논리를 강화한다. 그러나
장자에 나오는 공자는 장자의 비판을 받기도 한다. 장자는 공자를 활용하
기도 하지만 자신의 사상이 우월함도 보여주려 한다.

| 필사하기 |

● 魚相忘乎江湖(어상망호강호)요 人相忘乎道術(인상망호도술)이라
*魚(물고기 어), 相(서로 상), 忘(잊을 망), 湖(호수 호), 道(길 도), 術(꾀 술)
【물고기는 강과 호수에서 서로 잊고, 사람은 도술에서 서로 잊는다.】

자연과 하나 되라: 공자, 안회, 효자 맹손씨의 상례

　상중에 맹손씨는 눈물을 흘리지 않고
　마음으로 슬퍼하지 않았지만
　공자와 안회는
　그가 특별히 깨어 있는 것을 깨닫지 못했다.
　그는 남들이 곡을 하니까 곡을 했을 뿐이니
　너와 나는 그를 알 수 없구나!
　다가오는 것을 편안히 하여 변화를 잊으면
　우리처럼 3년 상을 치르겠는가!

예송논쟁은 쓸데없는 일이고

묵자의 장례를 간소하게 해야 한다는 절장도 쓸데없다.

계절이 변한다고 곡을 하던가!

| **본문** | 顔回問仲尼曰(안회문중니왈), "孟孫才(맹손재), 其母死(기모사), 哭泣無涕(곡읍무체), 中心不戚(중심불척), 居喪不哀(거상불애). 無是三者(무시삼자), 以善處喪蓋魯國(이선처상개로국). 固有無其實而得其名者乎(고유무기실이득기명자호)? 回壹怪之(회일괴지)." 仲尼曰(중니왈), "夫孟孫氏盡之矣(부맹손씨진지의), 進於知矣(진어지의). 唯簡之而不得(수간지이부득), 夫已有所簡矣(부이유소간의). 孟孫氏不知所以生(맹손씨부지소이생), 不知所以死(부지소이사), 不知就先(부지취선), 不知就後(부지취후), 若化爲物(약화위물), 以待其所不知之化已乎(이대기소부지지화이호)! 且方將化(차방장화), 惡知不化哉(오지불화재)? 方將不化(방장불화), 惡知已化哉(오지이화재)? 吾特與汝其夢未始覺者邪(오특여여기몽미시교자야)! 且彼有駭形而無損心(차피유해형이무손심), 有旦宅而無情死(유단택이무정사). 孟孫氏特覺(맹손씨특교), 人哭亦哭(인곡역곡), 是自其所以乃(시자기소이내). 且也(차야), 相與吾之耳矣(상여오지이의), 庸詎知吾所謂吾之乎(용거지오소위오지호)? 且汝夢爲鳥而厲乎天(차여몽위조이려호천), 夢爲魚而沒於淵(몽위어이몰어연), 不識今之言者(불식금지언자), 其覺者乎(기교자호), 夢者乎(몽자호)? 造適不及笑(조적불급소), 獻笑不及排(헌소불급배), 安排而去化(안배이거화), 乃入於寥天一(내입어료천일)."

안회가 중니에게 물었다.

"맹손재는 그 어머니가 돌아가셔 곡을 할 때 눈물을 흘리지 않고, 마음으로 슬퍼하지 않았으며, 상중에 애통해하지도 않았습니다. 이 세 가지가 없었는데 상을 잘 치렀다는 평판이 노나라를 덮었습니다. 정말 실질이 없어도 이름을 얻을 수 있습니까? 회(回, 안회)는 참으로 이상합니다."

중니가 말했다.

"맹손씨는 이를 극진히 하였다. 아는 것에서 더 나아갔다. 간소하게 하려 하나 하지 못하는데 이미 간소한 바가 있다. 맹손씨는 사는 까닭을 알지 못하며, 죽는 까닭을 알지 못한다. 앞을 취하는 것을 알지 못하며, 뒤를 취하는 것도 알지 못한다. 변화에 따라 사물이 되어 알지 못하는 변화를 기다릴 뿐이다. 또한 막 변화하는 것이 변화하기 전을 알겠는가? 아직 변화하지 않은 것이 어떻게 변화하고 있는지 안단 말인가? 아마도 나와 너만이 그 꿈을 처음부터 깨지 못한 사람일 것이다. 또한 그는 형체를 놀라게 하는 일이 있으나 마음을 잃지 않았으며, 집을 놀라게 하지만 마음[145]의 죽음은 없다. 맹손씨는 특별히 깨어 있었다. 남들이 곡을 하니까 그 역시 곡을 했고, 이것이 그렇게 했던 까닭이다. 또한 서로 함께하고 있는 것을 '나'라고 여길 뿐이니, 어찌 '나' 자신이 이른바 나라는 것을 어찌 알겠는가? 또 너는 꿈속에서 새가 되어 하늘을 날기도 하지. 꿈속에서 물고기가 되어 연못에 들어가기도 하지. 알 수 없구나! 지금 말하는 것이 깨어난 상태인지 꿈꾸는 것인지를. 잠시의 흡족함은 웃음에 미치지 못하고, 드러난 웃음은 다가오는 것[146]에 미치지 못한다. 다가오는 것을 따라 편안히 하여 변화를 잊으면 비로소 고요함에 들어 하늘과 하나가 된다."

| 해석과 감상 |

생사의 굴레를 벗어나 자연과 하나 되어야 한다. 공자는 죽음을 넘어서지 못하고 있지만 장자는 자연을 따라 편안하게 변화하는 것조차 잊어버

---

145. 본성.
146. 자연의 추이로 자연의 변화를 따른다는 뜻이다.

려야 한다고 요구한다. 공자는 삼년상을 주장했고, 맹자는 묵가의 절장(節葬, 장례를 절약함)을 비난하면서 후하게 장례를 치르는 것이 도리에 맞다고 주장한다. 죽은 자를 위하기보다 산 자의 생명을 위하라는 묵가의 절장을 고려하면 삼년상의 폐해가 크다. 공자를 등장시켜 맹손씨를 옹호하는 것은 장자식의 이야기 전개 방법이다. 공자가 이런 생각을 했는지는 검토하고 살펴볼 일이지만『논어』에 나오는 공자의 사상은 아니다. 당시에 3년상에 대해서 많은 논란이 있었다. 조선시대 2차에 걸쳐 일어난 예송 논쟁은 상복을 얼마 동안 입는가의 논쟁이었다. 효종의 어머니 장렬왕후가 아들 효종이 죽었을 때 상복을 얼마 동안 입어야 하는 문제가 1차 예송논쟁이고, 장렬왕후가 며느리 상을 당해 얼마 동안 상복을 입어야 하는 논쟁이었다. 지금으로는 이해하기 어려운 국가 논쟁이었다.

| 필사하기 |

● 安排而去化(안배이거화)면 乃入於寥天一(내입어료천일)이라.

*安(편안할 안), 排(밀칠 배, 다가올 배), 去(갈 거), 化(될 화), 乃(이에 내), 寥(쓸쓸할 료, 텅 빌 료), 天(하늘 천)

【다가오는 것을 따라 편안히 하여 변화를 잊으면 비로소 고요함에 들어 하늘과 하나가 된다.】

■『논어』「팔일」子曰(자왈), 居上不寬(거상불관)하며 爲禮不敬(위례불경)하며 臨喪不哀(임상불애)면 吾何以觀之哉(오하이관지재)리오

*居(있을 거), 寬(너그러울 관), 禮(예도 례), 敬(공경할 공), 臨(임할 임), 喪(죽을 상), 哀(슬플 애), 吾(나 오), 何(어찌 하), 觀(볼 관), 哉(어조사 재)

【공자 가로되, 윗자리에 있으면서 관대하지 못하며, 예를 행할 때 공경

하지 않으며, 상을 당해서 슬퍼하지 않으면, 내가 어찌 그를 보겠는가?】

■『논어』「양화」子曰(자왈), 予之不仁也(여지불인야)! 子生三年(자
생삼년), 然後免於父母之懷(연후면어부모지회). 夫三年之喪(부삼
년지상) 天下之通喪也(천하지통상야), 予也有三年之愛於其父母
乎(여야유삼년지애어기부모호)!

*予(나 여, 여기서는 재아를 말함), 免(면할 면), 懷(품을 회), 喪(죽을 상), 通(통할
통), 乎(어조사 호, 의문 또는 감탄)

【공자 가로되, 재아가 어질지 못하다. 자식이 난 지 3년이 지난 후 부모
의 품을 면한다. 삼년상은 천하의 공통된 상이다. 재아도 부모에게 3년
동안 사랑을 받았도다.】

『장자』와 『논어』로 우리 삶의 균형 찾기

장자는 상례를 대수롭지 않게 여기고, 공자는 상을 당해 슬퍼해야 하며
3년 상을 치러야 한다고 말한다. 죽음을 대하는 태도가 매우 크다는 것을
알 수 있다. 장례를 간소화해야 한다는 묵자의 절장은 이 논쟁에 불을 붙였
다. 유가는 원래 제사와 의식을 집행하는 집단에서 출발했다. 묵가는 후한
장례와 오랜 기간에 걸쳐 행해지는 초상은 낭비를 초래하여 백성의 고통
이 가중된다는 입장이다.

도인의 경지: 의이자, 허유

만물을 이루고도 말하지 않는 곳이
네가 노닐 곳이다.
네가 태어나면서 받은 형벌을 벗어나려면

인의를 잊고, 시비를 벗어나라.

네가 앞세워 내세우는 것들은 네가 아니다.

| 본문 | 意而子見許由(의이자견허유), 許由曰(허유왈), "堯何以資汝(요하이자여)?" 意而子曰(의이자왈), "堯謂我(요위아), 『汝必躬服仁義(여필궁복인의), 而明言是非(이명언시비).』" 許由曰(허유왈), "而奚爲來軹(이해위래지)? 夫堯旣已黥汝以仁義(부요기이경여이인의), 而劓汝以是非矣(이의여이시비의), 汝將何以遊夫遙蕩(여장하이유부요탕), 恣睢(자휴), 轉徙之塗乎(전사지도호)?" 意而子曰(이의자왈), "雖然(수연), 吾願遊於其藩(오원유어기번)." 許由曰(허유왈), "不然(불연). 夫盲者無以與乎眉目顏色之好(부맹자무이여호미목안색지호), 瞽者無以與乎靑黃黼黻之觀(고자무이여호청황보불지관)." 意而子曰(의이자왈), "夫無莊之失其美(부무장지실기미), 據梁之失其力(거량지실기력), 黃帝之亡其知(황제지망기미), 皆在鑪捶之間耳(개재로추지간이). 庸詎知夫造物者之不息我黥而補我劓(용거지부조물자지불식아경이보아의), 使我乘成以隨先生邪(사아승성이수선생야)?" 許由曰(허유왈), "噫(희)! 未可知也(미가지야). 我爲汝言其大略(아위여언기대략). 吾師乎(오사호)! 吾師乎(오사호)! 虀萬物而不爲義(제만물이불위의), 澤及萬世而不爲仁(택급만세이불위인), 長於上古而不爲老(장어상고이불위로), 覆載天地(복재천지), 刻彫衆形而不爲巧(각조중형이불위교). 此所遊已(차소유이)."

의이자가 허유를 찾아뵈었다. 허유가 물었다.

"요(堯)가 너에게 무엇을 가르쳐주던가?"

의이자가 답했다.

"요가 나에게 이르기를 '너는 반드시 인의(仁義)를 다하고, 옳고 그름을 명확히 말하라'라고 했습니다."

허유가 물었다.

"그런데 무엇 때문에 왔는가? 요가 이미 너에게 인의로써 먹물뜨는 형벌[147]

을 주고, 옳고 그름으로써 코를 베는 형벌을 주었거늘, 네가 어찌 소요하면서 자유분방하게 마음껏 뛰놀겠느냐?"

의이자가 말했다.

"비록 그러하나 그 울타리에서라도 노닐고 싶습니다."

허유가 말했다.

"그럴 수 없다. 무릇 눈이 어두운 맹인은 눈썹과 눈, 아름다운 얼굴을 볼 수 없고, 눈이 보이지 않는 소경은 청색과 황색 자수의 구경거리에 참여하지 못한다."

의이자가 말했다.

"옛 무장(無莊)은 아름다움을 잃었고, 거량(據梁)은 힘을 잃었고, 황제는 지혜를 잃었습니다. 이들은 모두 풀무와 망치 사이[148]에 있을 뿐입니다. 조물자가 저에게 새겨진 먹물의 형벌을 지우고, 베인 코를 되살려 온전한 몸을 갖추어 선생을 따르게 했는지 어찌 알겠습니까?"

허유가 말했다.

"허, 알 수 없지. 내가 너에게 그 대략을 말해 주겠다. 나의 스승이시여[149]! 나의 스승이시여! 만물을 이루어 놓고도 의롭다 말하지 않으시고, 은혜가 만세에 미치나 어질다 말하지 않으시며, 오랜 옛날에 어른이면서도 늙었다 하지 않으셨네. 천지를 덮고 실으며, 만물의 형상을 깎고 새기나 기교

---

147. 경(黥, 묵형할 경): 이마에 먹을 새기는 형벌. 묵형은 자자형(刺字刑), 경면형(黥面刑), 삽면형(鈒面刑)이라 한다. 죄인의 몸에 상처를 내고 먹물로 글자를 새겨 전과를 표시하며 장형(杖刑)이나 유형(流刑)에 부수되는 부가형이다. 조선시대에 얼굴이나 팔뚝에 절도, 도적 등의 글자를 먹물로 새겨 넣었다.

148. 조물자의 조화.

149. 대종사.

가 뛰어나다 말하지 않으셨네.' 이것이 (자네가) 노닐 곳이다."

| 해석과 감상 |

의이자는 요임금의 가르침을 듣고도 소요하면서 자유분방함을 지향하면서 허유를 따르고자 한다. 허유는 인의, 은혜, 어른에서 벗어나 자신을 내세우지 말라 말한다. 에크하르트 톨레는 『삶으로 다시 떠오르기』(류시화 역)에서 이름조차 자기가 아니라는 깨달음이 자기로 돌아가는 삶이라 말한다. 톨레는 에고와 생각에 파묻혀 삶으로부터 멀어진 자신을 다시, 지금 이 순간의 삶으로 데려오는 일이 책의 목적이라 말한다. 톨레는 에고를 알아차리는 순간 영적으로 깨닫는다고 말한다.

| 필사하기 |

● 刻彫衆形而不爲巧(각조중형이불위교)니라.

*刻(새길 각), 彫(새길 조), 衆(무리 중), 形(모양 형), 爲(할 위), 巧(아름다울 교)

【만물의 형상을 깎고 새기나 기교가 뛰어나다 말하지 않는다.】

좌망: 공자, 안회

좌망은 나를 잊고 모든 것을 버려
큰 통합과 같다.
온갖 구속과 억압에서 벗어나는 해탈,
참된 나가 되려면 모든 것을 잘라내야 한다.
육신도 잘라내고 이름도 잘라내고 지혜도 잊어야 한다.
생각조차 버려야 하니 나는 그저 우주의 티끌이다.

| **본문** | 顏回曰(안회왈), "回益矣(회익의)." 仲尼曰(중니왈), "何謂也(하위야)?" 曰(왈), "回忘仁義矣(회망인의의)." 曰(왈), "可矣(가의), 猶未也(유미야)." 他日復見(타일부현), 曰(왈), "回益矣(회익의)." 曰(왈), "何謂也(하위야)?" 曰(왈), "回忘禮樂矣(회망례악의)." 曰(왈), "可矣(가의), 猶未也(유미야)." 他日復見(타일부현), 曰(왈), "回益矣(회익의)." 曰(왈), "何謂也(하위야)?" 曰(왈), "回坐忘矣(회좌망의)." 仲尼蹴然曰(중니축연왈), "何謂坐忘(하위좌망)?" 顏回曰(안회왈), "墮肢體(휴지체), 黜聰明(출총명), 離形去知(이형거지), 同於大通(동어대통), 此謂坐忘(차위좌망)." 仲尼曰(중니왈), "同則無好也(동즉무호야), 化則無常也(화즉무상야). 而果其賢乎(이과기현호)! 丘也請從而後也(구야청종이후야)."

안회가 말했다. "회(回)는 진전이 있었습니다."

중니가 물었다. "무엇을 말하는가?"

안회가 말했다. "회(回)는 인의를 잊었습니다."

중니가 말했다. "잘했다. 그러나 미진하다."

뒷날 다시 뵙고 안회가 말했다. "회(回)는 진전이 있었습니다."

중니가 말했다. "무엇을 말하는가?"

안회가 말했다. "회(回)는 예(禮)와 악(樂)을 잊었습니다."

중니가 말했다. "잘했다. 그러나 미진하다."

뒷날 안회는 다시 찾아뵙고 말했다. "회(回)는 진전이 있었습니다."

중니가 물었다. "무슨 진전이 있단 말이냐?"

안회가 말했다. "회(回)는 좌망(座忘)에 들었습니다."

중니가 깜짝 놀라 말했다. "좌망이란 무엇을 이르는 것인가?"

안회가 말했다. "육신을 버리고, 총명을 물리치고, 육체를 떠나 지혜를 버리고, 큰 통함과 같은 것을 일러 좌망이라 합니다."

중니가 말했다. "같아지면 좋아함이 없고, 변하면 규범[상(常)]이 없으니 과연 진실로 현명하구나! 나도 네 뒤를 따르고 싶다."

| 해석과 감상 |

좌망에 들어 대동하면 좋아하고 미워함이 없고, 조화하면 집착이 없다. 좌망(坐忘, 앉아서 모든 것을 잊어버렸다)은 모든 인위적이고 차별적인 지식을 잊어버리는 상태를 뜻한다. 좌망(坐忘)은 선불교의 좌선(坐禪), 신유학(新儒學)의 정좌(靜坐)에 영향을 끼쳤다. 이 글에서는 안회를 공자보다 높게 보고 있다. 이러한 이야기 때문에 장자가 공자의 안연 계열의 인물이라고 주장하기도 한다. * 좌치(坐馳, 앉아 있지만 말이 달리는 것처럼 마음이 치닫는다. 「인간세」편).

『바가바드기타』의 제3장 '행위의 요가'에는 '항상 집착 없이 / 해야 할 행위를 하라. / 집착 없이 행위를 하는 사람은 / 지고의 것을 얻기 때문이다.' 라고 말한다. 무지한 자들이 집착을 가지고 행위 한다고 지적한다. 제4장 '지혜의 요가'에서는 '행위의 결과에 대한 집착을 포기하고 / 항상 만족하며, 아무것에도 의존하지 않는 자는 / 행위에 개입된다 해도 / 아무것도 행하지 않는 자로다.'라며 집착이 사라지고 자유로워지며 지혜에 굳건히 선 마음을 지닌 자가 될 것을 노래한다. 이 서사시의 제6장 '명상의 요가'에서는 요가의 방법을 구체적으로 노래하고 있다.

"몸과 머리와 목을
가지런히 하고 움직이지 말며
고정하여 자신의 코끝을 응시하면서
사방을 둘러보지 말며

고요한 마음으로 두려움 없이
금욕의 맹세에 굳게 서서
나를 생각하고 마음을 제어하면서
나에 열중하여 제어된 채 좌정할지어다.

이렇게 항상 자신을 훈련하는
수행자는 마음이 제어되어
열반을 구경(究竟)으로 하는
내 안에 있는 평안에 이를 것이다."[150]

| 필사하기 |

● 좌망(座忘)이라.

*座(앉을 좌), 忘(잊을 망)

【앉아서 잊는다.】

자연의 운명: 자여, 자상

내 가난은 운명 아닌가!
누가 나를 사사로이 가난하게 할 수 있겠는가!
니체처럼 과거는 변하지 않고 미래는 예측할 수 없으니
사물의 필연적인 것을 아름답게 보는 법을 배워

---

150. 『바가바드기타』(길희성 역주, 서울대학교출판문화원, 2010), 141쪽 인용. 바가바드기
타는 인도의 대서사시 『마하바라타』의 일부로 그 핵심은 요가이다. 요가는 '정신 혹은
마음이 한 대상에 집중되어 제어된 상태'로 인도 정신수련법이다. 현대 요가는 명상
과 호흡, 스트레칭이 결합된 형태이다.

네 운명을 사랑하라.

나의 운명을 사랑하리라.

| **본문** | 子輿與子桑友(자여여자상우), 而霖雨十日(이상우십일). 子輿曰(자여왈),
"子桑殆病矣(자상태병의)!" 裹飯而往食之(과반이왕사지). 至子桑之門(지자상지
문), 則若歌若哭(즉약가약곡), 鼓琴曰(고금왈), "父邪母邪(부야모야)! 天乎人乎(천
호인호)!" 有不任其聲(유불임기성), 而趣擧其詩焉(이추거기시언). 子輿入(자여입),
曰(왈), "子之歌詩(자지가시), 何故若是(하고약시)?" 曰(왈), "吾思乎使我至此極者
而弗得也(오사호사아지차극자이불득야). 父母豈欲吾貧哉(부모기욕오빈재)? 天無
私覆(천무사부), 地無私載(지무사재), 天地豈私貧我哉(천지기사빈아재)? 求其爲
之者而不得也(구기위지자이부득야). 然而至此極者(연이지차극자), 命也夫(명야
부)!"

자여와 자상은 친구이다. 장마가 열흘이나 계속되었다. 자여가 말했다.

"자상의 병이 위태로워 밥을 싸서 가져다주어야겠다."

자상의 집에 가보니, 노래 같기도 하고 곡소리 같기도 한데 자상이 거문
고를 타며 말했다.

"아버지인가? 어머니인가? 하늘이여! 사람이여!"

내기 힘든 목소리로 시가를 읊고 있었다. 자여가 들어가 말했다.

"자네의 노래가 왜 이와 같은가?"

(자상이) 말했다.

"나를 이 지경까지 오게 한 것을 생각해봤는데 알 수가 없네. 부모가 어
찌 내가 가난하기를 바랐겠는가? 하늘은 사사로이 덮어주지 않고, 땅은 사
사로이 떠받쳐 주지 않으니, 천지가 어찌 사사로이 나를 가난하게 하였겠
는가? 이렇게 만든 자를 찾아도 알 수가 없으니, 이 지경에 이르게 한 것은

운명이라 할 것이네?"

| 해석과 감상 |

명야부(命也夫), 나를 가난하게 한 것은 운명이다. 고대로 올라갈수록 운명을 말한다. 그리스 비극에서 인간세계는 신들의 조종에 의한 것이다. 인간은 하늘의 명에 따라 죽고 산다. 현대에 와서 운명은 없다고 말하지만 김동리의 「역마」라는 단편소설은 운명, 숙명에 관해 이야기한다. 여기에서 자상의 태도는 숙명론이 아니다. 그 가난을 탓하지 않고 노래 같기도 하고 곡 소리 같기도 하고 거문고를 타고 있었다. 가난이라는 한계 상황을 그대로 받아들이면서 그 속에서 자기 삶을 거문고를 타며 극복한다. 운명을 바라보는 시각이 니체처럼 긍정적이며 수용적이다. 니체는『즐거운 지식』제4부 첫 글에서 아모르파티(Amor fati)를 다음과 같이 말한다. 나는 필요한 것을 아름답게 보는 법을 배워, 모든 것을 아름답게 만드는 사람들 중하나가 될 것이다. 아모르 파티, 이제부터 이것이 나의 사랑이 되리라! 나는 추악한 사람과 싸우고 싶지 않다. 나는 비난하지 않고, 비난하는 자조차 비난하지 않을 것이다. 눈을 피해 외면하는 것이 나의 유일한 부정이 되리라! 언젠가 나는 예라고 긍정으로만 반응하는 사람이 되리라! 니체는 과거는 변하지 않고 미래는 예측할 수 없지만 마음은 불탄다는 다른 사람들의 글에서 아모르 파티를 끌어낸다. 곧, 숨기지 말고 필요한 것을 모두 견디라. 아모르 파티! 이것이 니체의 도덕이 될 것이라고 단언한다. 네 운명을 사랑하여 지금의 상태를 넘어서려는 자, 고통마저 긍정할 줄 알며 이를 극복하려는 자, 위버멘쉬가 니체 삶의 목표가 되는 인간상이다. 현재의 있는 그대로 모든 것을 긍정할 줄 알아서 고통마저도 자신을 성장시켜 나가는 기회로 받아들이는 존재, 넘어선 사람, 극복한 사람이 위버멘쉬이다.

오직 지금 여기만 있을 뿐이다. 병으로 고통스럽게 살아간 니체의 위대한 사상의 핵심이다. 있는 그대로의 삶을 긍정하고 나를 사랑하라. 장자와 니체처럼 위대한 사상은 서로 통하는 모습을 볼 수 있다.

| 필사하기 |

● 天無私覆(천무사부)요 地無私載(지무사재)니라.

*天(하늘 천), 無(없을 무), 私(개인 사), 覆(덮을 부), 地(땅 지), 載(실을 재)

【하늘은 사사로이 덮어주지 않고, 땅은 사사로이 떠받쳐 주지 않는다.】

■ 『논어』 「술이」 子曰(자왈), 飯疏食飮水(반소사음수)하고 曲肱而枕之(곡굉이침지)라도 樂亦在其中矣(낙역재기중의)니 不義而富且貴(불의이부차귀)는 於我如浮雲(어아여부운)이니라.

*飯(밥 반), 疏(거칠 소), 食(먹을 식, 밥 사), 飮(마실 음), 曲(굽을 곡), 肱(팔뚝 굉), 枕(베개 침), 樂(즐길 락), 亦(또 역), 在(있을 재), 義(옳을 의), 富(부유할 부), 且(또 차), 貴(귀할 귀), 我(나 아), 如(같을 여), 浮(뜰 부), 雲(구름 운)

【공자 가로되, 거친 밥을 먹고, 물을 마시며, 팔베개를 하고 자도 그 가운데 즐거움이 있다. 의롭지 않으면 부귀는 나에게 뜬구름 같다.】

『장자』와 『논어』로 우리 삶의 균형 찾기

노장은 자연은 개개인을 똑같이 대하여 사적인 감정으로 가난하게 하지 않는다고 말한다. 공자는 의로운 상태에서 부귀를 얻어야 한다고 말한다. 노장은 하늘의 운명을 말하고, 공자는 의로운 행동을 먼저 생각한다. 노장은 가난과 부귀를 운명이라 말하고, 공자는 부귀를 의로운 상태에서 얻어야 할 것이라 말한다.

제7편 응제왕(應帝王), 왕의 다스림

응제왕은 제왕의 물음에 답하다, 응당 제왕이 되어야 할 사람, 제왕에게 응답하는 이야기 등으로 풀이한다. 제(帝)는 왕(王)과 함께 덕으로 인을 베푸는 사람이다. 패(覇)는 물리적인 힘으로 인을 가장하는 사람이다. 춘추시대 오패를 들 수 있다. 이 글은 제왕이 장자에게 천하를 다스리는 방도에 관해 묻는다면 답할 내용이라는 이야기다. 그 답에 해당하는 사람들이 바로 태씨(泰氏), 성인(聖人), 천근(天根), 명왕(明王), 지인(至人) 등이다. 그들의 정치는 천하를 다스리지 않고 천하에 맡겨두는 것이다. 플라톤은 『국가(번역에 따라 또는 공화국)』에서 철인정치를 구체적으로 제시한다. 인위적으로 참견하는 혼돈칠규(渾沌七竅)의 비유는 세속적 삶의 어리석음을 우화의 방식으로 보여준다. 플라톤의 철학자의 정치는 장자가 말하는 혼돈칠규의 우화와 같은 결과를 초래할 것이다. 장자의 관점에서 법치주의, 철인정치, 덕치주의는 좋은 다스림이 아니다. 장자는 무위자연으로 오히려 무정부주의를 지향한다.

설결과 왕예

모른다는 대답이
안다는 것이니
아는 사람은 언어의 한계로 말하지 않는다.
모른다는 대답을 기뻐하는 이도
모른다는 대답을 한 경지이니
아는 사람은 말하지 않고
인위를 버리고 자연에 맡긴다.

| 본문 | 齧缺問於王倪(설결문어왕예), 四問而四不知(사문이사부지). 齧缺因躍 而大喜(설결인약이대희), 行以告蒲衣子(행이고포의자). 蒲衣子曰(포의자왈), "而 乃今知之乎(이내금지지호)? 有虞氏不及泰氏(유우씨불급태씨). 有虞氏(유우씨), 其猶藏仁以要人(기유장인이요인), 亦得人矣(역득인의), 而未始出於非人(이미시 출어비인). 泰氏(태씨), 其臥徐徐(기와서서), 其覺于于(기교우우), 一以己爲馬(일 이기위마), 一以己爲牛(일이기위우), 其知情信(기지정신), 其德甚眞(기덕심진), 而 未始入於非人(이미시입어비인)."

설결(齧缺)이 왕예(王倪)에게 물었다. 네 번 물음에 네 번 다 알지 못했다. 설결이 뛸 듯이 크게 기뻐하며 포의자(蒲衣子)에게 가서 고했다.

포의자가 말했다.

"너는 이제야 그를 알았느냐? 유우씨(有虞氏)[151]도 태씨(泰氏)[152]에게는 미치지 못한다. 유우씨는 오히려 인(仁)을 간직하고 사람을 불러 모아 사람을 얻었다. 처음에 사람이 아닌 경지[153]로 나아가지 못했다. 태씨는 누워서 잘 때 편안하고, 깨어나서 무덤덤했다. 어느 때는 말이 되고 어느 때는 소가 되었다.[154] 그 앎은 진실하고 믿음이 있으며, 그의 덕은 매우 참되다. 그래서 처음부터 사람이 아닌 곳으로 들어가지 않았다".[155]

---

151. 有虞氏, 순임금.

152. 泰氏, 태호 복희씨.

153. 비인(非人)의 해석이 다양하다. 1) 자연의 경지 곧 하늘(天) 2) 다른 사람을 비난하다. '출(出)'을 '비인(非人)'을 벗어나다로 풀이하기도 한다. 문맥을 고려할 때 태씨를 미치니 못하는 유우씨는 애초에 사람이 아닌 자연의 경지에 나아가지 못했고, 태씨는 애초에 자연의 경지에 들어가려고 인위로 노력하지 않았다로 해석한다. 태씨는 비인(非人)의 경지에 집착하지 않아도 비인의 경지에 노니는 셈이다.

154. 누가 말이라고 하든 소라고 하든 그냥 두었다. 시비를 초월했다.

155. 인위로 노력하지 않고 자연에 맡겨둔다.

왕예가 모른다고 답한 것은 왕예가 정말 아는 사람이라고 생각해서 설결은 뛸 듯이 기뻐한다. 그런 왕예를 설결은 아는 사람이니 그 둘은 같은 경지이다. 『도덕경』 제56장의 '아는 사람은 말하지 않고, 말하는 사람은 알지 못한다.'와 관련 있다. 아는 사람은 말로 표현할 수 없어서 말하지 않는다. 『도덕경』 제1장의 첫 구절과도 연관된다. 왕예나 태씨와 같은 사람이 장자에 따르면 자연의 도를 터득한 사람이며, 제왕은 무위, 무지로 다스려야 한다고 말한다. 비인(非人)은 인의를 버리는 경지, 인위적인 속세가 아닌 경지, 곧 자연의 경지를 말한다. 인의를 목표로 삼는 사람, 순임금처럼 인의를 체득한 사람은 태씨처럼 비인의 경지의 단계로 나아간다.

| 필사하기 |

● 未始入於非人(미시입어비인)이니라.

*未(아닐 미), 始(처음 시), 入(들 입), 於(어조사 어), 非(아닐 비)

【애초에 사람이 아닌 것에 들어가지 않는다.】

밝은 왕의 다스림, 접여, 무명인, 노담

밝은 왕은 자기 공로가 아니라 하며
아무것도 없는 곳에서 노닌다.
사사로움을 용납하지 않으면 천하가 다스려진다
가족의 비리를 옹호하고
학교폭력 가해자 자녀를 감싸며
지인을 등용하여 자신을 보호하려 하면
왕조차 쫓겨난다.

아무것도 없는 데서 노닐면 밝은 왕이다.

| 본문 | 肩吾見狂接輿(견오현광접여). 狂接輿曰(광접여왈), "日中始何以語女(일중시하이어녀)?" 肩吾曰(견오왈), "告我(고아), 君人者(군인자), 以己出經式義度(이기출경식의도), 人孰敢不聽而化諸(인숙감불청이화저)!" 狂接輿曰(광접여왈), "是欺德也(시기덕야). 其於治天下也(기어치천하야), 猶涉海鑿河(유섭해착하), 而使蚉負山也(이사문부산야). 夫聖人之治也(부성인지치야), 治外乎(치외호)? 正而後行(정이후행), 確乎能其事者而已矣(확호능기사자이이의). 且鳥高飛以避矰弋之害(차조고비이피증익지해), 鼷鼠深穴乎神丘之下(혜서심혈호신구지하), 以避熏鑿之患(이피훈착지환), 而曾二蟲之無知(이증이충지무지)!"

견오(肩吾)가 미친 사람 접여(接輿)를 만났다.

미치광이 접여가 말했다.

"일전에 중시(中始)가 너에게 무어라 말하더냐?"

견오가 말했다.

"제게 이르기를 사람을 다스리는 군주가 자기 스스로 규칙, 관례, 형식, 규제를 만들어내면 사람들은 누구든 감히 듣고 교화되지 않을 수 없을 것이라 했습니다."

미치광이 접여가 말했다.

"그것은 거짓 덕이다. 천하를 다스리는 것은 오히려 바다를 걸어가고 황하(黃河)를 파는 것이며 모기에게 산을 짊어지게 하는 것이다. 대저 성인(聖人)의 다스림이 밖[156]을 다스리는 것인가? 바르게 한 후에 행동하여 할

---

156. 치외(治外)에서 외(外)를 외면으로 해석하기도 하고, 다스림을 바깥에 두어 다스림을 잊는다로도 해석한다. 맥락을 고려할 때 성인의 다스림은 무위의 다스림, 다스림을

수 있는 일을 확고히 할 뿐이다. 또한 새는 높이 날아 화살의 해를 피하고, 생쥐는 신전의 언덕 아래 깊이 굴을 파서 연기와 땅을 파헤치는 환란을 피한다. 너는 이 두 벌레보다 알지 못하는구나!"

| 본문 | 天根遊於殷陽(천근유어은양), 至蓼水之上(지요수지상), 適遭無名人而問焉(적조무명인이문언), 曰(왈), "請問爲天下(청문위천하)." 無名人曰(무명인왈), "去(거)! 汝鄙人也(여비인야), 何問之不豫也(하문지불예야)! 予方將與造物者爲人(여방장여조물자위인), 厭則又乘夫莽眇之鳥(염즉우승부망묘지조), 以出六極之外(이출육극지외), 而遊無何有之鄕(이유무하유지향), 以處壙埌之野(이처광랑지야). 汝又何帠以治天下感予之心爲(여우하예이치천하감여지심위)?" 又復問(우복문). 無名人曰(무명인왈), "汝遊心於淡(여유심어담), 合氣於漠(합기어막), 順物自然(순물자연), 而無容私焉(이무용사언), 而天下治矣(이천하치의)."

천근(天根)이 은산의 남쪽[157]에서 노닐다가 요수(蓼水)의 상류에 이르렀다. 그때 마침 무명인(無名人)을 만나 천하를 다스리는 일에 대해 물었다. 무명인이 말했다.

"저리 가시오. 그대는 생각이 얕은 사람이군요. 어찌 즐겁지 않은 것을 묻는단 말이오? 나는 방금 조물자(造物者)[158]와 벗이 되었다가 싫증이 나면 까마득히 날아가는 새를 타고 육극(六極)의 밖으로 나가 무하유(無何有)의 마을에 노닐고 끝없이 넓은 들판에 머물 것이오. 그대는 어찌하여 세상 다스리는 일로 나의 마음을 움직이려 하시오?"

바깥에 두어 다스리지 않는 다스림으로 본다.

157. 남쪽[殷陽, 은양].

158. 조물자(造物者, 창조주, 조물주).

또 다시 묻자 무명인이 말했다.

"그대가 마음을 담담(淡淡)한 데서 노닐게 하고, 기(氣)를 사막에 합하고, 사물을 자연에 따르게 하고, 사사로움을 용납하지 않으면 천하는 다스려집니다."

| **본문** | 陽子居見老聃曰(양자거견노담왈), "有人於此(유인어차), 嚮疾强梁(향질강량), 物徹疏明(물철소명), 學道不倦(학도불권). 如是者(여시자), 可比明王乎(가비명왕호)?" 老聃曰(노담왈), "是於聖人也(시어성인야), 胥易技係(서이기계), 勞形怵心者也(노형출심자야). 且也虎豹之文來田(차야호표지문래전), 猿狙之便(원저지편), 執斄之狗來藉(집리지구래적). 如是者(여시자), 可比明王乎(가비명왕호)?" 陽子居蹴然曰(양자거축연왈), "敢問明王之治(감문명왕지치)." 老聃曰(노담왈), "明王之治(명왕지치), 功蓋天下而似不自己(공개천하이사부자기), 化貸萬物而民弗恃(화대만물이민불시), 有莫擧名(유막거명), 使物自喜(사물자희), 立乎不測(입호불측), 而遊於無有者也(이유어무유자야)."

양자거(陽子居)가 노담(老聃)을 보고 말했다.

"여기 어떤 사람이 있습니다. 메아리처럼 빠르고, 대들보처럼 튼튼하고, 사물을 뚫어보고, 밝게 트이고, 도를 배우기에 싫증을 내지 않습니다. 이 같은 사람은 밝은 임금에 견줄 수 있겠지요?"

노담이 말했다.

"그런 자는 성인에 견준다면 서리 같이 잡일을 하고 재주에 얽매이며, 몸은 수고롭고 마음을 졸인다. 또한 호랑이 가죽의 무늬로 사냥꾼을 부르고, 원숭이의 민첩함과 살쾡이 잡는 개는 줄에 묶이는 우리[뒷]를 부른다. 그 같은 자를 밝은 왕에 견줄 수 있겠는가?"

양자거가 말했다.

"감히 밝은 왕의 다스림에 관해 묻습니다."

노담이 말했다.

"밝은 왕의 다스림은 공이 천하를 덮어도 자기 공로가 아닌 것 같다고 하고, 변화시키는 힘이 만물에 미쳐도 백성들이 기대려 하지 않는다. 있는데도 이름을 드러내지 않으니 사물로 하여 스스로 기뻐하게 한다. 측량할 수 없는 곳에 서서 아무것도 없는 곳에 노닌다."

| 해석과 감상 |

참다운 지도자는 이름을 들먹이지 않고 백성들이 스스로 잘해서 잘사는 것으로 느끼게 한다. 무명(無名, 명예를 버린다), 무기(無己, 자기를 버린다), 무공(無功, 공을 버린다)의 경지가 장자가 말하는 명왕(明王)의 정치, 참된 지도자의 경지이다. 쫓겨나는 세계 지도자들은 가족의 비리를 덮으면서 국민을 다스리려거나 자신의 사사로운 이익을 위해 정책을 베풀거나 지인을 등용하여 자신의 권세를 연장하려는 자들이다.

| 필사하기 |

● 遊於無有者也(유어무유자야)니라.

*遊(놀 유), 於(어조사 어), 無(없을 무), 者(사람 자)

【아무것도 없는 곳에서 노닌다.】

■ 『논어』 「술이」 子曰(자왈), 志於道(지어도)하며 據於德(거어덕)하며 依於仁(의어인)하며 遊於藝(유어예)니라.

*據(의거할 거), 德(덕 덕), 依(의지할 의), 遊(놀 유), 藝(기예 예)

【공자 가로되, "도에 뜻을 두고, 덕에 의거하며, 인에 의지하고, 예에서 노닌다."】

『장자』와 『논어』로 삶의 균형 찾기

『장자』에서는 아무것도 없는 자연에서 노닌다고 말하고, 『논어』에서는 예술의 경지에서 노닌다고 말한다. 『장자』에서는 의식하지 않고 홀로 노 닒을 말하고, 공자는 사람의 성취로 이룬 예에서 노닒을 말한다. 『장자』에 서는 자신을 향하고, 공자는 밖을 향한다.

무당과 스승 호자, 깨닫고 아내 밥 짓는 열자

도를 알지 못하고
텅 비우지 못해 자유를 누리지 못하는 자,
도가 무엇이고 누구인지도 모르는 자,
바람 부는 대로 나부끼지 못하는 자,
물결이 되어 흐르지 못하는 자,
이들은 모두 열자, 나를 따르라.
도를 닦으려면 먼저 아내를 도로 섬길 줄 알아야 한다.
아내가 그랬던 것처럼 인내와 정성으로 밥상을 차리는 일이 도이니
아내 밥상을 차려야 비로소 도의 문 앞에 가까워진다.
끼니마다 쌀을 씻고 나물을 다듬으며 간 맞추는 수련을 쌓아야 한다.
매사에 친하고 친하지 않음을 따지지 않을 때까지 수양하라.
돼지 먹이는 일을 사람 먹이는 것 같이 세상을 가지런히 대하라.
소박한 곳으로 돌아가 아내의 밥 짓는 일에까지 억지가 없게 하라.
있는 듯 없는 듯, 하는 듯하지 않는 듯 뒤섞여 하나가 되라.
아내가 구름 걷힌 하늘로 보일 때에
비로소 도의 자리를 어렴풋이나마 보게 되리니.
이후에야 생을 마쳐도 좋다

| 본문 | 鄭有神巫日季咸(정유신무왈계함), 知人之生死存亡(지인지생사존망), 禍福壽夭(화복수요), 期以歲月旬日(기이세월순일), 若神(약신). 鄭人見之(정인견지), 皆棄而走(개기이주). 列子見之而心醉(열자견지이심취), 歸以告壺子(귀이고호자), 日(왈), "始吾以夫子之道爲至矣(시오이부자지도위지의), 則又有至焉者矣(즉우유지언자의)." 壺子日(호자왈), "吾與汝旣其文(오여여기기문), 未旣其實(미기기실), 而固得道與(이고득도여)? 衆雌而無雄(중자이무웅), 而又奚卵焉(이우해란언)! 而以道與世亢必信(이이도여세항필신), 夫故使人得而相女(부고사인득이상여). 嘗試與來(상시여래), 以予示之(이여시지)." 明日(명일), 列子與之見壺子(열자여지현호자). 出而謂列子日(출이위열자왈), "嘻(희)! 子之先生死矣(자지선생사의), 弗活矣(불활의), 不以旬數矣(불이순수의)! 吾見怪焉(오견괴언), 見溼灰焉(견습회언)." 列子入(열자입), 泣涕沾襟(읍체점금), 以告壺子(이고호자). 壺子日(호자왈), "鄕吾示之以地文(향오시지이지문), 萌乎不震不正(맹호부진부정). 是殆見吾杜德機也(시태견오두덕기야). 嘗又與來(상우여래)." 明日(명일), 又與之見壺子(우여지현호자). 出而謂列子日(출이위열자왈), "幸矣(행의)! 子之先生遇我也(자지선생우아야). 有瘳矣(유추의), 全然有生矣(전연유생의). 吾見其杜權矣(오견두권의)." 列子入(열자입), 以告壺子(이고호자). 壺子日(호자왈), "鄕吾示之以天壤(향오시지이천양), 名實不入(명실불입), 而機發於踵(이기발어종). 是殆見吾善者機也(시태견오선자기야). 嘗又與來(상우여래)." 明日(명일), 又與之見壺子(우여지현호자). 出而謂列子日(출이위열자왈), "子之先生不齊(자지선생부제), 吾無得而相焉(오무득이상언). 試齊(시제), 且復相之(차부상지)." 列子入(열자입), 以告壺子(이고호자). 壺子日(호자왈), "吾鄕示之以太沖莫勝(오향시지이태충막승). 是殆見吾衡氣機也(시태견오형기기야). 鯢桓之審爲淵(예환지심위연), 止水之審爲淵(지수지심위연), 流水之審爲淵(유수지심위연). 淵有九名(연유구명), 此處三焉(차처삼언). 嘗又與來(상우여래)." 明日(명일), 又與之見壺子(우여지현호자). 立未定(입미정), 自失而走(자실이주). 壺子日(호자왈), "追之(추지)!" 列子追之不及(열자추지불급), 反以報壺子(반이보호자), 日(왈), "已滅矣(이멸의), 已失矣(이실의), 吾弗及也(오불급야)." 壺子日(호자왈), "鄕吾示之以未始出吾宗(향오시지이미시출오종). 吾與之虛而委蛇

(오여지허이위이), 不知其誰何(부지기수하), 因以爲弟靡(인이위제미), 因以爲波流 (인이위파류), 故逃也(고도야)." 然後列子自以爲未始學而歸(연후열자자이위미시 학이귀), 三年不出(삼년불출). 爲其妻爨(위기처찬), 食豕如食人(사시여식인). 於事 無與親(어사무여친), 彫琢復朴(조탁복박), 塊然獨以其形立(괴연독이기형립). 紛而 封哉(분이봉재), 一以是終(일이시종).

정(鄭)나라에 신통한 무당이 있는데 계함(季咸)이라 한다. 사람의 죽음과 삶, 살고 죽는 것, 재앙과 복, 장수와 요절 등을 알고, 연월일을 귀신같이 알아맞혔다. 정나라 사람들은 그를 보면 모두 버리고 달아난다. 열자(列子)는 그를 보고 심취하여 돌아가서 호자(壺子)에게 고(告)했다.

"처음에는 선생님의 도가 지극한 줄 알았습니다. 그런데 또한 지극한 사람이 있습니다."

호자가 말했다.

"나는 너에게 무늬만 주었지 열매는 주지 않았다. 너는 도를 깨달았다고 생각하느냐? 암컷이 많아도 수컷이 없으면 또한 어찌 알을 얻겠느냐? 너는 도를 가지고 세상과 겨루어 반드시 믿게 하려 했다. 그러므로 남들에게 너의 관상을 보게 한 것이다. 시험 삼아 오라고 해서 그 사람을 보여주어라."

다음 날 열자는 무당을 데리고 호자를 보게 했다. 무당이 나오면서 열자에게 말했다.

"오, 그대의 선생은 죽을 겁니다. 살 수 없습니다. 열흘을 넘기지 못할 겁니다. 나는 괴이한 것을 보았습니다. 축축한 재를 본 것 같습니다."

열자가 들어가 눈물로 옷깃을 적시며 호자에게 전했다. 호자가 말했다.

"아까 나는 땅의 무늬를 보여주었다. 싹이 돋아나지만 흔들리지 않고 멈추지 않는 모양이야. 그는 내가 덕(德)의 기운이 막힌 것을 보았다. 또 한 번 데리고 오너라."

다음날 또 무당이 호자를 보게 했다. 무당이 나오면서 열자에게 말했다. "다행입니다. 그대의 선생은 나를 만나 병이 나았습니다. 완전히 생기를 찾았습니다. 나는 선생에게서 막힘이 트이는 것을 보았습니다."

열자는 들어가 호자에게 전했다. 호자가 말했다.

"아까 나는 하늘과 땅의 모습을 보여주었다. 이름도 열매도 끼어들 수 없고, 기운의 움직임이 발꿈치에서 나오게 했다. 그는 겨우 나의 좋은 기미를 보았단다. 또 한 번 데려오너라."

다음 날 또 무당이 호자를 뵈었다. 무당이 나오면서 열자에게 말했다.

"그대의 선생은 일정하지 않습니다. 나는 관상을 볼 수 없습니다. 한결같아지면 다시 관상을 봅시다."

열자가 들어가 호자에게 전했다. 호자가 말했다.

"아까 나는 커다란 빔[159]을 보여주었으니 어쩔 수 없었다. 이는 겨우 나의 균형 잡힌 기운을 보았다. 고래가 헤엄치는 물도 연못이고, 고요한 물도 연못이고, 흐르는 물도 연못이다. 연못은 아홉 개의 이름이 있다. 이번에 세 가지를 보여주었다. 또 한 번 데려오너라."

다음 날 열자는 무당을 데리고 와서 호자를 뵈었다. 서서 채 자리를 잡지도 못하고 얼이 빠져 도망쳤다. 호자가 말했다.

"아까 나는 나의 근원에서 나오기 이전의 모습을 보여주었다. 나는 텅 비어 있고, 자유에 맡겼다. 누구인지 무엇인지 모르고, 바람 부는 대로 나부끼고, 물결이 되어 흘렀다. 그래서 도망간 것이란다."

그런 후에 열자는 스스로 배움을 시작도 못했음을 깨닫고 집으로 돌아

---

159. 빔[太沖, 클 태, 빌 충], 크게 텅 빈 상태.

갔다. 삼 년을 나오지 않고 아내를 위해 밥을 짓고, 돼지 먹이는 일을 사람 먹이는 것같이 했다. 매사에 더불어 친하고 친하지 않음을 따지지 않고 (인위를) 깎고 쪼아 없어서 소박한 곳으로 돌아갔다. 흙덩이처럼 홀로 그 형체로 서서 어지러이 뒤섞이고 봉한 상태였다. 한결같이 이로써 생을 마쳤다.

| 해석과 감상 |

미래를 두려워하는 사람들일수록 무당, 점쟁이, 예언가 등에 흔들리기 쉽다. 점쟁이 계함은 호자가 보여주는 한 가지 외형을 보고 판단한다. 호자가 보여주는 대로 점을 치다가 나중에는 도망친다. 이를 통해 호자는 근본을 보라고 말한다. 신통한 무당 계함을 보면 생사 길흉화복을 신통하게 알아맞혀 모두 도망간다. 이는 생사를 알게 되면 나타날 두려움과 그 두려움을 막기 위해 무당에게 바쳐야 하는 돈 때문일 것이다. 그러나 열자는 무당이 도가 지극하다 하여 호자에게 알린다. 호자는 무당이 도를 터득한 사람이 아니라 거짓 신통함으로 사람들을 현혹하였음을 보여준다. 계함은 호자의 더 큰 도 앞에서 두려움에 떨며 간 곳도 모르게 도망친다. 열자는 공부가 부족하다고 생각하여 집으로 돌아가 수행하다가 생을 마친다. 그 수행은 아내를 위해 밥을 짓고, 돼지를 사람처럼 대하며, 친하고 친하지 않음이 없이 사람을 차별하지 않음으로 나타난다. 남녀평등, 여성해방, 동물 애호, 계급 평등 등 시대를 앞서가는 사상을 열자는 실천하였다.

공자가 가죽끈이 세 번 떨어질 정도로 읽었다는『주역』으로 점을 치는 것을 경이롭게 보는 이들도 있고, 점을 치는 것에 관한 학술 논문조차 등장한다. 이는 미래를 두려워하는 인간들의 심리가 작용한 결과이다.『주역』으로 점치는 방법은 시초를 뽑는 복잡한 과정을 거친다. 시초(蓍草)란 식물의 줄기를 말려서 만든 50개의 가는 막대를 말한다. 시초는 산죽(山竹)이나 대나무를 가늘게 쪼개서 만들기도 한다. 시책(蓍策) 50개를 상 위에 놓은 후 자신이 묻고 싶은 내용을 말하고 나서 향을 피우고 정좌(正坐)하여 정성을 들인 후 마음을 가다듬고 욕심을 비운다. 이후 여러 복잡한 과정 속에서 점괘를 뽑는다. 64괘를 여러 번 뽑아서 이를 조합하여 점을 친다. 64괘는 다음과 같다. 태양, 소음, 소양, 태음 등 4가지 변화원리인 사상(四象)을 8가지 원리와 상황으로 분류하여 8괘를 만든다. 8괘는 건(乾:☰), 곤(坤:☷), 진(震:☳), 손(巽:☴), 감(坎:☵), 이(離:☲), 간(艮:☶), 태(兌:☱)로 천지만물의 형상을 상징한다. 팔괘로 만물과 인간의 성질과 변화를 모두 포괄할 수 없자 팔괘를 중복하여 64괘가 된다. 시초를 활용한 복잡한 방법을 간단하게 만든 것이 척전법(擲錢法)으로 오래 전부터 사용해 왔다. 척전이란 동전을 던진다는 뜻이다. 동전 세 개와 필기구를 준비한 후 먼저 자신이 묻고 싶은 내용을 말하고 나서 욕심을 비운다. 동전을 던져 앞면이 모두 나오면 노양(老陽, ▬), 2개는 소음(少陰, --), 1개는 소양(少陽, ▬), 모두 뒷면이면 노음(老陰, ■■)으로 표시한다. 이를 6회 반복하면 하나의 괘가 나온다. 처음 던져서 초효, 차례대로 2, 3, 4, 5, 6효를 얻는다. 괘가 나오면 점친 결과를 판정하는 방법에 따라 판정한다. 점친 결과를 판정하는 방법은 6효 모두 불변효(노음, 노양이 없는 경우)인 경우, 1개, 2개, 3개, 4개, 5개, 6개가 변효인 경우 등으로 나누어 판정한다. 이를 보면 점은 점을 칠 때마다 다르다. 그 다름을 마음을 비우지 않았다라든가 여러 이유로 설명한다. 공자가 말년에 더 공부하고 싶던『주역』은 장자의 관점에서 보면 무당 계함과 같다. 점은 알 수 없는 미래에 대한 불안감을 속임수로 덮고 가린다.

『코스모스』에서 칼 세이건은 '현대 서구에서는 점성술 관련 잡지를 어디서나 쉽게 사 볼 수 있다.'며 미국에는 천문학자보다 점성술사가 10배 이상 많다고 말한다. 그에 의하면 점성술은 관찰과 수학, 철저한 기록과 엉

성한 생각 그리고 살아남기 위한 거짓말이 묘하게 뒤섞이는 가운데 발달했다고 분석한다. 관광지에 가면 점이나 사주팔자를 봐주는 사람들이 길거리에 많이 앉아 있다.

| 필사하기 |

● 彫琢復朴(조탁복박)[160]이라.

*彫(새길 조), 琢(쫄 탁), 復(돌아올 복), 朴(순박할 박)

【깎고 쪼아 소박함으로 돌아간다.】

■『논어』「위정」子曰(자왈), 吾十有五而志于學(오십유오지우학)하고 三十而立(삼십이립)하고 四十而不惑(사십이불혹)하고 五十而知天命(오십이지천명)하고 六十而耳順(육십이이순)하고 七十而從心所欲(칠십이종심소욕)이로되 不踰矩(불유구)니라.

*吾(나 오), 志(뜻 지), 于(어조사 우), 學(배울 학), 惑(미혹할 혹), 命(목숨 명, 운명 명), 順(순할 순), 從(좇을 종), 欲(하고자 할 욕), 踰(넘을 유), 矩(법도 구)

【공자 말씀하시길 나는 열다섯에 배움에 뜻을 두고, 삼십에 세우고, 사십에 미혹되지 않았고, 오십에 하늘의 명을 알고, 육십에 귀가 순해졌으며, 칠십에 마음이 하고자 하는 대로 해도 법도를 넘어서지 않았다.】

『장자』와 『논어』로 우리 삶의 균형 찾기

장자는 소박함, 근원으로 돌아가야 한다고 말한다. 공자는 배워서 하고자 하는 대로 살아도 법도를 벗어나지 않음을 높은 단계로 보았다.

---

160. 인위를 깎아 버리고 쪼아 내어 소박함으로 돌아간다.

거울 같은 지인의 마음

마음은 깨끗한 거울이어야 한다.
밉다고 보내지도 아니하고
곱다고 맞이하지도 않는다.
오는 순간 오는 모습으로 맞이하고
떠나며 그 자취를 남기지 않는다.
새들이 허공에 자취를 남기지 않듯
사랑도 미움도 이자가 붙지 않으니 저축할 일 아니다.
거울은 갈무리하지 않으니 거울에 생채기 남길 일 아니다.

| 본문 | 無爲名尸(무위명시), 無爲謀府(무위모부), 無爲事任(무위사임), 無爲知主(무위지주). 體盡無窮(체진무궁), 而遊無朕(이유무짐), 盡其所受於天(진기소수어천), 而無見得(이무견득), 亦虛而已(역허이이). 至人之用心若鏡(지인지용심약경), 不將不迎(부장불영), 應而不藏(응이부장), 故能勝物而不傷(고능승물이불상).

이름 귀신이 되지 말고, 꾀의 창고가 되지 마라. 일의 책임자가 되지 말고, 앎의 주인이 되지 마라. 끝이 없는 도를 완전히 체득하여, 자취 없는 세계에 노닐라. 하늘에서 받은 것을 극진히 하고, 이익을 보지 말고 비울 뿐이라. 지인(至人)의 마음 씀은 거울과 같아서 보내지도 맞이하지도 않는다. 응하되 갈무리해 두지 않으니 만물을 이기면서 상하지 않는다.

| 해석과 감상 |

사물을 그대로 비추는 거울처럼 마음을 써야 한다. 명예, 모략, 일의 책임자, 지혜는 재앙을 초래한다. 거울은 오로지 비출 뿐이다. 거울은 미움도 사랑도 그대로 되비춘다. 거울은 갈무리해 두지 않는다. 거꾸로 비추지만 거울 앞에 서서 나를 보아야 한다.

거울에 대한 혜능의 유명한 게송이 있다. 혜능은 글자도 모르면서 불교 선종의 6조에 오른다. 혜능을 조사에 오르게 한 게송은 다음과 같다. 보리 본무수(菩提本無樹) 명경역비대(明鏡亦非臺) 불성상청정(佛性常淸淨) 하처유 진애(何處有塵埃). 보리는 본래 나무가 없고/ 밝은 거울 또한 경대가 아니 네./ 부처 성품 항상 깨끗하니/ 어느 곳에 티끌과 먼지가 있으리오?

| 필사하기 |

● 至人之用心若鏡(지인지용심약경)이니라.

*至(지극할지), 用(쓸 용), 心(마음 심), 若(같을 약), 鏡(거울 경)

【지인(至人)의 마음 씀은 거울과 같다.】

칠규(七竅)와 혼돈의 죽음

고양이는 고양이대로 살고
강아지는 강아지처럼 산다.
시계 부속을 분해하면
시계가 죽고 부품도 죽는다.
보고, 듣고, 먹고, 쉬도록
숙과 홀이 대수술의 은혜를 베풀어
일곱 구멍을 뚫자 혼돈이 죽었다.

| 본문 | 南海之帝爲儵(남해지제위숙), 北海之帝爲忽(북해지제위홀), 中央之帝爲 渾沌(중앙지제위혼돈). 儵與忽時相與遇於渾沌之地(숙여홀시상여우어혼돈지지), 渾沌待之甚善(혼돈대지심선). 儵與忽謀報渾沌之德(숙여홀모보혼돈지덕), 曰(왈),

"人皆有七竅(인개유칠규), 以視聽食息(이시청식식), 此獨無有(차독무유), 嘗試鑿之(상시착지)." 日鑿一竅(일착일규), 七日而渾沌死(칠일이혼돈사).

남해의 황제는 숙(儵)[161]이고 북해의 황제는 홀(忽)[162]이며 중앙의 황제는 혼돈(渾沌)이다. 숙과 홀이 때로 혼돈(渾沌)의 땅에서 만났다. 혼돈은 그들을 극진히 대접했다. 숙과 홀은 혼돈의 은덕에 보답하고자 상의했다.

"사람은 모두 일곱 개의 구멍이 있습니다. 보고, 듣고, 먹고, 쉬는데 혼돈은 홀로 없습니다. 시험 삼아 구멍을 뚫어줍시다."

하루에 하나씩 구멍을 뚫었다. 칠 일째가 되자 혼돈(渾沌)이 죽었다.

| 해석과 감상 |

혼돈은 나누어지지 않은 상태이다. 나누어지는 순간 원초성이 사라진다. 나누기 이전의 상태, 인간의 판단이 있기 전의 상태가 혼돈의 상태이며, 혼돈의 상태가 자연 그대로의 모습이다. 나누고 판단하면서 사물은 고유성을 잃는다. 아시아 최초로 노벨물리학상을 받은 유카와 히데키는 혼돈설화에서 물리학의 중간자를 생각해 냈다고 한다. 숙과 홀처럼 자신의 기준으로 상대를 보아서는 안 된다. 현대 의학도 종종 숙과 홀처럼 빠르게 문제를 해결하려고 수술을 권한다. 그 결과 사람이 죽는다. 이 글은 자기기준으로 상대를 보아서도 안 되며, 전체를 부분으로 나누는 것도 좋지 않은 결과를 가져온다는 것을 보여준다.

응제왕(應帝王)에서 왕의 다스림은 혼돈의 죽음을 가져오지 않아야 한다

---

161. 儵(빠를 숙, 갑자기 숙). 빠르다는 뜻으로 작위성, 유한성 상징.
162. 忽(갑자기 홀). 빠르다는 뜻으로 작위성, 유한성 상징.

고 결론으로 말하고 있다. 왕이나 사람들이 칠규를 뚫는 어리석음을 행하지 말라고 우화로 전한다. 짧지만 매우 유명한 이야기이다.

| 필사하기 |

● 七日而渾沌死(칠일이혼돈사)라.

*七(일곱 칠), 日(날 일), 渾(흐릴 혼), 沌(어두울 혼), 死(죽을 사)

【칠 일이 되자 혼돈은 죽었다.】

외편(外篇)

제8편 변무(騈拇)[163], 발가락의 군더더기

이 편에서는 자연 본래의 상태를 지킬 것을 주장하면서 유가의 인의를
크게 비판하고 있다. 처음 두 글자를 따서 제목으로 삼았다. 변무는 발가
락의 군더더기 살을 가리킨다. 발가락의 군더더기 살이나 육손이는 모두
인간의 본성에 없는 군더더기를 뜻한다. 이처럼 유가의 인의(仁義) 또한 삶
을 구속하는 군더더기일 뿐이라고 말한다. 도척이나 백이가 외물에 마음
을 빼앗겼다는 점에서 마찬가지라고 비판한다. 왕숙민(王叔岷)은 기회주
의적 인생관이라고 비판하고, 관봉(關鋒)은 이 편이 체제를 비판하며 적극
적으로 저항한다며 높이 평가한다.

　20세기 서양의 중국학 연구의 한 흐름을 주도한 앵거스 찰스 스레이엄
(1919~1991)은『장자』를 내용에 따라 다음과 같이 분류한다.[164] 첫째, '장자'
의 저술로 내편 7편이 장자 자신의 저술이다. 둘째, '장자 학파'의 저술로
제17~27편, 제32편이 내편의 주제들과 동일하며 이 중 일부는 장자의 저
술로 본다. 셋째, '원시주의자'의 저술이라 이름 붙인 글로 제8~10편, 제11
편 첫 대목, 제12편의 마지막 대목이며 기원전 205년경의 인물로 추정하
는 한 사람의 저작으로 보는 저술이다. 넷째, '양가'의 문집은 양주 학파에
서 온 글로 기원전 200년 전후의 글로 본다. '양가'의 문집은 제28편~31편

---

163. 변(騈, 나란히 할 변, 혹 병), 무(拇, 엄지손가락 무, 엄지발가락 무).

164. 『장자 사유의 보폭을 넓히는 새로운 장자 읽기』(앵거스 그레이엄 해설 및 편역, 김경희
　　　옮김, 이학사. 2014) 참고.

이다. 다섯째, 제11편의 마지막 대목, 제12편~15편, 제33편 등으로 온갖 종류의 잡다한 자료들로 채워져 있어 '혼합주의자'의 저술로 명명하였다.

이 장부터는 본문의 내용 중 대표적인 것만 뽑아 싣는다. 이후 글에서는 '장주(莊周)'라는 이름 대신에 '장자(莊子)'라는 존칭을 사용하며, 노자의 『도덕경』을 인용한 것이 자주 눈에 띈다. 표현과 내용이 내편보다 훨씬 떨어진다는 것이 일반적인 평가이다. 이로 보아 장자를 따르는 사람들의 글이라 본다.

네 발가락과 육손이

사람의 본성에서 보자면
인과 의와 도덕은
없어도 될, 아니 없어야 할 군더더기이다.
오장을 쥐어짜 낸 지혜라지만
이주는 색깔로 눈을 어지럽히고
사광은 오음과 육률로 소리를 어지럽히고
증삼은 인을 내세워 천하를 미혹하고
양주와 묵적의 말조차 쓸모없다.
지혜 있다는 자들은 다섯이 아닌 넷이거나 여섯으로 도가 아니다

| 본문 | 騈拇枝指(병무지지), 出乎性哉(출호성재)！而侈於德(이치어덕). 附贅縣疣(부췌현우), 出乎形哉(출호형재)！而侈於性(이치어성). 多方乎仁義而用之者(다방호인의이용지자), 列於五藏哉(열어오장재)！而非道德之正也(이비도덕지정야). 是故騈於足者(시고병어족자), 無用之肉也(무용지육야)；枝於手者(지어수자), 樹無用之指也(수무용지지야)；多方騈枝於五藏之情者(다방병지어오장지정자), 淫僻於仁義之行(음벽어인의지행), 而多方於聰明之用也(이다방어총명지용야). 是

故駢於明者(시고병어명자), 亂五色(난오색), 淫文章(음문장), 青黃黼黻之煌煌非
乎(청황보불지황황비호)？而離朱是已(이리주시이). 多於聰者(다어총자), 亂五聲
(난오성), 淫六律(음륙률), 金石絲竹黃鐘大呂之聲非乎(금석사죽황종대려지성비
호)？而師曠是已(이사광시이). 枝於仁者(지어인자), 擢德塞性以收名聲(탁덕색성
이수명성), 使天下簧鼓以奉不及之法非乎(사천하황고이봉불급지법비호)？而曾史
是已(이증사시이). 駢於辯者(병어변자), 纍瓦結繩竄句(류와결승찬구), 遊心於堅白
同異之間(유심어견백동리지한), 而敝跬譽無用之言非乎(이폐규예무용지언비호)？
而楊墨是已(이양묵시이). 故此皆多駢旁枝之道(고차개다병방지지도), 非天下之至
正也(비천하지지정야).

발가락 하나가 붙은 네 발가락과 손가락이 하나 더 있는 육손이는 타고
났지만 본래 태생보다 지나치다. 사마귀나 혹 덩이는 사람의 몸에서 나왔
지만 본래 태생보다 남아돈다.

(유교에서는) 인과 의를 여러 방면에서 이용하는 이들은 인간의 다섯 장
기에 배열하지만 이는 도덕의 바른 모습이 아니다. 이 때문에 물갈퀴로 발
을 쓸데없이 잇는 것은 쓸모없는 살이 이어져 있는 것이고, 손에 여섯 손가
락[165]이 있는 것은 쓸모없는 손가락이 심어져 있는 것이다. 다섯 장기의 본
래 모습에 육손이를 붙인 것은 인의(仁義)의 행동에 지나치게 치우친 것이
며 귀 밝고 눈 밝은 쓰임을 온갖 방면에 적용하는 것이다.

눈 밝음에 밝음을 덧붙이면 오색과 무늬를 음란(淫)[166]하게 하여 과잉된
나머지 문양이나 도안[167]을 망치게 된다. 청색과 황색으로 수놓은 옷[168]의
휘황찬란함이 이것이 아닌가? 이주(離朱)가 이와 같은 사람이다.

---

165. 기어수자(技於手者)에서 기(技)는 '가지 기, 육손이 기'이다.

166. 음(淫): 과도하다, 도리에 어긋나다. 지나치다, 난(亂, 어지럽다).

귀 밝음을 찬미하는 것은 오음과 육률을 음란하게 하니 쇠, 돌, 실, 대, 활동, 대려 소리가 이것이 아닌가? 사광이 이런 사람이다.

육손이처럼 인의를 덧붙이는 것은 덕을 버리고 본성을 막고 명성을 거두는 것이며 천하에 생황을 불며 불급한 법[169]을 받드는 것이 아닌가? 증삼과 사추가 그런 사람이다.

발가락이 붙은 것처럼 변론을 덧붙이는 것은 기와를 쌓고 실로 묶어 말을 엉기게 하는 것이다. 이는 자구를 고치고 꾸며 '단단함과 흰색이 같지 않음'[170]의 사이에서 노닐며 하찮은 명예와 쓸모없는 말에 피폐해지는 것이 아닌가? 양주와 묵적이 이들이다.

그러므로 이들은 모두 네 발가락과 육손이의 도일 뿐이다. 천하의 바른 도가 아니다.

| 해석과 감상 |

변무(騈拇), 지지(枝指), 천하지정(天下之正)을 들어, 도는 중정(中正)이라 말한다. 이 글에서 말하는 천하지정의 중정(中正)은 어느 한쪽으로 지나치거나 모자람이 없이 곧고 올바름, 또는 그런 모양을 말한다. 『논어』에 나오

---

167. 문장(文章).

168. 보불(黼黻): 임금이 예복으로 입던 하의(下衣)인 곤상(袞裳)에 놓은, 도끼와 '亞' 자 모양의 수. *보(黼, 수 보, 여러 가지 색으로 아름답게 수놓은 옷, 옛날의 예복) *불(黻, 수 불, 고대 예복에 놓는 수).

169. 미치지 못하는 법, 제대로 되지 않은 법.

170. 견백동이(堅白同異)=견석백마(堅石白馬), 전국시대 공손룡의 궤변. 눈으로 보아서 돌이 단단한지 모르고, 만져보아서는 흰지 모르므로, 단단한 돌과 흰 돌은 같지 않다는 주장이다.

는 과유불급(過猶不及)이 중정(中正)이다. 자사의 『중용(中庸)』은 유교의 경전으로 사서(四書)에 해당한다. 중용은 아리스토텔레스의 『니코마코스 윤리학』에서도 매우 중요시한 개념이다. 아리스토텔레스는 '미덕은 적어도 중간을 목표로 삼는다는 점에서 일종의 중용이다'라며 '지나침과 모자람은 악덕의 특징이고 중용은 미덕의 특징이다'[171]라고 정리한다.

오리와 학의 다리

오리 다리가 짧다고 늘여주면 싫어하고
학의 다리가 길다고 잘라주면 학이 아니니
짧다고 모자란 것이 아니고
길다고 남는 것이 아니다.
큰 사람은 큰 대로
작은 사람은 작은 대로 사는 것,
하늘이 내게 준 운명이 내 삶이다.

| 본문 | 彼正正者(피정정자), 不失其性命之情(부실기성명지정). 故合者不爲騈(고합자불위병), 而枝者不爲跂(이지자불위기) ; 長者不爲有餘(장자불위유여), 短者不爲不足(단자불위부족). 是故鳧脛雖短(시고부경수단), 續之則憂(속지즉우) ; 鶴脛雖長(학경수장), 斷之則悲(단지즉비). 故性長非所斷(고성장비소단), 性短非所續(성단비소속), 無所去憂也(무소거우야). 意仁義其非人情乎(의인의기비인정호)! 彼仁人何其多憂也(피인인하기다우야)? 且夫騈於拇者(차부병어무자), 決之則泣(결지즉읍) ; 枝於手者(지어수자), 齕之則啼(흘지즉제). 二者(이자), 或有

---

171. 『니코마코스 윤리학』(아리스토텔레스, 천병희 역, 숲), 74쪽.

餘於數(혹유여어수), 或不足於數(혹부족어수), 其於憂一也(기어우일야). 今世之
仁人(금세지인인), 蒿目而憂世之患(호목이우세지환) ; 不仁之人(불인지인), 決性
命之情而饕貴富(결성명지정이도귀부). 故意仁義其非人情乎(고의인의기비인정
호)！ 自三代以下者(자삼대이하자), 天下何其囂囂也(천하하기효효야) ？ 且夫待
鉤繩規矩而正者(차부대구승규구이정자), 是削其性者也(시삭기성자야) ; 待繩約
膠漆而固者(대승약교칠이고자), 是侵其德者也(시침기덕자야) ; 屈折禮樂(굴절예
악), 呴兪仁義(구유인의), 以慰天下之心者(이위천하지심자), 此失其常然也(차실기
상연야). 天下有常然(천하유상연). 常然者(상연자), 曲者不以鉤(곡자불이구), 直者
不以繩(직자불이승), 圓者不以規(원자불이규), 方者不以矩(방자불이구), 附離不以
膠漆(부리불이교칠), 約束不以纆索(약속불이묵삭). 故天下誘然皆生而不知其所以
生(고천하유연개생이부지기소이생), 同焉皆得而不知其所以得(동언개득이부지기
소이득). 故古今不二(고고금불이), 不可虧也(불가휴야). 則仁義又奚連連如膠漆纆
索而遊乎道德之間爲哉(즉인의우해련련여교칠묵삭이유호도덕지간위재), 使天下
惑也(사천하혹야)！

지극히 올바른 자는 천성[172]을 잃지 않는다. 그러므로 네 발가락으로 이
어진 것을 군더더기라 하지 않고 육손이를 갈래가 진 것이라 하지 않으며, 긴
것을 남는다(넘친다)고 하지 않으며 짧은 것을 부족하다[173]고 하지 않는다.

이런 까닭에 오리 다리가 비록 짧지만 이어주면 괴로워하고, 학의 다리
가 비록 길다고 이를 잘라주면 슬퍼한다. 그러므로 타고난 본성이 긴지라
잘라야 할 것이 아니며 본성이 짧다고 이어줄 것이 아니니 근심거리를 제
거할 것이 없다.

생각건대 인의(仁義)는 사람의 본마음이 아니다. 어진 사람은 얼마나 걱

---

172. 본성과 운명의 본질적 요소.
173. 군더더기로 여기지 않고 본성으로 본다.

정이 많을까? 붙은 발가락을 찢으면 울 것이고, 육손이의 나머지 한 손가락을 자르려 물어뜯으면 울 것이니 이 둘은 어떤 것은 수가 남고, 어떤 것은 수가 부족하니 걱정한다는 점에서는 하나다. 요즘 세상의 어진 사람은 근심스러운 눈으로 세상의 우환을 걱정하고, 인자하지 못한 사람은 자신의 본성과 운명을 터지게 하여 부귀를 탐낸다. 그러므로 인의는 인정이 아니다. 삼대 이후부터 천하가 어찌 소란스러운가?[174]

목수가 쓰는 굽은 자, 먹줄, 그림쇠[175], 곱자[176]에 맞추는 것은 그 본성을 깎는 것이다. 노끈으로 묶고 아교 풀칠을 하여 견고하게 하는 것은 덕을 해치는 것이다. 몸을 굽혀 예악을 행하며 얼굴색을 부드럽게 하고 인의를 실천하여 천하 사람들의 마음을 위로하는 것은 본성을 잃는 것이다. 천하에는 항상 그러한 것이 있다. 항상 그러한 것, 곧 자연은 굽은 것이 굽은 자 때문이 아니며, 곧은 것은 먹줄로 맞추어서가 아니고, 둥근 것은 그림쇠 때문이 아니다. 모난 것은 곱자 때문이 아니며, 붙인 것은 아교나 풀칠해서 그런 것이 아니고, 묶인 것은 밧줄로 묶어서가 아니다. 천하는 모두 자연스럽게 생성되지만 그 생성된 까닭을 모르며, 천하는 모두 얻지만 그 얻는 까닭을 알지 못한다. 그러므로 옛날과 지금이 다르지 않고 어그러질 수 없다. 그런즉 인의는 어찌 줄줄이 이어서 아교칠을 하고 노끈으로 묶듯이 하여 도덕의 사이에서 노닐도록 하는가? 천하를 미혹시킬 뿐이다.

---

174. 효(囂, 왁자하다. 저자, 소리, 거리).

175. 지름이나 선의 거리를 재는 기구.

176. 나무나 쇠를 이용하여 90도 각도로 만든 'ㄱ'자 모양의 자.

| 해석과 감상 |

지극히 올바른 자는 천성 그대로를 잃지 않는다. 성명지정(性命之情), 천하유상연(天下有常然)을 사용하여, 지극히 올바른 길은 천성과 운명을 잃지 않음을 말하고 있다. 『장자』의 「외편」이나 「잡편」의 어떤 글에서는 공자를 높여 이야기하고, 어떤 글에서는 공자를 매우 극단적으로 비판한다. 장자를 따르는 많은 사람들의 다양한 시각을 볼 수 있다. 『도덕경』,『장자』「내편」과 맥락이 같은지를 살펴 읽어야 할 것이다.

| 필사하기 |

● 長者不爲有餘(장자불위유여)요 短者不爲不足(단자불위부족)이라.

*長(긴 장), 者(사람 자), 爲(할 위), 有(있을 유), 餘(남을 여), 短(짧을 단), 足(만족 족)

【긴 것을 남는다고 하지 않고 짧은 것을 부족하다고 하지 않는다.】

군자와 소인 차별하지 않기

한평생 살다 죽는 것은 매양 한 가지,
책을 읽다가 양을 잃으나
윷놀이를 하다가 양을 잃으나
양을 잃기는 한 가지다.
백이처럼 이름을 얻고자 수양산에서 죽거나
도척처럼 도둑질하다가 등룡산에서 죽거나
죽기는 매양 한 가지다.
재물을 따라 죽는 소인이나

인의를 따라 죽는 군자나
모두 죽기는 한 가지이니
인의를 고집하지 말고
지나치고 치우치는 행동을 하지 말며
자기 귀로 듣고, 자기 눈으로 보고, 자기 갈 길을 가라.

| 본문 | 夫小惑易方(부소혹역방), 大惑易性(대혹역성). 何以知其然邪(하이지기연사)？ 自虞氏招仁義以撓天下也(자우씨초인의이요천하야), 天下莫不奔命於仁義(천하막불분명어인의), 是非以仁義易其性與(시비이인의역기성여)？ 故嘗試論之(고상시론지), 自三代以下者(자삼대이하자), 天下莫不以物易其性矣(천하막불이물역기성의). 小人則以身殉利(소인즉이신순리), 士則以身殉名(사즉이신순명), 大夫則以身殉家(대부즉이신순가), 聖人則以身殉天下(성인즉이신순천하). 故此數子者(고차수자자), 事業不同(사업부동), 名聲異號(명성리호), 其於傷性以身爲殉(기어상성이신위순), 一也(일야). 臧與穀(장여곡), 二人相與牧羊而俱亡其羊(이인상여목양이구망기양). 問臧奚事(문장해사), 則挾筴讀書(즉협협독서)；問穀奚事(문곡해사), 則博塞以遊(즉박색이유). 二人者(이인자), 事業不同(사업부동), 其於亡羊均也(기어망양균야). 伯夷死名於首陽之下(백이사명어수양지하), 盜跖死利於東陵之上(도척사리어동릉지상), 二人者(이인자), 所死不同(소사부동), 其於殘生傷性均也(기어잔생상성균야), 奚必伯夷之是而盜跖之非乎(해필백이지시이도척지비호)！ 天下盡殉也(천하진순야). 彼其所殉仁義也(피기소순인의야). 則俗謂之君子(즉속위지군자)；其所殉貨財也(기소순화재야), 則俗謂之小人(즉속위지소인). 其殉一也(기순일야), 則有君子焉(즉유군자언), 有小人焉(유소인언)；若其殘生損性(약기잔생손성), 則盜跖亦伯夷已(즉도척역백이이), 又惡取君子小人於其間哉(우오취군자소인어기간재)！ 且夫屬其性乎仁義者(차부속기성호인의자), 雖通如曾史(수통여증사), 非吾所謂臧也(비오소위장야)；屬其性於五味(속기성어오미), 雖通如俞兒(수통여유아), 非吾所謂臧也(비오소위장야)；屬其性乎五聲(속기성호오성), 雖通如師曠(수통여사광), 非吾所謂聰也(비오소위총야)；屬其性乎五色(속기

성호오색), 雖通如離朱(수통여리주), 非吾所謂明也(비오소위명야). 吾所謂臧者
(오소위장자), 非仁義之謂也(비인의지위야), 臧於其德而已矣(장어기덕이이의) ;
吾所謂臧者(오소위장자), 非所謂仁義之謂也(비소위인의지위야), 任其性命之情
而已矣(임기성명지정이이의) ; 吾所謂聰者(오소위총자), 非謂其聞彼也(비위기문
피야), 自聞而已矣(자문이이의) ; 吾所謂明者(오소위명자), 非謂其見彼也(비위기
견피야), 自見而已矣(자견이이의). 夫不自見而見彼(부부자견이견피), 不自得而得
彼者(부자득이득피자), 是得人之得而不自得其得者也(시득인지득이부자득기득자
야), 適人之適而不自適其適者也(적인지적이부자적기적자야). 夫適人之適而不自
適其適(부적인지적이부자적기적), 雖盜跖與伯夷(수도척여백이), 是同爲淫僻也(시
동위음벽야). 余愧乎道德(여괴호도덕), 是以上不敢爲仁義之操(시이상불감위인의
지조), 而下不敢爲淫僻之行也(이하불감위음벽지행야).

작은 미혹은 방향을 바꾸지만 큰 미혹은 천성을 바꾼다. 이를 어찌 아는
가? 유우씨 순임금이 인의로써 세상을 어지럽힌 이래 천하는 인의에 억지
로 교화되지 않은 이가 없었다. 이는 인의로써 천성을 바꾸어 놓은 것이
다. 이를 시험 삼아 논의해 보자. 하, 은, 주 삼대 이후 임금들은 사물로써
사람의 본성을 바꾸지 않은 이가 없다. 소인은 이익을 위해 몸을 죽이고,
선비는 이름을 위해, 대부는 가문을 위해, 성인은 천하를 위해 몸을 죽인
다. 이들은 하는 일이 같지 않고, 명성도 달리 불리지만 자기의 본성을 해
쳐 몸을 죽게 했다는 점에서 같다.

장과 곡이란 사람이 양을 키웠다. 어느 날 둘이 양을 잃었다. 장은 책을
읽었고, 곡은 윷놀이(또는 주사위 놀이)했음이 밝혀졌다. 둘이 한 일은 다르
지만 양을 잃어버린 것은 같다. 백이는 수양산 아래서 이름을 위해 죽고,
도척은 동릉(태산)의 위에서 이익을 위해 죽었다. 죽은 것은 달라도 생명을
해치고 천성을 상하게 한 것은 마찬가지다. 어찌 백이는 옳고 도척은 그르

다고 하는가?

　천하 사람들은 모두 무언가를 위해 따라서 죽는다.[177] 속세에서는 인의를 위해 따라 죽으면 군자이고, 재물을 따라 죽으면 소인이라 이른다. 모두 같은데 군자가 되기도 하고 소인이 되기도 한다. 생명을 죽이고 천성을 해친 것은 도척이나 백이가 마찬가지인데 어찌 군자와 소인으로 나누어 취급하는가?

　자기의 본성을 인의에 종속시키는 자는 공자의 제자 증삼이나 사추에게나 통하고, 본성을 오미에 종속시키는 자는 맛의 달인 유아에게나 통한다. 본성을 다섯 가지 소리에 종속시키는 자는 소리의 달인 사광에게나 통하며, 본성을 오색에 종속시키는 자는 눈 밝은 이주에게나 통한다. 내가 말하는 선(臧, 착하다)이란 인의가 아니라 자기의 본성과 천명에 맡기는 일일 따름이다. 내가 말하는 귀 밝음이란 자기 귀로 듣는 것을 말하며, 내가 말하는 눈 밝음이란 자기의 눈으로 보는 것을 말한다.

　대저 스스로 보지 않고 남의 눈으로 보며, 스스로 만족하지 않고 남으로 만족하는 것은 남의 만족으로 만족할 뿐[178] 자기의 만족을 스스로 얻지 못하는 자들이며, 남들이 가는 곳으로 갈 뿐으로 자기가 갈 길을 가지 못하는 사람들이다. 이는 도척과 백이가 같으며, 거짓되고 치우친 것이다. 나는 죄와 허물 때문에 참된 도덕에 이르지 못하여 부끄럽다. 그래서 감히 위로는 인의를 고집하지 않고, 감히 아래로는 지나치고 치우치는 행동을 하지 않는다.

---

177. 모든 사람이 자신이 추구하는 가치를 위해 목숨을 바친다. 인신 제물.

178. 다른 사람들의 이득인 것을 얻는 것이지.

| 해석과 감상 |

백이와 도척, 죽은 것은 달라도 생명을 해치고 천성을 상하게 한 점은 같다. 선이란 자기의 본성과 천명에 맡기어 자기의 길을 가는 것이다. 그러나 사람들은 남의 귀로 듣고, 남의 눈으로 보고, 남의 만족으로 만족한다. 각종 유행하는 의식주 활동, 명품(남의 눈), 인파가 몰리는 곳에 가는 일, 풍문에 휩쓸리는 행동, 책의 해설서를 읽고 저자의 감동에 휩쓸리는 행동 등이 그렇다. 이는 공감과 다르다. 공감은 주체와 타자의 분리가 전제된 체험으로 타인의 내적 상태를 알고 타인의 태도를 긍정적으로 지향하는 마음의 상태 또는 그 작용이다. 곧, '감정이입'과 '나-타자의 분리'가 공감의 조건이다. 휩쓸리는 행위는 '나-타자의 분리'가 이루어지지 않는 상태로 공감이 아니다.

| 필사하기 |

● 天下盡殉也(천하진순야)라.

*天(하늘 천), 下(아래 하), 盡(다할 진), 殉(따라 죽을 순)

【천하 사람들이 모두 목숨을 바친다.】

■『논어』「이인」子曰(자왈), 君子喩於義(군자유어의)하고 小人喩於利(소인유어리)니라.

*君(임금 군), 喩(깨우칠 유, 좋아할 유), 義(옳을 의), 利(이로울 리)

【공자 가로되, 군자는 의를 좋아하고 소인은 이익을 좋아한다.】

■『논어』「학이」子曰(자왈), 君子上達(군자상달), 小人下達(소인하달).

*達(통달할 달, 정통할 달)

【공자 가로되, 군자는 위로 통달하고, 소인은 아래로 통달한다.】

「장자」와 「논어」로 우리 삶의 균형 찾기

노장은 천하 사람들이 자기의 가치를 따라 목숨을 바친다며 비판한다. 공자는 그 가치를 의, 군자 등으로 규정한다. 노장은 남의 귀로 듣지 말고 남의 눈으로 보지 말며, 자기 귀로 듣고, 자기 눈으로 보라고 말한다. 공자는 남을 의식하는 의를 앞세운다.

제9편 마제(馬蹄), 백락의 말 다스리기

이 장은 앞 내용과 전체적으로 중복된다. 마제는 말발굽이다. 말의 본성이 백락 같은 사람들에 의해 변질되듯이 인간의 본성이 성인 같은 사람들에 의해 변질된다. 이런 이유로 성인으로 칭송받는 이들의 인위적 통치를 없애야 사람들이 본성대로 살아간다. 이러한 사상은 무정부주의에 가깝다.

먼저 말의 본성을 말하고 백락에 의해 말이 파괴되는 모습을 통해 무위의 통치를 말한다. 다음으로 지극한 덕의 세상을 묘사하며 무정부주의에 가까운 정치사회를 언급한다. 마지막으로 성인이 나타나서 예악(禮樂)으로 백성을 구속하면서 이익을 다투게 되었다고 비판한다. 이 편의 대표적인 글인 앞부분만 싣는다. 나머지는 다른 곳에서 반복된다.

백락의 말 다스리기

잘 다스린다는 것은 잘 통제함이고
잘 통제하려면 묶고 깎고 위협한다.
거스름이 없도록 달리고 뛰고 기술을 발휘하려면
그 본성을 허물고 잘라낸다.

잘 다스려지는 말 한 마리를 위해서

여러 마리의 말이 죽는다.

잘하는 것은 자랑일 뿐이니 잘못하는 본성으로 태어나면

잘하려 피땀 흘리는 것보다

그 부족한 본성을 마음껏 펼치는 것이 행복이다.

| 본문 | 馬蹄可以踐霜雪(마제가이천상설), 毛可以禦風寒(모가이어풍한), 齕草飮水(흘초음수), 翹足而陸(교족이륙), 此馬之眞性也(차마지진성야). 雖有義臺路寢(수유의대로침), 無所用之(무소용지). 及至伯樂(급지백락), 曰(왈), "我善治馬(아선치마)." 燒之(소지), 剔之(척지), 刻之(각지), 雒之(락지), 連之以羈馽(연지이기칩), 編之以皁棧(편지이조잔), 馬之死者十二三矣(마지사자십이삼의) ; 飢之(기지), 渴之(갈지), 馳之(치지), 驟之(취지), 整之(정지), 齊之(제지), 前有橛飾之患(전유궐식지환), 而後有鞭筴之威(이후유편협지위), 而馬之死者已過半矣(이마지사자이과반의). 陶者曰(도자왈), "我善治埴(아선치식), 圓者中規(원자중규), 方者中矩(방자중구)." 匠人曰(장인왈), "我善治木(아선치목), 曲者中鉤(곡자중구), 直者應繩(직자응승)." 夫埴木之性(부식목지성), 豈欲中規矩鉤繩哉(기욕중규구구승재)? 然且世世稱之曰(연차세세칭지왈) "伯樂善治馬而陶匠善治埴木(백락선치마이도장선치식목)", 此亦治天下者之過也(차역치천하자지과야). 吾意善治天下者不然(오의선치천하자불연). 彼民有常性(피민유상성), 織而衣(직이의), 耕而食(경이식), 是謂同德(시위동덕) ; 一而不黨(일이부당), 命曰天放(명왈천방).

말은 발굽이 있어 서리와 눈을 밟을 수 있고, 털이 있어 바람과 추위를 막을 수 있다. 풀을 뜯고 물을 마시며 발을 굴러 달리는 것이 말의 참 본성이다. 위의를 갖춘 누대나 좋은 침대가 쓸데없다.

백락에 이르러 '나는 말을 잘 다스린다.'라고 말했다. 털을 태우고 깎으며, 굽을 깎고 낙인을 찍는다. 굴레를 씌우고 밧줄로 묶어놓으니 말이 열에 두셋이 죽는다. 굶기고, 갈증 나게 하고, 달리며 뛰게 하고, 앞에 재갈과 멍에의 걱정이 있고, 뒤에 채찍의 위협이 있으니, 말이 죽는 것이 반이 넘는다.

도공은 말한다.

"나는 진흙을 잘 다스린다. 둥근 것은 그림쇠에 맞고, 모난 것은 곱자에 맞는다."

목수는 말한다.

"나는 나무를 잘 다스린다. 굽은 것은 갈고랑이에 잘 맞고, 직선은 먹줄에 잘 맞는다."

대저 진흙과 나무의 본성이 어찌 곱자와 갈고랑이와 먹줄에 맞으려 하겠는가? 그러나 또한 세상 대대로 이를 칭송하기를 백락은 말을 잘 다스리고, 도공과 목수는 진흙과 나무를 잘 다스린다고 한다. 이 또한 천하를 다스리는 자의 잘못이다. 내가 생각건대 천하를 잘 다스리는 자는 그렇지 않다. 저 사람들은 일정한 본성이 있어서 길쌈으로 옷을 짓고 밭을 갈아먹는다. 이를 일러 함께 얻은 덕[179]이라 한다. 하나이면서 한 동아리를 이룬 것이 아니다.[180] 이를 하늘이 놓아준 것이라 부른다.

| 해석과 감상 | (2001 경인 교대, 2002 서강대 모의 논술 제시문)

본성대로 살아야 한다. 그렇지 않으면 훼손된다. 백락의 말 다스림, 도공의 진흙 다스림, 목공의 나무 다스림 등이 그렇다.

---

179. 동덕(同德).

180. 일이부당(一而不黨). 하나이면서 인위적으로 한 동아리를 이룬 것은 아니다. 서로 짜고 이룬 것이 아니다.

● 一而不黨(일이부당)이니라.

*一(한 일), 黨(무리 당)

【하나이면서 집단에 묶이지 않는다.】

■『논어』「자로」子曰(자왈), 君子和而不同(군자화이부동)하고 小人
　　同而不和(소인동이불화)니라.

*君(임금 군), 和(화할 화), 同(한가지 동)

【공자 가로되, 군자는 화합하되 같지 않으며, 소인은 같되 화합하지 않
는다.】

■『논어』「위정」子曰(자왈), 君子周而不比(군자주이불비)하고 小人
　　比而不周(소인비이부주)니라.

*君(임금 군), 周(두루 주), 比(견줄 비, 편들다, 파당을 짓다)

【공자 가로되 군자는 두루 미치지만 파당을 짓지 않고, 소인은 파당을
짓되 두루 미치지 않는다.】

『장자』와 『논어』로 우리 삶의 균형 찾기

노장이나 공자의 견해가 같다. 같되 매이지 않는다. 함께 하되 무리를 짓
지 않는다.

제10편 거협(胠篋), 큰 도둑과 작은 도둑

이 장은 성인, 군주, 지식, 독단적인 학설 등 공자를 비판하고 노자의 도
를 밝히고 있다. 거협(胠篋)은 '상자를 연다'로 상자 안의 물건을 훔친다는
뜻이다. 이 편의 첫 두 글자를 따서 제목을 붙였다. 앞의 두 편, 「변무」, 「마

제」와 관계가 깊다.

유가적인 인의(仁義)와 성지(聖知) 등을 위정자의 본질을 덮고 감추는 허위의식이라고 비판하며, 옛날의 '지덕지세(至德之世)'로 돌아갈 것을 주장한다.

큰 도둑과 작은 도둑

작은 물건을 훔치면 감옥에 가지만
세상을 훔치면 제후가 된다.
제후는 인의로써 하는 도둑질하니
하나라 우왕, 은나라 탕왕, 주나라 문왕이 그들이다.
빗장과 자물쇠를 채워둔, 현자가 만든 나라를 훔친 전성자는
오래도록 안락을 누렸다.
가난한 자가 훔치면 도둑이고
부자와 권력자가 훔치면 온갖 언어로 치장하여 왕이 된다.
지혜는 더 높은 도둑이다.
현대에도 지혜를 공공연히 도둑이라 쑥덕거리나
도둑은 애써 명예라며 칭송으로 받아들인다.

｜본문｜ 將爲胠篋探囊發匱之盜而爲守備(장위거협탐낭발궤지도이위수비), 則必攝緘縢(즉필섭함등), 固扃鐍(고경휼), 此世俗之所謂知也(차세속지소위지야). 然而巨盜至(연이거도지), 則負匱揭篋擔囊而趨(즉부궤게협담낭이추), 唯恐緘縢扃鐍之不固也(유공함등경휼지불고야). 然則鄉之所謂知者(연즉향지소위지자), 不乃爲大盜積者也(불내위대도적자야)？ 故嘗試論之(고상시론지), 世俗之所謂知者(세속지소위지자), 有不爲大盜積者乎(유불위대도적자호)？ 所謂聖者(소위성자), 有不爲大盜守者乎(유불위대도수자호)？ 何以知其然邪(하이지기연사)？ 昔者齊國鄰邑相望(석자제국린읍상망), 雞狗之音相聞(계구지음상문), 罔罟之所布(망고지소포),

耒耨之所刺(뢰누지소자), 方二千餘里(방이천여리). 闔四竟之內(합사경지내), 所以 立宗廟社稷(소이립종묘사직), 治邑屋州閭鄕曲者(치읍옥주려향곡자), 曷嘗不法聖 人哉(갈상불법성인재)！然而田成子一旦殺齊君而盜其國(연이전성자일단살제군 이도기국). 所盜者豈獨其國邪(소도자기독기국사)？ 並與其聖知之法而盜之(병여 기성지지지법이도지). 故田成子有乎盜賊之名(고전성자유호도적지명), 而身處堯舜 之安(이신처요순지안)；小國不敢非(소국불감비), 大國不敢誅(대국불감주), 十二 世有齊國(십이세유제국). 則是不乃竊齊國(즉시불내절제국), 並與其聖知之法以守 其盜賊之身乎(병여기성지지지법이수기도적지신호)？ 嘗試論之(상시론지), 世俗之 所謂至知者(세속지소위지지자), 有不爲大盜積者乎(유불위대도적자호)？ 所謂至 聖者(소위지성자), 有不爲大盜守者乎(유불위대도수자호)？ 何以知其然邪(하이지 기연사)？ 昔者龍逢斬(석자룡봉참), 比干剖(비간부), 萇弘胣(장홍이), 子胥靡(자서 미), 故四子之賢而身不免乎戮(고사자지현이신불면호륙).

　작은 상자를 열고 자루를 뒤지고 나무 상자를 뜯어내는 도둑들 때문에 지키고 예방하기 위해서는 반드시 끈과 줄로 단단히 묶고 빗장과 자물쇠를 채워 둔다. 이를 세상에서 말하는바 지혜라 한다. 그러나 큰 도둑이 들어 궤짝을 지고, 상자를 들고, 자루를 메고 달아날 때는 (도둑이) 노끈이나 자물쇠가 튼튼하지 않을까 걱정한다. 앞서 말한바 지혜라는 것은 큰 도둑을 위해 쌓아놓은 것이 아닌가? 그래서 시험 삼아 말해 보겠다. 세상에서 말하는바 지혜라는 것은 큰 도둑을 위해 재물을 쌓아두는 것이 아닌가? 성인이란 큰 도둑을 위해 지켜주는 사람이 아닌가? 어찌 그렇다는 것을 아는가?

　옛날 제나라는 이웃 마을이 서로 보이고 개와 닭소리가 서로 들리며 그 물치고 쟁기질할 땅이 사방 이천여 리가 되었다. 사방 곳곳에 종묘와 사직단을 세우고 읍, 곡, 주, 려, 향 등 고을 구석까지 다스림에 어찌 성인을 본보기로 삼지 않았겠는가? 그러나 전성자가 하루아침에 제나라 군주를 죽이고 그 나라를 훔쳤다. 도둑질한 것이 어찌 나라뿐이겠는가? 성인과 지자의 법[181]까지 아울러 훔쳤다. 그래서 전성자는 도둑이란 이름을 얻었지만 몸은 요순의 안락을 누렸다. 작은 나라는 감히 비난할 수 없었고, 큰 나라도 감히 주벌하지 못해 12대까지 제나라를 차지했다. 곧 이것은 나라를 훔치고 성스럽고 지혜로운 법까지 훔쳐 도적의 몸을 지킨 것이 아닌가?

이를 시험 삼아 말해 보겠다. 세상에 이른바 지혜에 도달했다는 사람들은 큰 도둑을 위해 재물을 쌓아두는 자들이 아닌가? 지극한 성인이란 자들은 큰 도둑을 위해 지키는 사람이 아닌가? 어찌 그러함을 하는가? 옛날의 용봉은 참수되었고, 비간은 가슴이 쪼개졌고, 장홍은 육시를 당했고, 자서는 강물에 버려졌다. 이들 네 사람은 현자였으나 죽임을 면하지 못했다.

| 해석과 감상 |

더 큰 도둑을 위하는 것이 성인이라는 비판이다. 작은 도둑을 막기 위해 잠근 자물쇠가 큰 도둑을 위한다. 전성자는 큰 도둑으로 성인과 지자의 법까지 훔쳐 12대에 걸쳐 안락을 누린다. 용봉, 비간, 장홍, 자서 등 네 현인은 더 큰 도둑인 왕에게 죽는다. 작은 도둑을 막으려던 현인들은 큰 도둑에게 모든 것을 도둑질당하고 죽는다. 지혜라 일컫는 것에 대한 비판이다. 연암 박지원은 『열하일기』 7월 28일 「호질 후지」에서 「호질」을 『장자』의 「거협」 편과 「도척」 편의 이야기와 그 취지가 같다고 말한다. 성인의 도와 법, 인간의 지혜를 도가의 입장에서 비판하고 있다.

---

181. 성스럽고 지혜로운 법.

● 所謂聖者(소위성자)는 有不爲大盜守者乎(유불위대도수자호)아 ?

*所(바 소), 謂(일컬을 위), 聖(성스러울 성), 者(사람 자), 有(있을 유), 爲(할 위), 大(큰 대), 盜(훔칠 도), 守(지킬 수)

【이른바 성인이란 큰 도둑을 위해 지키는 사람이 아닌가?】

■『논어』「자장」有始有卒者(유시유졸자)는 其唯聖人乎(기유성인호)인저!

　　호)인저!

【시작이 있고 끝이 있는 자는 오직 성인이구나!】

『장자』와 『논어』로 삶의 균형 찾기

『장자』에서는 성인을 큰 도둑을 지키는 것이라며 비판하고 있고, 『논어』에서는 시작과 끝이 있는 사람이 성인이라 말한다. 전자는 성인의 부정적 측면을 보고, 후자는 성인의 긍정적 측면을 본다. 노장 사상은 유가 사상에서 말하는 성인, 군자 등을 부정적으로 본다. 노장 사상은 성인으로 추앙받는 사람들이 더 큰 도둑이라 비판한다. 이러한 모습은 민주주의 정치가 성숙하지 않은 많은 나라에서 예나 지금이나 흔히 볼 수 있다.

도척의 도

어디엔들 도가 없으랴!
도척에도 도가 있고
개미 무리에도 도가 있으며
정글 속 호랑이와 사자 세계에도 도가 있다.
정치인들에게도 서로를 해치지 않으려는 도가 있고

검찰과 언론에도 서로를 보호하기 위한 도가 있다.

도척도 성인의 도를 얻지 못하면 큰 도둑이 되지 못한다.

성인이 죽어야 도둑의 도가 죽는다.

입에만 도가 붙어사는 성인이 죽어야 도척의 도를 흉내내지 않는다.

| 본문 | 故跖之徒問於跖曰(고척지도문어척왈), "盜亦有道乎(도역유도호)？" 跖
曰(척왈), "何適而無有道邪(하적이무유도사)！ 夫妄意室中之藏(부망의실중지장),
聖也(성야) ; 入先(입선), 勇也(용야) ; 出後(출후), 義也(의야) ; 知可否(지가부),
知也(지야) ; 分均(분균), 仁也(인야). 五者不備而能成大盜者(오자불비이능성대
도자), 天下未之有也(천하미지유야). 由是觀之(유시관지), 善人不得聖人之道不
立(선인부득성인지도불립), 跖不得聖人之道不行(척부득성인지도불행) ; 天下之
善人少而不善人多(천하지선인소이불선인다), 則聖人之利天下也少而害天下也多
(즉성인지리천하야소이해천하야다). 故曰(고왈), 脣竭則齒寒(순갈즉치한), 魯酒薄
而邯鄲圍(노주박이감단위), 聖人生而大盜起(성인생이대도기). 掊擊聖人(부격성
인), 縱舍盜賊(종사도적), 而天下始治矣(이천하시치의)."

도척의 무리가 도척에게 물었다.

"도둑질에도 도가 있습니까?"

도척이 대답했다.

"어디를 간들 도가 없겠는가? 무릇 남의 집안에 재물이 어디에 숨겨져
있는지 짐작해내는 것은 성인이요, 먼저 들어가는 것은 용기요, 뒤에 나오
는 것은 의요, 도둑질할 것인지 아는 것은 지요, 도둑질한 것을 고르게 나
누는 것은 인이니 이 다섯을 갖추지 않고 대도(큰 도둑)가 된 사람은 없다.
이로 볼 때 착한 사람이 성인의 도를 얻지 못하면 이룰 수 없고, 도척은 성
인의 도를 얻지 못하면 행할 수 없다. 천하에 착한 사람은 적고, 착하지 않

은 사람은 많으니 성인의 이로움이 천하에 적고, 해로움이 천하에 많다. 그러므로 이르기를 입술이 없으면 이가 시리다. 노나라 술이 묽었는데 조나라 서울 한단이 초나라에 포위되듯이[182] 성인이 나니 도둑이 일어난다. 성인을 없애고 도둑을 내버려 두어야[183] 천하가 비로소 다스려진다. 냇물이 마르면 골짜기가 텅 비고 언덕이 평평해지면 연못이 메워진다. 성인이 죽으면 곧 큰 도둑이 일어나지 않고 천하가 평화롭고 무사할 것이다."

| 해석과 감상 |

성인도 도척과 마찬가지라는 비판이다. 사람들은 도를 끌어와 자기를 합리화한다. 위정자가 백성을 속이면서 정치생명을 유지하려는 모습이 그렇다. 다른 식으로 해석하면 도둑에도 도가 있고, 성인에도 도가 있다. 무엇이든 각각은 질서가 있고, 그 속에는 그 나름의 도가 있다. 도가 무리의 질서를 유지하는 법이며 힘이다.

| 필사하기 |

● 盜亦有道乎(도역유도호)아?

---

182. 전혀 상관없을 것 같은 일이 서로 연관되어 있다는 말. 나비효과와 같은 의미를 지닌다, 초나라 선왕이 제후들을 접견할 때 노나라 공공이 바친 술이 싱거웠다. 공공은 노나라 주공의 후손으로 왕실에 속한 사람인데 왕에게 술을 바쳐 체면을 잃었는데 술이 싱겁다고 책망한다며 돌아갔다. 이에 초나라 선왕은 노나라를 치려 했다. 초나라의 관심이 노나라로 옮겨가자 위나라 혜왕은 노나라 수도 한단을 포위하였다. 다른 기록에는 초나라 왕에게 바친 조나라 술이 싱겁다며 한단을 포위하였다고 한다. 맥락을 고려하면 후자보다 전자의 이야기가 맞다.

183. 성인을 없애면 도둑도 사라진다. 성인의 법으로 도둑을 없애려는 것은 도둑을 만드는 일이 되므로 도둑을 그냥 내버려 두면 도둑이 나타나지 않는다.

*盜(훔칠 도), 亦(또 역), 有(있을 유), 道(길 도), 乎(어조사 호. 의문)

【도적에도 또한 도가 있는가?】

■『논어』「공야장」 子謂子產(자위자산), 有君子之道四焉(유군자지
도사언)하니 其行己也恭(기행기야공)하며 其事上也敬(기사상야
경)하며 其養民也惠(기양민야혜)하며 其使民也義(기사민야의)니
라.

*謂(이를 위), 產(낳을 산), 道(길 도), 焉(어조사 언), 行(갈 행), 恭(공손할 공), 敬
(공경할 경), 養(기를 양), 民(백성 민), 惠(은혜 혜), 使(시킬 사), 義(옳을 의)

【공자가 자산에게 이르되, 군자의 도는 네 가지가 있다. 몸을 행하는데
공손히 하고, 윗사람을 섬기는 데 공경하고, 백성을 기르는데 은혜로 하
며, 백성을 부리는데 의롭게 한다.】

『장자』와 『논어』로 우리 삶의 균형 찾기

노장은 도를 내세우는 폐해를 말하고, 공자는 군자의 도를 강조한다.

성인의 잘못

성인의 기교가 도둑을 만든다.
지식을 좋아하면
아첨꾼이 많아지고
말이 많아지면 세상이 어지럽다.
윗사람이 지식을 좋아하면
현자를 찾아 길을 떠나 모두 본성을 잊는다, 기교만 남는다.

| 본문 | 聖人不死(성인불사), 大盜不止(대도부지). 雖重聖人而治天下(수중성인

이치천하), 則是重利盜跖也(즉시중리도척야). 爲之斗斛以量之(위지두곡이량지), 則並與斗斛而竊之(즉병여두곡이절지) ; 爲之權衡以稱之(위지권형이칭지), 則並與權衡而竊之(즉병여권형이절지) ; 爲之符璽以信之(위지부새이신지), 則並與符璽而竊之(즉병여부새이절지) ; 爲之仁義以矯之(위지인의이교지), 則並與仁義而竊之. 何以知其然邪(즉병여인의이절지). 何以知其然邪(하이지기연사) ? 彼竊鉤者誅(피절구자주), 竊國者爲諸侯(절국자위제후), 諸侯之門而仁義存焉(제후지문이인의존언), 則是非竊仁義聖知邪(즉시비절인의성지사) ? 故逐於大盜(고축어대도), 揭諸侯(게제후), 竊仁義並斗斛權衡符璽之利者(절인의병두곡권형부새지리자), 雖有軒冕之賞弗能勸(수유헌면지상불능권), 斧鉞之威弗能禁(부월지위불능금). 此重利盜跖而使不可禁者(차중리도척이사불가금자), 是乃聖人之過也(시내성인지과야). 故曰(고왈), "魚不可脫於淵(어불가탈어연), 國之利器不可以示人(국지리기불가이시인)." 彼聖人者(피성인자), 天下之利器也(천하지리기야), 非所以明天下也(비소이명천하야). 故絶聖棄知(고절성기지), 大盜乃止(대도내지) ; 擿玉毀珠(적옥훼주), 小盜不起(소도불기) ; 焚符破璽(분부파새), 而民朴鄙(이민박비) ; 掊斗折衡(부두절형), 而民不爭(이민부쟁) ; 殫殘天下之聖法(탄잔천하지성법), 而民始可與論議(이민시가여론의). 擢亂六律(탁란륙률), 鑠絶竽瑟(삭절우슬), 塞瞽曠之耳(색고광지이), 而天下始人含其聰矣(이천하시인함기총의) ; 滅文章(멸문장), 散五采(산오채), 膠離朱之目(교리주지목), 而天下始人含其明矣(이천하시인함기명의) ; 毁絶鉤繩而棄規矩(훼절구승이기규구), 攦工倕之指(려공수지지), 而天下始人有其巧矣(이천하시인유기교의). 故曰(고왈) "大巧若拙(대교약졸)." 削曾史之行(삭증사지행), 鉗楊墨之口(겸양묵지구), 攘棄仁義(양기인의), 而天下之德始玄同矣(이천하지덕시현동의). 彼人含其明(피인함기명), 則天下不鑠矣(즉천하불삭의) ; 人含其聰(인함기총), 則天下不累矣(즉천하불루의) ; 人含其知(인함기지), 則天下不惑矣(즉천하불혹의) ; 人含其德(인함기덕), 則天下不僻矣(즉천하불벽의). 彼曾(피증)、史(사)、楊(양)、墨(묵)、師曠(사광)、工倕(공수)、離朱(이주), 皆外立其德而以爛亂天下者也(개외립기덕이이약란천하자야), 法之所無用也(법지소무용야). 子獨不知至德之世乎(자독부지지덕지세호) ? 昔者(석자) 容成氏(용성씨)、大庭氏(대정씨)、伯皇氏(백황씨)、中央氏(중앙씨)、栗陸氏(율륙씨)、驪畜氏(여축씨)、軒轅氏(헌원씨)、赫胥氏(혁서씨)、尊盧氏(존로씨)、祝融氏(축융씨)、伏犧氏(복희씨)、神農氏(신농씨), 當是時也(당시시야), 民結繩而用之(민결승이용지), 甘其食(감기식), 美其服(미기복), 樂其俗(낙기속), 安其居(안기거), 鄰國相望(인국상망), 雞狗之音相聞(계구지음상문), 民至老死而不相往來(민지로사이불상왕래). 若此之時(약차지시), 則至治已(즉지치이). 今遂至使民延頸舉踵曰(금수지사민연경거종왈), "某所有賢者(모소유현자)", 贏糧而趣之(영량이취지), 則內棄其親而外去其主之事, 足跡接乎諸侯之境, 車軌結乎千里之外. 則是上好知之過也(즉시상호지지과야). 上誠好知而無道(상성호지이무도), 則天下大亂矣(즉천하대란의). 何以知其然邪(하이지기연사)? 夫弓弩畢弋機變之知多(부궁노필익기변지지다), 則鳥亂於上矣(즉조란어상의) ; 鉤餌罔罟?笱之知多(구이망고?구지지다), 則魚亂於水矣(즉어란어수의) ; 削格羅落罝罘之知多(삭격라락저부지지다), 則獸亂於澤矣(즉수란어택의) ; 知詐漸毒頡滑堅白解垢同異之變多(지사점독힐골견백해구동리지변다), 則俗惑於辯矣(즉속혹어변의). 故天下每每大亂(고천하매매대란), 罪在於好知(죄재어호지). 故天下皆知求其所不知而莫知求其所已知者(고천하개지구기소부지이막지구기소이지자), 皆知非其所不善而莫知非其所已善者(개지비기소불선이막지비기소이선자), 是以大亂(시이대란). 故上悖日月之明(고상패일월지명), 下爍山川之精(하삭산천지정), 中墮四時之施(중타사시지시) ; 惴耎之蟲(췌연지충), 肖翹之物(초교지물), 莫不失其性(막불실기성). 甚矣夫好知之亂天下也(심의부호지지란천하야)! 自三代以下者是已(자삼대이하자시이), 舍夫種種之民而悅夫役役之佞(사부종종지민이열부역역지녕), 釋夫恬淡無爲而悅夫啍啍之意(석부념담무위이열부톤톤지의), 啍啍已亂天下矣(톤톤이란천하의)!

성인이 죽지 않으면 큰 도둑도 그치지 않는다. 비록 성인을 중용하여 나라를 다스리면 도둑을 거듭 이롭게 한다. 말과 되는 용량을 재기 위함인데 아울러 말과 되까지 훔치고, 저울과 추는 무게를 달기 위함인데 아울러 훔쳐버리며, 부절(符節)과 옥새(玉璽)는 신표로 삼기 위함인데 아울러 부절과 옥새까지 훔쳐버리고, 인의로 바로잡으려 하는데 아울러 인의까지 훔친다. 어찌 그러함을 아는가?

낚싯바늘을 도둑질한 사람은 죽임을 당하고 나라를 훔친 사람은 제후가 되는데 제후의 가문에는 인의가 있으니 이는 곧 도둑이 인의와 성스러운 지혜까지 훔친 것 아닌가? 그러므로 큰 도둑이 되어 제후를 훔치고, 인의를 도둑질하며, 말과 되, 저울과 추, 부절과 옥새의 이로움까지 훔치는 자들은 높은 관직의 상을 주어도 (착함을) 권할 수 없으며 도끼의 위협으로도 (도둑질을) 금할 수 없다. 이는 도척을 거듭 이롭게 하여 금지할 수 없게 하는 것이니 이것이 성인의 잘못이다. 그러므로 물고기는 연못을 벗어날 수 없고, 나라는 날카로운 도구를 남들에게 보여주지 말라고 했다. 저 성인이란 자는 천하의 병기일 뿐, 세상을 밝혀 줄 수단이 아니다. 그러므로 성인을 근절하고 지혜를 버려야 큰 도둑이 그칠 것이다. 옥을 버리고 진주를 버려야 좀도둑이 생기지 않는다. 부절을 불태우고 옥새를 깨트리면 백성은 소박해질 것이다. 말과 되를 쪼개고 저울을 부러뜨리면 사람들이 다투지 않을 것이다. 천하에 성인의 법을 폐지해야만 민중은 더불어 논의할 수 있을 것이다.

육률의 가락을 흩트려 버리고 거문고 줄을 녹여 끊어버리고 사광의 귀를 막아버려야 천하에 비로소 사람들이 밝은 귀를 갖게 된다. 무늬를 없애고 다섯 가지 채색을 흩어버리며 이주의 눈을 아교로 붙여버려야 천하에 비로소 사람들이 그 밝음을 갖게 된다. 굽은 자를 부수고 먹줄을 끊어버리며 그림쇠와 곱자를 버리고 전설상의 인물 공수(公輸)의 손가락을 자르면 천하에 비로소 사람들이 기술을 갖게 된다. 그러므로 큰 기술은 졸렬한 것만 같다고 말한다. 증삼, 사추의 행실을 깎아 버리고, 양주와 묵적의 입을 집게로 봉해버리고 인의를 버리면 천하의 덕이 비로소 현묘하게 같아진다. 사람들이 그 밝음을 품는다면 천하는 녹아버리지 않고,[184] 사람들이 그 총명을 품는다면 천하는 (근심이) 쌓이지 않는다. 사람들이 그 지혜를 품는다면 천하는 미혹되지 않고, 사람들이 그 덕을 품는다면 천하는 치우침이 없다. 증삼, 사추, 양주, 묵적, 사광, 공수, 이주 등은 모두 겉으로는 그러한 덕을 이루었다. 그러나 천하를 소란하게 한 사람들이다. 이를 본받는 것은 쓸모없다.

그대는 홀로 덕이 지극했던 시대를 모른다고 하지 않겠지? 옛날 용성씨, 대정씨, 백황씨, 중앙씨, 율륙씨, 여축씨, 헌원씨, 혁서씨, 준로씨, 축융씨, 복희씨, 신농씨 당시에는 백성들이 새끼를 맺어 의사소통을 하고, 음식을 달다고 여기고, 의복을 아름답다고 하고, 풍속을 즐기고, 거처를 편안히 여겼다. 이웃 나라는 서로 바라보이고 개 짖는 소리와 닭 울음소리를 서로 듣지만 죽을 때까지 서로 왕래하지 않았다. 이와 같은 때가 지극한 다스림이다.

지금은 백성들이 목을 빼고 발꿈치를 들고 '어느 곳에 현자가 있다.'라고 말하며 양식을 싸 들고 찾아간다. 그러한즉슨 안으로 제 부모를 버리고, 밖으로 제 주인의 일을 떠나간다. 발자취가 제후국들의 국경 부근에 미치고 수레는 천 리 밖까지 이어진다. 곧 이것은 윗사람이 지식을 좋아한 잘못이다. 윗사람이 지식을 참으로 좋아하고 도가 없으면 곧 천하는 크게 어지러워진 것이다.

어떻게 그러한 것을 아는가? 활, 쇠뇌,[185] 그물, 주살(화살) 등 지혜가 많아

---

184. 현혹당하지 않고.

185. 쇠로 된 발사 장치가 달린 활.

지면 하늘의 새는 혼란에 빠지고 낚시, 투망, 통발 등 지혜가 많아지면 물고기가 어지러움에 빠진다. 목책, 새 잡는 그물, 토끼그물, 짐승 잡는 그물 치는 지식이 많아지면 짐승이 늪에서 어지러움에 빠진다. 지식이 거짓되고 독기를 품으며 매끄러운 말재주와 견백론과 궤변과 동이론이 많아지면 세속이 변론으로 혼란스러워진다. 그러므로 천하가 몹시 어두워져 크게 혼란스러워지는데 죄가 지식을 좋아한 데 있다. 그러므로 천하는 모두 모르는 것을 찾을 줄은 알면서도 이미 알고 있는 것을 찾을 줄은 모른다. 모두 선하지 않은 것을 비난할 줄은 알면서도 선하다고 알고 있는 것을 비판할 줄은 모른다. 이 때문에 크게 어지러워졌다. 그러므로 위로는 해와 달의 밝음에 어긋나고, 아래로는 산과 강의 정기를 태우며 사계절의 순환을 방해함으로써 땅 위를 기어 다니는 벌레와 날개 달린 곤충까지 그 본성을 잃지 않은 것이 없다.

심하구나! 지식을 좋아하여 천하를 어지럽힘이. 삼대 이후 군주들이 모두 이러하니, 성실한 백성을 버리고 교활한 아첨꾼을 좋아하고, 고요하고 맑은 무위를 버리고 제멋대로 만든 요란한 학설들을 좋아한다. 말[186]이 많아지면 세상을 어지럽힌다.

| 해석과 감상 |

성인(聖人)의 기준으로 사람을 줄 세움으로써 민중은 억압당한다. 높낮이 때문에 세상은 혼란스럽다. 1등을 내세우니 나머지는 혼란스럽다. 어른이 목소리를 높이면 아이들은 불안하다. 성인이 나니 도둑이 일어나고, 성인을 없애면 도둑이 사라진다. 비교와 서열이 범죄를 만든다. 하나를 칭

---

186. 학설.

찬하면 나머지가 슬퍼한다. 어른의 시각으로 아이들의 행동을 제재한다.

| 필사하기 |

● 大巧若拙(대교약졸)이라.

*대(클 대), 巧(공교할 교, 재주 교), 若(같을 약), 拙(못날 졸)

【큰 기술은 졸렬함과 같다.】

● 莫知求其所已知者(막지구기소이지자)라.

*莫(없을 막), 知(알지), 求(구할 구), 其(그 기), 已(이미 이), 者(사람 자)

【이미 알고 있는 것을 찾지 못한다.】

■ 『논어』「학이」「양화」子曰(자왈), 巧言令色(교언영색)이 鮮矣仁
(선의인)[187]이라.

*巧(아름다울 교), 令(명령 령, 아름다울 령), 色(빛 색), 鮮(드물 선), 仁(어질 인)

【공자 가로되, 교묘한 말과 아름다운 얼굴색은 인에는 드물다.】

『장자』와 『논어』로 우리 삶의 균형 찾기

노장은 큰 기술은 졸렬한 듯하다고 말하고, 공자는 꾸밈에는 인이 드물
다고 말한다. 노장은 성인을 비판하고, 공자는 성인을 추앙한다.

제11편 재유(在宥)[188], 제 자리를 지키라

무위자연의 정치, 정치 없는 정치, 자유방임의 정치에 관해 서술한다. 재

---

187. 논어 『학이』편에도 동일하게 등장한다.

188. 在(있을 재), 宥(너그러울 유, 편히 있게 하다, 용서하다).

유란 있는 그대로 있게 하고 본성을 이지러뜨리는 어떤 간섭도 없는 자유방임, 무위자연의 정치를 뜻한다. 재(在)는 만물을 그대로 있게 한다는 의미이며, 유(宥)는 어떠한 간섭도 하지 않는 불구속의 상태를 말한다. 곧, 유위(有爲)가 아니라 자유방임주의이다.

천하를 있는 그대로 놓아준다

억지는 다른 억지를 부른다.
나사를 억지로 돌리면 망가지고
먹기 싫은 음식을 억지로 욱여넣으면 토한다.
세상 그대로 놓아두어야
제대로 순환하고
배고플 때 음식이 맛있다.

| 본문 | 聞在宥天下(문재유천하), 不聞治天下也(불문치천하야). 在之也者(재지야자), 恐天下之淫其性也(공천하지음기성야) ; 宥之也者(유지야자), 恐天下之遷其德也(공천하지천기덕야). 天下不淫其性(천하불음기성), 不遷其德(불천기덕), 有治天下者哉(유치천하자재)！ 昔堯之治天下也(석요지치천하야), 使天下欣欣焉人樂其性(사천하흔흔언인락기성), 是不恬也(시불념야) ; 桀之治天下也(걸지치천하야), 使天下瘁瘁焉人苦其性(사천하췌췌언인고기성), 是不愉也(시불유야). 夫不恬不愉(부불념불유), 非德也(비덕야). 非德也而可長久者(비덕야이가장구자), 天下無之(천하무지). 人大喜邪(인대희사)？ 毗於陽(비어양) ; 大怒邪(대로사)？ 毗於陰(비어음). 陰陽並毗(음양병비), 田時不至(전시부지), 寒暑之和不成(한서지화불성), 其反傷人之形乎(기반상인지형호)！ 使人喜怒失位(사인희로실위), 居處無常(거처무상), 思慮不自得(사려부자득), 中道不成章(중도불성장), 於是乎天下始喬詰卓鷙(어시호천하시교힐탁지), 而後有盜跖曾史之行(이후유도척증사지행).

천하를 있는 그대로 놓아둔다는 말은 들었어도 천하를 다스린다는 말은 듣지 못했다. 천하를 있는 그대로 둔다는 것은 천하가 그 천성을 어지럽힐까 두려워해서이고 놓아두는 것은 천하의 사람들이 그 덕을 옮길까 두려워서이다. 천하가 그 본성을 어지럽히지 않고 그 덕을 옮기지 않으면 천하를 다스릴 일이 있는가?

옛날 요임금이 천하를 다스릴 때는 천하를 기쁘게 하여 사람이 그 본성을 즐겼다. 이는 편안함이 아니다. 걸임금이 천하를 다스릴 때는 천하를 고달프게 하여 사람이 그 본성을 괴롭혔다. 이는 즐거움이 아니다. 대저 편안하지 않고 즐겁지 않은 것은 덕이 아니니 덕이 아닌 것이 장구할 수 있는 것은 천하에 없다.

사람이 크게 기뻐하면 양기가 손상되고[189] 크게 노하면 음기가 손상된다. 음양이 나란히 손상되면 사계절이 운행하지 않으며 추위와 더움의 조화가 이루어지지 않으면 도리어 사람의 몸이 손상된다. 사람으로 하여 기쁨과 노여움이 위치를 잃고 거처가 일정하지 않으면 생각을 스스로 얻지 못하고 중앙의 도가 아름답게 이루어지지 않는다. 이에 천하에 고압적인 태도로 책망하고 남에게 사납게 군 뒤에 도척과 증삼과 사추의 행위가 있다.

| 해석과 감상 |

천하는 다스리는 것이 아니라 그대로 놓아두는 것이다. 기쁨을 준 요임금이나 노여움을 준 걸임금도 덕이 아니어서 장구하지 못했다. 기뻐하거나 노여워하거나 하는 것은 몸을 상하게 한다. 중앙의 도, 자연의 도가 이루어지지 않아 도둑인 도척이나 그 반대인 공자나 그 제자 등이 나오게 된

---

189. 또는 '도와주다'라는 뜻으로 풀이하기도 한다.

다. 억지가 없이 그대로 놓아두는 것이 낫다.

| 필사하기 |

● 聞在宥天下(문재유천하)나 不聞治天下也(불문치천하야)니라.

*聞(들을 문), 在(있을 재), 宥(용서할 유), 天(하늘 천), 治(다스릴 치)

【천하를 있는 그대로 놓아준다는 말은 들었어도 천하를 다스린다는 말은 듣지 못했다.】

■ 『논어』「위령공」子曰(자왈), 無爲而治者(무위이치자)는 其舜也與(기순야여)신저! 夫何爲哉(부하위재)시리오? 恭己正南面而已矣(공기정남면이이의)시니라.

【공자 가로되, "무위로 다스린 자는 순임금이구나! 무엇을 했는가? 몸을 공손히 하고 임금의 자리를 지키고 있었을 뿐이다."】

『장자』와 『논어』로 삶의 균형 찾기

모두 무위로 다스림을 이야기하고 있다. 공자는 다스림의 이상을 현재가 아니라 과거 순임금의 예를 들고 있다. 무위의 다스림이 최상의 정치라는 점에서 『장자』와 『논어』의 사상이 같다.

제12편 천지(天地), 태초에 무(無)였다

도(道) 대신에 유가적 색채가 강한 천(天)을 강조한다는 면에서 이 글을 다음 편인 「천도(天道)」와 함께 유가와 도가사상의 융합을 모색하는 글로 평가한다. 무위사상을 장자 측면에서 서술한다. 이 편은 첫 두 글자를 따서 제목으로 삼았다. 이 편에는 장자의 현실 긍정적 사상이 나타난다.

군자의 열 가지

무위가 하늘이고 무위가 덕이다.
하지 않으면 꺾이지 않는다.
같지 않은 것도 같다고 해야 크다.

어릴 때는 여색을 경계하고
장성해서는 싸움을 경계하며
노년에 이르러서는 혈기가 쇠하여 얻음을 경계해야 하니
공자에게 군자는 육신을 초월하는 일이다.
군자의 덕은 바람처럼 그 방향으로 풀을 눕히고
군자는 윗물이어서 아랫물을 맑게 한다.
노자, 공자, 장자에게
군자는 사사로움이 없다.

| 본문 | 夫子曰(부자왈), "夫道(부도), 覆載萬物者也(복재만물자야), 洋洋乎大哉
(양양호대재)! 君子不可以不刳心焉(군자불가이불고심언). 無爲爲之之謂天(무
위위지지위천), 無爲言之之謂德(무위언지지위덕), 愛人利物之謂仁(애인리물지위
인), 不同同之之謂大(부동동지지위대), 行不崖異之謂寬(행불애리지위관), 有萬不
同之謂富(유만부동지위부). 故執德之謂紀(고집덕지위기), 德成之謂立(덕성지위
립), 循於道之謂備(순어도지위비), 不以物挫志之謂完(불이물좌지지위완). 君子明
於此十者(군자명어차십자), 則韜乎其事心之大也(즉도호기사심지대야), 沛乎其爲
萬物逝也(패호기위만물서야). 若然者(약연자), 藏金於山(장금어산), 藏珠於淵(장
주어연), 不利貨財(불리화재), 不近貴富(불근귀부) ; 不樂壽(불락수), 不哀夭(불애
요) : 不榮通(불영통), 不醜窮(불추궁) ; 不拘一世之利以爲己私分(불구일세지리이
위기사분), 不以王天下爲己處顯(불이왕천하위이처현). 顯則明(현즉명), 萬物一府
(만물일부), 死生同狀(사생동상)."

스승[190]께서 말했다.

"도란 만물을 덮어주고 얹어주는 것이니 넓고 넓은 바다처럼 크다. 군자는 마음을 도려내지 않으면 안 된다. 무위로 다스리는 것을 천(天)이라 하고 무위로 말하는 것을 덕(德)이라 한다. 사람을 사랑하고 만물을 이롭게 하는 것을 인(仁)이라 하고, 같지 않은 것을 같다고 하는 것을 대(大)라 하고, 행하는 일이 다른 사람과 다르게 하지 않은 것을 관용(寬容)이라 하고, 같지 않은 것이 만 가지가 있는 것을 부(富)라 한다. 그러므로 덕을 붙잡는 것을 벼리[191]라 하고, 덕을 이룬 것을 립(立)[192]이라 하고, 도에 순종하는 것을 비(備)[193]라 하고, 외물 때문에 뜻을 꺾지 않는 것을 완(完)이라 한다.

군자가 이 열 가지를 밝게 하면 일에 관용을 갖고 마음을 크게 세우며 행실이 성대하여 만물이 돌아간다. 그런 사람은 산속에 금을 숨기고 연못에 구슬을 감추어 이익으로 재화를 얻지 않고 부귀를 가까이하지 않는다. 오래 산다고 즐거워하지 않고 빨리 죽는다고 슬퍼하지 않는다. 출세를 영광이라 하지 않으며 궁핍을 추하다 하지 않는다. 온 세상의 이익을 취하여 자기의 사사로운 몫으로 삼지 않으며 천하를 다스리는 것을 자기가 드러난 자리[194]에 있다고 생각하지 않는다. 높은 자리에 있으면 곧 밝다. 만물이 하나의 창고이며 죽음과 삶이 같은 모습이다."

---

190. 부자(夫子). 스승이 누구인지 노자, 장자, 공자 등 의견이 분분하다.

191. 기(紀, 법칙, 규칙).

192. 立, 독립, 기반을 잡는다.

193. 비(備, 준비, 모든 것이 뜻대로 된다).

194. 높은 자리.

| 해석과 감상 |

군자가 밝게 해야 할 열 가지를 나열하고 있다. 열 가지는 천(天), 덕(德), 인(仁), 대(大), 관(寬), 부(富), 기(紀), 입(立), 비(備), 완(完)이다.

| 필사하기 |

● 愛人利物之謂仁(애인리물지위인)이요 不同同之之謂大(부동동지지위대)니라.

*愛(사랑 애), 利(이로울 리), 物(만물 물), 謂(이를 위), 仁(어질 인), 同(같을 동)

【사람을 사랑하고 만물을 이롭게 하는 것을 인(仁)이라 하고, 같지 않은 것을 같게 하는 것을 대(大)라 한다.】

● 不以物挫志之謂完(불이물좌지지위완)이니라.

*物(만물 물), 挫(꺾을 좌), 志(뜻 지), 完(완전할 완)

【만물 때문에 뜻을 꺾지 않는 것을 완전함이라 한다.】

■『논어』「위령공」子曰(자왈), 君子求諸己(군자구저기)요 小人求諸人(소인구저인)이라.

*君(임금 군), 求(구할 구), 諸(모든 제, 어조사 저), 己(자기 기), 人(사람 인, 타인)

【공자 가로되, 군자는 자기에게서 구하고 소인은 남에게서 구한다.】

■『논어』「계씨」孔子曰(공자왈), 君子有三戒(군자유삼계)하니 少之時(소지시)에는 血氣未定(혈기미정)이라 戒之在色(계지재색)이요 及其壯也(급기장야)에는 血氣方剛(혈기방강)이라 戒之在鬪(계지재투)요 及其老也(급기자야)에는 血氣旣衰(혈기기쇠)라 戒之在得(계지재득)이니라.

*戒(경계할 계), 少(적을 소), 血(피 혈), 氣(기운 기), 未(아닐 미), 定(정할 정), 色(빛 색, 색정), 其(그 기), 及(미칠 급), 壯(씩씩할 장), 剛(굳셀 강), 在(있을 재),

鬪 (싸움 투), 老 (늙은이 노), 旣 (이미 기), 喪 (죽을 상), 得 (얻을 득)

【군자는 세 가지를 경계해야 한다. 어릴 때는 혈기가 정해지지 않아서 경계하는 것이 여색이고, 장성함에 이르러서는 혈기가 강해서 경계해야 할 것이 싸움이며, 노년에 이르러서는 혈기가 쇠하여 경계해야 할 것은 얻음에 있다.】

■『논어』「계씨」孔子曰(공자왈), 君子有三畏(군자유삼외)하니 畏天命(외천명)하며 畏大人(외대인)하며 畏聖人之言(외성인지언)이니라. 小人不知天命而不畏也(소인부지천명이불외야)라 狎大人(압대인)하며 侮聖人之言(모성인지언)이니라.

*畏(두려워할 외), 命(운수 명), 聖(성스러울 성), 狎(가벼이 여길 압), 侮(업신여길 모)

【공자 가로되 군자는 세 가지를 두려워한다. 하늘의 명을 두려워하고 대인을 두려워하고 성인의 말을 두려워한다. 소인은 하늘의 명을 알지 못하여 두려워하지 않고 대인을 가볍게 여기고 성인의 말을 업신여긴다.】

■『논어』「계씨」孔子曰(공자왈), 君子有九思(군자유구사)하니 視思明(시사명), 聽思聰(청사총), 色思溫(색사온), 貌思恭(모사공), 言思忠(언사충), 事思敬(사사경), 疑思問(의사문), 忿思難(분사난), 見得思義(견득사의)니라.

*思(생각 사), 視(볼 시), 明(밝을 명), 聽(들을 청), 聰(귀 밝을 총), 色(얼굴빛 색), 溫(따뜻할 온), 貌(얼굴 모), 恭(공손할 공), 忠(충성 충), 敬(공경할 경), 疑(의심할 의), 問(물을 문), 忿(성낼 분), 難(어려울 난), 得(얻을 득), 義(옳을 의)

【공자 가로되, 군자는 아홉 가지 생각이 있다. 볼 때는 밝음을 생각하고, 들을 때는 귀 밝음을 생각하며, 안색은 온화함을 생각하고, 모습에는 공손함을 생각하며, 말에는 충성을 생각하고, 의문에는 질문을 생각하며,

분노에는 어려움을 생각하고, 얼음을 보면 옳음을 생각한다.】

■『논어』「이인」子曰(자왈), 君子懷德(군자회덕)하고 小人懷土(군자회토)하며 君子懷刑(군자회형)하고 小人懷惠(군자회혜)니라.

*君(임금 군), 懷(품을 회), 德(덕 덕), 土(흙토), 刑(형벌 형), 惠(은혜 혜)

【공자 가로되, 군자는 덕을 품고, 소인은 흙을 품는다. 군자는 법을 품고, 소인은 은혜를 품는다.】

■『논어』「안연」子曰(자왈), 君子成人之美(군자성인지미)하고 不成人之惡(불성인지악)하니 小人反是(소인반시)니라.

*君(임금 군), 成(이룰 성), 美(아름다울 미), 惡(악할 악), 反(되돌릴 반), 是(이 시)

【공자 가로되, 군자는 남의 아름다움을 이루고 남의 악함을 이루지 않는다. 소인은 이와 반대이다.】

■『논어』「안연」孔子對曰(공자대왈), 君子之德風(군자지덕풍)이요 小人之德草(소인지덕초)니 草上之風(초상지풍)이면 必偃(필언)하니라.

*德(덕 덕), 風(바람 풍), 草(풀 초), 必(반드시 필), 偃(누울 언, 쓰러질 언)

【공자가 대답하여 가로되, 군자의 덕은 바람이고, 소인의 덕은 풀이다. 풀 위에 바람이 불면 (풀은) 반드시 눕는다. [195]】

『장자』와 『논어』로 우리 삶의 균형 찾기

공자는 군자에 대해 수많은 말을 했다. 군자는 공자가 지향하는 세속의

---

195. 이 구절은 김수영의 대표적인 시 '풀'의 창작 근원이다. 군자의 덕이 바람과 같다는 말은 바람이 불면 풀이 그 방향으로 눕듯이 윗사람의 행동이 아랫사람이 행동하는 데 표본이 된다는 말이다, 윗물이 맑아야 아랫물이 맑다.

성인이다. 공자는 군자가 지향할 것으로 군자는 책임을 자기에게서 찾고, 밝음과 온화함, 공손함과 옳음을 생각한다. 군자는 덕을 품고, 사회질서 곧 법을 생각하며, 남의 아름다움을 이루고, 바람처럼 솔선수범해야 한다. 공자는 군자가 경계할 것 세 가지, 두려워할 것 세 가지도 제시하고 있다.

황제와 상망의 진주 찾는 이야기

> 검은 진주, 신비한 구슬을
> 지혜가 찾지 못하고
> 눈 밝은 이주도 찾지 못한다.
> 소리에 밝은 끽후도 찾지 못하더니
> 형상이 아득한 상망이 찾았도다.
> 책 속에 숨긴 돈을 끝내 찾지 못하나
> 금을 모르는 아이가 놀다가 잃어버린 반지를 찾는다.

| 본문 | 黃帝遊乎赤水之北(황제유호적수지북), 登乎崑崙之丘而南望(등호곤륜지구이남망), 還歸(환귀), 遺其玄珠(유기현주). 使知索之而不得(사지색지이부득), 使離朱索之而不得(사리주색지이부득), 使喫詬索之而不得也(사끽후색지이부득야). 乃使象罔(내사상망), 象罔得之(상망득지). 黃帝曰(황제왈), "異哉(이재)! 象罔乃可以得之乎(상망내가이득지호)?"

    황제가 적수의 북쪽에서 노닐며 곤륜산에 올라 남쪽을 바라보고 돌아오다가 검은 진주[196]를 잃어버렸다. 지혜에게 찾게 했으나 찾지 못하고, 눈 밝은 이주에게 찾게 했으나 찾지 못하여, 소리에 밝은 끽후에게 찾게 했으

---

196. 현주(玄珠, 도).

나 찾지 못했다. 상망(象罔)에게 찾게 했더니 이를 찾았다.

황제가 말했다.

"이상하구나. 상망(象罔)이 진주를 찾아내다니!"

| 해석과 감상 |

무심해야 찾는다. 무심해야 도를 얻는다. 상망(象罔)은 흐릿한 형체, 마음이 없고 형상이 없는 것을 의인화하였다. 지혜, 눈 밝은 이주, 소리에 밝은 끽후가 찾지 못했는데 형체가 없는 상망이 찾았다.

| 필사하기 |

● 象罔乃可以得之乎(상망내가이득지호)로다.

*象(모양 상), 罔(그물 망. 없을 망), 乃(이에 내), 可(가능할 가), 得(얻을 득)

【상망이 이를 얻었구나!】

요임금과 허유의 설결에 대한 대화

대체로 총명예지는
대중의 인기를 먹고 성장하니
그 성장이 괴물이 되어도 성장하려 한다.
외물에 따라 내가 움직이면 항심이 없고,
항심이 없으면 나를 잃는다.
하늘과 짝을 이루면
외물이 없이 항심이 있다.

| 본문 | 堯之師曰許由(요지사왈허유), 許由之師曰齧缺(허유지사왈설결), 齧缺之

師曰王倪(설결지사왈왕예), 王倪之師曰被衣(왕예지사왈피의). 堯問於許由曰(요문어허유왈), "齧缺可以配天乎(설결가이배천호)? 吾藉王倪以要之(오자왕예이요지)." 許由曰(허유왈), "殆哉圾乎天下(태재급호천하)! 齧缺之爲人也(설결지위인야), 聰明叡知(총명예지), 給數以敏(급수이민), 其性過人(기성과인), 而又乃以人受天(이우내이인수천). 彼審乎禁過(피심호금과), 而不知過之所由生(이부지과지소유생). 與之配天乎(여지배천호)? 彼且乘人而無天(피차승인이무천), 方且本身而異形(방차본신이리형), 方且尊知而火馳(방차존지이화치), 方且爲緖使(方且爲緖使), 方且爲物絃(방차위물해), 方且四顧而物應(방차사고이물응), 方且應衆宜(방차응중의), 方且與物化而未始有恆(방차여물화이미시유긍). 夫何足以配天乎? 雖然(부하족이배천호수연), 有族(유족), 有祖(유조), 可以爲衆父(가이위중부), 而不可以爲衆父父(이불가이위중부부). 治(치), 亂之率也(난지솔야), 北面之禍也(북면지화야), 南面之賊也(남면지적야)."

요의 스승은 허유라 하고, 허유의 스승은 설결[197]이라 하며, 설결의 스승은 왕예라 하고, 왕예의 스승은 피의라 한다.

요가 허유에게 물었다.

"설결은 하늘과 짝할 만합니까? 저는 왕예를 통해 부탁해 보겠습니다."

허유가 말했다.

"위태롭다. 매우 위태롭구나! 천하여. 설결은 사람됨이 총명예지하여 일을 처리함이 민첩하고 그 성품은 남보다 뛰어나 사람으로 하늘(자연)을 받는다. 그는 과오를 금하는 것은 알지만, 과오가 생기는 원인은 모른다. 그가 하늘을 짝[198]으로 하면 사람을 올라타고 하늘을 없앤다. 몸을 근본으로

---

197. 벌어진 이빨.

198. 천자의 자리에 오른다.

삼아 형체를 다르게 하고, 지식을 존중하여 불타오르고, 세세한 일까지 시키고, 사물을 속박하고, 사방을 둘러보며 만물에 응하고, 대중의 인기에 호응하고, 외물에 따라 변화하고, 처음부터 항심이 없을 것이다. 어찌 족히 하늘의 짝이 되겠는가? 비록 그렇지만 종족과 조상은 있어야 하니 무리 중의 어른은 가능하지만 어른의 어른으로 삼아 어지러움을 다스리는 통솔은 가능하지 않다. 신하가 되면 재앙이 되고, 군왕이 되면 도적이 된다."

| 해석과 감상 |

인간은 하늘의 짝이 되지 못한다. 요임금의 물음에 허유는 그의 스승 설결이 천자의 자리에 앉을 인물이 아니라고 말한다. 허유는 설결이 하늘의 짝이 될 인물이 아니라는 이유에서이다. 설결이 신하가 되면 재앙이 되고 군왕이 되면 도적이 된다고 말한다. 이런 기준이라면 왕의 자리에 앉을 사람은 없다. 허유가 설결을 보호하기 위해 천자의 자리를 추천하지 않았는지, 천자의 자리에 앉으면 누구나 도적이 된다는 말을 하고 있는 것인지 다양한 해석이 가능하다. 허유는 요임금이 임금 자리를 물려주려 하자 개울로 가서 귀를 씻었던 사람이다. 설결은 그가 모시는 스승이다.

요임금과 화(華)의 국경지기(封人)

오래 살면 욕됨이 많고
재물이 많으면 일이 많으며
아들을 많이 보면 걱정이 많다고 하면
처음부터 태어날 일이 아니다.
하늘은 낳을 때 모두에게 직분을 주었다.

재물이 많으면 나누고

아들이 많으면 각 소질대로 키우며

오래 살면 새처럼 자취 없이 산다.

걱정도 팔자,

하늘이 자기에게 준 직분에 따르라.

| **본문** | 堯觀乎華(요관호화). 華封人曰(화봉인왈), "嘻(희), 聖人(성인)！ 請祝聖人(청축성인). "使聖人壽(사성인수)." 堯曰(요왈), "辭(사)." 使聖人富(사성인부). "堯曰(요왈), "辭(사)." 使聖人多男子(사성인다남자)." 堯曰(요왈), "辭(사)." 封人曰(봉인왈), "壽(수), 富(부), 多男子(다남자), 人之所欲也(인지소욕야). 女獨不欲(여독불욕), 何邪(하사)？" 堯曰(요왈), "多男子則多懼(다남자즉다구), 富則多事(부즉다사), 壽則多辱(수즉다욕). 是三者(시삼자), 非所以養德也(비소이양덕야), 故辭(고사)." 封人曰(봉인왈), "始也我以女爲聖人邪(시야아이여위성인사), 今然君子也(금연군자야). 天生萬民(천생만민), 必授之職(필수지직). 多男子而授之職(다남자이수지직), 則何懼之有(즉하구지유)！ 富而使人分之(부이사인분지), 則何事之有(즉하사지유)！ 夫聖人(부성인), 鶉居而鷇食(순거이구식), 鳥行而無彰(조행이무창)；天下有道(천하유도), 則與物皆昌(즉여물개창)；天下無道(천하무도), 則脩德就閒(즉수덕취한)；千歲厭世(천세염세), 去而上僊(거이상선)；乘彼白雲(승피백운), 至於帝鄕(지어제향)；三患莫至(삼환막지), 身常無殃(신상무앙)；則何辱之有(즉하욕지유)！" 封人去之(봉인거지). 堯隨之(요수지), 曰(왈), "請問(청문)." 封人曰(봉인왈), "退已(퇴이)！"

요가 화(華)를 유람할 때 화의 국경지기가 말했다.

"오, 성인이시여! 성인께 축복의 말씀을 올립니다. 성인께서 장수하게 해 주소서."

요가 말했다.

"사양합니다."

"성인께서 부자가 되게 하소서."

요가 말했다.

"사양합니다."

"성인께서 아들을 많이 보게 하소서."

요가 말했다.

"사양합니다."

"장수와 부, 아들을 사람들은 원하는 바인데 임금만은 바라지 않으니 어째서입니까?"

요가 말했다.

"아들이 많으면 걱정이 많고, 재물이 많으면 일이 많고, 오래 살면 욕됨이 많습니다. 이 세 가지가 덕을 기르는 방법이 아니라 거질했습니다."

국경지기가 말했다.

"처음에 나는 당신이 성인이라고 생각했는데 인제 보니 그저 그런 군자일 뿐이군요. 하늘이 만백성을 낳을 때는 반드시 그들에게 직분을 줍니다. 아들이 많으면 그에 맞게 직분이 주어지니 어찌 걱정하겠습니까? 부유하거든 사람들에게 나누어 주면 무슨 일이 있겠습니까? 대저 성인은 메추라기처럼 기거하고, 새의 새끼처럼 먹고, 새가 나는 것처럼 드러나지 않습니다. 천년을 살다가 세상이 싫으면 떠나서 위로 올라가 신선이 되어 저 흰 구름을 타고 상제의 마을에 이를 것입니다. 세 가지 걱정이 이르지 못하고 몸에 재앙도 없습니다. 그러한즉 어찌 욕됨이 있겠습니까?"

국경지기가 떠나가니 요가 그를 따라가며 말했다.

"청컨대 묻고 싶습니다."

국경지기가 말했다.

"물러가시오."

| 해석과 감상 |

자연의 질서를 따라야 한다. 장수, 부자, 아들 많음을 자연(自然)에 따라 사양하지 말아야 한다. 하늘의 뜻과 어긋나는 요임금을 속물 취급하며 국경지기는 물러가라 말한다. 장수, 부자, 아들 많음에도 제 직분에 따라 살며 하늘의 덕을 따를 수 있다.

| 필사하기 |

● 天生萬民(천생만민)이면 必授之職(필수지직)이라

*天(하늘 천), 生(날 생), 萬(일만 만), 民(백성 민), 必(반드시 필), 授(줄 수), 職(직분 직)

【하늘은 만민을 낳을 때 반드시 직분을 준다.】

요임금과 백성자고(伯成子高)

상을 받으면
상 못 받는 사람들은 질시한다.
상이
못하는 사람을 따로 떼어내니
형벌이 상의 배다른 자식이다.

| 본문 | 堯治天下(요치천하), 伯成子高立爲諸侯(백성자고립위제후). 堯授舜(요수순), 舜授禹(순수우), 伯成子高辭爲諸侯而耕(백성자고사위제후이경). 禹往見之(우왕견지), 則耕在野(즉경재야). 禹趣就下風(우추취하풍), 立而問焉(입이문언),

曰(왈), "昔堯治天下(석요치천하), 吾子立爲諸侯(오자립위제후). 堯授舜(요수순), 舜授予(순수여), 而吾子辭爲諸侯而耕(이오자사위제후이경), 敢問(감문), 其故何也(기고하야)？" 子高曰(자고왈), "昔堯治天下(석요치천하), 不賞而民勸(불상이민권), 不罰而民畏(불벌이민외). 今子賞罰而民且不仁(금자상벌이민차불인), 德自此衰(덕자차쇠), 刑自此立(형자차립), 後世之亂自此始矣(후세지란자차시의). 夫子闔行邪(부자합행사)？無落吾事(무락오사)！" 俋俋乎耕而不顧(읍읍호경이불고).

요가 천하를 다스리자 백성자고를 세워 제후로 삼았다. 요가 순임금에게 (천자 자리를) 주고 순임금이 우에게 넘겨주자 백성자고는 제후를 사양하고 밭을 갈았다. 우임금이 그를 찾아가니 들에서 밭을 갈고 있었다. 우임금이 아래쪽에 서서 물었다.

"옛날 요임금이 천하를 다스릴 때는 그대를 세워 제후로 삼았습니다. 요임금이 순에게 (왕위를) 물려주고 순임금이 (나에게) 왕위를 물려주자 선생께서는 그대는 제후를 사양하고 밭을 갈고 있습니다. 감히 묻노니 그 까닭이 무엇입니까?"

자고가 말했다.

"옛날 요임금이 천하를 다스릴 때는 상이 없어도 백성이 근면했고, 벌이 없어도 외경심을 가졌습니다. 지금 그대는 상과 벌을 시행하지만 백성들이 어질지 못하고, 자연의 덕이 이로부터 쇠퇴해졌고 인위의 형벌이 이로부터 일어났습니다. 후세의 어지러움은 이로부터 시작된 것이오. 어찌 돌아가지 않으시오? 나의 일을 방해하지 마시오."

그는 머리를 구부려 밭을 갈 뿐 돌아보지 않았다.

| 해석과 감상 |

인위로 상과 벌을 시행하지 말라. 요순시대는 상과 벌을 주지 않았는데 백성들이 근면하고 경외심을 가졌다. 우임금에 와서 상과 벌을 주는데도 백성들은 어질지 못해서 백성자고는 제후를 버리고 밭을 간다. 우는 자기 아들에게 왕위를 물려준다. 백성자고가 우왕을 반대하는 이유는 우가 왕위 세습제를 도입한 것 때문이라고 한다. 로마의 오현제 중의 유일하게 친아들이 있던 마지막 황제 마르쿠스 아우렐리우스는 아들 코모두스에게 황제를 물려주어 오현제 시대가 막을 내리고 혼란에 빠진다.

| 필사하기 |

● 不賞而民勤(불상이민근) 不罰而民畏(불벌이민외).

*賞(상줄 상), 民(백성 민), 勤(부지런할 근), 罰(죄 벌), 畏(두려워할 외)

【상을 주지 않아도 백성이 근면하고 벌을 주지 않아도 백성이 두려워한다.】

현덕(玄德)

무가 하나의 근본이다.
형체가 없는 하나를 덕이라 하니
덕이 지극하면 태초와 같아지고
그 합은 자취가 없으니 이를 현덕이라 한다.
마침내 자연과 하나가 되면 어리석은 듯하다.

| 본문 | 泰初有無(태초유무), 無有無名(무유무명) ; 一之所起(일지소기), 有一而未形(유일이미형). 物得以生(물득이생), 謂之德(위지덕) ; 未形者有分(미형자유

분), 且然無間(차연무한), 謂之命(위지명) ; 留動而生物(유동이생물), 物成生理(물성생리), 謂之形(위지형) ; 形體保神(형체보신), 各有儀則(각유의즉), 謂之性(위지성). 性脩反德(성수반덕), 德至同於初(덕지동어초). 同乃虛(동내허), 虛乃大(허내대). 合喙鳴(합훼명) ; 喙鳴合(훼명합), 與天地爲合(여천지위합). 其合緡緡(기합민민), 若愚若昏(약우약혼), 是謂玄德(시위현덕), 同乎大順(동호대순).

태초에 없음만 있고, 있음도 없었고 이름도 없었다. 하나가 생기고, 하나가 있었으나 형체가 없었다. (하나에서) 만물이 생겨나는 것을 덕(德)이라한다. 형체가 아직 없는 것이 나누어지는데 그러나 틈이 없는 것을 명(命)이라 한다. 움직여서 만물을 낳는데 물이 이루어져 무늬가 생성되는 것을 형체라 하며, 형체가 정신을 보존하여 각각 법칙이 있으면 이를 성품이라한다. 성품을 닦으면 덕으로 돌아가고, 덕이 지극하면 태초와 같아지며, 태초와 같아지면 텅 비고, 비게 되면 크다. 새의 부리가 울음을 합하고, 울음을 합하면 천지와 더불어 합해져 그 합이 완전하여 보이지 않으면 어리석은 듯, 무지한 듯하니 이를 현덕(玄德)이라 하며 크게 순응하여 같아진다.

| 해석과 감상 |
현덕은 크게 순응하여 하나로 동화된다. 현묘한 덕은 어리석은 듯, 무지한 듯, 텅 빈 듯하다.

| 필사하기 |
● 泰初有無無有無名(태초유무무유무명)이니라.
*泰(클 태), 初(처음 초), 有(있을 유), 無(없을 무), 名(이름 명)
【태초에는 무(無)만이 있었고 유(有)도 없었고 명칭(名)도 없었다.】

망기(忘己)

만물을 잊고 하늘을 잊으면
나를 잊는다.
나를 잊으면 하늘에 들어간다.
내 모든 욕망을 벗어 잊어버리면 해탈의 자리에 오르고
진정 마음은 화평의 호수에 빠진다.
비로소 내 삶이 떠오른다.

| **본문** | 夫子問於老聃曰(부자문어노담왈), "有人治道若相放(유인치도약상방),
可不可(가불가), 然不然(연불연). 辯者有言曰(변자유언왈), 『離堅白若縣宇(『이견
백약현우).』若是則可謂聖人乎(약시즉가위성인호)?" 老聃曰(노담왈), "是胥易技
係勞形怵心者也(시서이기계로형출심자야). 執留之狗成思(집류지구성사), 猿狙之
便自山林來(원저지편자산림래). 丘(구), 予告若(여고약), 而所不能聞與而所不能
言(이소불능문여이소불능언). 凡有首有趾無心無耳者衆(범유수유지무심무이자
중), 有形者與無形無狀而皆存者盡無(유형자여무형무상이개존자진무). 其動(기
동), 止也(지야) ; 其死(기사), 生也(생야) ; 其廢(기폐), 起也(기야). 此又非其所以
也(차우비기소이야). 有治在人(유치재인), 忘乎物(망호물), 忘乎天(망호천), 其名
爲忘己(기명위망기). 忘己之人(망기지인), 是之謂入於天(시지위입어천)."

공자가 노담에게 물었다.

"사람들이 도를 닦을 때 서로 어긋나 옳지 않은 것을 옳다고 하고, 그렇
지 않은 것을 그렇다고 합니다. 변론가들은 말하기를 단단하고 흰 것을 둘
로 나누어 마치 처마 끝에 매달아 보여주는 것처럼 합니다. 이들이 성인이
라 할 수 있습니까?"

노담이 답했다.

"이들은 잡일을 하거나 기교에 얽매인 사람들로 몸을 수고롭게 하고 마음을 번거롭게 하는 자들이다. 살쾡이를 잡은 개는 개 줄에 묶이는 생각을 하고, 원숭이의 민첩함은 산림에서 잡혀 온다. 구(丘)여! 내 그대에게 그대가 들을 수도 말할 수도 없는 것을 말해 주겠다. 무릇 머리와 발은 있어도 마음과 귀가 없는 자들이 많다. 형체가 있는 것은 형체와 형상이 없는 것으로 돌아가니 모든 존재는 다함이 없다. 움직임과 그침, 죽음과 삶, 그만둠과 일어섬이 있는데 그들이 또한 이것을 어떻게 할 수 있는 게 아니다. 다스림은 사람에게 있다. 만물을 잊고 하늘을 잊는 것을 이름하여 자기를 잊는 것이라 한다. 자기를 잊은 사람을 일러 하늘에(자연으로) 들어갔다고 한다."

| 해석과 감상 |

망기(忘己), 세상에서 가장 잊기 어려운 자기를 잊어버리는 사람은 자연의 경지에 들어선 사람이다.

| 필사하기 |

● 忘乎物忘乎天(망호물망호천)이면 其名爲忘己(기명위망기)
*忘(잊을 망), 物(만물 물), 天(하늘 천), 其(그 기), 爲(할 위), 己(자기 기)
【만물을 잊고 하늘을 잊으면 그 이름을 '자기를 잊음'이라 한다.】
■『논어』「안연」子曰(자왈), 克己復禮爲仁(극기복례위인)이니 一
日克己復禮(일일극기복례)면 天下歸仁焉(천하귀인언)이라.
*克(이길 극), 復(돌아올 복), 禮(예도 례), 歸(돌아갈 귀), 焉(어조사 언),
【공자 가로되, 자기를 이기고 예로 돌아가는 것이 인이다. 하루라도 자기를 이기고 예로 돌아가면 천하가 인으로 돌아간다.】

『장자』와 『논어』로 우리 삶의 균형 찾기

노장은 나를 잊으면 하늘에 들어간다고 하고, 공자는 예로 돌아가야 인이 이루어진다고 말한다. 노장의 하늘은 무위자연이고, 공자의 예는 인간이 만든 규범이다.

기계를 사용하면 도가 깃들 수 없다

기계를 쓰면 심장에 틈이 생기고
기계를 돌리면 기계 돌아가는 소리에 나를 잃는다.
심장이 기계를 따르지 못해
기계가 멈추어야 심장이 뛰는 소리를 듣는다.
나를 잃는 소리가 삐걱삐걱 소리치면
나는 나를 찾지 못해 두리번거린다.
기계를 쓰면 인간도 기계가 된다.
쓸모없으면 버리는 생각 없는 기계가 된다.

| **본문** | 子貢南遊於楚(자공남유어초), 反於晉(반어진), 過漢陰(과한음), 見一丈人方將爲圃畦(견일장인방장위포휴), 鑿隧而入井(착수이입정), 抱甕而出灌(포옹이출관), 搰搰然用力甚多而見功寡(골골연용력심다이견공과). 子貢曰(자공왈), "有械於此(유계어차), 一日浸百畦(일일침백휴), 用力甚寡而見功多(용력심과이견공다), 夫子不欲乎(부자불욕호)?" 爲圃者卬而視之曰(위포자앙이시지왈), "奈何(내하)?" 曰(왈), "鑿木爲機(착목위기), 後重前輕(후중전경), 挈手若抽(설수약추), 數如泆湯(수여일탕), 其名爲槔(기명위고)." 爲圃者忿然作色而笑曰(위포자분연작색이소왈), "吾聞之吾師(오문지오사), 有機械者必有機事(유기계자필유기사), 有機事者必有機心(유기사자필유기심). 機心存於胸中(기심존어흉중), 則純白不備(즉순백불비); 純白不備(순백불비), 則神生不定(즉신생부정); 神生不定者(신생부정

자), 道之所不載也(도지소부재야). 吾非不知(오비부지), 羞而不爲也(수이불위야)." 子貢瞞然慚(자공만연참), 俯而不對(부이부대). 有間(유한), 爲圃者曰(위포자왈), "子奚爲者邪(자해위자사)？"曰(왈), "孔丘之徒也(공구지도야)."爲圃者曰(위포자왈), "子非夫博學以擬聖(자비부박학이의성), 於于以蓋衆(어우이개중), 獨弦哀歌以賣名聲於天下者乎(독현애가이매명성어천하자호)？ 汝方將忘汝神氣(여방장망여신기), 墮汝形骸(타여형해), 而庶幾乎(이서기호)！ 而身之不能治(이신지불능치), 而何暇治天下乎(이하가치천하호)！ 子往矣(자왕의), 無乏吾事(무핍오사)！"子貢卑陬失色(자공비추실색), 頊頊然不自得(욱욱연부자득), 行三十里而後愈(행삼십리이후유). 其弟子曰(기제자왈), "向之人何爲者邪(향지인하위자사)？ 夫子何故見之變容失色(부자하고견지변용실색), 終日不自反邪(종일부자반사)？"曰(왈), "始吾以爲天下一人耳(시오이위천하일인이), 不知復有夫人也(부지부유부인야). 吾聞之夫子(오문지부자), 事求可(사구가), 功求成(공구성). 用力少(용력소), 見功多者(견공다자), 聖人之道(성인지도). 今徒不然(금도불연). 執道者德全(집도자덕전), 德全者形全(덕전자형전), 形全者神全(형전자신전). 神全者(신전자), 聖人之道也(성인지도야). 託生與民並行而不知其所之(탁생여민병행이부지기소지), 汒乎淳備哉(망호순비재)！ 功利機巧必忘夫人之心(공리기교필망부인지심). 若夫人者(약부인자), 非其志不之(비기지부지), 非其心不爲(비기심불위). 雖以天下譽之(수이천하예지), 得其所謂(득기소위), 警然不顧(오연불고)；以天下非之(이천하비지), 失其所謂(실기소위), 儻然不受(당연불수). 天下之非譽(천하지비예), 無益損焉(무익손언), 是謂全德之人哉(시위전덕지인재)！ 我之謂風波之民(아지위풍파지민)."反於魯(반어노), 以告孔子(이고공자). 孔子曰(공자왈), "彼假脩渾沌氏之術者也(피가수혼돈씨지술자야)；識其一(식기일), 不知其二(부지기이)；治其內(치기내), 而不治其外(이불치기외). 夫明白入素(부명백입소), 無爲復朴(무위복박), 體性抱神(체성포신), 以遊世俗之間者(이유세속지간자), 汝將固驚邪(여장고경사)？ 且渾沌氏之術(차혼돈씨지술), 予與汝何足以識之哉(여여여하족이식지재)！"

자공이 남쪽으로 초나라를 여행하고 진나라로 돌아가는 길에 한음을 지나게 되었다. 한 농부가 밭두렁에서 일하고 있는 것을 보았다. 그는 물길을 뚫고 우물에 들어가 항아리를 안고 나와 물을 대고 있었다. 열심히 하지만 힘이 많이 들고 성과는 적어 보였다.

자공이 말했다.

"여기에 맞는 기계가 있는데 하루에 백 두렁을 물 줄 수 있습니다. 힘은 매우 적게 들고 효과는 큰 데 어르신은 (기계를) 쓰려고 하지 않습니까?"

밭일하던 농부가 고개를 들고 바라보며 말했다.

"어떻게 하는 것이요?"

자공이 말했다.

"나무를 뚫어 기계를 만드는데 뒤는 무겁게 하고 앞은 가볍게 하여 손으로 물을 잡고 잡아당길 것 같으면 빠르게 물이 넘칩니다. 이를 두레박이라고 합니다."

농부가 붉게 얼굴색을 짓다가 웃으며 답했다.

"내가 나의 선생에게 들었는데 기계가 있으면 반드시 기계를 부리는 사람이 있고, 기계를 부리는 사람은 반드시 기계의 마음을 갖게 됩니다. 기계의 마음이 가슴 속에 있으면 순백의 마음이 갖춰지지 않고, 순백의 마음이 없으면 정신과 성품이 안정되지 못하고, 정신과 성품이 안정되지 못한 사람은 도가 깃들 곳이 없다고 했습니다. 내가 알지 못해서가 아니라 부끄러워서 쓰지 않는 것이오."

자공은 부끄러워 머리 숙이고 대답을 못 했다. 얼마 후 농부가 물었다.

"그대는 무엇 하는 사람이오?"

자공이 대답했다.

"공자의 제자입니다."

농부가 말했다.

"그자는 박학으로써 성인을 흉내 내고, 대중에 영합하고, 홀로 거문고를 뜯고, 슬픈 노래를 부르며 천하에 이름을 파는 자가 아닌가요? 그대는 지금 자신의 신기(神氣)[199]를 잊고 자기 몸을 떨쳐버려야 도에 가까워지겠지요? 자기 몸을 다스릴 수도 없으면서 어느 겨를에 천하를 다스린다고 하겠소? 그대는 나의 일을 방해하지 말고 어서 가시오!"

자공은 비루하게 안색이 변하더니 정신을 차리지 못하고 의기소침하여 삼십 리를 지나서야 정신이 들었다. 자공의 제자가 말했다.

"아까 그 사람은 어떤 사람입니까? 스승은 어찌 그를 보고 얼굴빛을 잃고 종일토록 정신을 차리지 못하셨습니까?"

자공이 말했다.

"처음에는 천하에 (우리 스승님) 한 사람만이 있다고 생각했는데 그런 사람이 다시 있는 줄은 몰랐다. 나는 스승에게 듣기로 일은 가능한 것을 구하고 공은 이루어지기를 바라고, 힘은 적게 쓰고 성과는 많이 내는 것이 성인의 도라 하였는데 지금 무리(일꾼, 농부)는 그렇지 않다. 도를 지킨 사람은 덕이 온전하고, 덕이 온전한 사람은 몸이 온전하고, 몸이 온전한 사람은 정신이 온전하고, 정신이 온전한 것이 성인의 도이다. 생명을 맡기고 백성과 나란히 가고 그 가는 곳을 모른다. 아득하여 망연하구나! 순박함을 갖추었도다! 공적, 이익, 기계, 기교는 반드시 그 농부의 마음에서 잊혔다.[200] 그 농부 같은 사람은 자기 뜻이 아니면 가지 않고, 자기 마음이 아니면 하지 않는다. 비록 천하로써 칭찬하며 그가 말하는 대로 얻어도 오만한 듯 돌아보지 않는다. 천하가 그를 비난하여 말하는 바를 잃어도 태연한 듯 웅대하

---

199. 신기(神氣, 곧 기심(機心)).

200. 농부의 마음에 없다. 그 사람의 마음에 기교를 추구하려는 생각이 없다.

지 않는다.[201] 천하의 비난과 칭찬에도 이익과 손해가 없으니 이런 사람을 일러 온전히 덕이 있는 사람이라 한다. (그에 비해) 나에 대해 말하면 바람 물결처럼 흔들리는 백성이다."

노나라에 돌아와서 공자에게 알렸다. 공자가 말했다.

"그는 혼돈씨의 술법을 잘못(거짓으로) 수행한 사람이다. 그는 하나를 알고 둘은 모른다. 안은 다스리지만 그 밖은 다스리지 못한다. 대저 밝은 지혜로 소박한 곳에 들어가고, 무위로 순박한 곳에 돌아가며, 본성을 몸으로 체득하고 정신을 품고 세속에서 노니는 사람이었다면 네가 어찌 놀랐겠느냐? 저 혼돈씨의 술법을 나와 네가 어찌 충분히 알겠는가?"

| 해석과 감상 | (2001 전남대, 2003 서강대 논술 고사 제시문)

기계는 순백의 마음을 빼앗는다. 기계의 편리함에 빠지면 기계에 지배당한다. 공자는 농부가 안을 다스리고 밖은 다스리지 못했다며 혼돈씨의 술법을 잘못 사용하고 있다고 비판한다. 그러나 공자는 자신도 혼돈씨의 술법을 다 알 수 없다고 토로한다. 공자에게 혼돈씨의 술법은 깨달을 수 없는 경지이다. 1810년대에 영국에서 일어난 러다이트 운동(Luddite Movement)은 기계로 말미암아 일터를 잃은 노동자들의 기계 파괴 운동이다. 기계는 인간을 버린다.

[대학 논술 고사] 세 글에 나타난 삶의 태도를 밝히고, 그것이 현대 사회에서 갖는 의의에 관해 자신의 견해를, 사례를 들어 논술하시(전남대). 과학 문명의 이기 속에서 기계는 사람을 해친다. 인간과 자연과의 관계에 대한 입장과 반대 주장 서술하기(서강대 논술 고사 문제).

---

201. 들은 체하지 않는다.

| 필사하기 |

● 機心存於胸中(기심존어흉중)이면 則純白不備(즉순백불비)니라.

*機(틀 기), 存(있을 존), 胸(가슴 흉), 則(곧 즉), 純(순수할 순), 備(갖출 비)

【기계의 마음이 가슴 속에 있으면 순백이 갖추어지지 않는다.】

문둥이가 아이를 낳고

자식이 마땅히 자기를 닮아야 하거늘
자기를 생각하니
나를 닮을까 두렵다.

| 본문 | 知其不可得也而强之(지기불가득야이강지), 又一惑也(우일혹야), 故莫若釋之而不推(고막약석지이불추). 不推(불추), 誰其比憂(수기비우)! 屬之人夜半生其子(려지인야반생기자), 遽取火而視之(거취화이시지), 汲汲然唯恐其似己也(급급연유공기사기야).

가능하지 않은 것을 알고 억지로 힘쓰는 것은 또 하나의 미혹이다. 그러므로 이를 놓아두고 추구하지 않는 것만 못하다. 추구하지 않으면 누가 함께 근심할 것인가? 문둥이가 밤중에 자식을 낳고 급히 불을 들어 살펴보았다. 급히 서두른 까닭은 자기 닮음을 다만 두려워하였기 때문이다.

| 해석과 감상 |

이 글의 앞부분에서 미혹된 사람들 이야기를 한다. 길 가는 사람 중에 한 사람만 미혹되었다면 목적지에 갈 수 있고, 두 사람이 미혹되면 노력해도 이를 수 없다. 지금은 온 세상이 미혹되어 내가 인도하려고 해도 어쩔 수 없다. 훌륭한 음악, 참된 말이 없어 갈 곳을 모른다. 불가능한 줄 알면서 힘

쓰는 것은 또 하나의 미혹이다. 그러므로 포기하고 추구하지 않는 것, 그냥 내버려두는 것이 상책이다. 안 되는 것을 안 되는 것으로 받아들이는 것이 오히려 지혜로운 태도이다. 곧, 무위자연이 답이다. 추구하지 않으면 함께 걱정할 일이 없으니 억지로 하지 않아야 함께 근심할 것이 없다.

　이어지는 문둥병 이야기는 앞의 내용과 상관없는 이야기인 것처럼 보일 수 있다고 앵거스 그레이엄은 그의 저서 『장자』에서 지적하고 있다. 그러면서 제11편 재유(在宥)에 나오는 이야기와 연결하여 풀이한다. 세속의 사람들은 모두가 다른 사람들이 자기와 똑같이 생각하면 기뻐하고 남들이 자기와 다른 것을 싫어한다. 또한 효자는 부모에 아부하지 않고, 충신은 임금에게 아첨을 떨지 않는다. 자기와 다른 것을 싫어하고, 아부나 아첨 대신 진실하기를 바라는 마음은 문둥이가 자기를 닮은 자식을 넘어서기를 바라는 마음과 넓게 보면 같다. 문둥이 이야기는 천하가 문둥이처럼 불구인 현실에서 자기 자식은 자기같이 불구가 되지 않기를 바라는 간절함을 보여준다.

　문둥이가 자기 닮음을 두려워하는 것에 대해서 다양하게 생각해 볼 수 있다. 첫째, 미혹에 빠지지 않도록 추구하지 말라. 문둥이가 아기를 낳지 않으면 누가 함께 걱정할 일이 있겠는가? 문둥이 아기도 부모 문둥이 걱정을 이어받을 일이 없다. 이는 앞부분의 글과 이어지는 해석이다. 둘째, 자기의 모습을 비춰보면서 자기와 같지 않기를 바라는 마음의 표현이다. 이는 자기 성찰의 결과이다. 이는 문둥이 이야기 그 자체만으로 만족스러운 해석이다. 셋째, 자식이니까 걱정할 것 없이 어떤 상황이든지 받아들여야 한다. 자기 닮은 아기를 걱정하는 그 자체가 더 큰 걱정거리를 만든다. 『장자』 전체의 맥락을 고려한다면 이는 공연히 근심하고 두려워할 것 없다는 무위자연과 같은 태도이다.

| 필사하기 |

● 唯恐其似己也(유공기사기야).

*唯(오직 유), 恐(두려울 공), 似(같을 사, 닮을 사), 己(자기 기)

【오직 자기를 닮을까 두렵다.】

백 년 된 나무, 술통과 술잔

제사용 술잔이 된 나무와
깎여나간 나무는 아름다움과 추함이 다를 뿐
모두 본성을 잃은 것이다.
오색, 오음, 오취, 오미, 취사선택이 이와 같으니
곤궁하지 않아야 얻은 것이다.
본성을 해쳐 얻으면 본성에서 멀어진다.

| 본문 | 百年之木(백년지목), 破爲犧尊(파위희존), 靑黃而文之(청황이문지), 其斷在溝中(기단재구중). 比犧尊於溝中之斷(비희존어구중지단), 則美惡有間矣(즉미악유간의), 其於失性一也(기어실성일야). 跖與曾史(척여증사), 行義有間矣(행의유간의), 然其失性均也(연기실성균야). 且夫失性有五(차부실성유오) : 一曰五色亂目(일왈오색란목), 使目不明(사목불명) ; 二曰五聲亂耳(이왈오성란이), 使耳不聰(사이불총) ; 三曰五臭薰鼻(삼왈오취훈비), 困惾中顙(곤수중상) ; 四曰五味濁口(사왈오미탁구), 使口厲爽(사구려상) ; 五曰趣舍滑心(오왈취사활심), 使性飛揚(사성비양). 此五者(차오자), 皆生之害也(개생지해야). 而楊墨乃始離跂自以爲得(이양묵내시리기자이위득), 非吾所謂得也(비오소위득야). 夫得者困(부득자곤), 可以爲得乎(가이위득호)? 則鳩鴞之在於籠也(즉구효지재어롱야), 亦可以爲得矣(역가이위득의). 且夫趣舍聲色以柴其內(차부취사성색이시기내), 皮弁鷸冠搢笏紳修以約其外(피변휼관진홀신수이약기외), 內支盈於柴柵(내지영어시책), 外重纆繳(외중

묵격), 睆睆然在纆繳之中而自以爲得(환환연재묵격지중이자이위득), 則是罪人交
臂歷指而虎豹在於囊檻(즉시죄인교비력지이호표재어낭함), 亦可以爲得矣(역가이
위득의).

　백 년 된 나무를 쪼개서 제사용 술동이와 술잔을 만들고 청황(靑黃)으로
무늬를 그린다. 그 깎인 것은 도랑에 버려진다. 도랑의 깎여진 나무를 제
사용 술동이나 술잔에 비교하면 아름답고 추한 차이가 있지만 본성을 잃
은 것은 한 가지다. 도척, 증삼과 사추는 의를 행함에 차이가 있지만, 그 본
성을 잃은 것은 같다.
　무릇 본성을 잃는 것은 다섯 가지다. 첫째, 다섯 가지 색(五色)이 눈을 어
지럽게 하여 눈을 밝지 못하게 하고, 둘째, 다섯 가지 소리(五聲, 五音)가 귀
를 어지럽게 하여 귀를 듣지 못하게 하고, 셋째, 다섯 가지 냄새(五臭, 오취)
가 코를 그을려 코가 막히게 하며 머리를 아프게 하고, 넷째, 다섯 가지 맛
(五味, 오미)이 입을 탁하게 하여 입을 병들게 하며 어긋나게 하고, 다섯째,
취하고 버리는 것은 마음을 어지럽게 하여 본성을 달아나게 한다. 이 다섯
가지는 모두 생명(본성)을 해친다.
　양자와 묵자는 비로소 홀로 발돋움하며 으스대고 스스로 얻었다고 한
다. 내가 말하는 얻음이 아니다. 얻은 자들이 곤궁한데 얻었다고 할 수 있
겠는가? 그렇다면 새장 속에 갇힌 비둘기도 역시 얻었다고 할 수 있다. 또
한 취하고 버리는 것, 소리와 색은 그 내면을 땔나무로 가로막고, 가죽 모
자와 물총새 깃털로 만든 관을 쓰고 왕홀을 꽂고 관대를 둘러 외면을 묶는
다. 안은 가시나무 울타리로 가득 막고, 밖은 겹겹이 끈으로 묶였다. 뜯어
보면 끈으로 묶여 있는 것을 스스로 얻었다고 여긴다면 이는 죄인이 손발
이 묶이거나 호랑이와 표범이 우리 안에 갇힌 것도 또한 얻었다고 할 수

있다.

본성을 잃게 하여 생명을 해치는 다섯 가지를 시각, 청각, 후각, 미각, 취사선택이라고 말한다. 그러나 현실은 이 다섯 가지를 향해 나아가고 있다. 후반부에서 '얻었다'의 목적어가 원문에 없다. 새장 속 비둘기로 볼 때 목적어는 '자유'가 될 것이다. '자유'는 구속되지 않은 모든 것으로 볼 수 있다.

● 五色亂目(오색난목)이면 使目不明(사목불명).

*色(빛 색), 亂(어지러울 난), 目(눈 목), 使(하여금 사), 不(아닐 불), 明(밝을 명)

【다섯 가지 색은 눈을 어지럽게 하여 눈을 밝지 못하게 한다.】

제13편 천도(天道), 하늘의 도는 무위

이 편은 무위의 노장사상을 강조한다. 이 편의 이름은 첫 구절의 두 글자이면서 또한 이 편의 핵심인 하늘의 도, 무위를 이야기한다. 법가(法家)들이 이 편을 정치적으로 이용했다는 견해가 있다.

고요, 허정(虛靜)과 무위, 허정이 만드는 천지의 도, 무위가 제왕의 덕, 천(天), 도덕(道德), 인의(仁義) 등을 서술하고 있다. 뒤이어 천지의 자연스러운 존재 양식을 본받아 천하를 지배하는 것, 인의를 버리고 도덕을 따르는 것을 언급한다. 다음에 노자에 대해 묘사하고, 인의(仁義)와 예악(禮樂)을 물리치라고 말한다. 마지막으로 제환공과 윤편의 대화를 통해 도(道)가 책으로 전해지지 않는 것임을 비유적으로 이야기한다.

무위하면 존귀하다

하늘의 도는
허정, 염담, 적막, 무위이니
이로써 위에 있으면 제왕과 천자가 되고
아래에 있으면 현성과 소왕이 된다.
천도를 얻어 사람과 화합하면 하늘의 즐거움을 누린다.

| **본문** | 夫虛靜恬淡寂漠無爲者(부허정념담적막무위자), 天地之平而道德之至
(천지지평이도덕지지), 故帝王聖人休焉(고제왕성인휴언). 休則虛(휴즉허), 虛則
實(허즉실), 實者倫矣(실자륜의). 虛則靜(허즉정), 靜則動(정즉동), 動則得矣(동즉
득의). 靜則無爲(정즉무위), 無爲也則任事者責矣(무위야즉임사자책의). 無爲則俞
俞(무위즉유유), 俞俞者憂患不能處(유유자우환불능처), 年壽長矣(연수장의). 夫虛
靜恬淡寂漠無爲者(부허정념담적막무위자), 萬物之本也(만물지본야). 明此以南鄉
(명차이남향), 堯之爲君也(요지위군야) ; 明此以北面(명차이북면), 舜之爲臣也(순
지위신야). 以此處上(이차처상), 帝王天子之德也(제왕천자지덕야) ; 以此處下(이
차처하), 玄聖素王之道也(현성소왕지도야). 以此退居而閒游江海(이차퇴거이한유
강해), 山林之士服(산림지사복) ; 以此進爲而撫世(이차진위이무세), 則功大名顯
而天下一也(즉공대명현이천하일야). 靜而聖(정이성), 動而王(동이왕), 無爲也而尊
(무위야이존), 樸素而天下莫能與之爭美(박소이천하막능여지쟁미).

대저 텅 빔과 고요함, 평온함과 맑음, 쓸쓸하고 고요함, 아무것도 하는
것이 없음은 하늘과 땅의 평평한 표준이고, 도덕의 극치이다. 그러므로 제
왕이나 성인은 쉰다. 쉬면 곧 비우고, 비우면 곧 채워지며, 채워지면 곧 동
등해진다.[202]

비우면 고요하고, 고요하면 움직이고, 움직이면 얻는다. 고요한 것은 하

는 것이 없는 것이며, 무위하면 일을 맡은 사람들이 책임을 다한다. 무위하면 점점 편안해지며, 점점 편안한 사람은 우환이 깃들 수 없어 오래 살 수 있다.

대저 '허정', '염담', '적막', '무위'는 만물의 근본이다. 남면(南面)함으로써 이를 밝혀 요는 임금을 했고, 북면(北面)함으로써 순은 신하가 되었다. 이로써 윗자리에 처하면 제왕천자의 덕이며, 아랫자리에 처하면 깊은 덕을 가진 성인, 왕위가 없는 왕[203]의 도이다. 이것으로 물러나 은거하여 강과 바다를 한가하게 노닐면 산림의 선비[204]가 복종하고, 이것으로 앞으로 나아가 세상을 어루만지면 공이 크고 이름이 드러나 천하가 하나가 된다. 고요하면 성인이 되고, 움직이면 왕이 되고, 무위하면 존귀해지고 꾸밈없어 천하에 이와 더불어 아름다움을 다툴 것이 없다.

| 해석과 감상 |

허정, 염담, 적막, 무위가 만물의 근본, 도덕의 극치라고 말한다. 현성은 노자를 지칭하고 소왕은 공자를 말한다. 소왕은 벼슬은 없지만 왕이 되고도 남을 만한 덕을 가진 사람을 일컫는다.

| 필사하기 |

● 无爲則兪兪(무위즉유유)요 兪兪者憂患不能處(유유자우환불능처)
  니 年壽長矣(연수장의)니라.

---

202. 화락한다. 채워지면 차례가 갖추어진다.

203. 소왕(素王, 왕자의 덕을 갖춘 사람).

204. 은둔하는 선비.

*爲(할 위), 兪(편안할 유, 점점 유), 憂(근심 우), 患(근심 환), 能(능할 능), 處(살 처), 年(해 년), 壽(목숨 수)

【무위하면 점점 편안해지고, 점점 편안해지면 우환이 깃들 수 없어 수명이 길어진다.】

● 夫虛靜恬淡寂漠无爲者(부허정념담적막무위자)는 萬物之本也(만물지본야)니라.

*夫(남편 부, 무릇), 虛(빌 허), 靜(고요할 정), 恬(편안할 념), 寂(고요할 적), 漠(사막 막, 조용할 막), 无(없을 무), 爲(할 위), 萬(일만 만), 物(만물 물), 本(근본 본)

【무릇 허정, 염담, 적막, 무위는 만물의 근원이다.】

노담과 공자, 인의가 본성을 어지럽힌다

공자 그대가 이야기하는 12경을 주나라 왕실 도서관에 담을 것 없소.
사사로움을 없애려는 인(仁)이 사사로움이요.
해와 달은 하늘에서 본래 밝고
수목은 땅에 뿌리를 박고 본래부터 서 있소.
덕을 본받고 도를 따라 나아가면 집 나간 자식도 돌아온다오.
본성을 어지럽히는 그대 책을 서가에 꽂아 둘 이유가 없지 않소.

┃**본문**┃ 孔子西藏書於周室(공자서장서어주실). 子路謀曰(자로모왈), "由聞周之徵藏史有老聃者(유문주지징장사유노담자), 免而歸居(면이귀거), 夫子欲藏書(부자욕장서), 則試往因焉(즉시왕인언)." 孔子曰(공자왈), "善(선)." 往見老聃(왕견노담), 而老聃不許(이노담불허), 於是繙十二經以說(어시번십이경이설). 老聃中其說(노담중기설), 曰(왈), "大謾(대만), 願聞其要(원문기요)." 孔子曰(공자왈), "要在仁義(요재인의)." 老聃曰(노담왈), "請問(청문), 仁義(인의), 人之性邪(인지성사)?"

孔子曰(공자왈), "然(연). 君子不仁則不成(군자불인즉불성), 不義則不生(불의즉불생). 仁義(인의), 真人之性也(진인지성야), 又將奚爲矣(우장해위의)?" 老聃曰(노담왈), "請問(청문), 何謂仁義(하위인의)?" 孔子曰(공자왈), "中心物愷(중심물개), 兼愛無私(겸애무사), 此仁義之情也(차인의지정야)." 老聃曰(노담왈), "意(의), 幾乎後言(기호후언)! 夫兼愛(부겸애), 不亦迂乎(불역우호)! 無私焉(무사언), 乃私也(내사야). 夫子若欲使天下無失其牧乎(부자약욕사천하무실기목호)? 則天地固有常矣(즉천지고유상의), 日月固有明矣(일월고유명의), 星辰固有列矣(성신고유렬의), 禽獸固有群矣(금수고유군의), 樹木固有立矣(수목고유립의). 夫子亦放德而行(부자역방덕이행), 循道而趨(순도이추), 已至矣(이지의) ; 又何偈偈乎揭仁義(우하게게호게인의), 若擊鼓而求亡子焉(약격고이구망자언)? 意(의), 夫子亂人之性也(부자란인지성야)!"

　　공자가 서쪽으로 가서 주 왕실에 책을 맡기려고 했을 때 자로가 의논하여 말했다.

　　"유[205]가 들으니 주 왕실의 장서 관리하는 사람이 노담인데 그 직에서 물러나 집으로 돌아갔다고 합니다. 선생께서 책을 맡기시려면 가서 부탁해 보시지요."

　　공자가 말했다. "좋다."

　　노담을 찾아가서 만나보려고 했으나 노담이 허락하지 않았다. 이에 공자가 12경을 해설하며 유세하자, 노담은 그 말 중간에서 말했다.

　　"크게 번거로우니 그 요점을 듣고 싶소."

　　공자가 말했다. "요점은 인(仁)와 의(義)에 있습니다."

　　노담이 말했다. "내가 묻노니, 인의가 인간의 본성이오?"

　　공자가 말했다. "그렇습니다. 군자가 인이 없으면 이루지 못하고, 의가

---

205. 자로의 이름.

없으면 살 수 없으니 인의는 참다운 사람의 본성입니다. 또한 장차 무엇을 하겠습니까?"

노담이 말했다. "내가 묻겠는데, 무엇을 일러 인의라 하오?"

공자가 말했다. "마음속으로 사물과 함께 즐거워하고, 모든 사람을 똑같이 사랑하여 공평무사(公平無私)하면 이것이 인과 의의 진실한 모습, 본성입니다.

노담이 말했다. "아아! 위태롭군요. 대저 거듭 겸애를 말하는 것은 또한 잘못되지 않았소? 사심을 없애려는 것이 또한 사사로움이오. 선생이 만약 온 천하에 그 길러짐[206]을 잃지 않도록 하고자 한다면 곧 천지는 본래의 상도(常道)가 있을 것이오. 해와 달은 본래 밝고, 별들은 본래부터 별자리를 이루고 있고, 날짐승과 들짐승은 본래부터 무리를 짓고, 수목은 본래부터 서 있소. 선생도 역시 덕을 본받아 행하고 도를 따라 나아가면 이미 지극해지오. 또한 어찌하여 마치 북을 두드리며 잃어버린 자식을 찾듯이 애써 인의를 높이 들고 다니오? 아, 선생은 사람의 본성을 어지럽히고 있소."

| 해석과 감상 |

인의가 사람의 본성을 해친다. 북을 치면서 도망친 자식을 찾으면 북을 크게 칠수록 자식은 더욱 멀리 간다. 인의는 드러낼수록 더욱 멀어진다. 노자와 공자가 문답한 것이 『장자』에 8회 등장한다. 이 중 유가 사상 문답은 3회 나온다. 겸애는 묵가의 사상이며 공자는 차별적 사랑이다.

---

206. 목(牧), 양생(養生).

| 필사하기 |

● 無私焉(무사언)이 乃私也(내사야)라.

*無(없을 무), 私(개인 사, 사사로울 사), 焉(어조사 언), 乃(이에 내)

【사사로움을 없애는 것이 또한 사사로움이다.】

■『논어』「계씨」 陳亢問於伯魚曰(진항문어백어왈), 子亦有異聞乎
(자역유리문호)아? 對曰(대왈), 未也(미야)라. 嘗獨立(상독립)이거
늘 鯉趨而過庭(리추이과정)이더니 曰(왈), 學詩乎(학시호)아? 對
曰(대왈), 未也(미야)라. 不學詩(불학시)면 無以言(무이언)이라.
鯉退而學詩(리퇴이학시)하니라. 他日(타일), 又獨立(우독립)이거
늘 鯉趨而過庭(리추이과정)이더니 曰(왈), 學禮乎(학례호)아? 對
曰(대왈), 未也(미야)라. 不學禮(불학례)면 無以立(무이립)이라.
鯉退而學禮(리퇴이학례)하니라. 聞斯二者(문사이자)라.

*陳(베풀 진, 이름), 亢(목 항), 問(물을 문), 伯(맏 백), 魚(고기 어), 亦(또 역), 異
(다를 이), 聞(들을 문), 對(대답할 대), 未(아닐 미), 嘗(일찍 상), 獨(홀로 독), 鯉
(잉어 리), 趨(달릴 추), 過(지날 과), 庭(뜰 정), 學(배울 학), 詩(시 시), 他(다를
타), 又(또 우), 禮(예도 례), 聞(들을 문), 斯(이 사)

【진항이 백어[207]에게 물었다. "그대는 또한 달리 들은 것이 있습니까?"
백어가 대답하여 말했다. "아니오. 일찍이 홀로 서 계실 때 어가 뜰을 지
나갔습니다. 아버지께서 말씀하셨습니다. '시를 배웠느냐?' 대답하길 '아
닙니다.' '시를 배우지 않으면 말을 할 수 없다.' 어는 물러나 시를 배웠습
니다. 다른 날에 또 홀로 서 계실 때 뜰을 지나갔습니다. 아버지께서 말

---

207. 백어(伯魚)는 공자의 아들로『논어』에 2회 등장한다. 이들 모두 시를 읽으라는 내용이
다.

씀하셨습니다. '예를 배웠느냐?' 대답하였습니다. '아닙니다. 예를 배우지 않았습니다.' 어는 물러나 예를 배웠습니다. 이 두 가지를 들었습니다.】

『장자』와 『논어』로 우리 삶의 균형 찾기

노자는 사사로움을 없애는 것조차 사사로움이라 말하고, 공자는 아들 백어에게 시와 예를 배우라 말한다. 노자는 본성은 본래부터 있는 것이라 말하고, 공자는 인과 의가 인간의 참다운 본성이라 말한다. 그 결과 노자는 사사로움조차 본성이니 그대로 두라 하고, 공자는 시와 예를 배워 인의에 다가가라 말한다. 본성을 추구하는 것은 같으나 노자는 인위적으로 훼손되지 않은 본성을 전제하여 그대로 두라 하고, 공자는 훼손된 본성을 전제하며 이를 되찾으려 인과 의, 시와 예를 공부하라 한다.

책은 죽은 사람의 시체일 뿐

이름은 이름일 뿐 사람이 아니다.
나무라는 이름이 나무의 껍질에조차 도달하지 못하고
돌이란 이름이 돌의 차가움이나 단단함에 다가가지 못하며
또한 돌의 부드러움에도 도달하지 못한다.
멍멍이란 이름이 강아지의 귀여움이 아니며
또한 간절한 눈빛이나 숨소리를 느끼게 하지 못한다.
주변만 빙빙 돌아도 이름은 성공이니
돌고 돌다가 깊은 숨결을 느낄 때 이름은 시체의 비석이 된다.
더구나 책은 죽은 사람의 찌꺼기일 뿐인데
이에 더하여 책은 책대로 나는 나대로가 되면
책의 껍데기의 껍질에도 다가가지 못한다.

죽은 사람의 이름을 어찌 알겠나.

죽거나 죽을 사람을 어찌 알겠나.

| 본문 | 世之所貴道者書也(세지소귀도자서야), 書不過語(서불과어), 語有貴也(어유귀야). 語之所貴者意也(어지소귀자의야), 意有所隨(의유소수). 意之所隨者(의지소수자), 不可以言傳也(불가이언전야), 而世因貴言傳書(이세인귀언전서). 世雖貴之(세수귀지), 我猶不足貴也(아유부족귀야), 爲其貴非其貴也(위기귀비기귀야). 故視而可見者(고시이가견자), 形與色也(형여색야) ; 聽而可聞者(청이가문자), 名與聲也(명여성야). 悲夫(비부), 世人以形色名聲爲足以得彼之情(세인이형색명성위족이득피지정)！夫形色名聲果不足以得彼之情(부형색명성과부족이득피지정), 則知者不言(즉지자불언), 言者不知(언자부지), 而世豈識之哉(이세기식지재)！桓公讀書於堂上(환공독서어당상). 輪扁斲輪於堂下(윤편착륜어당하), 釋椎鑿而上(석추착이상), 問桓公曰(문환공왈), "敢問(감문), 公之所讀者何言邪(공지소독자하언사)？"公曰(공왈), "聖人之言也(성인지언야)." 曰(왈), "聖人在乎(성인지언야)？"公曰(공왈), "已死矣(이사의)." 曰(왈), "然則君之所讀者(연즉군지소독자), 古人之糟魄已夫(고인지조백이부)！"桓公曰(환공왈), "寡人讀書(과인독서), 輪人安得議乎(윤인안득의호)！有說則可(유설즉가), 無說則死(무설즉사)." 輪扁曰(윤편왈), "臣也以臣之事觀之(신야이신지사관지). 斲輪(착륜), 徐則甘而不固(서즉감이불고), 疾則苦而不入(질즉고이불입). 不徐不疾(불서부질), 得之於手而應於心(득지어수이응어심), 口不能言(구불능언), 有數存焉於其間(유수존언어기간). 臣不能以喩臣之子(신불능이유신지자), 臣之子亦不能受之於臣(신지자역불능수지어신), 是以行年七十而老斲輪(시이행년칠십이로착륜). 古之人與其不可傳也死矣(고지인여기불가전야사의), 然則君之所讀者(연즉군지소독자), 古人之糟魄已夫(고인지조백이부)！"

세상이 도라 하여 귀하다고 하는 것이 책이다. 책은 말에 지나지 않는다.

말은 귀함이 있다. 말이 귀하다고 하는 것은 뜻이다. 뜻은 따르는 것이 있다. 뜻이 따르는 것은 말로써 전할 수 없다. 세상은 말을 전하는 책을 귀하게 여겼다. 세상이 비록 책을 귀하게 여기지만, 오히려 귀하다고 하기는 부족하니 귀하다고 여기는 것이 그것이 귀하지 않기 때문이다. 그러므로 시력으로 볼 수 있는 것은 형체와 색깔이고, 귀로 들을 수 있는 것은 명칭과 소리이다. 슬프구나! 세상 사람들은 형체, 색깔, 이름, 소리로 그것의 진실[208]을 충분히 안다고 한다. 그러나 형체, 색깔, 이름, 소리는 정말로 그것의 진실을 알기에 부족하다. 그러한 즉 아는 자는 말하지 않고, 말하는 사람은 알지 못한다. 세상 사람들이 어떻게 이를 알겠는가?

환공이 당(堂)[209] 위에서 책을 읽는데 수레바퀴 장인[210]이 대청 아래에서 바퀴를 깎고 있었다. 망치와 끌을 놓고 올려다보며 환공에게 물었다.

"감히 여쭙습니다. 공께서 읽는 것이 어떤 말입니까?"

환공이 말했다. "성인의 말씀이다."

수레바퀴 장인이 말했다. "성인이 있습니까?"

환공이 말했다. "이미 돌아가셨다."

수레바퀴 장인이 말했다.

"그렇다면 군주께서 읽는 것은 옛사람들의 찌꺼기일 뿐입니다."

환공이 말했다.

"과인이 책을 읽는데 수레바퀴 장인이 어떻게 논의를 한단 말이냐? 설명하면 좋지만 설명하지 못하면 죽는다."

---

208. 정(情), 본성, 실정.

209. 당(堂, 대청).

210. 윤편(輪扁).

수레바퀴 장인이 말했다.

"신이 하는 일로 보면 바퀴를 깎을 때 헐거우면 매끄럽지만 견고하지 못하고, 빡빡하게 하면 힘들고 들어가지 않습니다. 헐겁지도 않고 빡빡하지도 않게 하는 것은 손으로 터득하고, 마음으로 응할 뿐이지 입으로는 말할 수 없습니다. 이치[211]가 그 사이에 있지만 신은 신의 아들에게 깨우쳐 줄 수 없고, 신의 아들 역시 신에게서 받을 수가 없습니다. 이로써 나이가 70이 되어 늙어서도 수레를 깎고 있습니다. 옛사람도 더불어 전하지 못하고 죽었습니다. 그러한즉 군주께서 읽고 계신 것은 옛사람의 찌꺼기(죽은 사람의 시체)[212]일 뿐입니다."

| 해석과 감상 | (2004년 서울 교대 논술 고사 제시문)

책으로는 도를 전할 수 없다. 책은 죽은 사람의 찌꺼기일 뿐이다. 앞 구절에는 다음과 같이 책의 한계를 서술하고 있다. 세상에서 도를 얻기 위해 책을 소중히 여기지만 책은 말에 불과하다. 말은 뜻을 담기에 소중하다. 그러나 말은 뜻을 제대로 전할 수 없다. 눈으로는 형체와 색채를 보고, 귀로는 이름과 소리를 들을 수 있을 뿐이다. 언어로는 언어로 지칭하는 대상에 닿을 수 없다. 책은 말에 지나지 않고, 그 말은 뜻을 나타내는 것인데 그 뜻은 말로써 전달할 수 없다.

『루미 시집』(잘란 아드민 무하마드 루미 지음/ 정제희 옮김)의 옮긴이 서문에

---

211. 수(數). 이치, 도리, 기술, 솜씨, 꾀, 방법 등.

212. 고인지조백이부(古人之糟魄已夫)의 조백(糟魄) 1) 옛사람의 술지게미 같은 몸일 뿐이다. 지게미는 술을 거르고 난 찌꺼기이다. 백(魄)은 넋, 몸을 뜻한다. 2) 옛사람의 죽은 시체일 뿐이다. 조백을 시체로 번역할 수 있다. 3) 옛사람의 찌꺼기일 뿐이다. 다른 이본에는 조박(糟粕, 지게미 조, 지게미 박. 지게미).

이와 비슷한 이야기가 있다. 루미는 아버지가 돌아가신 후 샴스 타브리즈를 만난다. 어느 날 책을 읽고 있는 루미에게 샴스가 물었다. 샴스는 배움을 얻고자 일생을 떠돌아다니는 탁발승이다, 루미가 "당신은 이해할 수 없다."라고 말하자 갑자기 책이 모두 불에 타버렸다. 루미가 묻자 샴스가 대답한다. "너는 이해할 수 없다." 샴스는 진정한 길은 책 속에 있는 것이 아님을 말하고 있다. 이후 루미는 더욱 수피즘(이슬람 신비주의 종파)에 빠진다. 샴스가 책 속에 진정한 길이 있는 것이 아니라는 인식은 윤편이 책속의 언어로 수레바퀴 장인의 기술을 전할 수 없다는 언어의 한계와 맞닿아 있다. 수피즘은 철저한 금욕주의로 일상에서 고행을 통해 신과 합일을 지향한다. 13세기 이란의 대표 시인 루미의 시 속에는 스승 샴스를 그리워하는 시어들이 많다.

[2004년 서울 교대 논술 고사] 다음 예시문은 지식에 관한 두 관점을 제시하는 장자(莊子)의 천도편(天道篇) 가운데 한 구절이다. 이 글에서 편(扁)이 말하는 '찌꺼기'의 의미를 밝히고, 예시문에 근거하여 바람직한 교육을 위한 교사의 역할을 논술하시오(1,400자 내외).

| 필사하기 |

● 君之所讀者(군지소독자)는 고인지조백이부(古人之糟魄已夫)라.
*讀(읽을 독), 糟(지게미 조), 魄(넋 백), 夫(지아비 부. 감탄의 의미)
【임금이 읽고 있는 것은 옛사람의 죽은 시체일 뿐입니다.】

■ 『논어』「술이」子曰(자왈), 我非生而知之者(아비생이지지자)라 好古敏以求之者也(호고민이구지자야)로다.
*我(나 아), 非(아닐 비), 生(날 생), 知(알 지), 好(좋아할 호), 敏(재빠를 민)
【공자 가로되, 나는 나면서 아는 것이 아니라 옛것을 좋아하여 민첩하게

이를 구하는 사람이다.】

『장자』와 『논어』로 우리 삶의 균형 찾기

노장은 책으로 도를 전할 수 없다고 말하고, 공자는 옛 것을 배우라 한다. 노자는 책은 옛사람의 찌꺼기라 하고, 공자는 책으로 옛 사람의 정신을 보고 배우려 한다.

제14편 천운(天運), 하늘의 운행

이 편의 이름은 첫 구절 네 글자에서 두 글자를 따서 붙였다. 천지자연의 운행의 심원함, 무위에 바탕을 둔 도덕의 위대함을 강조한다. 거의 대화 형식으로 이루어졌으며 노자와 공자의 문답이 셋이다. 앞의 「천지」와 「천도」는 유가 사상, 법가 사상과 가까운 태도를 보이고 있으나 이 편은 공자 학파를 격렬히 비판하고 있다는 점에서 다르다. 공자를 비판한다는 점에서 「마제」, 「거협」과 비슷하다.

앞에서는 제왕에게 천지일월의 도를 지니고 천하를 다스릴 것을 권한다. 후대 음악 이론에 영향을 끼친 유명한 함지락론(咸池樂論), 공자를 비판하는 내용이 그 뒤를 잇는다.

흔적조차 남기지 마라

공경하는 효는 쉬우나 사랑으로 하는 효는 어렵다.
효를 행하되 효를 행한 사람이 보이지 않고
효를 받되 효를 받는 사람이 드러나지 않는다.

선행은 드러나지 않아야 선행이다
주는 사람도, 받는 사람도 없이
또한 주고받는 물건도 없이
모든 망각 속에서 흔적 없이 주고받아야 베풂이다.

| 본문 | 商大宰蕩問仁於莊子(상대재탕문인어장자). 莊子曰(장자왈), "虎狼(호
랑), 仁也(인야)." 曰(왈), "何謂也(하위야)?" 莊子曰(장자왈), "父子相親(부자상
친), 何爲不仁(하위불인)?" 曰(왈), "請問至仁(청문지인)." 莊子曰(장자왈), "至仁
無親(지인무친)." 大宰曰(대재왈), "蕩聞之(탕문지), 無親則不愛(무친즉불애), 不愛
則不孝(불애즉불효). 不愛則不孝(불애즉불효), 可乎(가호)?" 莊子曰(장자왈), "不
然(불연). 夫至仁尙矣(부지인상의), 孝固不足以+言之(효고부족이언지). 此非過孝
之言也(차비과효지언야), 不及孝之言也(불급효지언야). 夫南行者至於郢(부남행
자지어영), 北面而不見冥山(북면이불견명산), 是何也(시하야)? 則去之遠也(즉거
지원야). 故曰(고왈) : 以敬孝易(이경효이), 以愛孝難(이애효난) ; 以愛孝易(이애
효이), 以忘親難(이망친난) ; 忘親易(망친이), 使親忘我難(사친망아난) ; 使親忘我
易(사친망아이), 兼忘天下難(겸망천하난) ; 兼忘天下易(겸망천하이), 使天下兼忘
我難(사천하겸망아난). 夫德遺堯舜而不爲也(부덕유요순이불위야), 利澤施於萬世
(이택시어만세), 天下莫知也(천하막지야), 豈直大息而言仁孝乎哉(기직대식이언인
효호재)! 夫孝悌仁義(부효제인의), 忠信貞廉(충신정렴), 此皆自勉以役其德者也
(차개자면이역기덕자야), 不足多也(부족다야). 故曰(고왈), 至貴(지귀), 國爵并焉
(국작병언) ; 至富(지부), 國財并焉(국재병언) ; 至願(지원), 名譽并焉(명예병언).
是以道不渝(시이도불투)."

송나라 재상 탕(蕩)이 장자에게 인(仁)에 대해 물었다.
장자가 말했다. "호랑이와 이리가 인입니다."
탕이 물었다. "무슨 말입니까?"

장자가 말했다. "부자가 서로 친하니 어찌 인(仁)이 아니라 하겠습니까?"

탕이 말했다. "지극한 인에 대해 묻겠습니다."

장자가 말했다. "지극한 인은 친함이 없습니다."

탕이 말했다. "내가 듣기를 친함이 없으면 사랑이 아니고, 사랑이 아니면 효가 아닙니다. 그런데 지극한 인이 효가 아니라고 말하는 것이 가능합니까?"

장자가 말했다. "그렇지 않습니다. 지극한 인은 격이 높습니다. 효는 본디 지극한 인을 말하기에는 부족합니다. 이는 효의 말을 넘어서는 것이 아니라 효의 말에 미치지 못합니다. 대개 남쪽으로 가는 자가 초나라 서울 영(郢)에 이르러 북쪽을 보면 명산(冥山)을 보지 못하는데 이것은 어찌 그렇습니까? 떠나온 것이 멀기 때문입니다. 그러므로 말하는 것입니다. 공경으로써 효는 쉬우나 사랑으로써 효는 어려우며, 사랑으로써 효는 쉬우나 어버이를 잊기는 어렵고, 어버이를 잊기는 쉬우나 어버이가 나를 잊기는 어렵습니다. 어버이가 나를 잊기는 쉬워도 두루 천하를 잊기는 어렵고, 두루 천하를 잊기는 쉬우나 천하가 나를 두루 잊게 하기는 어렵습니다. 대개 덕이란 요순을 버리고 인위로 하지 않는 것이며, 이로움과 혜택이 만세에 미치더라도 천하가 알지 못합니다. 어찌 크게 탄식하며 인과 효를 말하겠습니까? 무릇 효도, 우애, 어짊, 의리, 충심, 믿음, 곧음, 청렴은 이는 모두 스스로 힘써서 그 덕을 부리는 것이라 부족함이 많습니다. 그러므로 말합니다. 지극한 존귀함은 나라에서 주는 작위를 버리고, 지극한 부는 나라의 재물을 버리며, 지극한 소원은 명예를 버립니다. 이로써 도는 변하지 않습니다."

| 해석과 감상 |

장자는 유가의 인을 호랑이나 이리에 빗대고 있다. 장자에 따르면 호랑이와 이리 같이 부자간에 서로 위해 주는 인은 지극한 인이 아니다. 지극한 인은 치우침이 없이 친함이 없고 인함이 없다. 장자가 말하는 효는 공경보다 사랑, 사랑보다 어버이를 잊는 효, 어버이가 나를 잊는 효, 그보다 두루 천하를 잊는 것, 그보다 천하가 나를 잊게 하는 것이 더 어렵다며 지극한 인은 자취도 없는 경지라 말한다. 곧, 효를 행하되 흔적도 없는 효를 지극한 경지라 한다. 불교의 보시(布施)와 유사한 경지이다. 보시란 중생구제를 목표로 하는 이타정신의 극치이다. 이는 베푸는 자, 받는 자, 베푸는 것 모두가 본질적으로 공(空)한 것이므로 이에 집착이 없어야 한다. 불교의 경전 『금강경』에 이를 무주상보시(無住相布施)라 하였다. 상에 머무름 없이 베풀라는 뜻이다. 곧, 주는 사람이 없고, 받는 사람도 없고, 오고가는 물건도 없다는 의식으로 베풀어야 한다는 말이다. 삼륜체공(三輪體空), 삼륜청정(三輪淸淨)이라고도 한다.

▎필사하기 ▎

● 至仁無親(지인무친)이라.[213]

【지극한 인은 친함이 없다.】

● 夫至仁尙矣(부지인상의)이라.

【무릇 지극한 인은 격이 높다.】

■ 『논어』「옹야」 子曰(자왈), 仁者先難而後獲(인자선난이후획)이면 可謂仁矣(가위인의)니라.

*難(어려울 난), 獲(얻을 획), 謂(이를 위)

---

213. 친(親)의 친함은 치우침으로 볼 수 있다. 이는 『도덕경』 제5장 천지불인(天地不仁)과 같다. 지극한 인(仁)은 친소(親疏)와 애증(愛憎)을 초월한다.

【공자 가로되, "어진 사람은 어려운 일에 먼저 나서고, 얻는 것을 뒤에 하면 어질다 할 수 있다."】

■『논어』「옹야」 夫仁者(부인자)는 己欲立而立人(기욕립이립인)하며 己欲達而達人(기욕달이달인)이니라.

【무릇 어진 사람은 자기가 서고자 하면 남을 세우고, 자기가 통달하고자 하면 남을 통달하게 한다.】

■『논어』「안연」 顏淵問仁(안연문인). 子曰(자왈), 克己復禮爲仁(극기복례위인)이니 一日克己復禮(일일극기복례)면 天下歸仁焉(천하귀인언)이리라.

*克(이길 극), 復(돌아올 복), 禮(예도 례), 歸(돌아갈 귀)

【안연이 인에 대해 물었다. 공자 가로되, "자기를 이기고 예로 돌아가는 것이 인이니 하루라도 자기를 이기고 예로 돌아가면 천하가 인으로 돌아간다."】

『장자』와 『논어』[214]로 삶의 균형 찾기

장자는 지극한 인은 가깝고 멀고가 없고, 사랑과 미움이 없다. 곧 모두를 똑같이 대한다. 이른바 제물(齊物)이다. 각각 그 자체로 보면서 비교하거나 구분하지 않는다. 잘하는 사람도 그 자체로 보고, 못하는 사람도 그 자체로 본다. 비교하면서 경쟁하게 하지 않는다. 그래서 지극한 인은 격이 높다. 공자는 자기를 이기며 예로 돌아가 남을 위하는 것을 인이라 말한다. 남을 불편하게 하는 것들은 공자가 보기에 인이 아니다. 장자는 구별

---

214. ■「옹야」 子曰(자왈), 知者樂水(지자요수)하고 仁者樂山(인자요산)이니 知者動(지자동)하고 仁者靜(인자정)하며 知者樂(지자락)하고 仁者壽(인자수)니라. ■「안연」 仲弓

없는 것이 인이라 말하고, 공자는 더 나은 행동을 인이라 말한다. 공자는 仁(인)을 인의예지(仁義禮智) 중 가장 구체적으로 설명하고 있다. 『논어』에 도(道), 덕(德), 의(義), 예(禮) 등이 언급 빈도수가 높은데 이들의 정의를 쉽게 파악하기 어렵다. 공자가 말하는 仁(인)에 대해서는 자기가 하고자 하지 않는 바를 남에게 시키지 말라가 대표적인 말이다. 이는 공자가 말하는 서(恕), 곧 사랑이다. 인(仁)에 대한 구체적인 언급들을 살펴보면 인에 대해 좀 더 구체적으로 알 수 있다. 「옹야」【공자 가로되, "지자(知者)는 물을 좋아하고 인자(仁者)는 산을 좋아하며, 지자는 동적이고 인자는 정적이며, 지자는 즐겁게 살고 인자는 오래 산다."】「안연」【중궁이 인에 대해 묻자 공자 가로되, "집을 나서서는 큰 손님을 대하듯이 하고, 백성을 부릴 때는 큰 제사를 받들듯이 하고, 자기가 하고자 하지 않는 바를 남에게 시키지 말라."】

問仁(중궁문왈)하되, 子曰(자왈), 出門如見大賓(출문여견대빈)하고, 使民如承大祭(사민여승대제)하고, 己所不欲(기소불욕)을 勿施於人(물시어인)하라. ■「안연」子曰(자왈), 仁者(인자)는 其言也訒(기언야인)이니라. *訒(말 더듬을 인, 과묵하여 함부로 말하지 아니하다.) ■「안연」樊遲問仁. 子曰(자왈), 愛人(애인)이라. 問知(문지). 子曰(자왈), 知人(지인)이니라. ■「자로」樊遲問仁(번지문인)하되 子曰(자왈), 居處恭(거처공)하며, 執事敬(집사경)하며, 與人忠(여인충)하니라. 雖之夷狄(수지이적)이라도 不可棄也(불가기야)니라. ■「자로」子曰(자왈), 剛毅木訥(강의목눌)이 近仁(근인)이니라. ■「헌문」仁者(인자)는 必有勇(필유용)이어니와 勇者(용자)는 不必有仁(불필유인)이니라. ■「헌문」子曰(자왈), 君子道者三(군자도자삼), 我無能焉(아무능언), 仁者不憂(인자불우), 知者不惑(지자불혹), 勇者不懼(용자불구). ■「양화」子張問仁於孔子(자장문인어공자). 孔子曰(자왈), 能行五者於天下爲仁矣(능행오자어천하위인의)니라. 請問之(청문지). 曰(왈), 恭寬信敏惠(공관신민혜)니 恭則不侮(공칙불모)하고 寬則得衆(관칙득중)하고 信則人任焉(신칙인임언)하고 敏則有功(민칙유공)하고 惠則足以使人(혜칙족이사인)이니라. ■「양화」子曰(자왈), 巧言令色(교언령색)이 鮮矣仁(선의인)이라. ■「미자」微子去之(미자거지)하고, 箕子爲之奴(기자위지노)하고, 比干諫而死(비간간이사)하니라. 孔子曰(자왈), 殷有三仁焉(은유삼인언)하니라. ■「자장」子夏曰(자하왈), 博學而篤志(박학이독지)하며 切問而近思(절문이근사)하면 仁在其中矣(인재기중의)니라.

「안연」【공자 가로되, "어진 사람은 말하는 것을 조심한다."】「안연」【번지가 인에 대해 묻자 공자 가로되, "사람을 사랑하는 것이다." 지에 대해 묻자 공자 가로되, "사람을 아는 것이다."】「자로」【번지가 인에 대해 묻자 공자 가로되, "거처할 때는 공손하고, 일을 집행할 때는 공경하며, 남과 어울릴 때는 진심으로 한다. 비록 오랑캐 땅일지라도 버릴 수 없다."】「자로」【공자 가로되, "강하고 굳세고 질박하고 어눌함이 인에 가깝다."】「헌문」【어진 사람은 반드시 용감하거니와 용감한 사람이 반드시 어진 것은 아니다.】「헌문」【공자 가로되, "군자의 도가 셋이 있는데 나는 능히 할 수 없다. 어진 사람은 근심이 없고, 아는 사람은 미혹되지 않으며, 용감한 자는 두려움이 없다"】「양화」【자장이 공자에게 인에 대해 물었다. 공자 가로되. "다섯 가지를 천하에 행할 수 있으면 어짊이라 한다." 자장이 이를 듣고 말했다. "공손함, 너그러움, 믿음, 민첩함, 은혜이다. 공손함은 모욕을 받지 않고, 너그러움은 많은 사람을 얻으며, 믿음은 사람이 신임하고, 민첩함은 공이 있고, 은혜는 남을 족히 부린다."】「양화」【공자 가로되, "말을 교묘하게 하고 얼굴빛을 꾸밈에는 어짊이 드물다."】「미자」【미자는 떠나가고, 기자는 종이 되고, 비간은 간하다 죽었다. 공자 가로되, "은나라에 세 명의 어진 사람이 있었다."】「자장」【자하 가로되, "배우기를 널리 하고 뜻을 돈독히 하며 절실하게 묻고 가까운 것을 생각하면 그 가운데 인이 있다."】

예의와 법도는 시대에 따라 변한다

배를 육지에 밀고 가면 멀리 가지 못한다.
이 나라의 법을 저 나라에서 시행하려면 재앙이 있다.
두레박은 사람이 당기거나 놓거나에 따라 변화하니

원숭이를 잡아 사람의 옷을 입히면 원숭이가 옷을 찢어버린다.

추녀가 미녀 서시처럼 눈을 찡그리는 것은

서시가 미녀인 까닭을 모르고 변화를 보지 못하기 때문이다.

| 본문 | 孔子西遊於衛(공자서유어위). 顏淵問師金曰(안연문사금왈), "以夫子之行爲奚如(이부자지행위해여)?"師金曰(사금왈), "惜乎(석호), 而夫子其窮哉(이부자기궁재)!"顏淵曰(안연왈), "何也(하야)?"師金曰(사금왈), "夫芻狗之未陳也(부추구지미진야), 盛以篋衍(성이협연), 巾以文繡(건이문수), 尸祝齊戒以將之(시축제계이장지). 及其已陳也(급기이진야), 行者踐其首脊(행자천기수척), 蘇者取而爨之而已(소자취이찬지이이); 將復取而盛以篋衍(장부취이성이협연), 巾以文繡(건이문수), 遊居寢臥其下(유거침와기하), 彼不得夢(피부득몽), 必且數眯焉(필차수미언). 今而夫子(금이부자), 亦取先王已陳芻狗(역취선왕이진추구), 聚弟子游居寢臥其下(취제자유거침와기하). 故伐樹於宋(고벌수어송), 削跡於衛(삭적어위), 窮於商周(궁어상주), 是非其夢邪(시비기몽사)? 圍於陳蔡之間(위어진채지간), 七日不火食(칠일불화식), 死生相與鄰(사생상여린), 是非其眯邪(시비기미사)? 夫水行莫如用舟(부수행막여용주), 而陸行莫如用車(이륙행막여용거). 以舟之可行於水也而求推之於陸,(이주지가행어수야이구추지어륙) 則沒世不行尋常(즉몰세불행심상). 古今非水陸與(고금비수륙여)? 周魯非舟車與(주노비주거여)? 今蘄行周於魯(금기행주어노), 是猶推舟於陸也(시유추주어륙야), 勞而無功(노이무공), 身必有殃(신필유앙). 彼未知夫無方之傳(피미지부무방지전), 應物而不窮者也(응물이불궁자야). 且子獨不見夫桔槹者乎(차자독불견부길고자호)? 引之則俯(인지즉부), 舍之則仰(사지즉앙). 彼(피), 人之所引(인지소인), 非引人也(비인인야), 故俯仰而不得罪於人(고부앙이부득죄어인). 故夫三皇五帝之禮義法度(고부삼황오제지례의법도), 不矜於同而矜於治(불긍어동이긍어치). 故譬三皇五帝之禮義法度(고비삼황오제지례의법도), 其猶柤梨橘柚邪(기유사리귤유사)! 其味相反而皆可於口(기미상반이개가어구). 故禮義法度者(고례의법도자), 應時而變者也(응시이변자야). 今取猿狙而衣以周公之服(금취원저이의이주공지복), 彼必齕齧挽裂(피필흘설만렬), 盡

去而後慊(진거이후겸). 觀古今之異(관고금지리), 猶猨狙之異乎周公也(유원저지리호주공야). 故西施病心而矉其里(고서시병심이빈기리), 其里之醜人見之而美之(기리지추인견지이미지), 歸亦捧心而矉其里(귀역봉심이빈기리). 其里之富人見之(기리지부인견지), 堅閉門而不出(견폐문이불출), 貧人見之(빈인견지), 挈妻子而去走(설처자이거주). 彼知矉美而不知矉之所以美(피지빈미이부지빈지소이미). 惜乎(석호), 而夫子其窮哉(이부자기궁재)！"

공자가 서쪽 위나라에 갔을 때 안연이 사금에게 물었다.

"우리 선생님의 여행이 어찌 될 것 같습니까?"

사금이 말했다. "애석하구나! 선생은 궁지에 빠질 것입니다."

안연이 말했다. "어째서 그렇습니까?"

사금이 말했다.

"지푸라기로 만든 개[215]는 제물로 진열되기 전에는 대나무 상자에 성대히 담고 문양을 수놓은 천으로 덮고 제관이 재계하고 가지런히 받들어 모십니다. 진열을 마침에 이르러서는 지나가는 사람이 머리와 등줄기를 밟고, 풀 베는 사람이 주워서 불을 붙일 뿐입니다. 다시 이를 주워서 훌륭한 대나무 상자에 성대히 담고 문양을 수놓은 천으로 덮고 그 아래에서 놀고 잔다면 그들은 꿈도 꾸지 못하고[216] 반드시 자주 가위눌리게 됩니다. 지금 그대의 선생은 선왕이 이미 진설하고 버린 지푸라기 제물을 다시 주워 들고 제자들을 모아 그 아래에서 놀고 자고 있는 상황입니다. 그러므로 송나

---

215. 제웅. 추구(芻狗): 표준국어대사전의 정의는 다음과 같다. 1) 예전에 중국에서 제사 지낼 때 쓰던, 짚으로 만든 개. 제사 후에는 버린다. 2) 아무런 소용이 없게 되어 버린 물건을 비유적으로 이르는 말. 우리나라의 제웅과 같다.

216. 또는 '악몽을 꾸지 않는다면'으로 풀이한다.

라에서는 베어 버린 나무에 치여 죽을 뻔하고, 위나라에서는 발자국을 지웠으며, 상나라[217]와 주나라에서 곤궁함을 치렀습니다. 이것이 그 꿈[218]이 아니겠습니까? 진나라 채나라 사이에서 포위되어 이레 동안 더운밥을 먹지 못하고 죽고 사는 것을 서로 가까이하였으니 그 지푸라기 제물의 가위눌림이 아니겠습니까? 물을 다닐 때는 배만한 것이 없고, 육지를 다닐 때는 수레만한 것이 없습니다. 배로 물을 갈 수 있지만 배를 육지에서 밀고 가면 평생 멀리 가지 못합니다. 옛날과 지금은 물과 육지와 같지 않습니까? 주나라와 노나라는 배와 수레와 같지 않습니까?[219] 지금 노나라에서 주나라의 법을 시행하려 하면 이것은 오히려 육지에서 배를 밀고 가는 것입니다. 수고롭지만 공적이 없고, 몸은 반드시 재앙이 있을 것입니다. 그는 일정한 방향이 없이 전해지는 것과 만물에 대응하여 다함이 없는 것을 알지 못합니다.

또한 그대는 두레박을 보지 않았습니까? 두레박을 당기면 아래로 엎어지고, 놓으면 위로 향합니다. 그것은 사람들이 끌어당긴 것이지 사람을 끌어당긴 것이 아닙니다. 그러므로 굽어보거나 우러러보거나 사람에게 벌을 받을 수 없습니다. 그러므로 삼황오제의 예의와 법도는 똑같은 데에서 숭상하는 것이 아니라 다스리는 데에서 숭상합니다. 그러므로 삼황오제의 예의와 법도는 아가위,[220] 배, 귤, 유자에 비유할 수 있는데, 이것들은 맛이 서로 다르나 모두 입에 맞습니다. 그러므로 예의와 법도라는 것은 시대

---

217. 또는 송나라.

218. 악몽.

219. 차이가 크다는 뜻으로 공자의 시대착오적인 면을 야유하는 표현이다.

220. 산사나무 열매.

에 대응하여 변화하는 것입니다. 지금 원숭이를 잡아다 놓고 주공의 옷을 입힌다면 원숭이는 반드시 물어뜯고 찢어버림을 다한 후에야 흡족해하니 과거와 현재의 차이를 보면 오히려 원숭이와 주공의 차이입니다.

그러므로 옛날 서시[221]는 가슴에 병이 있어서 마을에서 얼굴을 찡그렸습니다. 그 마을에 추한 사람이 그 모습을 보고 아름답다고 생각해서 돌아오자 가슴을 끌어안고 마을에서 얼굴을 찡그렸습니다. 그 마을의 부자가 이를 보고 문을 굳게 닫고 나오지를 않았으며, 가난한 사람이 이를 보고 처자식의 손을 잡고 달아났습니다. 그녀는 찡그린 것이 아름다운 줄로 알았지만 찡그린 것이 아름다운 이유를 알지 못했습니다. 애석하구나! 선생은 궁색하구나."

| 해석과 감상 |

예의와 법도는 시대에 따라 변한다. 두레박을 사람이 끌어내리거나 올려서 움직이듯 세상의 예의 법도도 과거에 매이지 말고 변화의 추이를 따라야 한다. 추녀가 미인인 서시를 따라 눈을 찡그리면 모두 달아난다. 사금은 공자가 마을의 추녀처럼 겉모양만 따라한다고 말한다. 만물은 시대와 상황에 따라 변화가 무궁하다.

| 필사하기 |

● 不知矉之所以美(부지빈지소이미)라.

---

221. 서시빈목(西施矉目): 무조건 남의 흉내를 내어 웃음거리가 됨을 비유적으로 이르는 말. 월나라의 미인 서시가 속병이 있어 눈을 찌푸리자 이것을 본 못난 여자들이 눈을 찌푸리면 아름답게 보이는 줄 알고 따라서 눈을 찌푸리니 더욱 못나게 보였다는 데서 유래한다.

*知(알 지), 矉(찡그릴 빈), 所(바 소), 美(아름다울 미)

【찡그린 것이 아름다운 이유를 알지 못했다.】

공자가 노담에게 도에 대해 묻다

도란 말로 전할 수 없으니 주고받을 수 없다.
중심을 잡으면 그것이 도이다.

| 본문 | 孔子行年五十有一而不聞道(공자행년오십유일이불문도), 乃南之沛見老聃(내남지패견노담). 老聃曰(노담왈), "子來乎(자래호)? 吾聞子(오문자), 北方之賢者也(북방지현자야), 子亦得道乎(자역득도호)?" 孔子曰(공자왈), "未得也(미득야)." 老子曰(노자왈), "子惡乎求之哉(자오호구지재)?" 曰(왈), "吾求之於度數(오구지어도수), 五年而未得也(오년이미득야). 老子曰(노자왈), "子又惡乎求之哉(자우오호구지재)?" 曰(왈), "吾求之於陰陽(오구지어음양), 十有二年而未得(십유이년이미득)." 老子曰(노자왈), "然(연). 使道而可獻(사도이가헌), 則人莫不獻之於其君(즉인막불헌지어기군) ; 使道而可進(사도이가진), 則人莫不進之於其親(즉인막부진지어기친) ; 使道而可以告人(사도이가이고인), 則人莫不告其兄弟(즉인막불고기형제) ; 使道而可以與人(사도이가이여인), 則人莫不與其子孫(즉인막불여기자손). 然而不可者(연이불가자), 無佗也(무타야), 中無主而不止(중무주이부지), 外無正而不行(외무정이불행). 由中出者(유중출자), 不受於外(불수어외), 聖人不出(성인불출) ; 由外入者(유외입자), 無主於中(무주어중), 聖人不隱(성인불은)."

공자가 나이 51이 되도록 도를 듣지 못했다. 마침내 남쪽의 패로 가서 노담을 찾아보았다.

노담이 말했다. "선생, 오셨구려. 나는 그대가 북방의 현자라 들었소. 그대는 도를 얻었겠지요?"

공자가 말했다. "아직 터득하지 못했습니다."

노자가 말했다. "그대는 어디서 도를 찾으려 했소?"

공자가 말했다. "나는 예악의 법도에서 찾으려 했으나 오 년이 되도록 얻지 못했습니다."

노자가 말했다. "그대는 다음에 어디서 도를 찾으려 했소?"

공자가 말했다. "나는 음과 양에서 찾으려 했으나 12년이 되도록 얻지 못했습니다."

노자가 말했다. "그렇소. 도가 바칠 수 있는 것이라면 사람들이 그것을 군주에게 바치지 않을 리 없소. 도를 진상할 수 있다면 사람들이 자기의 부모에게 드리지 않을 리 없소. 도를 남에게 말해서 알려줄 수 있다면 사람들이 형제에게 알려주지 않을 리 없소. 도를 남에게 줄 수 있는 것이라면 사람들이 자손에게 물려주지 않을 리 없소. 그러나 가능하지 않은 것은 다른 것이 없소. 중심에 주체가 없으면 (도가) 머물지 못하고, 밖에 바름이 없으면 (도를) 행하지 못합니다. 중심에서 나오는 것을 밖에서 받아들이지 않으면 성인도 나오지 않고, 밖에서 들어오는 것을 중심에서 주관하지 않으면 성인도 숨기지 않습니다."[222]

| 해석과 감상 |

삼황오제가 나라를 다스려서 어지러움이 막심했다며 공자를 비판하는 내용이다.

---

222. 성인이 그것을 안에 간직해 두지 않는다.

● 中無主而不止(중무주이부지)요 外無正而不行(외무정이불행)이
라.

*中(가운데 중), 無(없을 무), 主(주인 주), 止(그칠 지), 外(바깥 외), 正(바를 정),
行(갈 행)

【중심에 주체가 없으면 머물지 않고, 밖에 바름이 없으면 행하지 못한
다.】

제15편 각의(刻意), 뜻을 새겨 애를 씀

각의(刻意)는 생각을 새긴다는 뜻이다. 이 편은 깎고 새겨 자기의 뜻을 높
이 세운다는 의미가 있다. 첫 두 글자를 따서 편명으로 삼았다. 이 편은 다
음의 「성선(繕善)」과 관계가 깊다. 이 편에는 비분강개형 선비, 세상 교화
형 선비, 존왕 강국 추구형 선비, 세상 도피형 선비, 양생 장수형 선비 등 다
섯 가지 인간 유형이 등장한다. 그러나 성인(聖人)은 뜻을 새겨 인의(仁義)
를 내세우는 일이 없이 염담적막(恬淡寂漠)과 허정무위(虛靜無爲)로 덕(德)
을 완전하게 하고 정신이 손상되지 않게 한다며 칭송한다. 이 편과 다음의
「선성」편은 예화가 없다.

염담, 적막, 허무, 무위는 천지의 근원이다

정신을 지키는 것이 도이니
정신을 순수하게 하여 하늘과 하나가 되라.

| **본문** | 若夫不刻意而高(약부불각의이고), 無仁義而修(무인의이수), 無功名而治(무공명이치), 無江海而閒(무강해이한), 不道引而壽(부도인이수), 無不忘也(무불망야), 無不有也(무불유야), 澹然無極而衆美從之(담연무극이중미종지). 此天地之道(차천지지도), 聖人之德也(성인지덕야). 故曰(고왈), 夫恬惔寂漠虛無無爲(부념담적막허무무위), 此天地之平而道德之質也(차천지지평이도덕지질야). (중략) '衆人重利(중인중리), 廉士重名(렴사중명), 賢人尙志(현인상지), 聖人貴精(성인귀정).' 故素也者(고소야자), 謂其無所與雜也(위기무소여잡야) ; 純也者(순야자), 謂其不虧其神也(위기불휴기신야). 能體純素(능체순소), 謂之眞人(위지진인).

뜻을 새기지 않아도 고결하고, 인의가 없어도 (몸을) 닦고, 공명이 없어도 다스려지고, 강과 바다가 없어도 한가롭고, 도를 끌어들이지 않아도 장수하면 잊지 않음이 없기에 갖지 않음이 없다. 그리하여 담담함이 끝이 없으면 온갖 아름다움이 따르니 이것이 천지의 도이며 성인의 덕이다. 그러므로 말하기를 염담, 적막, 허무, 무위는 천지의 근원이고 도덕의 바탕이라 한다.

순수하고 소박한 도란 오직 정신을 지키는 것이니 지켜서 잃지 않으면 정신과 하나가 된다. 하나의 정신이 통하면 하늘의 도리와 부합한다. 속담에 이런 말이 있다. 많은 사람은 이익을 중히 여기고, 청렴한 선비는 명예를 중히 여기며, 현인은 뜻을 숭상하고, 성인(聖人)은 정신을 귀하게 여긴다. 그러므로 소박하다는 것은 잡스럽지 않은 것을 말하고, 순수하다는 것은 정신이 이지러지지 않은 것이다. 순수하고 소박한 것을 체득한 사람을 일러 진인(眞人)이라 한다.

| **해석과 감상** |

장자는 이 편에서 인위적인 인간을 다섯 가지로 분류한다. 첫째는 산골

의 선비로 세상을 비난하는 자, 둘째로 인의와 충신을 말하며 한가하게 노니는 학자들의 부류, 셋째로 군신의 예를 밝히는 조정의 선비로 존왕 강국을 좇는 사람, 넷째로 낚시를 하며 한가하니 노니는 선비로 세상을 도피한 강태공 같은 사람, 다섯째로 깊은 호흡으로 새 기운을 마시며 양생하는 선비로 장수를 강구하는 팽조 같은 사람이다. 그러나 성인의 도는 염담, 적막, 허무, 무위이다.

| 필사하기 |

● 無不忘也(무불망야)요 無不有也(무불유야)니라.
*無(없을 무), 不(아닐 불), 忘(잊을 망), 有(있을 유)
【잊지 않음이 없기에 있지 않음이 없다. 모두 잊기에 모두 갖는다.】

● 一之精通(일이정통)이면 合於天倫(합어천륜)이니라.
*精(근본 정), 通(통할 통), 合(합할 합), 天(하늘 천), 倫(도리 륜)
【하나의 근본이 통하면 하늘의 도리와 부합한다.】

제16편 선성(繕性), 본성을 수선하는 사람들

선(繕)은 깁다, 수선하다의 뜻이다. 이 편은 덕(德)을 인(仁)으로 도(道)를 의(義)로 표현하면서 유가에 가깝게 다가가고 있다. 첫 글자 두 자를 따서 제목으로 삼았다.

세속에 본성을 잃은 전도된 백성

이름을 자기보다 앞세우고

몸을 화려하게 치장하여 명차에 몸을 실으면
자기는 사라지고 치장과 이름만 남으니
본성을 잃어 거꾸로 된 인간이다.

| **본문** | 古之所謂得志者(고지소위득지자), 非軒冕之謂也(비헌면지위야), 謂其無
以益其樂而已矣(위기무이익기락이이의). 今之所謂得志者(금지소위득지자), 軒冕
之謂也(헌면지위야). 軒冕在身(헌면재신), 非性命也(비성명야), 物之儻來(물지당
래), 寄者也(기자야). 寄之(기지), 其來不可圉(기래불가어), 其去不可止(기거불가
지). 故不爲軒冕肆志(고불위헌면사지), 不爲窮約趨俗(불위궁약추속), 其樂彼與此
同(기락피여차동), 故無憂而已矣(고무우이이의). 今寄去則不樂(금기거즉불락), 由
之觀之(유지관지), 雖樂(수락), 未嘗不荒也(미상불황야). 故曰(고왈), 喪己於物(상
기어물), 失性於俗者(실성어속자), 謂之倒置之民(위지도치지민).

옛사람이 뜻을 얻었다는 것은 수레와 면류관을 말한 것이 아니라 이익
이 없어도 즐거워함을 말하는 것일 뿐이다. 오늘날 뜻을 얻었다는 것은 수
레와 면류관을 일컫는다. 수레와 면류관은 몸에 있는 것이지 본성과 운명
이 아니다. 물건이 우연히 와서 몸에 붙은 것이다. 붙은 것은 와도 막지 말
고, 가더라도 잡지 말아야 한다. 그러므로 수레와 면류관을 위해 뜻을 멋
대로 부리지 않고, 궁색해도 세속에 영합하지 않는다. 이것과 저것을 함께
즐거워하며 그래서 근심이 없을 뿐이다. 지금은 붙어 있던 것이 떠나면 즐
겁지 않다. 이로 볼 때 비록 즐거움이란 아닌 게 아니라 헛될 뿐이다. 그러
므로 이르기를 외물에 자기를 잃고 세속에 본성을 잃은 사람은 이를 일러
'전도[223]된 백성'이라 한다.

---

223. 거꾸로 선.

| 해석과 감상 |

자기보다 외물을 중시하고 본성보다 세속을 중시하는 사람을 도치된 인간, 거꾸로 선 인간, 전도된 인간이라 한다.

| 필사하기 |

● 寄之(기지)면 其來不可圉(기래불가어)요 其去不可止(기거불가지)라.

*寄(의지할 기), 來(올 래), 圉(마부 어, 막을 어), 去(갈 거), 止(멈출 지)

【외물에 기대면 오는 것을 막을 수 없고, 가는 것을 멈출 수 없다.】

● 喪己於物(상기어물)하고 失性於俗者(실성어속자)를 謂之倒置之民(위지도치지민)이라.

*喪(잃을 상), 己(자기 기), 物(만물 물), 失(잃을 실), 性(성품 성), 俗(풍속 속), 者(사람 자), 謂(이를 위), 倒(넘어질 도), 置(둘 치), 民(백성 민)

【외물에 자기를 잃고 세속에 본성을 잃은 사람을 전도된 사람이라 한다.】

제17편 추수(秋水), 가을 홍수

이 편은 제1편「소요유」와 제2편「제물론」을 부연하는 내용이 중심을 이루며 두 글을 새롭게 전개한다. 첫 두 글자를 제목으로 삼았다.

우물 안 개구리와 바다

우물 안 개구리가 북해의 바다를 어찌 알겠는가.

인간이 안다고 은하계의 무엇을 안단 말인가.

공자가 안다는 것도 은하 속 우물 안 개구리의 울음이고

소크라테스가 모른다는 사실을 안다는 것도 알지 못함이니

붓다처럼 세상을 잊고 장자처럼 있는 그대로 순환에 맡길 뿐이다.

오, 안다고 인간이 무엇을 어찌할 것인가.

| 본문 | 秋水時至(추수시지), 百川灌河(백천관하), 涇流之大(경류지대), 兩涘渚崖之間(양사저애지간), 不辯牛馬(불변우마). 於是焉河伯欣然自喜(어시언하백흔연자희), 以天下之美爲盡在己(이천하지미위진재기). 順流而東行(순류이동행), 至於北海(지어북해), 東面而視(동면이시), 不見水端(불견수단), 於是焉河伯始旋其面目(어시언하백시선기면목), 望洋向若而歎曰(망양향약이탄왈), "野語有之曰(야어유지왈), 『聞道百以爲莫己若者(문도백이위막기약자)』 我之謂也(아지위야). 且夫我嘗聞少仲尼之聞而輕伯夷之義者(차부아상문소중니지문이경백이지의자), 始吾弗信(시오불신) ; 今我睹子之難窮也(금아도자지난궁야), 吾非至於子之門則殆矣(오비지어자지문즉태의), 吾長見笑於大方之家(오장견소어대방지가)." 北海若曰(북해약왈), "井蛙不可以語於海者(정와불가이어어해자), 拘於虛也(구어허야) ; 夏蟲不可以語於冰者(하충불가이어어빙자), 篤於時也(독어시야) ; 曲士不可以語於道者(곡사불가이어어도자), 束於敎也(속어교야). 今爾出於崖涘(금이출어애사), 觀於大海(관어대해), 乃知爾醜(내지이추), 爾將可與語大理矣(이장가여어대리의). 天下之水(천하지수), 莫大於海(막대어해), 萬川歸之(만천귀지), 不知何時止而不盈(부지하시지이불영) ; 尾閭泄之(미려설지), 不知何時已而不虛(부지하시이이불허) ; 春秋不變(춘추불변), 水旱不知(수한부지). 此其過江河之流(차기과강하지류), 不可爲量數(불가위량수). 而吾未嘗以此自多者(이오미상이차자다자), 自以比形於天地而受氣於陰陽(자이비형어천지이수기어음양), 吾在天地之間(오재천지지간), 猶小石小木之在大山也(유소석소목지재대산야), 方存乎見少(방존호견소), 又奚以自多(우해이자다) ! 計四海之在天地之間也(계사해지재천지지간야), 不似礨空之在大澤乎(불사뢰공지재대택호) ? 計中國之在海內(계중국지재해내), 不似稊

米之在大倉乎(불사제미지재대창호)？ 號物之數謂之萬(호물지수위지만), 人處一焉(인처일언)；人卒九州(인졸구주), 穀食之所生(곡식지소생), 舟車之所通(주거지소통), 人處一焉(인처일언)；此其比萬物也(차기비만물야), 不似豪末之在於馬體乎(불사호말지재어마체호)？ 五帝之所連(오제지소련), 三王之所爭(삼왕지소쟁), 仁人之所憂(인인지소우), 任士之所勞(임사지소로), 盡此矣(진차의). 伯夷辭之以爲名(백이사지이위명), 仲尼語之以爲博(중니어지이위박), 此其自多也(차기자다야), 不似爾向之自多於水乎(불사이향지자다어수호)？"河伯曰(하백왈), "然則吾大天地而小毫末(연즉오대천지이소호말), 可乎(가호)？"北海若曰(북해약왈), "否(부). 夫物(부물), 量無窮(양무궁), 時無止(시무지), 分無常(분무상), 終始無故(종시무고). 是故大知觀於遠近(시고대지관어원근), 故小而不寡(고소이불과), 大而不多(대이부다), 知量無窮(지량무궁)；證曏今故(증향금고), 故遙而不悶(고요이불민), 掇而不跂(철이불기), 知時無止(지시무지)；察乎盈虛(찰호영허), 故得而不喜(고득이불희), 失而不憂(실이불우), 知分之無常也(지분지무상야)；明乎坦塗(명호탄도), 故生而不說(고생이불설), 死而不禍(사이불화), 知終始之不可故也(지종시지불가고야). 計人之所知(계인지소지), 不若其所不知(불약기소부지)；其生之時(기생지시), 不若未生之時(불약미생지시)；以其至小求窮其至大之域(이기지소구궁기지대지역), 是故迷亂而不能自得也(시고미란이불능자득야). 由此觀之(유차관지), 又何以知毫末之足以定至細之倪(우하이지호말지족이정지세지예)！ 又何以知天地之足以窮至大之域(우하이지천지지족이궁지대지역)！"河伯曰(하백왈), "世之議者皆曰(세지의자개왈)：『至精無形(지정무형), 至大不可圍(지대불가위).』是信情乎(시신정호)？"北海若曰(북해약왈), "夫自細視大者不盡(부자세시대자부진), 自大視細者不明(자대시세자불명). 夫精(부정), 小之微也(소지미야)；垺(부), 大之殷也(대지은야)；故異便(고리편). 此勢之有也(차세지유야). 夫精粗者(부정조자), 期於有形者也(기어유형자야)；無形者(무형자), 數之所不能分也(수지소불능분야)；不可圍者(불가위자), 數之所不能窮也(수지소불능궁야), 可以言論者(가이언론자), 物之粗也(물지조야)；可以意致者(가이의치자), 物之精也(물지정야)；言之所不能論(언지소불능론), 意之所不能察致者(의지소불능찰치자), 不期精粗焉(불기정조언)."

가을 물때가 되자 모든 물이 황하로 흘러들어 물결이 양쪽 기슭에 크게 들이쳐 모래톱과 물가 사이에 소인지 말인지 분별할 수 없다. 이에 하백이 천하의 아름다움이 모두 자기에게 있다고 흔연히 스스로 기뻐하였다. 물결을 따라 동쪽으로 가서 북해에 이르렀다. 동쪽을 보니 물의 끝이 보이지 않았다. 이에 하백은 얼굴과 눈을 돌려 멍한 눈으로 바라보며 약(若)[224]을 향해 탄식하며 말했다.

"속담에 이르기를 도를 백 번[225] 듣고 내 것만 한 것이 없다고 합니다. 나를 이르는 말이었습니다. 또 나는 일찍이 중니가 들은 바가 적고, 백이가 의가 가볍다고 들었는데 처음에 나는 믿지 않았습니다. 지금 그대의 끝을 헤아리기 어려운 크기를 보니 내가 당신의 문에 이르지 않았다면 위태로웠을 것입니다. 나는 대도(大道)를 깨달은 사람들[226]에게 웃음거리로 보였을 것입니다."

북해의 약이 말했다.

"우물 안 개구리에게 바다란 것을 말할 수 없는 것은 머무르는 곳에 갇혀 있기 때문이고, 여름철 벌레에게 얼음에 대해 말할 수 없는 것은 계절에 매어있기 때문이다. 편벽된 선비에게 도(道)에 대해 말할 수 없는 것은 가르침에 묶여 있기 때문이다. 이제 그대는 강 언덕에서 나와 큰 바다를 보고

---

224. 약(若, 북해의 신선).

225. 백 가지의 뜻으로도 해석한다. 백 번 또는 백 가지를 듣고 우쭐댄다는 내용이므로 백 번이나 백 가지는 조금 또는 약간의 뜻으로 쓰였다.

226. 대방가(大方家).

마침내 자신의 부끄러움을 알았으니, 그대와 더불어 큰 이치를 말할 수 있게 되었다. 천하의 물은 바다보다 큰 것이 없으니 모든 냇물이 모여들어 어느 때에 그칠지 모르지만 넘치지 않고, 바닷물이 빠지는 꼬리 문으로 흘러서 어느 때에 그칠지 모르지만 마르지 않는다. 봄가을에도 변하지 않아 홍수도 가뭄도 알지 못하니 이것은 양쯔 강과 황하의 흐름을 넘어서기 때문에 양을 측정할 수도 없다. 나는 이를 스스로 많다고 생각하지 않았다. 나 스스로 천지에서 형체를 본뜨고, 음양에서 기운을 받아서 나는 천지 사이에 존재하는 것이 오히려 작은 돌이나 작은 나무가 큰 산에 있는 것과 같다. 바로 존재하는 것이 작게 보이는데 어찌 스스로 많다고 하겠는가?

사해가 하늘과 땅 사이에 있다는 것을 생각하면 개미구멍이 큰 연못에 있는 것과 유사하지 않겠는가? 중국이 바다 안에 있는 것을 생각해보면 쌀알이 큰 창고에 있는 것과 같지 않은가? 사물이 많음을 일러 만(萬)이라 하는데 사람은 그중의 하나다. 사람이 사는 구주(九州, 중국)는 곡식이 자라고 배와 수레가 다니는데 사람이 사는 곳은 한 곳에 불과하다. 이처럼 만물과 비교해 보면 가는 터럭의 끝이 말의 몸에 붙어 있는 것과 유사하지 않은가? 황제가 이은 것이나 삼왕이 다툰 바나 어진 사람이 걱정한 것이나 벼슬아치가 수고한 바나 이를 극진히 한 것이다.[227] 백이는 (왕위를) 사양하여 이름을 얻었고, 중니는 (인의를) 말하여 박학하다고 한다. 이는 스스로 뛰어나다[228]고 한 것이다. 그대가 스스로를 물에서 뛰어나다고 한 것과 비슷

---

227. 모두가 인간 사회의 맡은 바 일을 극진히 했다는 뜻이다. 앞에서 인간이 사는 곳은 한 곳에 불과하다는 내용과 연결할 때 맥락상 '부분에 해당한다'라는 내용이다. 모두가 각자의 영역에 국한된다는 뜻이다.

228. 다(多), 많다, 낫다, 뛰어나다.

하지 않은가?"

하백이 말했다.

"그렇다면 하늘과 땅을 크다고 하고 터럭 끝을 작다고 하면 옳습니까?"

북해의 약이 말했다.

"아니다. 대저 사물은 양이 끝이 없고, 시간은 그침이 없으며, 나눔은 일정함이 없고, 끝과 시작은 고정됨이 없다. 이런 까닭으로 큰 지혜는 멀고 가까운 것을 볼 수 있으므로 작은 것을 적다고 하지 않고, 큰 것을 많다고 하지 않는다. 양이 끝이 없음을 알기 때문이다. 현재와 과거를 밝게 알아야 멀어도 번민하지 않고, 짧다고 발돋움하며 버둥대지 않는다. 시간이 끝이 없다는 것을 알기 때문이다. 차고 비워짐을 살피는 것으로 얻었다고 기뻐하며 잃었다고 근심하지 않으니 이는 나눔이 일정함이 없음을 알기 때문이다. 크고 평탄한 길이 밝기 때문에 태어나도 기뻐하지 않으며, 죽어도 재앙이라고 생각하지 않는다. 마침과 시작이 일정할 수 없음을 알기 때문이다. 사람이 안다는 것은 모르는 것만 못하고, 살아있는 시간은 살아있지 못한[229] 시간보다 못하다. 지극히 작은 것으로 지극히 큰 것의 경계를 다하여 구하려 한다. 이런 까닭으로 혼미하고 어지러워 스스로 얻을 수 없다. 이로 본다면 또한 털끝이 지극히 미세한 것의 끝이라고 단정하며 만족스러워하는 것을 어찌 알 수 있단 말인가? 또한 어찌 천지가 지극히 큰 영역을 궁극적이라며 만족스러워하는 것을 알 수 있단 말인가?"

하백이 말했다.

"세상의 논자들은 모두 이르기를 지극히 세밀한 것은 형체가 없고[230], 지

---

229. 태어나기 이전의.

230. 보이지 않고.

극히 큰 것은 에워쌀 수 없다고 하는 말이 진실인가요?"

북해의 약이 말했다.

"대체로 세세한 것으로 큰 것을 보면 다 보지 못하고, 큰 것으로 세세한 것을 보면 분명하게 볼 수 없다. 대저 정(精)은 작은 것 중의 작은 것이요, 큰 외곽은 큰 것 중의 큰 것이다. 이는 편의상 구별이니 놓인 형세에 따른다. 정밀하거나 거친 것은 형체가 있는 것에서 결정되고, 형체가 없는 것은 수량으로 나눌 수 없다. 에워쌀 수 없는 것은 수량으로 드러낼 수 없다. 말로 논할 수 있는 것은 사물 중에서 크고 거친 것이며, 생각으로 이를 수 있는 것은 사물 중에서 정밀한 것이다. 말로 논할 수 없고, 생각으로 살필 수 없는 것은 정밀한지 크고 거친 것인지 정할 수 없다."

| 해석과 감상 |

우주는 광활하다. 본디 자연으로 돌아가면 큰 것도 작은 것도 없고, 도로써 보면 귀천이 없다. 크고 작음의 문제로 자랑하거나 상대를 무시하고 천하게 여길 수 없다. 구분은 절대적인 것이 아니니 처한 상황에 따라야 한다. 이 글에서 우물 안 개구리는 세상을 인식하는 인간의 협소함을 의미한다. 이는 장자가 당시의 제자백가를 풍자하는 말이다. 장자는 인위적인 모든 노력이 한계가 있음을 말하면서 그와 달리 시야를 넓혀 개개인의 자유와 해방을 해결책이라 말하고 있다. 그런 면에서 모든 제자백가와 장자 두 부류로 나눌 수 있다. 대리(大理, 큰 이치), 리(理)는 이후 이기론(理氣論) 등 철학사의 중요 단어가 되었다. 『코스모스』(칼 세이건)에서는 우리 은하계(Our Galaxy, the Milky Way)에 약 4,000억 개의 별이 있다고 한다. 그 중에 행성계를 가진 별을 3분의 1로 잡을 때 우리 은하에 존재하는 행성들의 총수는 무려 1조 3,000억 개라고 칼 세이건은 계산한다. 그런데 우리 은하는 우주를 이루고 있는 수천 억 개 은하들 중의 하나이다. 칼 세이건은 자신의 셈법으로 우리 은하수 은하에 1,000억 개가 생명 서식이 가능한 행성들이라고 말한다. 수천 억 개 은하들 중 하나인 우리 은하의 중심핵은 태양에서 약 23,000광년 거리에 있다고 한다. 1광년이 빛으로 1년 동안 가는 거리이므로 이는 우리가 상상할 수 있는 한계를 벗어난다. 이 글에서는 북해의 약을 통해 우주의 광대함을 말하고 있다. 여기에서 북해는 한국의 서해, 곧 발해만이다. 우주를 바라보는 관점이 놀랍도록 유사하다.

| 필사하기 |

● 夫自細視大者不盡(부자세시대자부진)하고 自大視細者不明(자대시세자불명)이니라.

*自(스스로 자, 부터 자), 細(가늘 세), 視(볼 시), 盡(다할 진), 明(밝을 명)

【대체로 작은 것으로 큰 것을 보는 사람은 다 보지 못하고, 큰 것으로 작은 것을 보는 사람은 분명하게 보지 못한다.】

노래기와 바람

외발이 기는 노래기가 부럽고 노래기는 뱀이 부럽다.
뱀은 바람을 부러워하고 바람은 눈을 부러워한다.
바람은 찌르면 아무 저항 없이 찔리나
바람은 누구나 이기고 큰 나무조차 쓰러뜨린다.
그러나 눈은 보는 순간 벌써 가 있다.
눈으로 보아도 마음을 볼 수 없으니 마음이 제일 부럽다.

| **본문** | 夔憐蚿(기련현), 蚿憐蛇(현련사), 蛇憐風(사련풍), 風憐目(풍련목), 目憐

心(목련심). 夔謂蚿曰(기위현왈), "吾以一足蹢踔而行(오이일족침탁이행), 予無如矣(여무여의). 今子之使萬足(금자지사만족), 獨奈何(독내하)？" 蚿曰(현왈), "不然(불연). 子不見夫唾者乎(자불견부타자호)？ 噴則大者如珠(분즉대자여주), 小者如霧(소자여무), 雜而下者不可勝數也(잡이하자불가승수야). 今予動吾天機(금여동오천기), 而不知其所以然(이불지기소이연)." 蚿謂蛇曰(현위사왈), "吾以衆足行(오이중족행), 而不及子之無足(이불급자지무족), 何也(하야)？" 蛇曰(사왈), "夫天機之所動(부천기지소동), 何可易邪？ 吾安用足哉(何可易邪？ 오안용족재)！" 蛇謂風曰(사위풍왈), "予動吾脊脅而行(여동오척협이행), 則有似也(즉유사야). 今子蓬蓬然起於北海(금자봉봉연기어북해), 蓬蓬然入於南海(봉봉연입어남해), 而似無有(이사무유), 何也(하야)？" 風曰(풍왈), "然(연). 予蓬蓬然起於北海而入於南海也(여봉봉연기어북해이입어남해야), 然而指我則勝我(연이지아즉승아), 鰌我亦勝我(추아역승아). 雖然(수연), 夫折大木(부절대목), 蜚大屋者(비대옥자), 唯我能也(유아능야), 故以衆小不勝爲大勝也(고이중소불승위대승야). 爲大勝者(위대승자), 唯聖人能之(유성인능지)."

　　외발 짐승 기(夔)가 발이 많은 노래기를 부러워하고, 노래기는 뱀을 부러워하고, 뱀은 바람을 부러워하고, 바람은 눈을 부러워하고, 눈은 마음을 부러워한다.

　　기가 노래기에게 말했다.

　　"나는 외발이라 기우뚱기우뚱 걸어야 하니, 나는 너만 못하다. 너는 많은 발이 있는데 도대체 어찌 된 일인가?"[231]

　　노래기가 말했다.

　　"그렇지 않다. 그대는 침 튀기는 사람을 보았지? 뿜어대는 것이 크면 구

---

231. 나는 발 하나로 가는데 너는 많은 발을 어떻게 다 쓰며 걸어 다니는지 모르겠다.

슬 같고, 뿜어대는 것이 작으면 안개와 같다. 섞여서 내리면 셀 수조차 없다. 지금 나는 하늘의 기계[232](자연의 기능)를 움직이는데 그렇게 되는 까닭을 모른다."

노래기가 뱀에게 말했다.

"나는 많은 발로 다니지만 발 없는 너에게 미치지 못하니, 어째서인가?"

뱀이 말했다.

"대저 하늘 기계(자연)의 움직임을 어찌 바꿀 수 있는가? 내가 어찌 발을 쓰겠는가?"

뱀이 바람에게 말했다.

"나는 내 등이나 겨드랑이를 움직여 다니는데 발과 유사하다. 너는 쑥대가 흔들리듯 북해에서 일어나고, 휙휙 소리를 내며 남해에 들어가지만 발 비슷한 것도 없으니 어째서인가?"

바람이 말했다.

"그렇다. 나는 휙휙 바람 소리를 내며 북해에서 일어나 남해로 들어간다. 그러나 나를 가리키면(찌르면) 나를 이기고, 나를 밟아도 또한 나를 이긴다. 비록 그렇지만 대체로 큰 나무를 꺾고, 큰 집을 날려버리는 것은 오직 내가 가능하다. 그러므로 많은 작은 것을 이기지 않음[233]으로써 큰 승리를 이룬다. 큰 이김은 오직 성인이라야 할 수 있다."

---

232. 천기(天機) 1) 하늘의 기밀 또는 조화(造化)의 신비. 2) 중대한 기밀. 3) 임금의 밀지(密旨) 또는 나라의 기밀. 4) 선천적으로 타고난 기지(機智) 또는 성질.

233. 나를 가리키면 나를 이긴다는 것은 '손가락으로 바람을 찌르면 찔리지만'이라는 뜻이다. 작은 것을 허용하지만 큰 것을 이룬다.

| 해석과 감상 |

바람처럼 만물은 자기 자신에 맞게 산다. 바람은 사람의 손가락으로 찌
르면 찔리고 밟으면 밟히는 존재지만 큰 나무를 꺾고 큰 집을 날려버릴 수
있다. 바람은 작은 것에 지고 큰 것을 이긴다고 말한다. 성인의 모습이다.

| 필사하기 |

● 衆小不勝(중소불승)이면 爲大勝也(위대승야)[234]라.
*衆(무리 중), 小(작을 소), 勝(이길 승), 爲(할 위)
【작은 것을 많이 이기지 않아야 크게 이긴다.】

공손룡과 모, 우물 안 개구리와 동해의 자라

우물 안에서 개구리는 우물을 소유하며 온갖 재주를 부리지만
자라는 홍수와 가뭄에도 변함이 없는 바다에서 논다.
인간 지혜는 바다를 담지 못하고
인간의 변론은 우주를 구하지 못한다.
그대, 뻐기는 자들이여
그대의 지혜는 경계를 알지 못하고 대롱으로 하늘을 보는 일이네.
우주의 처음과 끝을 쪼개어 말하니 어찌 우물 안 개구리 아닌가!

| 본문 | 公孫龍問於魏牟曰(공손룡문어위모왈), "龍少學先王之道(룡소학선왕지
도), 長而明仁義之行(장이명인의지행) ; 合同異(합동리), 離堅白(이견백) ; 然不然
(연불연), 可不可(가불가) ; 困百家之知(곤백가지지), 窮衆口之辯(궁중구지변) ;

---

234. 다른 해석으로는 '작은 패배가 많아야 크게 이긴다.'

吾自以爲至達已(오자이위지달이). 今吾聞莊子之言(금오문장자지언), 汒焉異之(망언리지). 不知論之不及與(부지론지불급여), 知之弗若與(지지불약여)? 今吾無所開吾喙(금오무소개오훼), 敢問其方(감문기방)." 公子牟隱机大息(공자모은궤대식), 仰天而笑曰(앙천이소왈), "子獨不聞夫埳井之䵷乎(자독불문부감정지와호)? 謂東海之鱉曰(위동해지별왈) :『吾樂與(오락여)! 出跳梁乎井幹之上(출도량호정간지상), 入休乎缺甃之崖(입휴호결추지애) ; 赴水則接腋持頤(부수즉접액지이), 蹶泥則沒足滅跗(궐니즉몰족멸부) ; 還虷蟹與科斗(환간해여과두), 莫吾能若也(막오능약야). 且夫擅一壑之水(차부천일학지수), 而跨跱埳井之樂(이과치감정지락), 此亦至矣(차역지의), 夫子奚不時來入觀乎(부자해불시래입관호)!』東海之鱉左足未入(동해지별좌족미입), 而右膝已縶矣(이우슬이집의). 於是逡巡而卻(어시준순이각), 告之海曰(고지해왈) :『夫千里之遠(부천리지원), 不足以舉其大(부족이거기대) ; 千仞之高(천인지고), 不足以極其深(부족이극기심). 禹之時十年九潦(우지시십년구료), 而水弗爲加益(이수불위가익) ; 湯之時八年七旱(탕지시팔년칠한), 而崖不爲加損(이애불위가손). 夫不爲頃久推移(부불위경구추이), 不以多少進退者(불이다소진퇴자), 此亦東海之大樂也(차역동해지대락야).』於是埳井之䵷聞之(어시감정지와문지), 適適然驚(적적연경), 規規然自失也(규규연자실야). 且夫知不知是非之竟(차부지부지시비지경), 而猶欲觀於莊子之言(이유욕관어장자지언), 是猶使蚊負山(시유사문부산), 商蚷馳河也(상거치하야), 必不勝任矣(필불승임의). 且夫知不知論極妙之言而自適一時之利者(차부지부지론극묘지언이자적일시지리자), 是非埳井之䵷與(시비감정지와여)? 且彼方跐黃泉而登大皇(차피방차황천이등대황), 無南無北(무남무북), 奭然四解(석연사해), 淪於不測(윤어불측) ; 無東無西(무동무서), 始於玄冥(시어현명), 反於大通(반어대통). 子乃規規然而求之以察(자내규규연이구지이찰), 索之以辯(색지이변), 是直用管闚天(시직용관규천), 用錐指地也(용추지지야), 不亦小乎(불역소호)! 子往矣(자왕의)! 且子獨不聞夫壽陵餘子之學行於邯鄲與(차자독불문부수릉여자지학행어감단여)? 未得國能(미득국능), 又失其故行矣(우실기고행의), 直匍匐而歸耳(직포복이귀이). 今子不去(금자불거), 將忘子之故(장망자지고), 失子之業(실자지업)." 公孫龍口呿而不合(공손룡구거이불합), 舌擧而不下(설거이불하), 乃逸而走(내일이주).

공손룡이 위나라 모(牟)에게 말했다.

"룡(龍)은 어려서 선왕의 도를 배웠고, 커서는 인(仁)과 의(義)의 행실에 밝았습니다. 같은 것과 다른 것을 합했고,[235] 단단한 것과 흰 것[236]을 분리했으며, 그렇지 않은 것을 그렇다고 밝히고, 옳지 않다는 것을 옳다고 하여[237] 백가(百家)의 지식을 곤혹스럽게 하고, 세상 사람들의 변론을 궁하게 하였습니다. 나는 스스로 통달함의 경지에 이르렀다고 여겼는데 지금 장자의 말을 들으니 망연해지며 이 생각이 달라졌습니다. 변론이 미치지 못하는 것인가요? 지혜가 그와 같지 않은가요? 나는 지금 입을 뗄 수도 없습니다. 감히 그 방도를 묻습니다."

공자(公子) 모(牟)가 의자에 앉아 크게 탄식하고, 하늘을 우러러보고 웃으며 말했다.

"그대는 깊은 우물 안의 개구리에 대해 듣지 못했습니까? 동해[238]의 자라에게 일러 말하기를 '나는 즐겁다네! 뛰어서 우물 난간의 위에 뛰어나오기도 하고, 우물 벽돌이 빠진 곳에 들어가 쉬기도 하고, 물에 뛰어들어 겨드랑이를 붙이고 턱을 치켜들기도 하네. 진흙에 넘어지면 발이 빠지고 발등이 묻히는데 장구벌레와 게와 올챙이를 돌아보아도 내 능력과 같지 않아.

---

235. 동이론(同異論).

236. 견백론(堅白論).

237. 또는 그런지 그렇지 않은지, 옳은지 옳지 않은지.

238. 동해(東海): 중국에서 동해로 현재의 황해이다. 우리나라에서 서해를 말하다. 서해 중에서 구체적으로 발해만이다.

또한 한 우물의 물을 내 마음대로 하고, 깊은 우물의 즐거움을 온통 차지하니 또한 지극하네. 그대는 어찌 때때로 들어와 보지 않는가?'

동해의 자라는 우물에 왼발을 넣기도 전에 오른쪽 무릎이 끼었습니다. 이에 뒤로 물러나 개구리에게 바다에 대해 알려주었습니다. '대저 바다는 천 리의 거리로 그 크기를 말할 수 없고, 천 길 높이로도 그 깊이가 만족스럽지 않다네. 우임금 때 십 년에 아홉 번 홍수가 났는데 물이 불어나게 할 수 없었고, 탕임금 때 팔 년에 일곱 번 가뭄이 들었는데 물가를 줄어들게 할 수 없었네. 무릇 잠깐이나 오래거나 옮기거나 변하지 않고, 많거나 적거나 나아가고 물러나지 않으니 또한 동해의 큰 즐거움이라네.' 이에 우물 안 개구리가 이 말을 듣더니 깜짝 놀라 정신이 나갔습니다.

대개 지혜가 옳고 그름의 경계를 알지 못하면서 오히려 장자의 말을 알려고 하면 이는 모기에게 산을 짊어지라고 하고, 노래기에게 황하를 건너라고 하는 것과 같습니다. 반드시 임무를 감당하지 못할 것입니다. 또한 그 지혜란 지극히 미묘한 말을 논하는 것을 알지 못하고, 한때의 편리에 다가가려고 하면 이는 깊은 우물 안 개구리가 아닙니까? 또한 장자는 바야흐로 황천을 밟고 하늘에 오르려 합니다. 남쪽이다 북쪽이다 할 것 없이 성대하게 사방으로 떠나가고, 측량할 길 없는 곳으로 잠기어(빠져들어) 갑니다. 동쪽이다 서쪽이다 할 것 없이 어두운 시원(始原)에서 시작하여 큰 도(道)로 돌아왔습니다. 그대는 정신없이 그것을 꼼꼼히 살피고 변론으로서 구하려고 하고 있으니, 이는 곧 대롱을 사용해 하늘을 보려고 하고, 송곳을 사용해 땅을 가리키려 하는 것[239]입니다. 어찌 작지 않겠습니까? 그대는 돌아가시오! 또 그대는 연나라 수릉의 소년이 한단에 가서 걸음걸이를 배

239. 송곳을 꽂아 땅의 깊이를 알다.

웠다는 것을 듣지 못했습니까? 그 나라의 걸음걸이를 배우기 전에 그는 옛 걸음걸이를 잊어버려 기어서 집으로 돌아왔습니다. 지금 그대가 돌아가지 않으면 그대가 본래 할 수 있었던 옛것도 잊고, 그대의 업[240]도 잃을 것이오."

공손룡은 열린 입을 다물지 못하고 혀를 들었다가 내려놓지 못하고 곧 달아났다.

| 해석과 감상 |

거북이의 삶도 보고, 한단의 걸음걸이도 보면서 자기의 걸음걸이를 잊지 말아야 한다. 이 글에서 '정저지와(井底之蛙)'[241], '한단지보(邯鄲之步)'[242], '한단학보(邯鄲學步)'[243]가 나왔다. 공손룡의 견백론 등 변론은 대롱으로 하늘을 보는 것이고, 장자의 언설은 바다처럼 방향도 없이 아득하여 헤아릴 수 없다. 공손룡 등은 우물 안 개구리다.

| 필사하기 |

● 埳井之鼃(감정지와)

*埳(구덩이 감), 井(우물 정), 之(갈 지), 鼃(개구리 와. 蛙와 같은 글자)

【우물 안의 개구리】

---

240. 기술, 학업 등.

241. '감정지와(埳井之鼃, 무너진 우물의 개구리)'에서 나온 말이다. 우물 안 개구리.

242. 본분을 잊고 함부로 남의 흉내를 내다가 본래 가졌던 것을 합하여 두 가지 다 잃는다는 고사.

243. 남의 흉내를 내다가 자신의 장점마저 잃게 되는 것을 비유하는 말.

신령스러운 거북이

호메로스의 일리아스 속 아킬레우스처럼
이름으로 짧고 굵게 살래
엘리엇의 황무지 속 쿠메의 무녀처럼
생명으로 가늘고 길게 살래.
너무 짧으면 아쉽고, 너무 길면 죽고 싶을 만큼 지루하다.

| 본문 | 莊子釣於濮水(장자조어복수), 楚王使大夫二人往先焉(초왕사대부이인
왕선언), 曰(왈), "願以境內累矣(원이경내루의)!"莊子持竿不顧(장자지간불고),
曰(왈), "吾聞楚有神龜(오문초유신귀), 死已三千歲矣(사이삼천세의), 王巾笥而藏
之廟堂之上(왕건사이장지묘당지상). 此龜者(차귀자), 寧其死爲留骨而貴乎(영기
사위류골이귀호)? 寧其生而曳尾於塗中乎(영기생이예미어도중호)?"二大夫曰
(이대부왈), "寧生而曳尾塗中(영생이예미도중)."莊子曰(장자왈), "往矣(왕의)! 吾
將曳尾於塗中(오장예미어도중)."

장자가 복수(濮水)에서 낚시를 하고 있었다. 초나라 왕이 대부(大夫) 두
사람을 먼저 보내 말을 했다.

"원하건대 우리나라의 모든 일을 맡기고자[244] 합니다."

장자는 낚싯대를 잡고 돌아보지도 않고 말했다.

"내가 듣건대 초나라에는 신령한 거북이가 있는데, 죽은 지 삼천 년이 지
났다고 합니다. 왕께서 수건에 싸서 상자에 넣고 종묘 사당 위 높은 곳에
모셔두었다지요. 이 거북이가 뼈를 남겨 귀하게 되려고 죽으려 했을까요?
차라리 진흙 속에서 꼬리를 끌고 다니며 살려 했을까요?"

---

244. 누를 끼치다. 나라를 맡기다.

두 대부가 말했다.

"차라리 살아서 진흙 가운데서 꼬리를 끌고 다니려 했을 것입니다."

장자가 말했다.

"돌아가시오! 나는 진흙 가운데서 꼬리를 끌고 다닐 것이오."

| 해석과 감상 |

권력에 초연한 자연인의 모습이다. 소가 아무리 대접을 잘 받아도 제사에 쓰인다면 그 호강이 호강일 수 없다는 이야기와 같다. 이 글은 매우 유명한 이야기이다. 거북이 1,000년이 되면 털이 생기고, 5,000년이 되면 신구(神龜)라 하고, 10,000년이 되면 영구(靈龜)라 한다. 신구는 점을 치는 거북이를 말한다.

오래 살아서 죽고 싶은 삶도 있다. 엘리엇의 장시 「황무지」의 앞부분은 쿠메의 무녀 이야기를 노래한다. 이 시는 '4월은 잔인한 달'이라는 구절로도 유명하다. '쿠메의 한 무녀(巫女)가 독 안에 매달려 있는 것을 내 눈으로 보았다. 그 때 아이들이 "무녀, 당신은 무엇이 소원이오?"라고 묻자, 그녀는 "난 죽고 싶다."라고 대답했다.' 신에게 불사(不死)의 혜택을 입지만 젊음을 요구하지 않았던 결과 늙고 쭈그러들어 항아리에 매달려 있다. 아이들의 놀림에 쿠메의 무녀는 죽고 싶다고 말한다. 쿠메는 쿠마이라고도 하며 이탈리아 로마 아래 캄파니아 지방에 있는 항구 도시로 예언녀 시빌라로 인해 명소가 된 곳이다. 쿠메의 무녀도 죽어 재생을 바란다. 「황무지」는 재생을 노래한다.

우리 선비들 중에는 임금이 내리는 벼슬을 마다하고 자연 속에서 살아간 글들이 많다. 많은 경우는 자신의 신념과 정치가 다를 때이다. 전해오는 시가들 속에는 속세에서 벗어나 자연에 묻혀 사는 즐거움에 관한 시조들이 많다.

十年(십 년)을 經營(경영)하여 草廬三間(초려 삼간) 지어내니
나 한 칸 달 한 칸에 淸風(청풍) 한 칸 맡겨 두고
江山(강산)은 들일 데 없으니 둘러 두고 보리라   -송순-

내 벗이 몇이나 하니 수석(水石)과 송죽(松竹)이라
동산(東山)에 달 오르니 그 더욱 반갑고야
두어라 이 다섯밖에 또 더하여 무엇하랴   -윤선도-

| 필사하기 |

● 吾將曳尾於塗中(오장예미어도중)이라.

*吾(나 오), 將(장차 장), 曳(끌 예), 尾(꼬리 미), 塗(진흙 도), 中(가운데 중)

【나는 장차 진흙 속에서 꼬리를 끌고 다니려 한다.】

혜자가 장자에게 재상 빼앗길까 봐

큰 소리에 놀라지 않는 사자 같으려면
그물에 걸리지 않는 바람 같으려면
벼슬을 놓아라.
물에 젖지 않는 연꽃 같이
사자는 썩은 고기 먹지 않는다.

| 본문 | 惠子相梁(혜자상량), 莊子往見之(장자왕견지). 或謂惠子曰(혹위혜자왈),
"莊子來(장자래), 欲代子相(욕대자상)." 於是惠子恐(어시혜자공), 搜於國中三日三

夜(수어국중삼일삼야). 莊子往見之(장자왕견지), 曰(왈), "南方有鳥(남방유조), 其
名爲鵷鶵(기명위원추), 子知之乎(자지지호)？夫鵷鶵(부원추), 發於南海而飛於北
海(발어남해이비어북해), 非梧桐不止(비오동부지), 非練實不食(비련실불식), 非醴
泉不飲(비례천불음). 於是鴟得腐鼠(어시치득부서), 鵷鶵過之(원추과지), 仰而視之
曰(앙이시지왈)『嚇(혁)！』今子欲以子之梁國而嚇我邪(금자욕이자지량국이혁아
사)？"

혜자가 양나라 재상으로 있을 때 장자가 그를 찾아갔다.

어떤 사람이 혜자에게 말했다.

"장자가 와서 그대의 재상 자리를 차지할 것이요."

이에 혜자는 두려워 성안을 사흘 낮과 밤을 찾아 다녔다.

장자가 혜자를 찾아가 말했다.

"남쪽에 새가 있는데 원추(鵷鶵)라 하네. 자네가 아는가? 그 원추는 남
해에서 북해까지 날아가는데 오동나무가 아니면 머물지 않지. 대나무 열
매[245]가 아니면 먹지를 않고, 단 샘물이 아니면 먹지를 않는다네. 이때 올
빼미[246]가 썩은 쥐를 얻었네. 원추가 그 곁을 지나가니 원추를 올려다보고
'꽥!'하고 소리쳤다네. 지금 자네는 자네가 재상을 하려고 나를 보고 '꽥' 소
리치는가?"

| 해석과 감상 |

권력욕에 사로잡혀 있거나 열등감이 있는 사람들은 모두를 경계한다.
그 경계는 상대를 모함하고 상대를 공격한다. 역사상의 수많은 참소가 이

---

245. 또는 먹구슬나무 열매라고 함.

246. 또는 소리개.

를 증명한다. 한 예로 중국의 굴원이 참소로 추방되고 한비자도 참소로 죽는다. 원추는 전설상의 새로 봉황과 비슷하다.

| 필사하기 |

● 非梧桐不止(비오동부지)라.

*非(아닐 비), 梧(벽오동나무 오), 桐(오동나무 동), 止(그칠지)

【오동나무가 아니면 멈추지(앉지) 않는다.】

장자와 혜자의 논리 대결

물고기의 즐거움을 내가 어찌 안단 말인가.
자네가 이미 내가 안다는 것을 알고서 말하니 내가 아는 것 아닌가.
장자는 물고기가 되어 그 즐거움을 말하나.
혜자는 장자가 물고기가 아니니 그 즐거움을 모른다 한다.
장자의 한 방, 네가 안다고 하지 않았는가.
장자는 사물과 하나 되어 다리 위에서 즐겁다.

| 본문 | 莊子與惠子遊於濠梁之上(장자여혜자유어호량지상). 莊子曰(장자왈), "儵魚出遊從容(숙어출유종용), 是魚之樂也(시어지락야)." 惠子曰(혜자왈), "子非魚(자비어), 安知魚之樂(안지어지락)？" 莊子曰(장자왈), "子非我(자비아), 安知我不知魚之樂(안지아부지어지락)？" 惠子曰(혜자왈), "我非子(아비자), 固不知子矣(고부지자의)；子固非魚也(자고비어야), 子之不知魚之樂(자지부지어지락), 全矣(전의)." 莊子曰(장자왈), "請循其本(청순기본). 子曰(자왈)『汝安知魚樂(여안지어락)』云者(운자), 既已知吾知之而問我(기이지오지지이문아), 我知之濠上也(아지지호상야). 是魚之樂(시어지락)

장자가 혜자와 다리 위에서 노닐었다.

장자가 말했다. "피라미가 나와서 한가롭게 헤엄을 놀고 있으니 이것이 물고기의 즐거움이네."

혜자가 말했다. "자네는 물고기가 아닌데 어찌 물고기의 즐거움을 안단 말인가?"

장자가 말했다. "자네는 내가 아닌데 어찌 내가 물고기의 즐거움을 알지 못할 것을 아는가?"

혜자가 말했다. "나는 자네가 아니니까 틀림없이 자네를 알지 못하네. 자네는 틀림없이 물고기가 아니니까 물고기가 즐거워한다는 것을 알지 못하지. 모두 그렇지 않은가?"

장자가 말했다. "처음으로 돌아가 보세. '자네가 어찌 물고기가 즐거운가를 안단 말인가?'라고 자네가 말했을 때, 이미 자네는 내가 알고 있다는 것을 알고서 나에게 물었다네. 내가 호수 위에서 물고기가 즐거워한다는 것을 알았단 말일세."

| 해석과 감상 | (2007 연세대, 2005 중앙대 논술 고사 제시문)

장자와 혜자의 논쟁이다. 장자는 만물제동의 입장에서 물고기의 즐거움을 말하지만 혜자는 변론가의 말로 장자를 반박한다. 장자는 변론으로 변론가를 제압한다. 장자는 자연을 보지만 혜자는 상대의 논리만을 보며 반박한다. 무엇이 더 큰가!

[대학 논술 고사] 나 자신이 아닌 다른 존재의 느낌과 생각을 과연 이해할 수 있는가? 어려움과 극복의 예를 논하시오(2007 연세대). / 다리 위에서 고기를 보면서 물고기가 즐겁다고 하는 것은 상대적인 관점을 이야기한다. 장자의 물고기 보는 방식에 대해 논술하라(2005 중앙대).

● 子非魚(자비어) 일진대 安知魚之樂(안지어지락)이리오?

*子(아들 자, 2인칭 대명사), 非(아닐 비), 魚(고기 어), 安(편안할 안. 어찌의 뜻),

樂(즐길 락)

【그대는 고기가 아닌데 어찌 물고기의 즐거움을 아는가?】

제18편 지락(至樂), 지극한 즐거움 무락(無樂)

이 편은 무위(無爲)가 지락(至樂)이며, 무위의 경지인 무락(無樂)이 최고의 쾌락임을 밝히고 있다. 이 편의 제목은 첫 문장의 천하유지락무유재(天下有至樂無有哉)에서 두 글자를 따왔다. 다섯 편의 우화는 흥미롭다.

첫 부분에서 상대적인 가치를 초월한 무락(無樂)이 최고의 쾌락임을 말한다. 유명한 장자 아내의 죽음에 관한 이야기, 사람들 입에 자주 오르내리는 촉루문답(髑髏問答) 등이 이 편에 실려 있다.

지극한 즐거움은 즐거움이 없다(至樂無樂)

아리스토텔레스는 사람이 행복을 추구한다고 말하고
석가모니는 해탈이 행복에 이르는 길이라 하며
공자는 안빈낙도, 안분지족, 단표누항을 말하나
지극한 즐거움은 즐거움조차 없다.
부자는 재물을 쌓아놓고 다 쓰지 못하고 죽고
장수하는 자는 죽지 않으니 괴로우며
높은 자리에 앉아 있는 사람은 노심초사하며 자리 걱정이다.
세상에 즐거움이 있는가, 없는가!

| **본문** | 天下有至樂無有哉(천하유지락무유재)? 有可以活身者無有哉(유가이활신자무유재)? 今奚爲奚據(금해위해거)? 奚避奚處(해피해처)? 奚就奚去(해취해거)? 奚樂奚惡(해락해오)? 夫天下之所尊者(부천하지소존자), 富貴壽善也(부귀수선야); 所樂者(소락자), 身安厚味美服好色音聲也(신안후미미복호색음성야); 所下者(소하자), 貧賤夭惡也(빈천요악야); 所苦者(소고자), 身不得安逸(신부득안일), 口不得厚味(구부득후미), 形不得美服(형부득미복), 目不得好色(목부득호색), 耳不得音聲(이부득음성); 若不得者(약부득자), 則大憂以懼(즉대우이구). 其爲形也亦愚哉(기위형야역우재)! 夫富者(부부자), 苦身疾作(고신질작), 多積財而不得盡用(다적재이부득진용), 其爲形也亦外矣(기위형야역외의). 夫貴者(부귀자), 夜以繼日(야이계일), 思慮善否(사려선부), 其爲形也亦疏矣(기위형야역소의). 人之生也(인지생야), 與憂俱生(여우구생), 壽者惛惛(수자혼혼), 久憂不死(구우불사), 何苦也(하고야)! 其爲形也亦遠矣(기위형야역원의). 烈士爲天下見善矣(열사위천하견선의), 未足以活身(미족이활신). 吾未知善之誠善邪(오미지선지성선사), 誠不善邪(성불선사)? 若以爲善矣(약이위선의), 不足活身(부족활신); 以爲不善矣(이위불선의), 足以活人(족이활인). 故曰(고왈),「忠諫不聽(충간불청), 蹲循勿爭(준순물쟁)."故夫子胥爭之以殘其形(고부자서쟁지이잔기형), 不爭(부쟁), 名亦不成(명역불성). 誠有善無有哉(성유선무유재)? 今俗之所爲與其所樂(금속지소위여기소락), 吾又未知樂之果樂邪(오우미지락지과락사), 果不樂邪(과불락사)? 吾觀夫俗之所樂(오관부속지소락), 擧群趣者(거군취자), 誙誙然如將不得已(경경연여장부득이), 而皆曰樂者(이개왈락자), 吾未之樂也(오미지락야), 亦未之不樂也(역미지불락야). 果有樂無有哉(과유락무유재)? 吾以無爲誠樂矣(오이무위성락의), 又俗之所大苦也(우속지소대고야). 故曰(고왈), "至樂無樂(지락무락), 至譽無譽(지예무예).

천하에 지극한 즐거움이 있는가, 없는가? 몸을 살리는 것이 가능한가, 그렇지 않은가? 이제 무엇을 하고 무엇을 하지 말며, 무엇을 피하고 무엇에 머물 것인가? 무엇을 취하고 무엇을 버릴 것이며, 무엇을 즐거워하고 무엇

을 싫어할 것인가? 무릇 천하에 소중히 여기는 것은 부귀, 장수, 명예이며, 즐거움이란 몸의 안락함, 좋은 음식, 아름다운 의복, 예쁜 여자, 좋은 음악이다. 낮다고 여기는 것은 가난, 천대, 요절, 악명[247]이며, 괴로워하는 것은 몸이 안일을 얻지 못하는 것, 입이 맛있는 음식을 먹지 못하는 것, 몸이 아름다운 옷을 입지 못하는 것, 눈이 좋은 색깔[248]을 보지 못하는 것, 귀가 음악을 듣지 못하는 것이다. 만약 이것들을 얻지 못하면 크게 근심하고 두려워하는데 그것들로 몸을 위하는 것은 또한 어리석다. 부자는 몸을 괴롭혀 열심히 일하고 재물을 많이 쌓아둔다. 그러나 다 쓰지 못한다. 그것으로 몸을 위한다는 것은 바깥에 두는 것[249]이다. 신분이 귀한 자는 밤을 낮으로 이어서 선함과 그렇지 못함[250]을 염려한다. 그것으로 몸을 위한다는 것이 또한 멀어진다. 사람의 삶은 근심과 함께 산다. 장수하는 사람은 정신이 흐려 오래도록 근심하고 죽지 않으니 얼마나 괴로운가? 그것으로 몸을 위한다는 것은 또한 거리가 멀다. 열사(烈士)는 천하를 위해 선을 드러내야 한다. 몸을 살리는 데 아직 부족하니 좋은 것이 정말 좋은 것인지, 정말 좋지 않은 것인지 모른다. 만약 좋은 것을 위한다면 몸을 살릴 수 없고, 좋은 것을 하지 않는다면 몸을 살릴 수 있다. 그러므로 말하기를 충성스러운 간언이 받아들여지지 않으면, 물러나 다투지 말라고 했다. 그러므로 대저 오자서는 이를 다투어 그 몸이 죽었다. 다투지 않았다면 명성 또한 이룰 수 없었으니 진실로 선(善)이 있는가, 없는가?

---

247 惡名, 악하다는 소문이나 평판.

248. 또는 예쁜 색시, 여자.

249. 버리는 것.

250. 또는 '일이 잘 되고, 못 되고를 생각하고 염려한다.' 고귀한 자들이 하는 고민.

오늘날 세속에서 하는 것과 즐거워하는 것을 나는 또한 그것이 과연 즐거움인지 즐거움이 아닌지 알 수 없다. 내가 세속의 즐거움을 보기에는 군중을 따라 취하는 것이 앞다투어 달려 나가며 그만둘 수 없는 것 같다. 모두가 즐겁다고 말하는 것이 나는 즐거움이 아니며, 또한 즐겁지 않은 것이 아니니 과연 즐거움이 있는가, 없는가? 나는 무위가 진실한 즐거움이라고 여기며 또한 속세는 크게 고통스럽다고 여긴다. 그러므로 이르기를 지극한 즐거움은 즐거움이 없고, 지극한 명예는 명예가 없다고 한다.

| 해석과 감상 |

세속적인 즐거움이 없고, 세속적인 명예가 없는 것이 지극한 즐거움이다. 세속에서 즐거움은 하나를 얻으면 하나를 잃는다. 그러니 진실로 선이 있는지, 즐거움이 있는지 알 수 없다. 『열자』 제7편 「양주」에 집, 옷, 음식, 여자에 대한 이야기가 나온다.

| 필사하기 |

● 至樂無樂(지락무락)이요 至譽無譽(지예무예)니라.
*至(이를지), 樂(즐길락), 無(없을무), 譽(기릴예)

【지극한 즐거움은 즐거움이 없고, 지극한 명예는 명예가 없다.】

장자 부인 초상, 혜자의 문상

죽음은 영원한 이별이라 슬프지만
이별은 싫증이 나지 않을 때라야 간절하다.
태어나고 나이 들면서 변한 것처럼 오늘 죽음으로 변화가 일어난다.

처음의 원래 자리로 돌아가니 사계절의 순환이라
떠나간 사랑 찾으러 애면글면하면 자기 삶조차 거스른다.

| **본문** | 至譽無譽(지예무예), 惠子弔之(혜자조지), 莊子則方箕踞鼓盆而歌(장자
즉방기거고분이가). 惠子曰(혜자왈), "與人居(여인거), 長子老身(장자로신), 死不
哭亦足矣(사불곡역족의), 又鼓盆而歌(우고분이가), 不亦甚乎(불역심호)！" 莊子
曰(장자왈), "不然(불연). 是其始死也(시기시사야), 我獨何能無概然(아독하능무개
연)！ 察其始而本無生(찰기시이본무생), 非徒無生也而本無形(비도무생야이본무
형), 非徒無形也而本無氣(비도무형야이본무기). 雜乎芒芴之間(잡호망홀지간), 變
而有氣(변이유기), 氣變而有形(기변이유형), 形變而有生(형변이유생), 今又變而
之死(금우변이지사), 是相與爲春秋冬夏四時行也(시상여위춘추동하사시행야). 人
且偃然寢於巨室(인차언연침어거실), 而我噭噭然隨而哭之(이아교교연수이곡지),
自以爲不通乎命(자이위불통호명), 故止也(고지야).

 장자의 아내가 죽자 혜시가 조문을 갔다. 장자는 바야흐로 두 다리를 뻗
고 앉아 항아리를 두드리며 노래를 부르고 있었다.

 혜자가 말했다.

 "사람이 함께 살며 아들을 키우고 몸이 늙어 죽었는데 곡을 하지 않는
것은 괜찮거늘, 항아리를 두드리며 노래를 부르는 것은 너무 심하지 않은
가?"

 장자가 말했다.

 "그렇지 않네. 아내가 죽었을 때 처음에는 내가 어찌 슬픔이 없었겠나?
아내의 처음을 살펴보니, 삶이 없었을 뿐만 아니라 본래 몸이 없었고, 몸
이 없을 뿐이 아니라 본래 기운(氣)도 없었지. 희미한 혼돈 속에 섞여 있다
가 변하여 기(氣)가 생기고, 기가 변해서 몸이 생기고, 몸이 변해서 삶이 생
겼네. 오늘은 또한 변해서 죽음으로 갔네. 이것이 서로 더불어 춘하추동이

되고, 사계절이 운행하는 것과 같네. 사람이 또 천지라는 큰 방에서 자려고 하는데 내가 소리를 지르며 이를 따라 곡을 한다면 스스로 하늘의 명을 모르는 것이라네. 그래서 곡을 그친 것이라네."

| 해석과 감상 | (2001 서강대 논술 고사 제시문)

삶과 죽음이 자연의 운행이다. 죽음으로써 쉬려고 하는 때에 소란을 피우는 것은 자연의 이치를 거스르는 것이다. 많은 종교의 죽음에 대한 태도는 이와 유사하다.

| 필사하기 |

● 鼓盆而歌(고분이가)라.

*鼓(북 고, 두드릴 고), 盆(동이 분), 歌(노래 가)

【동이를 두드리며 노래를 부른다.】

삶이란 잠시 빌린 것

삶을 빌려 썼으면
돌려주어야 주인이 좋아한다.
내 몸의 변화, 암조차 내 몸이니 그조차 때가 되면 돌려주어야 한다.
마땅히 자연이라는 주인에게 돌아가야 한다.

| 본문 | 支離叔與滑介叔觀於冥伯之丘(지리숙여골개숙관어명백지구), 崑崙之虛(곤륜지허), 黃帝之所休(황제지소휴). 俄而柳生其左肘(아이류생기좌주), 其意蹶蹶然惡之(기의궐궐연오지). 支離叔曰(지리숙왈), "子惡之乎(자오지호)?" 滑介叔曰(골개숙왈), "亡(망), 予何惡(여하오)! 生者(생자), 假借也(가차야) ; 假之而生生者

(가지이생생자), 塵垢也(진구야). 死生爲晝夜(사생위주야). 且吾與子觀化而化及
我(차오여자관화이화급아), 我又何惡焉(아우하오언) !"

지리숙(支離叔, 몸을 잊은 사람이란 뜻)이 골개숙(滑介淑, 말을 잊은 사람이란
뜻)과 함께 명백(冥伯)의 언덕과 곤륜(崑崙)의 터에서 황제가 쉬는 곳을 관
람했다. 갑자기 버드나무[251]가 왼쪽 팔꿈치에 생겼다. 그 마음이 놀라 이
를 싫어하는 것 같았다.

지리숙이 말했다.

"자네는 그것이 싫은가?"

골개숙이 말했다.

"아닐세. 내 어찌 싫어하겠는가? 삶이란 것은 잠시 빌린 것이네. 빌려서
살고 있으니 생이란 티끌이네. 죽음과 삶은 낮과 밤이 되고, 나와 그대는
변화를 보고 있네. 변화가 나에게 미쳤는데 내가 어찌 싫어하겠는가?"

| 해석과 감상 |

이 글에서 저자는 삶을 잠시 빌린 것이 말한다. 내가 주인이 아니고 잠시
빌린 삶이니 그 삶이 변화하는 것을 싫어할 이유가 없다고 말한다. 『회남
자』「무창훈」에서도 삶은 자연으로부터 잠시 빌린 것이라고 말한다. 이곡
의 한문 수필 「차마설」에서는 가난해서 말을 빌려 탄 이야기를 하고 있다.
이곡은 사람이 가지고 있는 것은 어느 것이나 빌리지 않은 것이 없는데 빌
린 것이 많아서 대개는 빌린 것을 자기 소유로 생각하고 끝내 반성할 줄 모
른다고 그 미혹함을 지적한다.

---

251. 혹. 가차자로 보면서 혹으로 해석하는 경향이 있다.

| 필사하기 |

● 生者假借也(생자가차야)라.

*生(날 생), 者(사람 자), 假(거짓 가, 잠시 가), 借(빌 차)

【삶이란 잠시 빌린 것이다.】

장자, 빈 해골과 대화

해골의 비밀 누설,
인간사 고통에서 벗어났는데 인간으로 어찌 돌아가겠나!

| 본문 | 莊子之楚(장자지초), 見空髑髏(견공촉루), 髐然有形(효연유형), 撽以馬捶(교이마추), 因而問之(인이문지), 曰(왈), "夫子貪生失理(부자탐생실리), 而爲此乎(이위차호)? 將子有亡國之事(장자유망국지사), 斧鉞之誅(부월지주), 而爲此乎(이위차호)? 將子有不善之行(장자유불선지행), 愧遺父母妻子之醜(괴유부모처자지추), 而爲此乎(이위차호)? 將子有凍餒之患(장자유동뇌지환), 而爲此乎(이위차호)? 將子之春秋故及此乎(장자지춘추고급차호)?" 於是語卒(어시어졸), 援髑髏(원촉루), 枕而臥(침이와). 夜半(야반), 髑髏見夢曰(촉루견몽왈), "子之談者似辯士(자지담자사변사). 視子所言(시자소언), 皆生人之累也(개생인지루야), 死則無此矣(사즉무차의). 子欲聞死之說乎(자욕문사지설호)?" 莊子曰(장자왈), "然(연)." 髑髏曰(촉루왈), "死(사), 無君於上(무군어상), 無臣於下(무신어하); 亦無四時之事(역무사시지사), 從然以天地爲春秋(종연이천지위춘추), 雖南面王樂(수남면왕락), 不能過也(불능과야)." 莊子不信(장자불신), 曰(왈), "吾使司命復生子形(오사사명부생자형), 爲子骨肉肌膚(위자골육기부), 反子父母妻子閭里知識(반자부모처자려리지식), 子欲之乎(자욕지호)?" 髑髏深矉蹙頞曰(촉루심빈축알왈), "吾安能棄南面王樂而復爲人間之勞乎(오안능기남면왕락이부위인간지로호)!"

장자가 초나라로 가다가 빈 해골을 보았다. 앙상하지만 형체가 있었다. 말채찍으로 두드리며 물었다.

"그대는 삶을 탐하다가 이치에 어긋나 이렇게 된 것이오? 나라의 일을 망쳐 도끼로 처형당해 이렇게 된 것이오? 그대는 선하지 못한 일을 하여 부모 처자에게 추함을 남겨 부끄러워 이렇게 된 것[252]이오? 추위와 배고픔의 고통을 당하여 이렇게 된 것이오? 그대의 나이 때문에 이렇게 된 것[253]이오?"

말을 마치고 해골을 끌어다 베고 잤다. 밤중에 해골이 꿈에 나타나 말했다.

"그대의 얘기는 변사와 같았소. 그대가 말한 것을 보면 모두 살아 있는 사람들의 허물이오, 죽음에는 그런 것이 없소. 그대는 죽은 사람의 말을 듣고 싶소?"

장자가 말했다.

"그렇소."

해골이 말했다.

"죽음은 위로 군주가 없고, 아래로 신하가 없소. 사시사철 일도 없고 천지를 따라 봄과 가을이 된다오. 비록 남쪽을 바라보는 왕의 즐거움도 이보다 더할 수는 없소."

장자는 믿지 못하여 말했다.

"내가 운명을 맡아 관리하는 자에게 부탁하여 그대의 몸을 다시 살려내어 그대의 뼈와 근육, 살과 피부를 만들고, 부모처자와 마을 지인들에게 돌

---

252. 이를 자살로 해석하기도 한다.
253. 수명이 다해서 죽었다의 뜻.

려보낸다면 그대는 그렇게 하겠소?"

해골은 매우 눈살을 찌푸리고 이맛살을 찡그리며 말했다.

"내가 어찌 남쪽을 바라보는 왕의 즐거움[254]을 버리고, 인간의 수고로움이 되는 것을 반복하겠소?"

| 해석과 감상 |

이 글은 해골이 죽음의 세계를 통해 인간 삶의 판단과 가치를 반박하고 있다. 죽음이 반드시 슬픔이 아니며 삶이 반드시 즐거움이 아니다. 촉루(髑髏) 문답은 「인간세(人間世)」편에서는 장석(匠石)의 꿈에 상수리나무와 문답 형태로 나온다. 원효대사와 해골 물 등 해골은 살아 있는 인간에게 깨달음을 준다.

| 필사하기 |

● 死無君於上(사무군어상)이요 無臣於下(무신어하)니라.

*死(죽을 사), 無(없을 무), 君(임금 군), 臣(신하 신)

【죽음에는 위로 임금이 없고, 아래로 신하가 없다.】

바닷새에게 술과 고기, 음악을 대접하다

몸에 좋다고 몸이 거부하는 것을 먹고
정신 건강에 좋다고 스트레스 받으면 죽는다.

---

254. 왕의 즐거움을 왕의 즐거움보다 더 큰 죽음의 즐거움으로 해석할 수 있다. 똑같이 죽음의 즐거움이 왕의 즐거움 또는 왕의 즐거움보다 크다는 뜻으로 죽음의 즐거움을 말한다.

| 본문 | 昔者海鳥止於魯郊(석자해조지어로교), 魯侯御而觴之于廟(노후어이상지우묘), 奏九韶以爲樂(주구소이위락), 具太牢以爲膳(구태뢰이위선). 鳥乃眩視憂悲(조내현시우비), 不敢食一臠(불감식일련), 不敢飮一杯(불감음일배), 三日而死(삼일이사). 此以己養養鳥也(차이기양양조야), 非以鳥養養鳥也(비이조양양조야).

옛날 바닷새가 노나라 교사(郊祀)에 날아들었다. 노나라 제후는 그 새를 기쁘게 맞이하여 묘당에서 새에게 술잔을 올렸다. 구소[255]를 연주하여 즐겁게 하고, 태뢰(太牢)[256]의 음식을 올렸다. 이에 새는 눈이 어지럽고 근심과 슬픔에 빠져 고기 한 점도 먹지 못하고, 감히 물 한 모금도 마시지 못해 삼 일만에 죽었다. 이는 자기를 봉양하는 방식으로 새를 부양했기 때문이며, 새를 기르는 방법이 아닌 것으로 새를 길렀기 때문이다.

| 해석과 감상 |
각자 본성대로 살아야 한다.

| 필사하기 |
● 이기양양조야(以己養養鳥也)라.
*以(써 이), 己(자기 기), 養(기를 양), 鳥(새 조)
【자기를 봉양하는 방식으로 새를 돌보다.】

---

255. 순 임금의 음악.
256. 소, 양, 돼지를 사용한 요리.

제19편 달생(達生), 무위로 본성에 통달하기

대체로「양생주(養生主)」편의 사상을 계승하고 있다. 인생 본성에 통달하기 위해서는 무위를 삶의 원칙으로 삼아야 한다. 무리하지 않는 인생 태도를 이야기하고 있다. 무위(無爲)의 경지에 서면, 도리어 지극히 묘한 유위(有爲)가 실현된다고 한다. 이 편의 이름은 첫 두 글자를 쓴 것이다.

매미 잡이 이야기, 던지기 놀이 이야기, 목계(木鷄) 이야기, 여량(呂梁)이라는 격류(激流) 속에서 헤엄치는 이야기, 목거(木鐻) 깎는 이야기 등에 각종 달인(達人)이 등장한다.「양생주」의 '포정해우(庖丁解牛)'의 우화와 유사하다. 마지막에 초월의 철학자 편경자(扁慶子)의 흥미로운 문답이 실려 있다.

술에 취한 자, 도에 통달한 사람

밤새 마셔도 끄떡없던 소크라테스,
주량이 한이 없고 흐트러짐 없던 공자,
그래도 다음날 숙취를 걱정한다.
한 잔의 술도 건강에 좋지 않다고 의사가 경고하나
이백처럼 술꾼은 그래도 매일 꽃으로 술병과 술잔을 센다.
자신을 잊을 술이라면 스스로 흐늘흐늘 자연이 되어
수레에서 떨어져도 자연이 받아주어 크게 다치지 않는다.

| 본문 | 夫醉者之墜車(부취자지추거), 雖疾不死(수질불사). 骨節與人同而犯害與人異(골절여인동이범해여인리), 其神全也(기신전야), 乘亦不知也(승역부지야), 墜亦不知也(추역부지야), 死生驚懼不入乎其胸中(사생경구불입호기흉중), 是故(시고)? 物而不慴(물이불습). 彼得全於酒而猶若是(피득전어주이유약시), 而況得全於天乎(이황득전어천호)? 聖人藏於天(성인장어천), 故莫之能傷也(고막지능상야).

무릇 술에 취한 사람이 수레에서 떨어지면 비록 아프더라도 죽지는 않는다. 뼈와 관절은 남들과 같지만 해를 입는 것이 남들과 다른 것은 그 정신이 온전하기 때문이다. 수레를 탄 것도 알지 못하며, 떨어진 것도 알지 못하여 죽음과 삶, 놀라움과 두려움이 그 가슴속에 들어오지 못한다. 이런 까닭에 사물과 충돌해도 두려워하지 않는다. 그가 술에서 온전함을 얻기가 오히려 이와 같은데 하물며 하늘에서 온전함을 얻을 때는 어떻겠는가? 성인은 하늘에 (몸을) 담아 두기 때문에 손상시킬 수 없다.

| 해석과 감상 |

도에 통달한 지극한 사람은 사람의 한계를 넘어서서 다른 물건이 그의 몸이나 정신을 좌지우지할 수 없다. 『열자』 제2편 「황제」에 술에 취한 사람 이야기가 똑같이 실려 있다. 열자(列子)와 관윤(關尹)의 대화 중에 나오는 내용이다. 술에 취한 사람은 억지로 힘을 쓰지 않아 다치지 않는다. 억지로 힘쓰지 말라. 운동할 때 뻣뻣이 힘쓰지 말고 힘 빼라는 말도 같은 맥락의 세상 이치다.

플라톤의 『향연』 끝 부분에는 소크라테스의 음주량을 알 수 있는 내용이 나온다. 에로스에 대한 대화가 새벽녘까지 이어지자 소크라테스는 큰 잔을 왼쪽으로부터 오른쪽으로 돌려가면서 두 사람을 상대로 술을 마신다. 날이 밝을 무렵 모두가 꾸벅꾸벅 졸다가 잠이 들자 소크라테스는 자리에서 일어나 후에 아리스토텔레스가 가르친 장소 리케이온으로 가서 몸을 씻고 다른 때와 다름없이 그날을 지내고 저녁이 되어서야 집으로 돌아가 잠자리에 들었다고 기록하고 있다. 공자 역시 술을 마시지만 흐트러짐이 없다. 이백은 그의 장시 「장진주」에서 황하의 물이 흘러가면 다시 돌아오지 않듯 우리 인생도 다시 돌아오지 않는다며 호주머니 털어서 술을 마시자고 노래한다. 세계보건기구 WTO는 한 방울의 술도 건강에 좋지 않다며 금주를 강조하지만 사람들은 신들에 제사 지내는 일부터 슬프거나 기쁘거나 모이면 술을 마신다. 이 글은 술이 취한 사람처럼 모든 것을 잊어야 온전해질 수 있다고 말한다. 술과 자유, 정신 건강과 육체의 건강을 조화롭게 할 수 있는 방안이 있기는 한 것일까? 술 취한 사람 이야기는 술이 보편적 음료였음을 보여준다.

| 필사하기 |

● 開天者德生(개천자덕생)하고 開人者賊生(개인자적생)이라.

*開(열 개), 天(하늘 천), 者(사람 자), 德(덕 덕), 生(날 생), 賊(도둑 적)

【하늘을 계발하면 덕이 생기고, 인간을 계발하면 적이 생긴다.】

곱사등이의 매미 잡기

누가 모르랴, 정신일도(精神一到) 하사불성(何事不成)을
단지 실천이 문제인 것을
손톱으로 꼬집어도 졸음이 쏟아지는 눈꺼풀을
육신이 정신을 따르지 못하는 것을
누가 모르랴

| 본문 | 仲尼適楚(중니적초), 出於林中(출어림중), 見痀僂者承蜩(견구루자승조), 猶掇之也(유철지야). 仲尼曰(중니왈), "子巧乎(자교호)! 有道邪(유도사)?"曰(왈), "我有道也(아유도야). 五六月累丸二而不墜(오륙월루환이이불추), 則失者錙銖(즉실자치수) ; 累三而不墜(누삼이불추), 則失者十一(즉실자십일) ; 累五而不墜(누오이불추), 猶掇之也(유철지야). 吾處身也(오처신야), 若厥株拘(약궐주구) ; 吾

執臂也(오집비야), 若槁木之枝(약고목지지) ; 雖天地之大(수천지지대), 萬物之多(만물지다), 而唯蜩翼之知(이유조익지지). 吾不反不側(오불반불측), 不以萬物易蜩之翼(불이만물역조지익), 何爲而不得(하위이불득) ! "孔子顧謂弟子曰(공자고위제자왈), "用志不分(용지불분), 乃凝於神(내응어신), 其痀僂丈人之謂乎(기구루장인지위호) ! "

중니가 초나라로 갈 때 숲속에서 나오다가 곱사등이가 매미를 잡는 것을 보았다. 마치 매미를 줍는 것 같았다. 중니가 말했다.

"그대는 기술이 좋습니다. 무슨 도가 있습니까?"

곱사등이가 말했다.

"나에게는 도가 있지요. 대여섯 달 동안[257] 구슬 두 개를 쌓아 올려 떨어뜨리지 않으면 실패하는 것이 적습니다. 세 개를 쌓고 떨어뜨리지 않으면 실패하는 것이 열에 하나가 되고, 다섯 개를 쌓고 떨어뜨리지 않으면 줍는 것과 같습니다. 나는 몸을 나무 그루터기처럼 하고, 팔은 말라죽은 나뭇가지같이 합니다. 비록 하늘과 땅은 크고 만물은 많지만 오직 매미의 날개만 알고 뒤돌아보거나 옆을 보지 않습니다. 만물을 가지고 매미의 날개를 바꾸지 않습니다. 어찌 잡지 못하겠습니까?"

공자가 제자들을 돌아보며 말했다.

"뜻을 나누지 않으면[258] 정신을 모을 수 있다. 저 곱사등이를 두고 이르는 말이 아니겠느냐?"

---

257. 5월 6월 또는 5, 6개월. 여기서는 도를 터득하는 기간으로 풀이한다.

258. 한 가지 일에 집중하다.

한 가지 일에 집중하면 경지에 도달한다. 세상의 위대한 예술품은 장인 정신의 결과물이다. 『열자』 제2편 「황제」 에 똑같은 내용이 실려 있다. '일만 시간의 법칙'과 유사하다. 일만 시간은 하루 10시간 기준으로 3년이 걸리고, 하루 3시간씩 기준으로 하면 10년이 걸린다.[259] 우리 소설 중에는 옛것을 지키는 장인들의 이야기가 많은데 서서히 사라져 가는 것을 안타깝게 붙잡고 있는 것으로 읽히기도 한다. 이청준의 「줄」, 「매잡이」, 「서편제」, 「선학동 나그네」, 황순원의 「독 짓는 늙은이」, 윤오영의 「방망이 깎던 노인」 등이 그렇다. 사마천의 『사기열전』 「자객열전」 또한 뛰어난 장인 이야기이다.

| 필사하기 |

● 吾不反不側(오불반불측)이라.

*吾(나 오), 不(아닐 불), 反(되돌릴 반), 側(곁 측)

【나는 되돌아보지도 않고 기울이지도 않는다.】

● 用志不分(용지불분)이라.

*用(쓸 용), 志(뜻 지), 不(아닐 불), 分(나눌 분)

【뜻을 나누지 않고 쓴다.】

수영 잘하는 사람, 배 잘 다루는 사람

연습장에서는 잘 날아가는 골프공이
골프장에서 내기를 하면 산으로 날아간다.

---

259. 8시간 365일 4년=11,680시간. 3시간 365일 10년=10,950시간.

혼자 연습하는 당구공은 여러 바퀴 돌아도 맞는데
당구비를 결정하는 마지막 기회에는 당구대에서 틱 소리 난다.

| 본문 | 顔淵問仲尼曰(안연문중니왈), "吾嘗濟乎觴深之淵(오상제호상심지연),
津人操舟若神(진인조주약신). 吾問焉(오문언), 曰(왈) : '操舟可學邪(조주가학
사) ? ' 曰(왈) : '可(가). 善游者數能(선유자삭능). 若乃夫沒人(약내부몰인), 則未嘗
見舟而便操之也(즉미상견주이편조지야). '吾問焉而不吾告(오문언이불오고), 敢
問何謂也(감문하위야) ? " 仲尼曰(중니왈), "善游者數能(선유자삭능), 忘水也(망수
야). 若乃夫沒人之未嘗見舟而便操之也(약내부몰인지미상견주이편조지야), 彼視
淵若陵(피시연약릉), 視舟之覆猶其車郤也(시주지복유기거각야). 覆郤萬方陳乎前
而不得入其舍(복각만방진호전이부득입기사), 惡往而不暇(오왕이불가) ! 以瓦注
者巧(이와주자교), 以鉤注者憚(이구주자탄), 以黃金注者惛(이황금주자혼). 其巧一
也(기교일야), 而有所矜(이유소긍), 則重外也(즉중외야). 凡外重者內拙(범외중자
내졸)."

안연이 중니에게 물었다.

"제가 일찍이 상심(觴深)²⁶⁰의 연못을 건널 때 나루터 사공이 배를 귀신처
럼 다루었습니다. 제가 물었습니다. '노 젓는 것을 배울 수 있습니까?' 사공
이 말했습니다. '배울 수 있습니다. 수영을 잘하는 사람은 몇 번이면 가능
합니다. 잠수하는 사람이면 배를 보지 않았어도 배를 다룰 수 있습니다.'
제가 물었지만 말해 주지 않았습니다. 무엇을 말하는지 감히 여쭈어보고
자 합니다."

중니가 말했다.

---

260. 상심(觴深, 술잔 상, 깊을 심).

"수영을 잘하는 사람은 빨리 물을 잊을 수 있다.[261] 잠수하는 사람이 일찍이 배를 보지 않았어도 배를 젓는다는 것은 그가 연못을 마치 언덕처럼 보고, 배가 뒤집히는 것을 보고 수레가 뒤로 미끄러지는 것처럼 여기기 때문이다. 만물이 뒤집히고 뒤로 미끄러지는 일이 바로 앞에 펼쳐져도 그것이 정신의 집에는 들어오지 못한다. 어디에 간들 여유가 없겠는가? 기왓장을 걸고 활을 메기는 사람은 솜씨가 뛰어나지만, 허리띠를 걸고 활을 당기는 자는 떨리고, 황금을 걸고 활을 쏘면 마음이 혼미해진다. 기술은 하나지만 아끼는 것이 있으면 바깥(외물)을 중요하게 여긴다. 무릇 외물을 중시하는 자는 내면이 옹졸해진다."

| 해석과 감상 |

자기를 잊고 자연에 동화되어 살아가면 통달할 수 있다. 『열자』제2편「황제」에 수영 잘하는 사람 이야기 두 편이 이어져 나온다. 내용에 몇 구절 차이가 난다. 『장자』에서는 망수(忘水, 물을 잊음)라 하고 『열자』에서는 경수(輕水, 물을 가벼이 함)로 표현하였다. 다음에 나오는 이야기는 소용돌이치는 물속에서 헤엄치는 이야기다. 공자가 여량에서 물 구경을 하다가 서른 길이나 되는 폭포에서 헤엄치는 사람을 보고 죽으려는 줄 알고 제자들에게 건져주도록 했다. 그는 수백 보 거리를 헤엄쳐 내려간 뒤 나와서 노래하면서 걸어갔다. 공자의 물음에 그는 물에서 자라 물에서 안심하고 지내면서 습성이 되어 물의 도를 따르기만 하지 개인의 능력이 아니라고 답한다.

---

261. '수영을 잘하는 사람이 빨리 (배 젓는 것을) 배울 수 있는 것은 물을 잊기 때문이다.' '수영을 잘하는 사람이 (배를 잘 젓는 것은) 빨리 물을 잊을 수 있기 때문이다.' 등으로 해석이 가능하다. 모두 수영을 잘하는 사람은 물을 잊기 때문에 배를 잘 젓는다는 의미이다. 수영하지 못하는 사람보다 빨리 배 젓는 법을 배운다는 뜻에서 같다.

| 필사하기 |

● 凡外重者內拙(범외중자내졸)이라.

*凡(무릇 범, 대체로 헤아려 생각하건대의 뜻), 重(무거울 중), 拙(옹졸할 졸)

【무릇 밖을 중시하는 사람은 안이 옹졸하다.】

기성자의 싸움닭 기르기

싸우지 않고 이기는 자가 승자다.

승자는 먼저 노출하지 않는다.

악어는 물 아래에 고요하고 사자의 걸음은 소리조차 없다.

흔들림이 없어야 흔든다.

| 본문 | 紀渻子爲王養鬪雞(기성자위왕양두계). 十日而問(십일이문), "雞已乎(계이호)?" 曰(왈), "未也(미야), 方虛憍而恃氣(방허교이시기)." 十日又問(십일우문), 曰(왈), "未也(미야). 猶應響景(유응향경)." 十日又問(십일우문), 曰(왈), "未也(미야). 猶疾視而盛氣(유질시이성기)." 十日又問(십일우문), 曰(왈), "幾矣(기의). 雞雖有鳴者(계수유명자), 已無變矣(이무변의), 望之似木雞矣(망지사목계의), 其德全矣(기덕전의), 異雞無敢應者(이계무감응자), 反走矣(반주의)."

기성자가 왕을 위해 싸움닭을 길렀다. 열흘이 지나자 왕이 물었다.

"닭이 완성[262] 되었나?"

기성자가 말했다. "아직 아닙니다. 지금은 공연히 교만하여 기운을 믿고 있습니다."

---

262. 준비. 싸움닭으로 갖춰졌는가의 뜻.

열흘이 지나자 또 왕이 물었다.

기성자가 말했다. "아직 아닙니다. 울음소리와 그림자를 보면 반응합니다."

열흘이 지나자 또 왕이 물었다.

기성자가 말했다. "아직 아닙니다. 질시하고 기운이 왕성합니다."

열흘이 지나자 또 왕이 물었다.

기성자가 말했다. "거의 되었습니다. 비록 다른 닭이 울어도 아무 변화가 없고, 나무로 만든 닭처럼 보입니다. 덕이 온전해졌습니다. 다른 닭들이 감히 대응하지 못하고 도리어 달아납니다."

| 해석과 감상 |

자신의 몸가짐이나 감정, 지각에 흔들림이 없어야 완전한 사람이 될 수 있다. 『열자』 제2편 「황제」에 똑같은 내용이 실려 있다.

이천합천(以天合天), 편종 걸이 만드는 목공

기술이 마음에서 나온다.
잡념을 떨쳐 마음에 사진처럼 펼쳐져야
신의 경지에 들어 예술이 된다.
안견은 몽유도원도를 그려 안평대군의 꿈속에서 노닐었다.

| 본문 | 梓慶削木爲鐻(재경삭목위거), 鐻成(거성), 見者驚猶鬼神(견자경유귀신). 魯侯見而問焉(노후견이문언), 曰(왈), "子何術以爲焉(자하술이위언)?" 對曰(대왈), "臣工人(신공인), 何術之有(하술지유)! 雖然(수연), 有一焉(유일언). 臣將爲鐻(신장위거), 未嘗敢以耗氣也(미상감이모기야), 必齊以靜心(필제이정심). 齊三日(제삼일), 而不敢懷慶賞爵祿(이불감회경상작록); 齊五日(제오일), 不敢懷非譽巧

拙(불감회비예교졸) ; 齊七日(제칠일), 輒然忘吾有四枝形體也(첩연망오유사지형 체야). 當是時也(당시시야), 無公朝(무공조), 其巧專而外骨消(기교전이외골소) ; 然後入山林(연후입산림), 觀天性(관천성) ; 形軀至矣(형구지의), 然後成見鐻(연 후성견거), 然後加手焉(연후가수언) ; 不然則已(불연즉이). 則以天合天(즉이천합 천), 器之所以疑神者(기지소이의신자), 其是與(기시여) ! "

　　목공 경이 나무를 깎아 편종 걸이를 만들었다. 편종 걸이가 완성되자 보는 사람들이 귀신인가 하며 놀랐다. 노나라 제후가 이를 보고 물었다.

　　"그대는 어떤 기술로 만들었는가?"

　　경이 말했다.

　　"신은 목공입니다. 무슨 기술이 있겠습니까? 비록 그렇지만 한 가지가 있다면 신이 편종 걸이를 만들 때, 감히 기(氣)를 손상시키지 않고 반드시 재계하여 마음을 고요하게 합니다. 재계 삼 일이면 칭찬과 작록을 감히 품 지 않게 됩니다. 재계 오 일이면 비난과 칭찬, 좋은 솜씨와 졸렬한 솜씨 등 을 품지 않게 되고, 재계 칠 일이면 문득 제가 사지와 형체가 있다는 것을 잊습니다. 이런 때는 마땅히 관청과 조정[263]도 없습니다. 그 솜씨가 오직 한 곳으로만 향하고, 밖의 어지러움이 사라집니다. 그런 후에야 산림에 들 어가서 하늘의 본성과 나무의 형체가 지극함을 관찰합니다. 그런 후에 편 종 걸이의 완성된 모습을 보게 됩니다. 그런 후에 손을 대고, 그렇지 않으 면 그만둡니다. 그러한즉 하늘과 하늘[264]이 합해집니다. 기물(器物)이 귀신 이 만든 것으로 의심되는 까닭이 여기에 있습니다."

---

263. 공조(公朝), 또는 조정의 권세.

264. 자연의 천성과 기성자의 천성, 또는 기성자의 천성과 자연의 천성. 하늘의 본성과 나

일체의 외부를 잊고 하나에 집중하면 기술을 넘어서 도를 이룰 수 있다. 먼저 마음에서 잡념을 떨치고 작품 속에 자신이 빠져들어야 한다.

| 필사하기 |

● 齊七日(제칠일), 輒然忘吾(첩연망오)라.

*齋(재계할 재), 輒(문득 첩), 然(그러할 연), 忘(잊을 망), 吾(나 오)

【재계 칠일에 문득 나를 잊는다.】

제20편 산목(山木), 산 나무처럼

「인간세」편과 같이 혼탁한 세상에서 해로움을 피하는 방법에 대한 글이다. 공자를 동정하면서 비판하는 내용이 포함되어 있다. 공자가 노나라에서 두 번 축출당하고, 송나라에서 나무에 깔려 죽을 뻔하고, 위나라에서 발자국을 지우며 쫓겨 다니고, 상나라와 주나라에서 곤궁에 처하고, 진나라와 채나라에서 포위된 이야기들이 실려 있다. 장자의 제자가 쓴 글로 본다.

재목이 못 되는 큰 나무와 울지 못하는 거위

나무는 쓸모없어서 천 년을 살고
거위는 울지 못해서 죽는다.
쓸모없음과 쓸모 있음의 중간을 어떻게 취하란 말이냐!

무의 본성 등.

| **본문** | 莊子行於山中(장자행어산중), 見大木(견대목), 枝葉盛茂(지엽성무), 伐木者止其旁而不取也(벌목자지기방이불취야). 問其故(문기고), 曰(왈), "無所可用(무소가용)." 莊子曰(장자왈), "此木以不材得終其天年(차목이부재득종기천년)." 夫子出於山(부자출어산), 舍於故人之家(사어고인지가). 故人喜(고인희), 命豎子殺雁而烹之(명수자살안이팽지). 豎子請曰(수자청왈), "其一能鳴(기일능명), 其一不能鳴(기일불능명), 請奚殺(청해살)?" 主人曰(주인왈), "殺不能鳴者(살불능명자)." 明日(명일), 弟子問於莊子曰(제자문어장자왈), "昨日山中之木(작일산중지목), 以不材得終其天年(이부재득종기천년); 今主人之雁(금주인지안), 以不材死(이부재사); 先生將何處(선생장하처)?" 莊子笑曰(장자소왈), "周將處乎材與不材之間(주장처호재여부재지간). 材與不材之間(재여부재지간), 似之而非也(사지이비야), 故未免乎累(고미면호루). 若夫乘道德而浮遊則不然(약부승도덕이부유즉불연). 無譽無訾(무예무자), 一龍一蛇(일룡일사), 與時俱化(여시구화), 而無肯專爲(이무긍전위); 一上一下(일상일하), 以和爲量(이화위량), 浮遊乎萬物之祖(부유호만물지조); 物物而不物於物(물물이불물어물), 則胡可得而累邪(즉호가득이루사)! 此神農黃帝之法則也(차신농황제지법칙야). 若夫萬物之情(약부만물지정), 人倫之傳(인륜지전), 則不然(즉불연). 合則離(합즉리), 成則毀(성즉훼); 廉則挫(렴즉좌), 尊則議(존즉의), 有爲則虧(유위즉휴), 賢則謀(현즉모), 不肖則欺(불초즉기), 胡可得而必乎哉(호가득이필호재)! 悲夫(비부)! 弟子志之(제자지지), 其唯道德之鄕乎(기유도덕지향호)!"

장자가 산속을 가다가 큰 나무를 보니 가지와 잎이 무성하였다. 벌목꾼이 그 옆에 머물러 있으면서 베지 않았다. 그 까닭을 물었다.

"쓸데가 없습니다."

장자가 말했다. "이 나무는 재목이 못되어 천수를 다할 수 있구나!"

선생은 산에서 나와 친구의 집에 머물렀다. 친구가 반가워하며 아이[265]에게 거위를 잡아 삶으라고 했다. 아이가 물었다.

"한 마리는 울고, 한 마리는 울지 못하는데 어떤 것을 잡을까요?"

주인이 말했다.

"울지 못하는 놈을 잡아라."

다음날 제자가 장자에게 물었다.

"어제는 산속의 나무가 재목이 못되어서 천수를 다할 수 있었다고 했는데, 오늘은 주인집 거위가 재주 없는 것이 죽었습니다. 선생(先生)님께서는 어떻게 처신하라는 것입니까?"

장자가 웃으며 말했다.

"주(周)²⁶⁶는 재주가 있는 것과 재주가 없는 사이에 처신하려 한다. 재주 있는 것과 재주 없는 사이가 이와 유사하지만 실제는 아니어서 허물을 피할 수 없다. 만약 도(道)와 덕(德)을 타고 노닌다면 그렇지 않다. 명예도 없고, 비난도 없으며, 한 번은 용이 되고, 한 번은 뱀이 되며, 때와 함께 변화하고, 오직 한 가지만 되는 것을 즐기지 않는다. 한 번 올라가고 한 번 내려오며, 조화로 척도를 삼는다. 만물의 근원에 노닐면 만물을 만물이라 하면서 만물을 위한 만물이 되지 않는다.²⁶⁷ 어찌 허물이 되겠는가? 이것이 황제와 신농씨의 법이다. 무릇 만물의 본성이나 인륜이 전하는 것은 그렇지 않다. 합쳐진 것은 떨어지고, 완성되면 훼손되며, 날카로우면 무뎌지고, 존경받으면 책잡히며, 함이 있으면 이지러지고, 어질면 모함당하고, 어리

265. 豎子(수자), 豎는 더벅머리 또는 아이의 뜻.

266. 장주가 자신을 '나'라 하지 않고 자신의 이름인 '주'라 말하고 있다.

267. 物物而不物於物(물물이불물어물). 직역하면 물을 물로 하고 물에게 있어 물이 되지 않는다, 또는 물은 물이고 물에게 물이 아니다, 또는 물은 물이고 물은 물이 되지 않는다. 만물을 만물로 여기면서 만물을 만물에 맡기지 않는다. 만물을 외물로 풀이할 수 있다. 외물을 외물로 여기면서 외물에 매이지 않는다.

석으면 속이니 어찌 믿을 수 있겠는가? 슬프다! 제자들은 이를 기억해 두라. 오직 도와 덕의 고향이 있을 뿐[268]이다."

| 해석과 감상 | (2001 한양대, 2006 고려대 논술 제시문)

쓸모없음만을 좋게 여기지 말라. 쓸모가 있고 없고를 떠나 도와 덕에서 노닐어야 한다. 무심의 경지, 집착이 없는 자유의 경지가 도달해야 할 자리이다.

| 필사하기 |

● 物物而不物於物(물물이불물어물)

*物(만물 물), 不(아닐 불), 於(어조사 어)

【만물을 만물이라 하면서 만물이 만물에 매이지 않는다.】

빈 배 부딪치기

나를 비우고 노닐면
나를 거들떠보는 이가 없어 평화롭다.
운전대를 잡으면 난폭한 운전자가 보이고
걷다 보면 길 가는 자가 길을 막는 것처럼 보인다.

| 본문 | 方舟而濟於河(방주이제어하), 有虛船來觸舟(유허선래촉주), 雖有惼(수유편) 心之人不怒(심지인불로) ; 有一人在其上(유일인재기상), 則呼張歙之(칙호장흡지) ; 一呼而不聞(일호이불문), 再呼而不聞(재호이불문), 於是三呼邪(어시삼

---

268. 오직 도와 덕만이 구할 수 있다.

호사), 則必以惡聲隨之(칙필이악성수지). 向也不怒而今也怒(향야불로이금야로), 向也虛而今也實(향야허이금야실). 人能虛己以遊世(인능허기이유세). 其孰能害之(기숙능해지)!

　　배로 황하를 건너는데 빈 배가 와서 내 배에 부딪히면 비록 성질이 조급한 사람이라도 성내지 않는다. 배에 한 사람이라도 있으면 소리치며 기세가 오른다. 한 번 호통을 쳐서 듣지 않으면 다시 불러 호통을 치고, 그래도 듣지 않으면 세 번째 호통을 칠 때는 반드시 험악한 소리를 낸다. 앞에서는 노하지 않았는데 지금 노하는 것은 앞에서는 배가 비었고, 지금은 배에 누군가 있기 때문이다. 사람이 능히 자기를 비우고 세상에 노닐면 그 누가 이를 해칠 것인가?

| 해석과 감상 |
빈 배처럼 나를 비우고 세상에 노닐면 해치는 자가 없다.

이욕에 빠진 매미, 사마귀, 까치, 장자, 밤나무 주인

이유 없는 호의에 인생이 평생 고달프다.
조건 없이 빌려준다는 말에 은행에 발목 잡히고
어렵지 않은 일로 봉급 많이 준다는 말에 범죄에 빠진다.
단맛 뒤에서 비만이 눈치 못 채게 나를 잡아먹고
주식이나 코인이 크게 보이면 나는 나도 모르게 말라 비틀어진다.

| 본문 | 莊周遊於雕陵之樊(장주유어조릉지번), 睹一異鵲自南方來者(도일리작자남방래자), 翼廣七尺(익광칠척), 目大運寸(목대운촌), 感周之顙而集於栗林(감주

지상이집어률림). 莊周曰(장주왈), "此何鳥哉(차하조재), 翼殷不逝(익은불서), 目大不睹(목대불도)?" 蹇裳躩步(건상곽보), 執彈而留之(집탄이류지). 睹一蟬(도일선), 方得美蔭而忘其身(방득미음이망기신); 螳蜋執翳而搏之(당랑집예이박지), 見得而忘其形(견득이망기형); 異鵲從而利之(리작종이리지), 見利而忘其真(견리이망기진). 莊周怵然曰(장주출연왈), "噫(희)! 物固相累(물고상루), 二類相召也(이류상소야)!" 捐彈而反走(연탄이반주), 虞人逐而誶之(우인축이수지). 莊周反入(장주반입), 三月不庭(삼월부정). 藺且從而問之(인차종이문지), "夫子何爲頃間甚不庭乎(부자하위경간심부정호)?" 莊周曰(장주왈), "吾守形而忘身(오수형이망신), 觀於濁水而迷於清淵(관어탁수이미어청연). 且吾聞諸夫子曰(차오문제부자왈): '入其俗(입기속), 從其俗(종기속), '今吾遊於雕陵而忘吾身(금오유어조릉이망오신), 異鵲感吾顙(리작감오상), 遊於栗林而忘真(유어률림이망진), 栗林虞人以吾爲戮(율림우인이오위륙), 吾所以不庭也(오소이부정야)."

　장주가 조릉의 울타리를 거닐다가 기이한 까치 한 마리가 남쪽에서 날아오는 것을 보았다. 날개가 일곱 자[269]이고 눈의 크기는 직경이 한 치[270]가 되었다. 장주의 이마를 스치고 밤나무 숲에 앉았다. 장주가 말했다.

　"이것은 어떤 새인가? 날개는 큰데 제대로 날지 못하고, 눈은 큰데 제대로 보지 못하는구나."

　아랫도리를 걷고 살금살금 가며 활을 잡고 (쏘려고) 머물렀다. 그때 매미 한 마리를 보았다. 매미는 좋은 그늘에서 제 몸을 잊고 있었다. 사마귀가 나뭇잎 뒤에 숨어 매미를 잡아 이익을 보려고 제 몸을 잊고 있었다. 기이한 까치가 이를 따라 이익을 얻으려 이익을 생각하며 제 본성을 잊고 있었다.

---

269. 척(尺)이 30.3cm이니 212.1cm.
270. 촌(寸, 한 자의 10분의 1로 3.03cm).

장주가 슬픈 듯이 말했다.

"오! 만물은 본래 서로 폐를 끼치는데 두 종류[271]가 서로 불러들이는구나!"

(장주는) 화살을 버리고 되돌아 뛰었다. 숲 관리인이 쫓아오면서 꾸짖었다. 장주는 돌아와서 석 달[272]동안 편치 않았다.

인차(藺且)가 이에 대해 물었다.

"선생님께서는 무슨 일로 그동안 심히 마음이 편하지 않으십니까?"

장주가 말했다.

"나는 형체를 지킨다면서 몸을 잊고, 탁한 물을 보느라 맑은 연못을 잊었다. 또 내가 스승으로부터 들은 바는 그 풍속에 들어가면 그 풍속을 따르라고 했다. 지금 나는 (이를 따르지 않고) 조릉을 거닐다가 내 몸을 잊었다. 기이한 까치는 내 이마를 스치고 밤나무 숲에서 노닐다가 제 본성을 잊었다. 밤나무 숲 관리인은 이로써 나를 범죄자로 여겼다. 내가 마음이 편하지 않은 이유이다."

| 해석과 감상 |

이욕에 빠져 제 본성을 잊고 위험에 빠진다. 매미는 그늘에 푹 빠져 제 몸을 잊고, 매미를 잡아먹으려고 사마귀는 자기를 잡아먹으려는 까치를 잊고, 장주는 까치를 잡으려다 남의 밤나무 울타리에 들어간 것을 잊고 주인에게 도둑으로 몰려 쫓겨난다. 매미가 사마귀를, 사마귀가 까치를, 까치

---

271. 두 가지 다른 종류가 서로를 부른다. 이욕(利慾)에 빠져서 서로를 탐낸다. 매미가 사마귀를 부르고, 사마귀가 기이한 새를 부른다.

272. 판본에 따라 삼 일.

가 장주를, 장주가 주인을 부른다.

| 필사하기 |

● 見得而忘其形(견득이망기형)하고 見利而忘其眞(견리이망기진)이
   라.

*見(볼 견, 得(얻을 득), 忘(잊을 망), 形(모양 형), 利(이로울 리), 眞(참 진)

【이득을 생각하며 자기 몸을 잊고, 이익을 생각하며 자신의 참모습을 잊
는다.】

미녀와 추녀

하는 말마다 공주라면
공주라고 할 때마다 공주가 조금씩 줄어든다.
이쁨도 처음일 때 이쁨이고
끝까지 이쁜 것은 외모가 아니다.
공주를 잊으면 공주가 되고
말을 잊으면 신선이 된다.

| 본문 | 陽子之宋(양자지송), 宿於逆旅(숙어역려). 逆旅人有妾二人(역려인유첩
이인), 其一人美(기일인미), 其一人惡(기일인오), 惡者貴而美者賤(오자귀이미자
천). 陽子問其故(양자문기고), 逆旅小子對曰(역려소자대왈), "其美者自美(기미자
자미), 吾不知其美也(오부지기미야) ; 其惡者自惡(기오자자오), 吾不知其惡也(오
부지기오야)." 陽子曰(양자왈), "弟子記之(제자기지)! 行賢而去自賢之行(행현이
거자현지행), 安往而不愛哉(안왕이불애재)!"

양자(揚子)가 송나라에 가서 여관에 묵었다. 여관주인에게 첩이 둘이 있

었다. 하나는 미인이고 하나는 못생겼다. 못생긴 첩을 귀하게 대하고, 미인 첩은 천대했다. 양자가 그 까닭을 물었더니 여관의 어린아이가 말했다.

"미인 첩은 스스로 아름답다고 생각하는데, 나는 그 아름다움을 모르겠습니다. 못생긴 첩은 스스로 못생겼다고 하는데 나는 그 여자가 못생긴 것을 모르겠습니다."

양자가 말했다.

"제자들아 이를 기억해 두어라. 행실이 어질어도 스스로 어진 행실이라는 생각을 버리면 어디를 간들 사랑받지 않겠느냐?"

| 해석과 감상 |

이쁘다는 생각을 버려야 사랑받는다. 어질다는 생각을 버려야 사랑받는다. 이쁜 것도 처음 볼 때뿐이고, 못생긴 것도 처음 볼 때뿐이다. 자주 보면 오랫동안 진실함, 진정함이 있는 아름다움이 귀한 대접을 받는다.

| 필사하기 |

● 美者自美(미자자미)나 吾不知其美也(오부지기미야)[273]라.

*美(아름다울 미), 者(사람 자), 自(스스로 자), 吾(나 오), 知(알 지)

【미인이 스스로 미인이라 하지만 나는 그 아름다움을 알지 못한다.】

---

273. 오(吾)를 미인으로 해석하여 자기 자신이 미인임을 모른다고 해석하는 것은 맞지 않다. 맥락상 '나'는 미인이 아니라 미인을 바라보는 사람, 이 문장을 말하는 사람이다. 미인 자신을 뜻한다면 앞 문장처럼 '자(自)'를 써야 한다. 미인이라고 스스로 자랑하는데 이는 얼굴만 미인이지 내면은 미인이 아니라서 남들은 미인인지 모른다는 말이다. 속담으로 소개하고 있는 이 구절의 해석은 이 글의 맥락을 무시한 해석이다.

제21편 전자방(田子方), 무심(無心)과 천진(天眞)

전자방(田子方)은 위(魏) 문후(文侯)의 스승으로 공자의 제자인 자하(子夏) 계열의 유학자로 본다. 이 편은 「덕충부」편과 유사하다. 한유가 장자의 출신을 공자 후학으로 보는 근거로 이 편을 내세운다. 유가의 형식주의를 비판하면서 공자가 장자의 사상을 체득한 것이라는 내용이 눈에 띈다.

진정한 화가

나를 구속하는 모든 것은 풀어헤쳐라.
남들이 하는 공식을 버리고
사지를 펼쳐 자유를 표현하라.
자유가 삶인 사람은
삶이 예술이다.

| 본문 | 宋元君將畫圖(송원군장화도), 衆史皆至(중사개지), 受揖而立(수읍이립) ; 舐筆和墨(지필화묵), 在外者半(재외자반). 有一史後至者(유일사후지자), 僵僵然不趨(천천연불추), 受揖不立(수읍불립), 因之舍(인지사). 公使人視之(공사인시지), 則解衣般礡臝(즉해의반박라). 君曰(군왈), "可矣(가의), 是真畫者也(시진화자야)."

송나라 원군이 그림을 그리게 하자 많은 화공이 모여들었다. 읍을 받고서 있거나, 붓을 빨고 먹을 갈기도 했다. 밖에 있는 사람이 반이나 되었다. 한 화공이 늦게 도착하였다. 그는 천천히 서두르지 않고, 지시를 받고는 읍하더니 서 있지도 않고 바로 숙소로 갔다. 공이 사람을 시켜 살폈더니 옷

을 벗은 채 두 다리를 뻗고 앉아 있었다.[274]

원군이 말했다.

"됐다! 이 사람이야말로 진정한 화가다."

| 해석과 감상 |

자연스러운 자세에서 참된 예술이 나온다. '두 다리를 뻗고 벌거벗은 상태'란 형식을 타파하고 내면적 자유를 구가하는 사람으로 참된 예술가의 모습이다. '해의반박(解衣般礡)'은 예술계에서 예술가의 자유로운 경지를 뜻하는 말로 자주 애용하는 글이다.

| 필사하기 |

● 解衣般礡(해의반박)이라.

*解(풀 해), 衣(옷 의), 般(일반 반, 돌 반), 礡(뒤섞일 박, 다리를 뻗고 앉을 박)

【옷을 풀어 헤치고 두 다리를 뻗고 앉다.】

손숙오, 귀함이 재상 자리인가 나인가

남에게 주어도 부유한 사람,

나와 상관없다면 얻음과 잃음이 없다.

퇴직 후에도 관직으로 불러 주기를 바라면 나를 잃은 사람이다.

그 삶은 탈을 쓰고 추는 탈춤이다.

일상의 해방을 꿈꾸는 가면 쓴 카니발 축제의 새로운 배반이다.

---

274. 解衣般礡贏(해의반박라), 옷을 벗고 두 다리를 뻗고 벌거숭이로 있었다. 라(贏, 벌거벗을 라).

| 본문 | 肩吾問於孫叔敖曰(견오문어손숙오왈), "子三爲令尹而不榮華(자삼위령 윤이불영화), 三去之而無憂色(삼거지이무우색). 吾始也疑子(오시야의자), 今視子 之鼻間栩栩然(금시자지비간허허연), 子之用心獨奈何(자지용심독내하)?" 孫叔 敖曰(손숙오왈), "吾何以過人哉("오하이과인재)! 吾以其來不可卻也(오이기래불 가각야), 其去不可止也(기거불가지야), 吾以爲得失之非我也(오이위득실지비아 야), 而無憂色而已矣(이무우색이이의). 我何以過人哉(아하이과인재)! 且不知其 在彼乎(차부지기재피호), 其在我乎(기재아호)? 其在彼邪(기재피사)? 亡乎我(망 호아); 在我邪(재아사)? 亡乎彼(망호피). 方將躊躇(방장주저), 方將四顧(방장사 고), 何暇至乎人貴人賤哉(하가지호인귀인천재)!" 仲尼聞之曰(중니문지왈), "古 之眞人(고지진인), 知者不得說(지자부득설), 美人不得濫(미인부득람), 盜人不得 劫(도인부득겁), 伏戱黃帝不得友(복희황제부득우). 死生亦大矣(사생역대의), 而無 變乎己(이무변호기), 況爵祿乎(황작록호)! 若然者(약연자), 其神經乎大山而無介 (기신경호대산이무개), 入乎淵泉而不濡(입호연천이불유), 處卑細而不憊(처비세이 불비), 充滿天地(충만천지), 旣以與人(기이여인), 己愈有(기유유)."

견오가 손숙오에게 물었다.

"그대는 세 번이나 영윤(令尹)[275]이 되었으나 영화라고 생각하지 않았소. 세 번이나 자리에서 물러났으나 근심하는 기색이 없었소. 내가 처음에 그 대를 의심했으나 이제 그대의 숨결을 보니 편안하오. 그대의 마음 씀은 오 로지 무엇 때문이오?"

손숙오가 말했다.

"내가 어찌 남보다 뛰어나겠소? 나는 오는 것을 물리칠 수 없고, 가는 것 을 멈출 수 없습니다. 나는 얻음과 잃음을 나와 상관없는 일이라고 여겨

---

275. 영윤(令尹, 재상).

서, 근심하는 기색이 없을 뿐이오. 내가 어찌 남보다 뛰어나겠소? 또한 알지 못합니다. 나의 마음[276]이 재상 자리에 있습니까? 그것이 나에게 있습니까? 나의 마음이 재상 자리에 있다면 나를 잃은 것이고, 나에게 있다면 재상 자리를 잃었소. 바야흐로 느긋하게 머뭇거리며 사방을 돌아볼 것이오. 어느 겨를에 사람이 귀하다거나 천하다는 것에 마음 쓰겠습니까?"

중니가 이를 듣고 말했다.

"옛 진인은 지자도 유세하지 못하였고, 미인도 유혹하지 못했으며, 도적도 겁박하지 못했다. 복희씨와 황제도 벗으로 삼지 못했다. 죽고 사는 것이 또한 크지만 변하게 할 수 없었다. 하물며 벼슬이야 말해 무엇하랴? 그러한 사람의 정신은 큰 산을 지나가도 멈추지 않는다. 깊은 물속에 들어가도 젖지 않으며, 비천한 자리에 처해도 고달프지 않다. (그 정신이) 천지에 충만해서 남들에게 주어도 자기가 부유하다."

| 해석과 감상 |

귀함이 벼슬자리에 있는 것인지 나에게 있는 것인지를 묻는다. 벼슬자리에 있을 때 사람들이 귀하게 대하는 것은 벼슬이지 그 사람이 아니다. 벼슬에서 물러나서도 나를 귀하게 대한다면 그 귀함은 현재 나 자신이다.

| 필사하기 |

● 吾以其來不可却也(오이기래불가각야)요 其去不可止也 (기거불가지야)라.

---

276. 나의 마음 씀. 견오가 물은 내용은 손숙오의 마음 씀이다. 어떻게 마음을 썼기에 근심하는 기색이 없이 숨결이 편안한가에 대한 답이다.

*吾(나 오), 來(올 래), 可(옳을 가능), 却(물리칠 각), 去(갈 거), 止(멈출 지)

【나는 오는 것을 물리칠 수 없고, 가는 것을 멈추게 할 수 없다.】

제22편 지북유(知北遊), 끊긴 곳에서 시작한다

이 편의 첫머리 세 글자를 따서 '지북유'라 했다. 지(知)는 인간의 분별지를 상징하고, 무위위(無爲謂)는 도를 상징하며, 광굴(狂屈)은 분별지를 잊은 사람을 상징한다. 황제는 도에 관해 가장 자세하게 말하는데 그저 '지언(知言)'의 수준일 뿐이다. '무위위(無爲謂)'는 무위(無爲)와 무위(無謂)를 합친 것으로 도를 얻은 사람은 말이 없다는 뜻이다. 「대종사」편과 유사하다.

도는 말할 수 없다

아는 자는 앎이 커서 말이 없고
알지 못하는 자는 앎이 작아서 자잘하게 말한다.

| 본문 | 知北遊於玄水之上(지북유어현수지상), 登隱弅之丘(등은분지구), 而適遭無爲謂焉(이적조무위위언). 知謂無爲謂曰(지위무위위왈), "予欲有問乎若(여욕유문호약) : 何思何慮則知道(하사하려칙지도)? 何處何服則安道(하처하복칙안도)? 何從何道則得道(하종하도칙득도)?" 三問而無爲謂不答也(삼문이무위위부답야), 非不答(비부답), 不知答也(부지답야). 知不得問(지부득문), 反於白水之南(반어백수지남), 登狐闋之上(등호결지상), 而睹狂屈焉(이도광굴언). 知以之言也問乎狂屈(지이지언야문호광굴). 狂屈曰(광굴왈), "唉(애)! 予知之(여지지), 將語若(장어약), 中欲言而忘其所欲言(중욕언이망기소욕언)." 知不得問(지부득문), 反於帝宮(반어제궁), 見黃帝而問焉(견황제이문언). 黃帝曰(황제왈), "無思無慮始知道

(무사무려시지도), 無處無服始安道(무처무복시안도), 無從無道始得道(무종무도시득도)." 知問黃帝曰(지문황제왈), "我與若知之(아여약지지), 彼與彼不知也(피여피부지야), 其孰是邪(기숙시사)?" 黃帝曰(황제왈), "彼無爲謂眞是也(피무위위진시야), 狂屈似之(광굴사지);我與汝終不近也(아여여종불근야). 夫知者不言(부지자불언), 言者不知(언자부지), 故聖人行不言之敎(고성인행불언지교). 道不可致(도불가치), 德不可至(덕불가지). (중략) 黃帝曰(황제왈), "彼其眞是也(피기진시야), 以其不知也(이기부지야);此其似之也(차기사지야), 以其忘之也(이기망지야);予與若終不近也(여여약종불근야), 以其知之也(이기지지야)." 狂屈聞之(광굴문지), 以黃帝爲知言(이황제위지언). 天地有大美而不言(천지유대미이불언), 四時有明法而不議(사시유명법이불의), 萬物有成理而不說(만물유성리이불설). 聖人者(성인자), 原天地之美而達萬物之理(원천지지미이달만물지리), 是故至人無爲(시고지인무위), 大聖不作(대성부작), 觀於天地之謂也(관어천지지위야).

지(知)가 북쪽 원수(元水)[277]의 상류에서 노닐다가 은분의 언덕에 올랐다. 우연히 무위위(無爲謂)를 만났다. 지(知)가 무위위(無爲謂)에게 말했다.

"나는 그대에게 물어보고 싶습니다. 어떻게 생각하고 어떻게 헤아리면 도를 알겠습니까? 어디에 머무르고 무엇을 행하면 도에 안주할 수 있겠습니까? 무엇을 따르고 어떤 길이면 도를 얻을 수 있겠습니까?"

세 가지 물음에 무위위는 답하지 않았다. 답을 하지 않은 것이 아니라, 답을 알지 못했다. 지(知)는 답을 얻지 못하자 백수(白水)[278]의 남쪽으로 돌

---

277. 원수(元水, 으뜸이 되는 물). 현수(玄水)로 표기된 판본도 많다. 원수(元水)는 으뜸이 되는 물, 은분(隱弅)은 숨어 있는 봉긋한 모양을 뜻한다. 신인, 선인, 지인, 도인, 대인 등이 노닐 수 있는 공간임을 드러내기 위해 지어낸 이름이다.

278. 백수(白水, 맑은 물, 깨끗한 마음의 비유). 앞의 현수(玄水)와 대가 되는 물 이름이다.

아왔다. 호결(狐闋)[279]의 언덕에 올라 광굴을 만났다. 지(知)가 그 이야기를 광굴에게 물었다. 광굴이 말했다.

"오호! 내가 안다. 그대에게 말해 주겠다."

말하려는 중간에 말하고자 하는 바를 잊었다. 지(知)는 답을 얻지 못하고 제궁(帝宮)으로 돌아가 황제를 보고 물었다. 황제가 말했다.

"생각지도 말고 헤아리지 않는 것이 도를 아는 시작이고, 머무르지도 말고 행하지도 않는 것이 도에 안주하는 시작이며, 따르지도 말고 도를 묻지도 않는 것이 도를 얻는 시작이니라."

지(知)가 황제에게 물었다.

"나와 황제는 알고, 무위위와 광굴은 모른다고 했습니다. 누가 옳습니까?"

황제가 말했다.

"저 무위위는 참으로 옳았고, 광굴은 도에 가깝고, 나와 너는 끝내 가깝지 못했다. 대저 아는 사람은 말하지 않고, 말하는 사람은 알지 못한다. 그러므로 성인은 말 없는 가르침을 행한다. 도는 이룰 수 없고, 덕은 도달하지 못한다."

(중략)

황제가 말했다.

"무위위에 대해서 진실로 옳다고 말한 것은 그가 앎이 없기 때문이다. 도에 가깝다고 한 것은 그가 앎을 잊었기 때문이다. 나와 그대가 끝내 도에 가깝지 않다고 말한 것은 앎으로 나아가기 때문이다."

광굴이 이를 듣고 황제는 앎으로 말한다고 여겼다.[280] 천지는 위대한 아

---

279. 호결(狐闋, 여우가 쉬는 곳. 텅 비어서 아무것도 없음).

280. 앞에서 말하는 자는 알지 못한다고 했기 때문에 광굴은 황제가 알지 못하면서 말한다

름다움을 가지고 있으나 말이 없고, 사시(四時, 계절)는 밝은 법을 가지고 있
으나 의론하지 않으며, 만물은 생성의 이치를 가지고 있으나 유세하지 않
는다. 성인은 천지의 아름다움에 근원하여 만물의 이치에 통한다. 이 때문
에 지인(至人)은 무위하고, 대성(大聖)은 짓지 않으니 천지를 살펴보았음을
말한 것이다.

| 해석과 감상 |

도와 덕은 말로 전할 수 없다. 마지막 문장은 앞 문장의 말 없는 가르침
에 대한 설명이다. 도는 말로 이룰 수 없고, 덕은 말로 도달하지 못한다. '도
를 도라 하면 참 도가 아니다'라는 『도덕경』 1장 첫 문장의 내용과 같다. '빈
수레가 요란하다'라는 속담을 생각할 수 있다.

| 필사하기 |

● 天地有大美而不言(천지유대미이불언)이라.

*天(하늘 천), 知(알 지), 有(있을 유), 美(아름다울 미), 言(말씀 언)

【천지는 큰 아름다움을 가지고 있으나 말하지 않는다.】

도는 똥과 오줌에도 있다

도는 똥에도 있고 오줌에도 있다.
도는 사물과 함께 있으니
사물은 도 가운데에 있다.

───────────

고 여기게 된다.

도는 도둑에도 있으니

도를 내세우면 도가 없다.

도라 언어로 말하지 말라.

| 본문 | 東郭子問於莊子曰(동곽자문어장자왈), "所謂道(소위도), 惡乎在(오호재)?" 莊子曰(장자왈), "無所不在(무소부재)." 東郭子曰(동곽자왈), "期而後可(기이후가)." 莊子曰(장자왈), "在螻蟻(재루의)." 曰(왈), "何其下邪(하기하사)?" 曰(왈), "在稊稗(재제패)." 曰(왈), "何其愈下邪(하기유하사)?" 曰(왈), "在瓦甓(재와벽)." 曰(왈), "何其愈甚邪(하기유심사)?" 曰(왈), "在屎溺(재시뇨)." 東郭子不應(동곽자불응). 莊子曰(장자왈), "夫子之問也(부자지문야), 固不及質(고불급질). 正獲之問於監市履狶也(정획지문어감시리희야), 每下愈況(매하유황). 汝唯莫必(여유막필), 無乎逃物(무호도물). 至道若是(지도약시), 大言亦然(대언역연). 周遍咸三者(주편함삼자), 異名同實(이명동실), 其指一也(기지일야).

동곽자가 장자에게 물었다. "이른바 도가 어디에 있습니까?"

장자가 말했다. "없는 곳이 없소."

동곽자가 말했다. "구체적으로 가르쳐 주어야 알겠습니다."

장자가 말했다. "땅강아지와 개미에게 있소."

동곽자가 말했다. "어찌 그렇게 낮은 곳에 있습니까?"

장자가 말했다. "돌피[281]나 피에도 있소."

동곽자가 말했다. "어찌 더욱 낮아지는 것입니까?"

장자가 말했다. "기와와 벽돌에도 있소."

동곽자가 말했다. "어찌 더욱 심해집니까?"

---

281. 가축의 사료로 쓰는 볏과의 한해살이풀.

장자가 말했다. "똥과 오줌에도 있소."

동곽자가 대답하지 않았다. 장자가 말했다.

"그대의 질문은 본래 본질에 미치지 못한 것이오. 돼지 잡는 정획(正獲)이 시장 관리인에게 물을 때 장터 감독관에게 돼지를 밟게 하여[282] (살찐 정도를) 물으면 매번 아래로 갈수록 더욱 (살찐 것을) 알기가 쉽기 때문이오. 그대는 오로지 '반드시'라고 한정하지 말고 사물을 벗어나지 않아야 합니다. 지극한 도는 이와 같고, 위대한 말씀도 역시 이런 것이오. 두루, 널리, 함께[283] 이 셋은 이름은 다르지만 실제는 같소. 그것이 가리키는 것은 하나입니다.

| 해석과 감상 |

도는 어디에나 있다. 돼지 다리에 살이 덜 찐 곳을 통해서도 돼지가 살찐 것을 알 수 있다. 도는 똥과 오줌에도 있듯이 어떤 사물에나 도는 두루 있고, 널리 있으며, 함께 있다. 편협하게 어느 곳에만 도가 있는 것은 아니다. 마지막 문장은 의식이나 언어로 사물의 경계를 만드는 것을 비판한다.

| 필사하기 |

● 汝唯莫必(여유막필)하고 无乎逃物(무호도물)하니라.

*汝(너 여), 唯(오직 유), 莫(없을 막), 无(없을 무), 逃(달아날 도), 物(만물 물)

【너는 오직 반드시라는 말을 없애고 만물에서 달아나지 않아야 한다.】

---

282. 돼지가 살이 쪘는지 알아보기 위해 돼지 넓적다리를 밟아본다. 돼지 넓적다리는 살이 오르기 어려운 부분이라서 돼지가 살쪘는지를 쉽게 알 수 있다.

283. 두루(周, 골고루 주), 널리(徧, 두루 편), 함께(咸, 모두 함).

● 至言去言(지언거언)하고 至爲去爲(지위거위)하니라.

*至(이를지), 言(말씀 언), 去(갈 거), 爲(할 위)

【지극한 말은 말을 버리고, 지극한 행위는 행위를 버린다.】

잡편(雜篇)

제23편 경상초(庚桑楚), 분별하지 말라

제23편부터 마지막 33편까지는 잡편이다. 노담과 경상초, 경상자의 문답을 통해 위생지경(衛生之經, 생명을 지키는 도리)을 말한다. 첫 구절을 따서 경상초라 하였다. 경상초는 노담의 제자라고도 하고 역사상 인물이 아니라고도 한다.

노담의 제자, 경상초

| 본문 | 老聃之役有康桑楚者(노담지역유강상초자), 偏得老聃之道(편득노담지도), 以北居畏壘之山(이북거외루지산), 其臣之畫然知者去之(기신지화연지자거지), 其妾之挈然仁者遠之(기첩지설연인자원지) ; 擁腫之與居(옹종지여거), 鞅掌之爲使(앙장지위사). 居三年(거삼년), 畏壘大壤(외루대양).

노담의 제자 중에 경상초라는 사람이 있었는데 노담의 도에 기울었다. 그는 북쪽 외루산(畏壘山)에서 살았다. 그는 신하가 되려고 지자(知者)인 척하는 사람들을 물리쳤고, 첩이 되려고 인자(仁者)인 척하는 사람을 멀리했다. 추한 사람들과 더불어 살며 일꾼들과 일하며 따랐다. 삼 년이 지나자 외루지방이 풍족해졌다.

| 해석과 감상 |

지극한 사람은 자신을 드러내지 않는다. 그래도 풍족하다.

발 밟은 자의 반응

어버이 고마움에는 고마움을 드러내지 않으니
고마움이 없어서인가 고마움을 몸으로 알아서인가.
남의 고마움에는 고마움을 드러내니
고마움이 커서인가 말로 빨리 갚으려는 것인가.

│본문│ 蹍市人之足(전시인지족), 則辭以放驚(칙사이방오), 兄則以嫗(형칙이구), 大親則已矣(친칙이의). 故曰(고왈), 至禮有不人(지례유불인), 至義不物(지의불물), 至知不謀(지지불모), 至仁無親(지인무친), 至信辟金(지신벽금).

시장에서 남의 발을 밟으면 경솔함을 사과하고, 형이면 할머니처럼 따뜻하게 하고, 어버이면 그냥 아무 말 하지 않는다. 그러므로 지극한 예는 남이 없고, 지극한 의는 일이 없으며, 지극한 지혜는 꾀가 없고, 지극한 어짊은 친함이 없으며, 지극한 믿음은 금전을 벗어난다고 말한다.

│ 해석과 감상 │

지극히 가까운 예의는 남을 대하듯 하지 않고 편히 대하며, 지극한 의로움은 사물을 구별하지 않고 대하며, 지극한 지혜는 꾀를 부리지 않고 진실하며, 지극한 어짊은 가깝고 먼 사람이 없이 가까운 사람처럼 대하고, 지극한 믿음은 보증금이 필요 없다.

│ 필사하기 │

● 至知不謀(지지불모)하고 至仁無親(지인무친)하며 至信辟金(지신벽금)하니라.

*至(이를지), 謀(꾀 모), 親(친할 친), 信(믿을 신), 辟(피할 피, 임금 벽, 견줄 비)

【지극한 지혜는 꾀가 없고, 지극한 인은 친함이 없으며, 지극한 믿음은 금전을 피한다.】

제24편 서무귀(徐無鬼), 멀수록 그립다

글의 첫머리를 따서 서무귀라 했다. 서무귀는 사람 이름이다. 이 편은 최상의 덕은 덕이 아니다를 부연하고 있다.

멀수록 그립다

개와 말의 관상이 쓸데없으나
시, 서, 예, 악이 주지 못하는 삶의 그리움을 채운다.
친구의 실없는 말이 가슴을 채운다.
떠난 지 오래면 그 그리움이 더 크다.

| 본문 | 徐無鬼因女商見魏武侯(서무귀인녀상견위무후), 武侯勞之曰(무후로지왈), "先生病矣(선생병의)! 苦於山林之勞(고어산림지로), 故乃肯見於寡人(고내긍견어과인)." 徐無鬼曰(서무귀왈), "我則勞於君(아칙로어군), 君有何勞於我(군유하로어아)! 君將盈者欲(군장영기욕), 長好惡(장호오), 則性命之情病矣(칙성명지정병의) ; 君將黜者欲(군장출기욕), 掔好惡(견호오), 則耳目病矣(칙이목병의). 我將勞君(아장로군), 君有何勞於我(군유하로어아)!" 武侯超然不對(무후초연부대). 少焉(소언), 徐無鬼曰(서무귀왈), "嘗語君(상어군), 吾相狗也(오상구야). 下之質執飽而止(하지질집포이지), 是狸德也(시리덕야) ; 中之質若視日(중지질약시일), 上之質若亡其一(상지질약망기일). 吾相狗(오상구), 又不若吾相馬也(우불약오상마야). 吾相馬(오상마), 直者中繩(직자중승), 曲者中鉤(곡자중구), 方者中矩(방자중구), 圓者中規(원자중규), 是國馬也(시국마야), 而未若天下馬也(이미약천하마야).

天下馬有成材(천하마유성재), 若卹若失(약술약실), 若喪其一(약상기일), 若是者
(약시자), 超軼絶塵(초질절진), 不知其所(부지기소)." 武侯大悅而笑(무후대열이
소). 徐無鬼出(서무귀출), 女商曰(여상왈), "先生獨何以說吾君乎(선생독하이설오
군호)? 吾所以說吾君者(오소이설오군자), 橫說之則以詩書禮樂(횡설지칙이시서
례락), 從說之則以金板六弢(종설지칙이금판륙도), 奉事而大有功者不可爲數(봉사
이대유공자불가위수), 而吾君未嘗啓齒(이오군미상계치). 今先生何以說吾君(금선
생하이설오군), 使吾君說若此乎(사오군설약차호)?" 徐無鬼曰(서무귀왈), "吾直告
之吾相狗馬耳(오직고지오상구마이)." 女商曰(여상왈), "若是乎(약시호)?" 曰(왈),
"子不聞夫越之流人乎(자불문부월지류인호)? 去國數日(거국수일), 見其所知而
喜(견기소지이희); 去國旬月(거국순월), 見所嘗見於國中者喜(견소상견어국중자
희); 及期年也(급기년야), 見似人者而喜矣(견사인자이희의); 不亦去人滋久(불역
거인자구), 思人滋深乎(사인자심호)? 夫逃虛空者(부도허공자), 藜藋柱乎鼪鼬之
逕(려조주호생유지경), 踉位其空(량위기공), 聞人足音跫然而喜矣(문인족음공연이
희의), 又況乎昆弟親戚之謦欬其側者乎(우황호곤제친척지경해기측자호)! 久矣
夫莫以真人之言謦欬吾君之側乎(구의부막이진인지언경해오군지측호)!"

서무귀가 여상을 따라 위나라 무후를 찾아보았다. 무후가 그를 위로하
여 말했다.

"선생은 병이 있군요! 산림의 수고로움이 괴로운지라 기꺼이 과인을 찾
아왔구려!"

서무귀가 말했다.

"내가 곧 군주를 위로합니다. 군주께서 어찌 나에게 위로의 말씀을 하십
니까? 군주께서 좋아하는 욕구를 채우고, 좋고 싫음을 키우면 곧 본성의
마음에 병이 들 것입니다. 군주께서 장차 좋아하는 것을 물리치고, 좋고
싫음을 끌어다 버리면 곧 귀와 눈에 병이 들게 됩니다. 제가 장차 군주를
위로하려 하는데 군주께서 어찌 나를 위로하십니까?"

무후는 초연히[284] 대답하지 않았다. 잠시 후 서무귀가 말했다.

"시험 삼아 군주께 개의 관상 보는 것을 말씀드리겠습니다. 낮은 등급의 개는 배가 부른 것에 집착하고 그칩니다. 이것은 고양이의 덕입니다. 중간 등급의 개는 해를 바라보는 것 같습니다. 높은 등급의 개는 자신을 한결같이 잊은 듯합니다. 저의 개 관상은 말 관상보다 못합니다. 제가 말 관상을 보았더니 곧게 달리면 먹줄에 맞고, 돌아 달리면 갈고랑이에 맞고, 모가 나게 꺾어 달리면 곱자에 맞고, 둥글게 달려 그림쇠에 맞으면 이것이 국마(國馬)[285]입니다. 그러나 아직 천하의 말이 되지 못합니다. 천하의 말은 훌륭한 재질이 있고, 고요한 듯하고, (무언가) 잃은 듯하고, 하나같이 자기를 잃은 듯합니다. 이와 같으면 먼지를 뚫고 앞질러 그 모습을 알지 못합니다."

무후는 크게 기뻐하며 웃었다. 서무귀가 나오자 여상이 말했다.

"선생은 어떻게 홀로 우리 군주를 기쁘게 하였습니까? 나는 우리 군주를 기쁘게 하려고 횡으로는 시(詩), 서(書), 예(禮), 악(樂)으로 설득하고, 종으로는[286] 조정에 간직된 육도삼략으로 유세하였으며, 일을 받들어 큰 공을 세운 것이 셀 수 없는데 우리 군주는 아직까지 이를 드러내고 웃지 않았습니다. 지금 선생은 무엇으로 우리 군주를 기쁘게 하였기에 우리 군주가 이처럼 기뻐합니까?"

---

284. 초연을 스스로 높은 체하다, 기꺼워하지 않는다, 기분 나빠함, 언짢음 등으로 해석한다. 서무귀가 좋아하는 욕구를 채우건 물리치건, 좋음과 싫음을 가까이하건 물리치건 병이 든다고 말했기 때문에 무후는 이러지도 저러지도 못하는 처지가 되어 기분이 좋을 수 없다. 그래서 대답하지 않는다.

285. 온 나라에서 가장 뛰어난 말.

286. 앞의 '횡으로'와 함께 이렇게 저렇게 여러 가지 방법으로 이야기했다는 것을 나타내는 말이다.

서무귀가 답했다. "나는 바로 개와 말의 관상에 대해서만 말했을 뿐입니다."

여상이 말했다. "그뿐입니까?

서무귀가 말했다.

"그대는 월나라의 유배된 죄인 이야기[287]를 듣지 못했습니까? 나라를 떠난 지 며칠이 지나자 아는 사람을 만나면 기쁘고, 나라를 떠난 지 열흘, 한 달이 지나자 나라에서 일찍이 본 사람을 보아도 기뻤으며, 일 년이 되자 비슷한 사람을 보아도 기뻤습니다. 이는 사람을 떠난 지가 오래일수록 사람을 그리워함이 깊은 것 아니겠습니까? 무릇 공허한 곳에 숨은 사람이 명아주가 족제비를 막고 있는 발길 닿지 않는 길에서 외로이 지내면 사람의 발소리만 들어도 기쁩니다. 또한 하물며 옆에서 형제 친척의 속삭임과 기침 소리가 함께 하면 어떻겠습니까? 진인의 말로 군주의 곁에서 기침 소리를 내며 이야기하지 않은 지 오래되었습니다."

| 해석과 감상 |

진인의 말씀이나 양생(養生)의 진리 등 사람 사는 이야기가 그립다. 사무적인 일에서 웃음은 사라지고, 개나 말의 관상 보는 것 등의 일상이 웃음을 준다.

| 필사하기 |

● 去國數日(거국수일)이면 見其所知而喜(견기소지이희)라.

---

287. 문헌에 따라 유인(流人), 유인(遊人)으로 기록이 다르다. 이 글에서는 모두 고향을 떠난 사람이란 의미에서 같다.

*去(갈 거), 國(나라 국), 數(셀 수), 日(날 일), 見(볼 견), 知(알 지), 喜(기쁠 희)

【나라를 떠나 며칠 지나면 알던 사람을 보기만 해도 기쁘다.】

■『논어』「술이」子所雅言(자소아언), 詩書執禮(시서집례)라.

*雅(맑을 아, 좋다, 늘), 詩(시 시), 書(글 서), 執(잡을 집), 禮(예도 례)

【공자가 늘 했던 말은 시경, 서경, 집례이다.】

『장자』와 『논어』로 우리 삶의 균형 찾기

『장자』에서는 공자가 늘 말하는 시, 서, 예, 악 등으로 웃지 않던 왕이 개와 말의 관상으로 기쁨을 주었다고 말한다. 시, 서, 예, 악이 길이라 해도 그것으로 기쁨을 줄 수 없다. 나라를 떠나면 알던 사람만 보아도 기쁜 것처럼 고향을 떠나거나 함께 한 이들과 떨어져 있거나 시일이 오래 지나면 예전이 그립다. 인생의 즐거움과 기쁨은 큰 것에 있지 않다. 행복은 사소함에 있다. 시, 서, 예, 악과 함께 사소한 즐거움도 누려야 균형 있는 삶이다.

다스림이란 말을 해치는 것을 없애는 일이다

도와주려고 하기보다 해치는 것을 없애라.
영양제 한 움큼씩 털어 넣기보다 나를 혹사하지 말라.
내 몸을 다스림도
나를 해치는 것을 없애는 일에서 시작한다.

| 본문 | 黃帝又問(황제우문). 小童曰(소동왈), "夫爲天下者(부위천하자), 亦奚以異乎牧馬者哉(역해이리호목마자재)! 亦去其害馬者而已矣(역거기해마자이이의)!" 黃帝再拜稽首(황제재배계수), 稱天師而退(칭천사이퇴).

황제가 다시 묻자 어린아이가 말했다.

"대저 천하를 다스리는 일이 어찌 말을 기르는 것과 다르겠습니까? 또한 말을 해치는 것을 없앨 뿐입니다."

황제는 두 번 절하고 머리를 조아리며 하늘의 스승[288]이라고 부르고 물러났다.

| 해석과 감상 |

무위(無爲)의 정치를 말하고 있다. 말을 해치지 않고 기르기만 하면 되듯 순리로 다스려야 한다. 놓아두기만 해도 다스려지는 정치이다.

| 필사하기 |

● 夫爲天下者(부위천하자)는 去其害馬者而已矣(거기해마자이이의)

　라.

*去(갈 거), 害(해칠 해), 馬(말 마), 已(이미 이)

【무릇 천하를 다스리는 것은 말을 해치는 것을 없앨 뿐이다.】

장자가 혜자의 무덤을 지나며 상대 없음을 아쉬워한다

티격태격도 있어야 하는 법,
있을 때 잘해야 한다, 떠나면 허탈하고 아쉽다.
말할 수 있는 사람이 사라지면 고독이 남는다.
왜 사는지 철학자가 된다.

---

288. 천사(天師). 소동(小童)은 大隗(대외)의 현신이다. 대외는 신의 이름이다.

| 본문 | 莊子送葬(장자송장), 過惠子之墓(과혜자지묘), 顧謂從者曰(고위종자왈), "郢人堊慢其鼻端若蠅翼(영인악만기비단약승익), 使匠石斲之(사장석착지). 匠石運斤成風(장석운근성풍), 聽而斲之(청이착지), 盡堊而鼻不傷(진악이비불상), 郢人立不失容(영인립불실용). 宋元君聞之(송원군문지), 召匠石曰(소장석왈) : '嘗試爲寡人爲之(상시위과인위지).' 匠石曰(장석왈) : '臣則嘗能斲之(신칙상능착지). 雖然(수연), 臣之質死久矣(신지질사구의).' 自夫子之死也(자부자지사야), 吾無以爲質矣(오무이위질의), 吾無與言之矣(오무여언지의)."

장자가 장례를 치르고 혜자의 묘를 지나면서 따르는 사람들을 돌아보고 말했다.

"영인(郢人)[289]이 흰 흙을 자기 코끝에 파리 날개같이 바르고 석공에게 이를 깎아 내게 했다. 석공이 도끼를 휘둘러 바람이 일고, 들리는 것이 깎아 내는 소리다. 흰 흙이 다 깎여도 코는 상하지 않았다. 영인도 서서 얼굴색이 변하지 않았다. 송나라 원군(元君)이 이를 듣고 석공을 불러 말했다.

'시험삼아 과인을 위해 그것을 해보아라.'

석공이 말했다.

'신은 일찍이 흰 흙을 깎을 수 있었습니다. 비록 그러하나 신의 기술은 죽은 지 오래입니다.'

부자[290]가 죽은 이래 나는 상대로 삼을 사람[291]이 없어졌다. 나는 더불어 말할 사람이 없어졌다."

---

289. 郢人, 미장이의 명인. 영(초나라 서울) 땅에 사는 사람.

290. 높임말로 여기서는 장자가 그의 친구 혜자를 지칭함.

291. 吾無以爲質矣(오무이위질의). 이를 직역하면 '나는 바탕으로 삼을 것이 없다.' 곧, 영인이 죽자 석공이 그 기술을 쓰지 못한다. 영인은 석공의 기술의 바탕이다. 이런 점에서 장자는 언변의 바탕이 되는 혜자가 그의 기술을 펼칠 바탕이다.

친구 혜자가 죽고 나서 이야기할 상대가 없음을 아쉬워하고 있다. 장석이 상대가 죽자 기술을 더 이상 부릴 수 없음을 비유로 말하고 있는 이 글은 사람의 입에 널리 오르내리고 있다.

| 필사하기 |

● 吾無與言之矣(오무여언지의)라.

*吾(나 오), 無(없을 무), 與(더불 여), 言(말씀 언)

【나는 더불어 이야기할 사람이 없다.】

재주 많은 원숭이의 죽음

원숭이는 재주 부리다 죽는다.
누구나 재주가 없어도 자랑하다 까불면 죽는다.

| 본문 | 吳王浮於江(오왕부어강), 登乎狙之山(등호저지산). 衆狙見之(중저견지), 恂然棄而走(순연기이주), 逃於深蓁(도어심진). 有一狙焉(유일저언), 委蛇攫搔(抓)(위사확소(조)), 見巧乎王(견교호왕). 王射之(왕사지), 敏給搏捷矢(민급박첩시). 王命相者趨射之(왕명상자추사지), 狙執死(저집사). 王顧謂其友顏不疑曰(왕고위기우안불의왈), "之狙也(지저야), 伐其巧恃其便以敖予(벌기교시기편이오여), 以至此殛也(이지차극야)! 戒之哉(계지재)! 嗟乎(차호), 無以汝色驕人哉(무이여색교인재)!" 顏不疑歸而師董梧以助其色(안불의귀이사동오이조기색), 去樂辭顯(거락사현), 三年而國人稱之(삼년이국인칭지).

오나라 왕이 강에 배를 띄우고 원숭이 산에 올랐다. 원숭이들은 그를 보

고 깜짝 놀라 달아나 깊은 풀숲으로 도망갔다. 한 마리 원숭이가 까불면서 나무를 흔들며 왕에게 재주를 보였다. 왕이 활을 쏘자 민첩하게 화살을 잡았다. 왕이 시중드는 사람들에게 활을 쏘라고 명하자 원숭이는 잡혀서 죽었다.

왕은 벗 안불의를 돌아보고 말했다.

"이 원숭이는 자기의 재주를 자랑하고 제 민첩함을 믿고 나에게 오만해서 이 죽음에 이른 것이다. 이를 경계하라. 오! 너의 얼굴색이 남들에게 교만하지 않도록 하라."

안불의는 돌아와 동오(董梧)를 스승으로 삼고, 표정을 없애고, 음악을 멀리하고, 드러내기를 사양했다. 삼 년이 지나자 나라 사람들이 이를 칭찬했다.

| 해석과 감상 |

자기 재주를 믿고 잘난 체하다가 해를 당한다.

제25편 칙양(則陽, 또는 즉양), 달팽이 뿔

첫 머리글자를 따서 칙양이라 했다. 팽칙양은 이 편의 주인공이다. 칙양은 벼슬을 위해 초나라에 유세하러 갔다. 권력자를 설득하기 위해서는 무위자연의 덕이 있어야 함을 이야기한다.

와우각상쟁, 달팽이 뿔에서 싸우다

나라 간 약속을 어겼다고 전쟁을 하는 것은

달팽이 뿔 두 개에서 군사를 일으켜 싸우는 것과 같으니
우주를 생각하면 달팽이 뿔 위의 촉씨, 만씨와 다를 바 없다.
위나라 현인 거백옥은 나이 60에 60번 변하였으니
지금 옳은 것이 내일 틀리지 않다고 보장할 수 없다.
하물며 이런들 저런들 모든 판단은 어지럽히는 일이니
싸움조차 도를 따라야 한다.

| **본문** | 魏瑩與田侯牟約(위형여전후모약), 田侯牟背之(전후모배지). 魏瑩怒(위형로), 將使人刺之(장사인자지). 犀首聞而恥之曰(서수문이치지왈), "君爲萬乘之君也(군위만승지군야), 而以匹夫從讎(이이필부종수)！ 衍請受甲二十萬(연청수갑이십만), 爲君攻之(위군공지), 虜其人民(노기인민), 係其牛馬(계기우마), 使其君內熱發於背(사기군내열발어배). 然後拔其國(연후발기국). 忌也出走(기야출주), 然後抶其背(연후질기배), 折其脊(절기척)." 季子聞而恥之曰(계자문이치지왈), "築十仞之城(축십인지성), 城者既十仞矣(성자기십인의), 則又壞之(칙우괴지), 此胥靡之所苦也(차서미지소고야). 今兵不起七年矣(금병불기칠년의), 此王之基也(차왕지기야). 衍亂人(연란인), 不可聽也(불가청야)." 華子聞而醜之曰(화자문이추지왈), "善言伐齊者(선언벌제자), 亂人也(난인야)；善言勿伐者(선언물벌자), 亦亂人也(역란인야)；謂伐之與不伐亂人也者(위벌지여불벌란인야자), 又亂人也(우란인야)." 君曰(군왈), "然則若何(연칙약하)" 曰(왈), "君求其道而已矣(군구기도이이의)！" 惠子聞之而見戴晉人(혜자문지이견대진인). 戴晉人曰(대진인왈), "有所謂蝸者(유소위와자), 君知之乎(군지지호)？" 曰(왈), "然(연)." "有國於蝸之左角者曰觸氏(유국어와지좌각자왈촉씨), 有國於蝸之右角者曰蠻氏(유국어와지우각자왈만씨), 時相與爭地而戰(시상여쟁지이전), 伏尸數萬(복시수만), 逐北旬有五日而後反(축북순유오일이후반)." 君曰(군왈), "噫(희)！ 其虛言與(기허언여)？" 曰(왈), "臣請爲君實之(신청위군실지). 君以意在四方上下有窮乎(군이의재사방상하유궁호)？" 君曰(군왈), "無窮(무궁)." 曰(왈), "知遊心於無窮(지유심어무궁), 而反在通達之國(이반재통달지국), 若存若亡乎(약존약망호)？" 君曰(군왈), "然(연)." 曰(왈),

"通達之中有魏(통달지중유위), 於魏中有梁(어위중유량), 於梁中有王於梁中有王
(어량중유왕). 王與蠻氏(왕여만씨), 有辯乎(유변호)？" 君曰(군왈), "無辯(무변)."
客出而君惝然若有亡也(객출이군창연약유망야). 客出(객출), 惠子見(혜자현). 君
曰(군왈), "客(객), 大人也(대인야), 聖人不足以當之(성인부족이당지)." 惠子曰(혜
자왈) "夫吹筦也(부취관야), 猶有嗃也(유유학야)；吹劍首者(취검수자), 吷而已矣
(혈이이의). 堯舜(요순), 人之所譽也(인지소예야)；道堯舜於戴晉人之前(도요순어
대진인지전), 譬猶一吷也(비유일혈야)."

위나라 형(瑩)[292]이 제나라 전후모(田侯牟)와 약속을 했다. 모가 이를 배
반하자 위왕 형은 노해서 자객을 시켜 암살하려 했다. 서수(犀首)[293]가 이
를 듣고 부끄러워하여 말했다.

"군주께서는 만승(萬乘)의 군주입니다. 그런데 필부처럼 복수를 하려합
니다. 청컨대 저 연(衍, 공손연)에게 병사 이십만 명을 주시면 군주를 위해
그를 공격하겠습니다. 그 나라 백성을 포로로 잡고 우마를 끌고 오겠습니
다. 제나라 왕에게 속으로 열이 나게 하여 등창이 터지게 한 이후에 제 나
라를 뽑아버리겠습니다. 기(忌)[294]가 도망가면 등덜미를 붙들어 등뼈를 부
러뜨리겠습니다."

계자(季子)가 이 말을 듣고 부끄러워하여 말했다.

"열 길 높이의 성을 쌓아 성(城)의 높이가 열 길[295]이 되었습니다. 그런데
이를 허물면 이는 군사들의 고통입니다. 지금 병사를 일으키지 않은 지 칠

---

292. 혜왕. 위나라 왕.

293. 犀首, 호아장군. 공손연.

294. 제나라 장군 전기(田忌).

295. 일곱 길로 된 판본도 있다.

년입니다. 이것이 왕의 기초입니다. 연(衍, 공손연)은 사람을 어지럽히고 있습니다. 말을 들어주어서는 안 됩니다."

화자(華子)가 그 이야기를 듣고 부끄러워하여 말했다.

"좋은 말로 제나라를 정벌하자는 자도 어지럽히는 자이고, 좋은 말로 정벌을 하지 말자는 자도 또한 어지럽히는 자입니다. 정벌하자는 자와 정벌하지 말자는 자 모두를 어지럽히는 자라고 하는 사람도 또한 어지럽히는 자입니다."

왕이 말했다. "그러면 어떻게 하라는 말이오?"

화자가 말했다. "군주께서는 도를 따르셔야 할 뿐입니다."

재상 혜자가 이를 듣고 대진인(戴晉人)[296]을 소개하였다.

대진인이 말했다. "달팽이란 것이 있는데 군주께서도 이를 아시지요?"

왕이 말했다. "그렇소."

"달팽이의 왼쪽 뿔에 나라가 있는데 촉씨(觸氏)[297]라 합니다. 달팽이 오른쪽 뿔에 있는 나라는 만씨(蠻氏)[298]라 합니다. 때때로 서로 다투고 전쟁을 하는데 수만 구의 시체가 나뒹굴게 됩니다. 패배한 자를 쫓을 때는 십오 일 후에나 돌아옵니다."

왕이 말했다. "오! 그 실없는 소리를"

대진인이 말했다.

"신은 군주를 위해 이를 사실이라고 말씀드리겠습니다. 군주께서 사방 상하에 끝이 있다고 생각하십니까?"

---

296. 양나라 현인.

297. 觸(닿을 촉).

298. 蠻(오랑캐 만).

왕이 말했다. "끝이 없소."

대진인이 말했다.

"마음이 끝이 없음에 노니는 것을 알면서 막힘없이 환히 통하는 나라에 있으면 있는 것 같기도 하고 없는 것 같기도 하지 않습니까?"

왕이 말했다. "그렇소."

대진인이 말했다.

"막힘없이 환히 트이는 속에 위나라가 있고, 위나라 속에 서울인 양이 있고, 수도인 양 속에 왕이 있습니다. 왕이 만씨와 구별할 수 있습니까?"

왕이 말했다. "구별할 수 없소."

손님이 나가자 왕은 멍하니 (무언가) 잃은 듯했다. 손님이 나가자 혜자가 뵈었더니 왕이 말했다.

"손님은 대인이야. 성인(聖人)도 감당하기에 부족해."

혜자가 말했다.

"피리를 불면 피리 소리가 나지만 칼자루의 구멍을 불면 작은 새소리가 날 뿐입니다. 요순이 사람들의 칭송을 받지만 대진인 앞에서 요순을 말하는 것은 비유하건대 오히려 하나의 작은 새소리입니다."

| 해석과 감상 |

하찮은 싸움, 아무 소용없는 다툼을 버리고 도를 따라야 한다. 유명한 와우각상쟁(蝸牛角相爭) 고사이다. 와각지쟁(蝸角之爭)이란 고사성어는 달팽이의 더듬이 위에서 싸운다는 뜻으로, 하찮은 일로 벌이는 싸움을 비유적으로 이르는 말로 쓰인다. 마음이 무궁에서 노닐면서 통달(通達)의 나라, 막힘없이 환히 트인 나라에 있으면 있는 것 같기도 하고, 없는 것 같기도 한 것처럼 인간들의 다툼 또한 달팽이 뿔에 있는 나라들의 전쟁처럼 미미

할 뿐이다. 이처럼 더 큰 마음으로 위나라와 제나라를 보면 아웅다웅 싸울 일이 아니다. 곧, 위나라 형(瑩)이 약속을 어긴 제나라 전후모(田侯牟)를 정벌하는 일이 달팽이들이 전쟁하는 것과 같으니 미미한 일에 목숨 걸고 흥분할 일이 아니다.

호연지기(浩然之氣)는 하늘과 땅 사이에 가득 찬 넓고 큰 원기란 뜻으로 『맹자』「공손추(公孫丑)」의 상편에 나오는 말이다. 가장 가까운 예로 높은 산에 오르면 호연지기를 느낀다. 높은 산에 올라 저 밑에 있는 도시를 보고, 도시의 아파트를 보면서 그 속에서 하는 일들이 얼마나 하찮은지, 그 속에서 서로 다투는 일이 얼마나 쓸데없는지 생각하게 된다. 와우각상쟁 고사는 이런 깨달음으로 싸울 것이 없다는 설득을 우화를 빌려 이야기한다. 칼세이건은 과학계의 고전인 『코스모스』에서 우주에는 은하가 대략 1000억 개 있고 각각의 은하에 저마다 평균 1000억 개의 별이 있으며, 각 은하에는 적어도 별의 수만큼 행성들이 있다고 말한다. 지구는 그 행성 중의 하나이다. 지구는 아주 가까운 우주에서 보아야 그나마 점으로 보이는 작은 픽셀의 한 구석이다. 그 지구 속에 사는 인간들이 화해할 줄 모르는 증오심 때문에 자기 파괴의 몰락으로 치닫게 되는 것은 아닌지 걱정된다고 말한다. 그는 다양한 문화들의 차이를 해치지 않고 모두를 아우르는 단일한 지구 사회를 구성하는 일이 지구인의 가장 위대한 업적이 될 것이란다. 와각지쟁을 벗어나야 한다고 칼 세이건은 지구인들에게 호소한다. 장자나 칼 세이건은 우주적 관점에서 인류 공동체, 인간 삶을 본다. 우주적 관점일 때 진정한 호연지기가 나타난다.

| 필사하기 |

● 蝸牛角相爭(와우각상쟁)이라.

*蝸(달팽이 와), 牛(소 우), 角(뿔 각), 相(서로 상), 爭(다툴 쟁)
【달팽이 뿔에서 서로 싸운다.】

제26편 외물(外物), 매이지 말라

첫머리 두 글자를 따서 편의 이름으로 삼았다. 자기 밖의 일체의 사물은
절대적인 것이 아니다. 이로써 자유롭기가 쉽지 않다. 「대종사」, 「소요유」,
「각의」편 등과 연관된다.

학철부어(涸轍鮒魚), 바퀴 자국에 고인 물에 있는 붕어

내일 잔치를 위해 오늘 굶고
모레를 위해 저축하다 도둑맞는다.
불쌍하게 죽고 나서야 베개 속에서 돈이 흘러나온다.
목마른 자에게는 당장의 물 한 모금이 생명이고
슬픔이 터진 자에게는 당장 한 마디 따뜻한 말이 위로다.

| 본문 | 莊周家貧(장주가빈), 故往貸粟於監河侯(고왕대속어감하후). 監河侯曰
(감하후왈), "諾(낙). 我將得邑金(아장득읍금), 將貸子三百金(장대자삼백금), 可乎
(가호)?" 莊周忿然作色曰(장주분연작색왈), "周昨來(주작래), 有中道而呼者(유중
도이호자). 周顧視車轍中(주고시거철중), 有鮒魚焉(유부어언). 周問之曰(주문지
왈) : '鮒魚來(부어래)! 子何爲者邪(자하위자사)?' 對曰(대왈) : '我(아), 東海之波
臣也(동해지파신야). 君豈有斗升之水而活我哉(군기유두승지수이활아재)?' 周曰
(주왈) : '諾(낙). 我且南遊吳越之王(아차남유오월지왕), 激西江之水而迎子(격서
강지수이영자), 可乎(가호)?' 鮒魚忿然作色曰(부어분연작색왈) : '吾失我常與(오
실아상여), 我無所處(아무소처). 吾得斗升之水然活耳(오득두승지수연활이), 君乃

言此(군내언차), 曾不如早索我於枯魚之肆(증불여조색아어고어지사)！"

장주는 집이 가난했다. 그래서 장자가 감하후(監河候)에게 양식을 빌리러 갔다. 감하후가 말했다.

"좋습니다. 내가 읍에서 세금을 걷으면 그대에게 삼백 금을 빌려주겠소. 됐습니까?"

장주는 분연히 얼굴색을 띠고 말했다.

"주(周)가 어제 오는데 길에서 부르는 자가 있었소. 주(周)가 돌아보니 수레바퀴 자국 가운데 붕어가 있었소. 주(周)가 물었소. '붕어야, 너 무엇 하느냐?' 대답하여 말하기를, '나는 동해의 파도 담당 신하입니다. 그대가 물 한 말이나 한 되를 나에게 주어 나를 살려주지 않으시겠소?' 주(周)가 말했소. '좋다. 내가 남쪽 오나라와 월나라 왕에게 유세(遊說)하러 가는데 서강(西江)의 물을 흐르게 하여 너를 맞이하겠다. 됐느냐?' 붕어가 분연히 얼굴색을 짓고 말했소. '나는 내가 항상 함께하는 물을 잃고 의지할 곳이 없소. 나는 한 말이나 한 되의 물이 있으면 살 수 있소. 그대가 이런 말을 하니 차라리 건어물 가게에서 나를 찾는 것이 나을 거요.'"

| 해석과 감상 |

모든 일은 때를 맞추어야 한다.

| 필사하기 |

● **吾得斗升之水然活耳**(오득두승지수연활이)**라.**

*吾(나 오), 得(얻을 득), 斗(말 두), 升(되 승), 然(그러할 연), 活(살 활)

【나는 한 말, 한 되의 물이 있으면 충분히 산다.】

지식으로 무덤을 도굴한다

뜻만 전하면 되는 것을 배움 자랑으로 한자나 영어를 쓴다.
프랑스어를 굳이 불어라 하면서 일본식 발음임을 알지 못하고
마찬가지로 서구라 하면서 일본식을 우리 것보다 사랑한다.
지식으로 겁을 주어 돈을 버는 세상,
지식은 지식으로 써야 하고 포장을 잘해도 도둑은 도둑질이다.
지식으로 무덤을 도굴하면 지식조차 도둑된다.

| 본문 | 儒以詩禮發冢(유이시례발총), 大儒臚傳曰(대유려전왈), "東方作矣(동방
작의), 事之何若(사지하약)?" 小儒曰(소유왈), "未解裙襦(미해군유), 口中有珠(구
중유주). 詩固有之曰(시고유지왈) : '青青之麥(청청지맥), 生於陵陂(생어릉피). 生
不伍施(생불오시), 死何含珠爲(사하함주위)!' 接其鬢(접기빈), 壓其顑(압기훼), 儒
以金椎控其頤(유이금추공기이), 徐別其頰(서별기협), 無傷口中珠(무상구중주)!"

유자(儒者)가 시(詩)와 예(禮)로 무덤을 도굴한다. 대유(大儒)가 일러 전하
여 말했다.

"동방이 밝아온다. 일이 어떻게 되어 가는가?"

소유(小儒)가 말했다.

"치마와 저고리는 벗기지 못했으나 입에는 구슬이 있습니다."

대유가 말했다.

"시(詩)[299]에 본래 이런 시가 있다.

---

299. 본문에서 인용하고 있는 시는 『시경』에 없다. 이를 일시(逸詩)라 하는데 일시(逸詩)란
　　 없어져서 『시경』에 싣지 못한 시, 전해 내려오지 아니한 시를 뜻한다. 이는 이 글의 작

'파릇파릇한 보리,

무덤가에서 자라고 있네.

살아서 베풀지 못하고

죽어서 어찌 구슬을 물고 있는가?"

　귀밑머리 움켜잡고 볼때기를 누르고 쇠망치로 턱을 조심스레 두들겨 서서히 입을 벌리고 입속의 구슬이 상하지 않게 했다.

| 해석과 감상 |

　유자(儒者)들이 시(詩)와 예(禮)를 기준으로 묘를 도굴한다. 지식이 지식에 맞게 쓰여야 하나 일부 좋지 못한 일에 쓰는 모습은 예나 지금이나 같다.

| 필사하기 |

● 儒以詩禮發冢(유이시례발총)하니라,

*儒(선비 유), 詩(시)(시 시), 禮(예도 례), 發(펼 발), 冢(무덤 총)

【유자가 시와 예로 무덤을 도굴한다.】

■『논어』「태백」子曰(자왈), 興於詩(흥어시)하고 立於禮(입어례)하며 成於樂(성어악)이라.

【공자 가로되, "시에서 흥하고, 예에서 서며, 음악에서 이룬다"】

■『논어』「학이」有子曰(자왈), 禮之用(예지용)은 和爲貴(화위귀)하니 先王之道(선왕지도)는 斯爲美(사위미)라.

【유자 가로되, "예의 쓰임은 화(和, 조화, 화합)를 귀하게 여긴다. 옛 왕의 도는 이것을 아름답게 여겼다."】

　가가 창작한 시로 볼 수 있다.

■『논어』「위정」子曰(자왈), 生事之以禮(생사지이례)하고, 死葬
之以禮(사장지이례)하고 祭之以禮(제지이례)하니라.
【공자 가로되, "살아서는 예로 섬기고, 죽어서는 예로 장례를 치르고, 예
로 제사 지낸다."】

『장자』와 『논어』로 삶의 균형 찾기

『장자』에서는 공자가 가장 중요하게 여기는 시와 예로 도굴하는 내
용을 실어 유가들을 비판한다. 도굴하면서 『시경』의 시를 읊고 예를 갖
추어 도굴한다고 풍자한다. 시와 같은 학문, 예와 같은 형식 등으로 사
람들을 억압하면서 자신들의 행위를 정당화하는 모습을 비판한다. 이
는 현대에도 마찬가지이다. 『논어』에서 공자는 시와 예를 매우 중시하
고 있다. 시 삼백이 사무사(思無邪)라 하고, 예가 아니면 보지도 말고 듣
지도 말고, 하지도 말라고 한다. 이 글은 이들을 내세워 도둑질을 정당화
하는 모습으로 해석할 수 있다. 본문에서 죽어서 구슬을 물고 있다는 말
이 있다. 예전에 천자가 죽으면 입에 둥근 구슬, 제후는 옥, 대부는 모난
구슬, 선비는 조개, 서민은 곡식을 물렸다고 한다. 이 글을 보면 유자들
이 천자의 무덤을 도굴하고 있다. 참고로 『논어』에 등장하는 『시경』에 대
한 내용은 다음과 같다. [300] ■「학이」 자공이 가로되, "시경에서 말하기

300. ■「학이」子貢曰(자공왈), 詩云(시운), '如切如磋(여절여차), 如琢如磨(여탁여마)', 其斯
之謂與? 子曰(자왈), 賜也(사야), 始可與言詩已矣(시가여언시이의), 告諸往而知來者. ■
「위정」子曰(자왈), 詩三百(시삼백)을(에) 一言以蔽之(일언이폐지)면(하니) 曰(왈), '思無
邪(사무사)'니라. ■「팔일」子夏問曰, '巧笑倩兮며 美目盼兮라! 素以爲絢兮.'라 하니 何
謂也잇고? 子曰(자왈), 繪事後素니라. 曰, 禮後乎잇가? 子曰(자왈), 起予者는 商也로다!
始可與言詩已矣로다. ■「술이」子所雅言(자소아언)은 詩書(시서), 執禮(집례), 皆雅言
也(개아언야)러시다. ■「태백」曾子有疾(증자유질), 召門弟子曰(소문제자왈), 啓予足

를 '끊는 듯 갈 듯, 쪼듯 윤을 내듯'이라고 한 것이 이것을 말하는 것입니까?" 공자 가로되, "사야, 비로소 더불어 시를 말할 만하다. 지나간 것을 알려 주었더니 오는 것을 아는구나." *이는 『시경』 「위풍(衛風)」 속에 들어 있는 「기욱(淇奧)」이란 제목의 시에 나오는 구절이다. ■ 「위정」 공자 가로되, "시 삼 백편을 한 마디로 말하면 '생각함에 사악함이 없다'는 것이다. ■ 「팔일」 【자하가 물었다. "'고운 미소에 보조개가 예쁘구나! 아름다운 눈에 눈동자가 또렷하구나! 흰 바탕에 무늬를 더했구나!'라는 말은 무슨 말입니까?" 공자 가로되, "그림 그리는 일은 흰 바탕이 있은 다음이다." 자하가 물었다. "예가 나중 일입니까?" 공자 가로되, "나를 일으키는 사람은 상(商)이구나! 비로소 더불어 시를 말할 수 있게 되었다." * 자하가 인용한 시의 앞 두 구절은 『시경』 「위풍」 속에 들어있는 '석인(碩人)'이란 제목의 시에 나오는 구절이다. 마지막 구절은 『시경』에 없다. 】 ■ 「술이」 공자께서 늘 말씀하신 것은 시경과 서경이었다. 예를 행하실 때 이것을 늘 말씀하셨다. ■ 「태백」 【증자가 병이 나서 제자를 불러 말했다. "내 발을 펼쳐 보거라. 내 손을 살펴 보거라. 『시경』에 '두려워하고 삼가기를, 깊은 연못가에 있는 것처럼, 얇은 얼음을 밟는 것처럼 하라.'라고 하였다. 지금 이후 내가 그런 걱정을 벗어남을 알겠구나! 제자들아!" * 『시경』의

(계여족)! 啓予手(계여수)! 詩云(시운), '戰戰兢兢(전전긍긍), 如臨深淵(여림심연), 如履薄氷(여리박빙).' 而今而後(이금이후), 吾知免夫(오지면부)! 小子(소자)! ■ 「자로」 子曰(자왈), 誦詩三百(송시삼백)하되 授之以政(수지이정)에 不達(부달)하며 使於四方(사어사방)에 不能專對(불능전)이면 雖多(수다)이나 亦奚以爲(역해이위)리오? ■ 「계씨」 不學詩(불학시)면 無以言(무이언)이라. 不學禮(불학례)면, 無以立(무이립)이라. ■ 「양화」 子曰(자왈), 小子(소자)는 何莫學夫詩(하막학부시)인고? 詩(시)는 可以興(가이흥)하고 可以觀(가이관)이며 可以羣(가이군)이며 可以怨(가이원)이며 邇之事父(이지사부)며 遠之事君(원지사군)이요 多識於鳥獸草木之名(다식어조수초목지명)이니라.

이 시는 「소아」 '소민'에 나오는 구절이다.】 ■ 「자로」 공자 가로되, 『시경』
의 시 삼백 편을 외운다 해도 정치를 맡기면 통달하지 못하고, 사방에 사신
으로 가서 독자적으로 대응하지 못하면 비록 많이 외운들 어디에 쓰겠느
냐?" ■ 「계씨」 시를 배우지 않으면 남과 말할 수 없다. 예를 배우지 않으면
설 수가 없다. * 여기서 시는 시경을 말한다. ■ 「양화」 공자 가로되 "너희
는 어찌 시를 배우지 않느냐? 시는 흥을 일으키고, 살필 수 있고, 어울릴 수
있으며, 원망할 수 있다. 가까이는 아버지를 섬기고 멀리는 임금을 섬기며
새와 짐승, 풀과 나무의 이름을 많이 알게 된다." * 여기서도 시는 시경을
말한다.

다음은 『논어』에 등장하는 예(禮)에 대한 내용[301]을 살펴보자. ■ 「위정」

---

301. ■ 「위정」 子曰(자왈), 道之以政(도지이정)하고 齊之以刑(제지이형)이면 民免而無恥
(민면이무치)니라. 道之以德(도지이덕)하고 齊之以禮(제지이례)이면 有恥且格(유치차
격)이니라. ■ 「팔일」 林放問禮之本(임방문례지본). 子曰(자왈), 大哉(대재)라 問(문)이
여! 禮與其奢也(예여기사야)론 寧儉(영검)이요 喪與其易也(상여기이야)론 寧戚(영척)
이니라. ■ 「팔일」 子入太廟(자입태묘), 每事問(매사문). 或曰(혹왈), 孰謂鄹人之子知
禮乎(숙위추인지자지례호)아? 入太廟(입태묘)하여 每事問(매사문)이온여. 子聞之曰
(자문지왈), 是禮也(시례)니라. ■ 「팔일」 子曰(자왈), 事君盡禮(사군진례)를 人以爲諂
也(인이위첨야)라 하나다. ■ 「팔일」 子曰(자왈), 居上不寬(거상불관)하며 爲禮不敬(위
례불)하며 臨喪不哀(임상불애)면 吾何以觀之哉(오하이관지재)리오? ■ 「팔일」 子曰(자
왈), 人而不仁(인이불인)이면 如禮何오? 人而不仁(인이불인)이면 如樂何오? ■ 「이인」 子曰(자왈), 能以禮
讓爲國乎(능이례양위국호)아 何有(하유)리오? ■ 「옹야」 子曰(자왈), 君子博學於文(군
자박학어문)이요 約之以禮(약지이례)면 亦可以弗畔矣夫(역가이불반의부)인저! ■ 「태
백」 子曰(자왈), 恭而無禮則勞(공이무례칙로), 愼而無禮則葸(신이무례칙사), 勇而無禮
則亂(용이무례칙란), 直而無禮則絞(직이무례칙교). ■ 「자로」 子曰(자왈), 小人哉(소인
재), 樊須也(번수야)! 上好禮(상호례)면 則民莫敢不敬(칙민막감불경)하고, 上好義(상
호의)면 則民莫敢不服(칙민막감불복)하고, 上好信(상호신)이면 則民莫敢不用情(칙민
막감불용정)하니라. ■ 「헌문」 子曰(자왈), 上好禮(상호례), 則民易使也(칙민역사야).
■ 「위령공」 子曰(자왈), 君子義以爲質(군자의이위질), 禮以行之(예이행지), 孫以出之
(손이출지), 信以成之(신이성지). 君子哉(군자재)! ■ 「양화」 子曰(자왈), 禮云禮云(예운

【공자 가로되, "정(政, 정치, 정령)으로 이끌고 형벌로 다스리면 백성이 (형벌을) 면하고 부끄러움이 없다. 덕으로 다스리고 예로 다스리면 부끄러움을 알고 바로 (잘못을) 잡는다."】 ■ 「팔일」 노나라 임방이 예의 근본에 대해 묻자 공자 가로되, "대단하구나, 질문이여! 예는 사치스러움보다 차라리 검소함이요, 상례는 쉽게 형식으로 하는 것보다 차라리 슬픔이다."】 ■ 「팔일」【공자가 태묘에 들어가 매사 물으니 어떤 사람이 말했다. "누가 추 땅의 사람의 아들이 예를 안다고 말했는가? 태묘에 들어가 매사 묻는구나!" 공자가 이를 듣고 가로되, "이것이 예이니라."】*공자는 예를 공경으로 본다. ■ 「팔일」【공자 가로되, "임금을 섬김에 예를 다했더니 사람들이 아첨한다고 한다." ■ 「팔일」【공자 가로되, "위에 있으면서 너그럽지 않고, 예를 행하면서 공경하지 않으며 상을 당하여 슬픔이 없다면 내가 어찌 그를 볼 수 있겠는가?"】 ■ 「팔일」공자 가로되, "사람이면서 어질지 않으면 예 같은 것이 무슨 소용인가? 사람이면서 어질지 않으면 음악 같은 것이 무슨 소용인가?" ■ 「이인」【공자 가로되, "예의와 겸양으로 나라를 다스린다면 무슨 문제가 있으리오?"】 ■ 「옹야」【공자 가로되, "군자가 글을 널리 배우고, 예로써 단속한다면 또한 어긋나지 않는구나!"】 ■ 「태백」【공자 가로되, "공경하면서 예가 없으면 수고롭기만 하고, 신중하면서 예가 없으면 두려움이 남고, 용기가 있으면서 예가 없으면 어지럽고, 정직하면서 예가 없으면 박절하다."】 ■ 「자로」【공자 가로되, "소인이구나, 번수여! 윗사람이 예를 좋아하면 백성이 감히 공경하지 않을 수 없고, 윗사람이 의를 좋아하면 백성

례운), 玉帛云乎哉(옥백운호재)? 樂云樂云(낙운락운), 鐘鼓云乎哉(종고운호재)? ■ 「요왈」 子曰(자왈), 不知命(부지명)이면 無以爲君子也(무이위군자야)요 不知禮(부지례)면 無以立也(무이립야)요 不知言(부지언)이면, 無以知人也(무이지인야)니라.

이 감히 복종하지 않을 수 없으며, 윗사람이 믿음을 좋아하면 백성이 감히 진정으로 행하지 않을 수 없다."】■「헌문」【공자 가로되, "윗사람이 예를 좋아하면 백성을 부리기 쉽다."】■「위령공」【공자 가로되, "군자는 의로움이 바탕이 되고, 예의로 행하며, 공손함으로 이를 드러내며, 믿음으로 이를 이룬다. 군자로구나!"】■「양화」【공자 가로되, "예를 말한다 예를 말한다고 하고 옥이나 비단을 말하는가? 음악을 말한다 음악을 말한다고 하고 종이나 북을 말하는가?" *옥과 비단은 제후가 천자를 뵐 때 가지고 가는 예물로 가장 귀한 것을 말한다. 허례허식을 비판하고 있다.】■「요왈」【공자 가로되, "천명을 알지 못하면 군자가 될 수 없다. 예를 알지 못하면 나서서 설 수 없고, 말을 알지 못하면 다른 사람을 알 수 없다." *『논어』의 마지막 문장으로 군자가 갖추어야 할 세 가지 덕목을 말하고 있다. 명(名), 예(禮), 언(言)이 그것이다. 립(立)은 자립적 능력을 말한다.】

신령스러운 거북이도 그물을 피하지 못한다

일흔두 번 모두 점을 맞히는 신령한 거북이,
제가 어부의 그물에 걸리는 일을 막지 못하니
작은 지혜를 버려야 큰 지혜를 본다.

| 본문 | 宋元君夜半而夢人被髮闚阿門(송원군야반이몽인피발규아문), 曰(왈), "予自宰路之淵(여자재로지연), 予爲淸江使河伯之所(여위청강사하백지소), 漁者余且得予(어자여차득여)." 元君覺(원군각), 使人占之(사인점지), 曰(왈), "此神龜也(차신귀야)." 君曰(군왈), "漁者有余且乎(어자유여차호)?" 左右曰(좌우왈), "有(유)." 君曰(군왈), "令余且會朝(영여차회조)." 明日(명일), 余且朝(여차조). 君曰(군왈), "漁何得(어하득)?" 對曰(대왈), "且之網得白龜焉(차지망득백귀언), 其圓五尺

(기원오척)." 君曰(군왈), "獻若之龜(헌약지귀)." 龜至(귀지), 君再欲殺之(군재욕살지), 再欲活之(재욕활지), 心疑(심의), 卜之(복지), 曰(왈), "殺龜以卜吉(살귀이복길)." 乃刳龜(내고귀), 七十二鑽而無遺筴(칠십이찬이무유협). 仲尼曰(중니왈), "神龜能見夢於元君(신귀능견몽어원군), 而不能避余且之網(이불능피여차지망) ; 知能七十二鑽而無遺筴(지능칠십이찬이무유협), 不能避刳腸之患(불능피고장지환). 如是(여시), 則知有所困(칙지유소곤), 神有所不及也(신유소불급야). 雖有至知(수유지지), 萬人謀之(만인모지). 魚不畏網而畏鵜鶘(어불외망이외제호). 去小知而大知明(거소지이대지명), 去善而自善矣(거선이자선의). 嬰兒生無石師而能言(영아생무석사이능언), 與能言者處也(여능언자처야)."

송나라 원군(元君)이 밤에 꿈을 꾸었는데 어떤 사람이 머리를 풀어 헤치고 쪽문을 엿보며 말했다.

"나는 재로(宰路)라는 연못에서 왔습니다. 내가 청강을 위해 하백이 있는 곳에 심부름을 왔는데 어부 여차(余且)가 나를 잡았습니다."

원군이 꿈에서 깨어 사람을 시켜 점을 쳤다.

말하기를 "이것은 신령한 거북이입니다."

원군이 말했다. "어부 중에 여차가 있느냐?"

좌우에서 말했다. "있습니다."

원군이 말했다. "지금 여차를 불러 들여라."

다음날 여차가 나오자 원군이 말했다. "고기 잡으러 가서 무엇을 얻었는가?"

대답하여 말하길, "제 그물에 흰 거북이가 잡혔는데 둘레가 다섯 자입니다."

원군이 말했다. "그대의 거북이를 바쳐라."

거북이가 도착하자 원군이 다시 이를 죽일까 살릴까 결정을 하지 못하고 점을 쳤다.

말하기를, "거북이를 죽여 점을 치면 길합니다."

마침내 거북이 배를 가르고 72번을 뚫어 점을 쳤는데 점괘가 틀림없었다.

중니가 말했다.

"신령스런 거북이는 원군에게 꿈으로 보일 수 있었는데 여차의 그물을 피할 수 없었다. 그 지혜는 72번 구멍을 뚫어 점이 모두 맞았는데 창자가 갈라지는 환란을 피할 수 없었다. 이와 같이 지혜는 막히는 바가 있고 신령함도 미치지 못하는 바가 있다. 비록 지극한 지혜가 있으나 만인이 이를 도모할 수 있고, 고기는 그물을 두려워하지 않고 사다새(물새의 하나)만 두려워한다. 작은 지혜를 버리면 큰 지혜가 밝아지며, 선을 버리면 저절로 선해진다. 갓난아이가 태어나서 큰 스승이 없어도 능히 말을 하는 것은 말할 수 있는 사람과 함께 살기 때문이다."

| 해석과 감상 |

지혜도 다하는 수가 있고, 신령함도 미치지 못하는 때가 있다. 작은 지혜를 버려야 큰 지혜가 오고, 작은 착함을 버려야 저절로 큰 착함이 온다.

| 필사하기 |

● 知有所困(칙지유소곤) 神有所不及也(신유소불급야)

【지혜가 곤궁한 바가 있고, 신령함이 미치지 못하는 바가 있다.】

● 去小知(거소지) 而大知明(이대지명)

【작은 앎을 버리면 큰 앎이 밝아온다.】

쓸모없는 땅, 쓸모 있는 땅

우뚝 솟은 천 길 바위에 서지 못하는 것은
사방이 낭떠러지라서이다.
빈 철길을 위태롭게라도 걸을 수 있는 것은
바로 아래 땅이 있어서이다.

| 본문 | 惠子謂莊子曰(혜자위장자왈), "子言無用(자언무용)." 莊子曰(장자왈),
"知無用而始可與言用矣(지무용이시가여언용의). 天地非不廣且大也(천지비불광
차대야), 人之所用容足耳(인지소용용족이). 然則廁足而墊之致黃泉(연칙측족이점
지치황천), 人尚有用乎(인상유용호)?" 惠子曰(혜자왈), "無用(무용)." 莊子
曰(장자왈), "然則無用之爲用也亦明矣(연칙무용지위용야역명의)."

혜자가 장자에게 말했다.
"자네 말이 쓸모가 없다."
장자가 말했다.
"쓸모없음을 알다니, 비로소 쓸모에 대해 말할 수 있겠네. 천지는 넓고
또한 크다고 하지 않을 수 없지만 사람이 쓰는 것은 발을 딛고 있을 정도뿐
이네. 그런즉 발의 크기를 측량하여 그 부분만 남기고 황천에 이르면 사람
들이 오히려 쓸모 있다고 하겠는가?"
혜자가 말했다. "쓸모없지."
장자가 말했다. "그러한즉 쓸모없음이 쓸모 있다는 것이 분명하네."

| 해석과 감상 |

쓸모없는 부분이 쓸모가 있다. 지금 당장 쓸모가 없다고 쓸모가 없는 것

이 아니다. 넓은 공간이 있어서 빽빽한 곳이 빛난다. 발 디딜 부분만 남긴 외줄기 아찔한 길을 걸을 수 있겠는가? 현기증이 나서 넘어지고 말 것이다. 공부를 못하는 사람이 있어서 공부 잘하는 사람이 빛나고, 못생긴 사람들이 있어서 잘생긴 사람들이 빛난다. 이렇게 보면 사실 쓸모없는 것들은 어디에도 없다. 모두가 소중하다.

| 필사하기 |

● 無用之爲用也(무용지위용야)니라.

*無(없을 무), 用(쓸 용), 爲(할 위), 用(쓸 용)

【쓸모없음이 쓸모 있음이다.】

고기를 잡으면 통발을 잊는다

사랑이 끝나면 사랑을 잊고
오늘이 지나면 오늘을 잊어라.
토끼를 잡으면 올무를 잊고
개울을 건너면 돌다리를 잊어라.

| 본문 | 筌者所以在魚(전자소이재어), 得魚而忘筌(득어이망전) ; 蹄者所以在兔(제자소이재토), 得兔而忘蹄(득토이망제) ; 言者所以在意(언자소이재의), 得意而忘言(득의이망언). 吾安得夫忘言之人而與之言哉(오안득부망언지인이여지언재) !

통발은 물고기를 잡는 것이라 고기를 잡으면 통발을 잊는다. 올무는 토끼를 잡는 것이라 토끼를 잡으면 올무를 잊는다. 말은 뜻을 담는 것이라 뜻

을 얻으면 말을 잊는다. 나는 어찌하면 말을 잊은 사람을 만나 그와 더불어 말을 할 것인가?

| 해석과 감상 |

목적을 이루면 수단은 버린다. 토사구팽(兎死狗烹)과 같은 뜻이다. 토끼를 잡으면 사냥개를 잡아먹는다는 뜻이다. 개고기를 먹는 것을 야만으로 취급하고, 애견문화 속에서 개는 반려견으로 대우받는다. 이런 상황에서 토사구팽은 득토망제로 바꿀 만하다. 여기에서 득어망전(得魚忘筌)이란 말이 나왔다. 蹄(올무 제)가 筌(통발 전)이다.

| 필사하기 |

● 得兎而忘蹄(득토이망제)라
*得(얻을 득), 兎(토끼 토), 忘(잊을 망), 蹄(올무 제)
【토끼를 잡으면 올무(덫)를 잊는다.】

제27편 우언(寓言), 새롭게 말하라

첫머리 두 글자를 따서 편의 이름으로 삼았다. 장자의 이야기 방식인 우언(寓言), 중언(重言), 치언(巵言)을 설명한다. 우언(寓言)은 남의 사물에 가탁하는 우화의 방식이고, 중언(重言)은 권위에 의존하는 말이며, 치언(巵言)은 앞뒤가 맞지 않는 말로 반어 또는 역설과 유사하다. 공자가 장자의 대변자로 등장하는 부분이 있다.

장자의 이야기 방식인 우언, 중언, 치언

내 아들 칭찬은 내가 하지 않듯이
남의 이야기를 들어 내 이야기를 우언처럼 하고
존중하는 사람들 말을 빌려 말을 무겁게 중언으로 하며
이것저것 섞어 말로 전할 수 없는 경지를 말로 전하니
말해도 말함이 없는 역설이 되어 취한 듯 조화를 이루어 치언이다.
이솝의 우화, 성직자의 경전 인용, 노자와 붓다의 언어 위의 언어,
이들이 우언이고 중언이며 치언이다.

| 본문 | 寓言十九(우언십구), 藉外論之(자외론지). 親父不爲其子媒(친부불위기자매). 親父譽之(친부예지), 不若非其父者也(불약비기부자야) ; 非吾罪也(비오죄야), 人之罪也(인지죄야). 與己同則應(여기동칙응), 不與己同則反(불여기동칙반) ; 同於己爲是之(동어기위시지), 異於己爲非之(리어기위비지). 重言十七(중언십칠), 所以已言也(소이이언야), 是爲耆艾(시위기애). 年先矣(년선의), 而無經緯本末以期年耆者(이무경위본말이기년기자), 是非先也(시비선야). 人而無以先人(인이무이선인), 無人道也(무인도야) ; 人而無人道(인이무인도), 是之謂陳人(시지위진인). 巵言日出(치언일출), 和以天倪(화이천예), 因以曼衍(인이만연), 所以窮年(소이궁년). 不言則齊(불언칙제), 齊與言不齊(제여언부제), 言與齊不齊也(언여제부제야), 故曰無言(고왈무언). 言無言(언무언), 終身言(종신언), 未嘗不言(미상불언) ; 終身不言(종신불언), 未嘗不言(미상불언). 有自也而可(유자야이가), 有自也而不可(유자야이불가) ; 有自也而然(유자야이연), 有自也而不然(유자야이불연). 惡乎然(오호연)？ 然於然(연어연). 惡乎不然(오호불연)？ 不然於不然(불연어불연). 惡乎可(오호가)？ 可於可(가어가). 惡乎不可(오호불가)？ 不可於不可(불가어불가). 物固有所然(물고유소연), 物固有所可(물고유소가), 無物不然(무물불연), 無物不可(무물불가). 非巵言日出(비치언일출), 和以天倪(화이천예), 孰得其久(숙득기구)！ 萬物皆種也(만물개종야), 以不同形相禪(이부동형상선), 始卒若環(시졸약

환), 莫得其倫(막득기륜), 是謂天均(시위천균). 天均者天倪也(천균자천예야).

　　우언(寓言)[302]이 열에 아홉이며, 중언(重言)[303]이 열에 일곱이다. 치언(卮
言)[304]은 매일 해처럼 새롭게 나오는데[305] 자연의 도[306]로 조화롭게 한다.
　　우언(寓言)이 열에 아홉인 것은 밖의 것을 빌려와 논의하는 것이다. 친아
버지가 자기 자식을 중매하지 않는다. 친아버지가 자기 자식을 자랑하는
것이 아버지가 아닌 사람보다 못하기 때문이다. 이는 내 죄가 아니라 다른
사람의 죄(책임)이다. 자기와 더불어 같으면 곧 호응하고, 자기와 더불어
같지 않으면 반대한다. 자기에게 동조하는 것은 옳다 하고, 자기와 다르면

---

302. 寓言, 우화, 빗댄 이야기. 자기 이야기로는 설득이 되지 않아 우화의 방법을 선택한
　　다. 중매를 아버지가 서지 않는 것은 아버지 아닌 사람이 자신을 칭찬하는 것이 더 설
　　득력이 있기 때문이라고 이어서 설명한다. 사람들은 자기와 생각이 다르면 상대의 말
　　에 반대하거나 상대의 말이 틀렸다고 한다. 이 경우에 스스로 깨닫도록 하려는 방법
　　이 빗대어 이야기하는 우언, 우화이다. 장자 속의 수많은 이야기는 우화 형식이다. 불
　　교 우화, 이솝 우화, 라퐁텐 우화 등이 대표적이다.

303. 重言, 무게에 의존해 하는 말. 권위 있는 사람의 말을 인용하여 하는 말이다. 사리와
　　본말에 맞는 어르신의 말을 이용하는 것이 중언이다. 공자는 요순임금을 주로 언급하
　　고, 장자는 노담의 말을 인용하여 논리를 전개한다.

304. 卮言, 앞뒤가 맞지 않는 말. 치(卮)는 술잔 또는 앞뒤가 맞지 않다의 뜻이 있다. 치언은
　　술잔 같은 말, 앞뒤가 맞지 않는 말이다. 치언은 술에 취한 듯한 말, 술잔을 기울이듯
　　상황에 맞는 임기응변의 말, 상황에 맞게 새롭게 쓰는 말이다. 치언은 자연의 결로 조
　　화를 이루어 자연의 흐름에 시비를 맡긴다. 언어는 옳은 것과 그른 것을 제대로 드러
　　내기 어려운 한계를 지니기 때문에 장자는 '무언(無言, 말 없음)'을 강조한다. 사람들이
　　다니다 보니까 길이 생긴 것처럼 자연의 흐름에 따라 시비를 맡기면 영원히 천수를
　　누린다. 이러한 방식이 치언이다.

305. 일출(日出)을 '날마다 나온다'로 풀이한다면 우리는 일상에서 날마다 치언(卮言)을 사
　　용한다는 말이다. 매일 해가 뜨듯이 매일 치언이 새롭게 나와서 하늘의 진실에 맞게
　　조화롭게 한다.

306. 천예(天倪, 하늘의 어린이). 자연의 도(道).

그르다고 여긴다. (이런 까닭에 우언을 사용한다.)

중언(重言)이 열에 일곱인 것은 말을 마무리하기 위한 것이다.[307] 이는 연로한 사람을 위한다. 나이가 앞서면서 말의 줄거리와 본말(本末)이 없으면 이는 연장자로 앞서는 것이 아니다. 사람이 앞선 사람을 따르지 않으면 사람의 도리가 아니다. 사람으로 사람의 도가 없으면 이를 진부한 사람이라 일컫는다.

치언(巵言)이 매일 나오는데 천예로 조화롭게 한다고 한 것은 끝없는 것으로 수명을 다하게 하는 방법이다. 말이 없으면 가지런하고[308] 가지런한 것은 말로 가지런하게 할 수 없다. 말이 가지런해도 가지런해지지 않는다. 그러므로 말 없음(無言)을 말하였다. 말을 하면서 말이 없으면 말을 평생 했으나 일찍이 말한 것이 없고, 평생 말하지 않았으나 일찍이 말하지 않은 것이 없다.[309] 자기가 있어 옳다고 하고, 자기가 있어 옳지 않다고 한다. 자기가 있어 그렇다고 하며, 자기가 있어 그렇지 않다고 한다.[310] 어찌하여 그렇다고 하는가? 그렇다고 하는 데서 그렇다.[311] 어찌하여 그렇지 않다고 하는가? 그렇지 않다고 하는 데서 그렇지 않다. 어찌하여 옳다고 하는가?

---

307. 重言十七(중언십칠), 所以已言也(소이이언야). 말을 그치게 하다. 권위 있는 사람의 말로 논란을 마무리하다. 논란에 종지부를 찍게 하다.

308. 모두 하나이다. 말이 없으면 말로 인한 구별이 없어서 모두 하나이다.

309. 言無言(언무언) 終身言(종신언) 未嘗言(미상언) 終身不言(종신불언) 未嘗不言(미상불언). 言無言(언무언)에서 앞의 언(言)은 입밖으로 하는 모든 말을 뜻하고 뒤의 언(言)은 '아무 말하지 않은 것, 종신토록 말하지 않은 것'으로 시비의 대상이 되는 말, 논란이 되는 말, 하지 말아야 할 말을 뜻한다.

310. 有自也而不可(유자야이불가) 有自也而然(유자야이연) 有自也而不然(유자야이불연).

311. 然於然(연어연)-그렇다고 하는 데서 그렇다. 그렇다고 하기에 그렇다. 그렇다고 하기 때문에 그렇다. 그렇다고 생각하기에 그렇다. 그러함에서 그렇다.

옳다고 하는 데서 옳다. 어찌하여 옳지 않다고 하는가? 옳지 않다고 하는 데서 옳지 않다. 만물은 본래 그렇고, 만물은 본래 옳다. 만물은 그렇지 않은 것이 없고, 옳지 않은 것이 없다. 치언(卮言)이 날마다 해처럼 새롭게 나오고 천예로 조화롭게 하지 않으면 어떻게 오래도록 들어맞을[312] 수 있는가? 만물은 모두 씨앗이지만 같은 형상이 아니다. 서로 전승하면서 시작과 끝이 고리와 같아 그 이치를 알 수 없다. 이를 일러 하늘의 물레[313]라 하며, 하늘의 물레가 천예(天倪)[314]이다.

| 해석과 감상 |

우언, 중언, 치언 등은 가장 특징적인 장자의 창의적인 이야기 방식이다. 글쓰기 방식으로 연암 박지원 등 우리나라 작가들에게 크게 영향을 끼쳤고, 지금도 지속적으로 영향을 끼치고 있다. 치언은 상황에 따라 달리 말하는 것을 그렇다고 하는데서 그렇다고 한다고 표현한다. 매번 달라지는 변화무쌍한 생각을 표현하기에는 치언이라는 의미이다. 우언과 중언과 치언이 동시에 섞여서 쓰이기 때문에 우언이 90%, 중언이 70%, 치언이 매일 새롭게 쓰인다고 말한다.

| 필사하기 |

● 寓言十九(우언십구)요 重言十七(중언십칠)이요 卮言日出(치언일출)이라 和以天倪(화이천예)니라.

---

312. 득(得). 얻다, 만족하다, 들어맞다, 적합하다.

313. 천균(天均, 하늘이 고르게 함). 물레, 녹로, 가지런하게 하는 도구.

314. 천예(天倪). 분계, 경계, 자연의 도, 도에 의한 구분. 예(倪, 어린이 예, 가장자리 예).

*寓(머무를 우, 부칠 우), 重(무거울 중), 巵(술잔 치), 和(화할 화), 倪(어린이 예)

【우언이 열에 아홉이고, 중언이 열에 일곱이며, 치언이 매일 새롭게 나와 천예와 조화를 이룬다.】

장자, 공자에 미치지 못한다고 고백하다

바뀌는 것은 끊임없이 나아가는 것,
공자는 나이 60에 60번 바뀌었다.
그러다가 어느 순간 바뀜을 잊고 바뀜을 초월하여
말하지 않는 경지에 오르니
장자란 책에서 장자가 공자의 경지에 미치지 못한단다.
공자의 제자들이 끼어든 것인가.
공자가 원래 장자보다 낫단 말인가.
그것도 아니라면 공자를 추켜세워 유가에 파고들려 했단 말인가.

| **본문** | 莊子謂惠子曰(장자위혜자왈), "孔子行年六十而六十化(공자행년륙십이륙십화), 始時所是(시시소시), 卒而非之(졸이비지), 未知今之所謂是之非五十九非也(미지금지소위시지비오십구비야)." 惠子曰(혜자왈), "孔子勤志服知也(공자근지복지야)." 莊子曰(장자왈), "孔子謝之矣(공자사지의), 而其未之嘗言(이기미지상언). 孔子云(공자운) : '夫受才乎大本(부수재호대본), 復靈以生(복령이생).' 鳴而當律(명이당률), 言而當法(언이당법), 利義陳乎前(이의진호전), 而好惡是非直服人之口而已矣(이호오시비직복인지구이이의). 使人乃以心服(사인내이심복), 而不敢蘁立(이불감오립), 定天下之定(정천하지정). 已乎已乎(이호이호)! 吾且不得及彼乎(오차부득급피호)!"

장자가 혜자에게 말했다.

"공자는 살아온 나이 60에 60번 바꾸었다. 처음에 옳다고 한 것을 끝에서는 그르다고 하였다. 지금 옳다고 말하는 것이 59년 동안 그르다고 한 것[315]이 아닌지 알 수 없다."

혜자가 말했다.

"공자는 자기 뜻에 부지런하여 지식을 익혔다."

장자가 말했다.

"공자는 그것을 사양하여 일찍이 말한 적이 없다. 공자가 말한 것은 '무릇 재능을 큰 근본에서 받았으니 삶으로써 하늘의 신령함으로 돌아가라'는 것이었으니 울면 음률에 맞고, 말하면 법도에 맞는다. 이익과 의리 앞에서 좋음과 미움, 옳고 그름은 바로 사람의 입에 복종하라는 것뿐이다. 사람들로 하여 마침내 마음이 복종하여 감히 거스르지 못하게 하는 것이 하늘의 정함을 바로 세우는 일이다. 그만두자, 그만두어! 나 또한 저 사람에 미치지 못한다."

| 해석과 감상 |

장자는 공자가 나이 60이 되도록 60번이나 옳음과 그름을 바꿨다고 말한다. 그러자 혜자는 공자가 부지런히 학문을 해서 향상됐다고 대답한다. 그러자 장자는 공자가 학문과 지식을 말한 적이 없다고 대답한다. 곧, 공자가 이익과 인의 등 그 동안의 가치에서 초월한 경지에 올랐다고 말한다.

---

315. 未知今之(미지금지) 所謂是之非五十九非也(소위시지비오십구비야). 59년 동안 그르다는 것인지, 59번 그르다는 것인지는 해석자에 따라 다를 수 있다. 60에 60번 바뀌었다는 구절을 고려하면 59번 그르다는 것이라고 해야 하고, 처음에 옳다고 한 것을 끝에서 그르다고 하였다는 구절을 보면 59년 동안 또는 59년 전 그르다는 생각으로 해석해야 한다. 옳은 것을 그르다고 했다는 점은 같다.

공자는 하늘의 도를 본받아 하늘로 돌아갔다는 것이다. 장자는 자신이 공자에 미치지 못함을 탄식한다. 이는 후대에 공자의 영향을 받은 자들의 글이거나 공자의 영향력을 이용하여 노장의 사상을 전하고자 한 방식이다. 당시에 공자의 영향력이 매우 컸기 때문에 『열자』, 『장자』에서는 공자를 끊임없이 불러낸다. 공자가 이 글에서처럼 모든 것을 초월했다면 말년까지 벼슬하기 위해 여기저기 돌아다니지 않았을 것이다.

| 필사하기 |

● 孔子行年六十(공자행년육십) 而六十化(이육십화)니라.
【공자 나이 60에 60번 바뀌었다.】

제28편 양왕(讓王), 왕의 자리 양보하다

이 글은 내용을 제목으로 삼았다. 이 글은 생명을 무엇보다 중시하는 귀생(貴生) 사상이 나타나며, 이 편에서는 새로운 양생 사상이 펼쳐진다.

안회의 즐거움, 공자의 복이다

족히 끼니를 거르지 않고
족히 몸에 걸칠 것이 있으면
이익에 자신을 팔지 않고
감투가 없어도 부끄러움이 없다.

| 본문 | 孔子謂顔回曰(공자위안회왈), "回(회), 來(래)! 家貧居卑(가빈거비), 胡不仕乎(호불사호)?" 顔回對曰(안회대왈), "不願仕(불원사). 回有郭外之田五十畝

(회유곽외지전오십무), 足以給飦粥(족이급전죽) ; 郭內之田十畝(곽내지전십무),
足以爲絲麻(족이위사마) ; 鼓琴足以自娛(고금족이자오), 所學夫子之道者足以自
樂也(소학부자지도자족이자락야). 回不願仕(회불원사)." 孔子愀然變容曰(공자초
연변용왈), "善哉回之意(선재회지의) ! 丘聞之(구문지), '知足者不以利自累也(지
족자불이리자루야), 審自得者失之而不懼(심자득자실지이불구), 行修於內者無位
而不怍(행수어내자무위이부작). '丘誦之久矣(구송지구의), 今於回而後見之(금어
회이후견지), 是丘之得也(시구지득야)."

공자가 안회에게 일러 말했다.
"회야, 오너라. 집은 가난하고 거처하는 곳은 비천하다. 어찌 벼슬하지
않느냐?"
안회가 대답하여 말했다.
"벼슬을 바라지 않습니다. 회(回)는 성곽 밖에 밭 50무가 있어 족히 죽을
먹을 수 있고, 성곽 안에 밭 10무가 있어 족히 삼베옷을 지을 수 있습니다.
거문고를 타면서 스스로 즐거움에 만족하며, 선생님의 도를 배워 스스로
즐거움에 만족합니다."
공자가 걱정스럽게(초연히) 얼굴빛을 바꾸어 말했다.
"훌륭하구나! 회의 생각이여! 구(丘)가 든건대 만족할 줄 아는 사람은 이
익으로써 스스로 누가 되지 않고, 스스로 얻는 것을 살피는 사람은 이를 잃
어도 두렵지 않고, 내면에서 닦음을 행하는 사람은 지위가 없어도 부끄럽
지 않다고 하였다. 구(丘)가 이 말을 암송한 지 오래되었는데 지금 회(回)에
게서 듣고 난 뒤에야 이를 보니 이는 구(丘)가 얻은 것이다."

| 해석과 감상 |

공자가 안회에게 가난하면서 벼슬하지 않는 이유를 묻자 50무의 밭과

10무의 삼베 심을 땅이 있다고 대답한다. 죽을 먹고, 삼베옷을 입으며, 거문고를 타고, 스승의 가르침을 들을 수 있으면 족히 만족하다고 말하자 공자는 그 실천을 제자 안회에게서 본다며 자신이 회에게서 얻었다고 감탄한다. 무(畝)는 중국 상고 시대에는 사방 6척(1척은 약 180cm), 100보를 1무라 하고, 진(秦) 나라 이후에는 240보를 1무라고 하였다. 안회가 진나라 이전의 사람이기 때문에 50무는 5,000보, 10무는 1,000보이다. BC 350년 상앙이 토지를 구획할 때 성인의 걸음걸이로 폭 2보, 길이 240보가량의 직사각형 넓이가 1무라 한다. 농가 한 가구의 기본 농지가 100무인데 여기서 생산되는 곡식은 대략 150석으로 추산한다. 이를 바탕으로 계산하면 안회는 농가 한 가구의 기본 농지의 반에 해당하는 밭을 가지고 있고, 삼베옷을 해 입기 위해 대마를 심는 밭이 10무이다. 안회가 말한 대로 죽을 먹으며 살 수 있는 수준이다.

| 필사하기 |

● 知足者不以利自累也(지족자불이리자루야)
【만족할 줄 아는 사람은 이익으로써 스스로 허물이 되지 않는다.】

왕의 자리를 받으라니까 투신자살한 사람들

왕이 되고자 활과 칼을 휘두른 서양의 역사,
고대 중국에서 왕의 자리에 앉으라니까 죽다니
왕의 자리 놓고 자식과 아비가 싸웠던 그 수많은 역사,
저승에서 그들이 만나 서로 무엇을 말할까!
그곳에서조차 싸울 사람은 싸우고
사양할 사람은 사양할 것인가!

| 본문 | 舜以天下讓其友北人無擇(순이천하양기우북인무택), 北人無擇曰(북인무택왈), "異哉后之爲人也(이재후지위인야), 居於畎畝之中而遊堯之門(거어견무지중이유요지문)! 不若是而已(불약시이이), 又欲以其辱行漫我(우욕이기욕행만아). 吾羞見之(오수견지)." 因自投淸冷之淵(인자투청령지연). 湯將伐桀(탕장벌걸), 因卞隨而謀(인변수이모), 卞隨曰(변수왈), "非吾事也(비오사야)." 湯曰(탕왈), "孰可(숙가)?" 曰(왈), "吾不知也(오부지야)." 湯又因瞀光而謀(탕우인무광이모), 瞀光曰(무광왈), "非吾事也(비오사야)." 湯曰(탕왈), "孰可(숙가)?" 曰(왈), "吾不知也(오부지야)." 湯曰(탕왈), "伊尹何如(이윤하여)?" 曰(왈), "强力忍垢(강력인구), 吾不知其他也(오부지기타야)." 湯遂與伊尹謀伐桀(탕수여이윤모벌걸), 剋之(극지), 以讓卞隨(이양변수). 卞隨辭曰(변수사왈), "后之伐桀也謀乎我(후지벌걸야모호아), 必以我爲賊也(필이아위적야); 勝桀而讓我(승걸이양아), 必以我爲貪也(필이아위탐야). 吾生乎亂世(오생호란세), 而無道之人再來漫我以其辱行(이무도지인재래만아이기욕행), 吾不忍數聞也(오불인수문야)." 乃自投椆(椆)水而死(내자투조(주)수이사). 湯又讓瞀光曰(탕우양무광왈), "知者謀之(지자모지), 武者遂之(무자수지), 仁者居之(인자거지), 古之道也(고지도야). 吾子胡不立乎(오자호불립호)?" 瞀光辭曰(무광사왈), "廢上(폐상), 非義也(비의야); 殺民(살민), 非仁也(비인야); 人犯其難(인범기난), 我享其利(아향기리), 非廉也(비렴야). 吾聞之曰(오문지왈), 非其義者(비기의자), 不受其祿(불수기록), 無道之世(무도지세), 不踐其土(불천기토). 況尊我乎(황존아호)! 吾不忍久見也(오불인구견야)." 乃負石而自沈於廬水(내부석이자침어려수).

순임금이 천하를 친구인 북쪽 사람 무택에게 넘겨주려고 했다. 북쪽 사람 무택이 말했다.

"이상하다, 임금의 사람됨이여! 밭이랑 가운데에서 살다가 요임금의 문에서 노닐더니 이것으로 그치는 것 같지 않고 또한 그 욕된 행실로 나를 더럽히려 하네. 나는 그대를 보는 것이 부끄럽네."

이로 인하여 스스로 청령(淸泠)의 연못에 뛰어들어 죽었다. 탕임금이 장차 걸(桀)을 치려할 때 변수(卞隨)에게 부탁하여 도모하려 했다.

변수가 말했다. "내 일이 아니오."

탕임금이 말했다. "누가 좋겠소?"

변수가 말했다. "나는 알지 못합니다."

탕은 다시 무광(瞀光)에게 부탁하여 도모하려 했다.

무광이 말했다. "내 일이 아니오."

탕이 말했다. "누가 좋겠소"

무광이 말했다. "나는 알지 못합니다."

탕이 말했다. "이윤은 어떻소?"

무광이 말했다.

"굳세고 힘이 있고, 수치를 참습니다. 나는 그 밖의 다른 것은 알지 못합니다."

탕은 드디어 이윤과 도모(圖謨)하여 걸(桀)을 쳐서 이겼다. 변수에게 천하를 넘기려 했다. 변수는 사양하며 말했다.

"임금님이 걸을 치자고 나와 도모하였으니 이것은 반드시 나를 도적으로 생각한 것입니다. 걸을 이기고 나에게 왕위를 넘기려 한 것은 반드시 나를 탐욕으로 생각한 것입니다. 내가 어지러운 세상에 태어나니 도(道)가 없는 사람이 두 번이나 와서 나를 욕된 행실로 더럽히고 있습니다. 나는 자주 듣는 것을 참을 수 없습니다."

이에 스스로 조수(稠水)[316]에 몸을 던져 죽었다. 탕은 다시 무광에게 왕위를 사양하며 말했다.

---

316. 조수(稠水). 영천(穎川)에 있음.

"지자(知者)는 (천하를) 도모하고, 무사(武士)는 이를 행하고, 인자(仁者)는 거주하는 것이 옛사람의 도(道)라오. 선생은 어찌 즉위하지[317] 않으시오?"

무광이 사양하며 말했다.

"임금을 폐하는 것은 의가 아닙니다. 백성을 죽이는 것은 인이 아닙니다. 남이 어지러움을 범하여 내가 그 이익을 누리는 것은 청렴이 아닙니다. 내가 듣기로는 의롭지 않은 사람에게는 그 녹을 받지 않고, 도가 없는 세상에서는 그 땅을 밟지 않는다고 했습니다. 하물며 나를 높이려 함이겠습니까? 나는 차마 오래 두고 볼 수 없소이다."

이에 돌을 안고 스스로 여수(廬水)에 가라앉았다.

| 해석과 감상 |

욕됨을 받느니 죽는다. 고대의 현인이나 은자들이 청렴한 삶을 위해 욕됨을 이기지 못하고 투신자살한다. 권력이나 재산 때문에 가족 간에 소송을 하거나 싸우는 현실과는 대비된다.

| 필사하기 |

● 知者謀之(지자모지)하고 武者遂之(무자수지)하며 仁者居之(인자 거지)면 古之道也(고지도야)니라.

*謀(꾀할 모), 武(굳셀 무), 遂(이를 수), 居(있을 거), 道(길 도)

【지자는 꾀하고 무인은 이루고 인자는 자리에 있는 것이 옛 도리이다.】

● 非其義者(비기의자)는 不受其祿(불수기록)이라.

*非(아닐 비), 義(옳을 의), 者(사람 자), 受(받을 수), 祿(복 록, 녹봉 록)

---

317. 립(立)에는 서다, 즉위하다, 출사하다, 세우다 등의 뜻이 있다.

【의롭지 않은 사람에게는 녹봉을 받지 않는다.】

■『논어』「이인」 子曰(자왈), 唯仁者能好人(유인자능호인)하고 能 惡人(능오인)이니라.

*唯(오직 유), 能(능할 능), 好(좋아할 호), 惡(싫어할 오)

【오직 어진 사람만이 남을 좋아할 수 있고 남을 미워할 수 있다.】

■『논어』「자한」 子曰(자왈), 知者不惑(지자불혹)하고 仁者不憂(인 자불우)하며 勇者不懼(용자불구)니라.

*惑(미혹할 혹), 憂(근심할 우), 勇(날쌜 용), 懼(두려워할 구)

【지자는 미혹하지 않고, 인자는 근심하지 않으며, 용자는 두려워하지 않는다.】

『장자』와 『논어』로 우리 삶의 균형 찾기

『장자』와『논어』모두 공자의 인, 의로움을 이야기한다. 공자의 사상이 반영된 글이다. 공자가 그만큼 대중들에게 많이 알려진 사정을 알 수 있다.

백이와 숙제

왜 그리 백이숙제를 여기저기에서 말하나.
잘 먹고 살 수 있었던 왕자라서 그런가.
수양산에서 먹던 자연산 고사리가 떨어져 굶어 죽어서 그런가.

숙주나물처럼 변하기 쉬운 세상을 경멸해서인가.
쉽게 떠나간 자기 연인을 그리워서 그런가.

| 본문 | 昔周之興(석주지흥), 有士二人處於孤竹(유사이인처어고죽), 曰伯夷叔

齊(왈백이숙제). 二人相謂曰(이인상위왈), "吾聞西方有人(오문서방유인), 似有道者(사유도자), 試往觀焉(시왕관언)." 至於岐陽(지어기양), 武王聞之(무왕문지), 使叔旦往見之(사숙단왕견지), 與盟曰(여맹왈), "加富二等(가부이등), 就官一列(취관일렬)." 血牲而埋之(혈생이매지). 二人相視而笑曰(이인상시이소왈), "嘻(희), 異哉(이재)! 此非吾所謂道也(차비오소위도야). 昔者神農之有天下也(석자신농지유천하야), 時祀盡敬而不祈喜(시사진경이불기희) ; 其於人也(기어인야), 忠信盡治而無求焉(충신진치이무구언). 樂與政爲政(낙여정위정), 樂與治爲治(낙여치위치), 不以人之壞自成也(불이인지괴자성야), 不以人之卑自高也(불이인지비자고야), 不以遭時自利也(불이조시자리야). 今周見殷之亂而遽爲政(금주견은지란이거위정), 上謀而下行貨(상모이하행화), 阻兵而保威(조병이보위), 割牲而盟以爲信(할생이맹이위신), 揚行以說衆(양행이설중), 殺伐以要利(살벌이요리), 是推亂以易暴也(시추란이역폭야). 吾聞古之士(오문고지사), 遭治世不避其任(조치세불피기임), 遇亂世不爲苟存(우란세불위구존). 今天下闇(금천하암), 周德衰(주덕쇠), 其並乎周以塗吾身也(기병호주이도오신야), 不如避之以絜吾行(불여피지이혈오행)." 二子北至於首陽之山(이자북지어수양지산), 遂餓而死焉(수아이사언). 若伯夷叔齊者(약백이숙제자), 其於富貴也(기어부귀야), 苟可得已(구가득이), 則必不賴(칙필불뢰). 高節戾行(고절려행), 獨樂其志(독락기지), 不事於世(불사어세), 此二士之節也(차이사지절야).

옛날 주(周)나라가 흥할 때 선비 둘이 고죽(孤竹, 고죽국)에 살고 있었는데 백이 숙제라 했다. 두 사람이 서로 말했다.

"나는 서방에 도(道)가 있는 것 같은 사람이 있다고 들었다. 시험 삼아 가서 보기로 하자!"

기산(岐山)의 남쪽[318]에 이르렀을 때 무왕(武王)이 이 소식을 들었다. 숙

---

318. 岐陽(기양). 기산의 남쪽. 양(陽)은 산의 남쪽 땅, 물의 북쪽을 뜻한다. 한양(漢陽)은 한

단(叔旦)[319]을 시켜 가서 이들을 보게 했다. 이들에게 굳게 맹세하며 말했다.

"녹봉을 이 등급으로 하고, 첫 번째 등급의 관직에 나아갈 것이오. 희생의 피로 맹세하고 이를 묻겠습니다."

두 사람은 서로 바라보고 웃으며 말했다.

"아, 이상하구나! 이는 내가 말하는 도가 아니다. 옛날에 신농씨가 천하에 있을 때는 때마다 제사에 공경을 다 했으나 복을 빌지는 않았다. 사람들에게 충성스러운 믿음으로 다스림을 다했으나 요구하는 것이 없었다. 더불어 정치하는 것을 즐거워하면서 정치를 했고, 함께 다스리는 것을 즐거워하면서 다스렸다. 남의 파괴로 스스로를 이루지 않고, 남의 낮춤으로 스스로를 높이지 않았다. 때를 만나서 자기 이익을 얻지 않았다. 지금 주(周)는 은(殷)의 어지러움을 보고 급하게 정사를 펴고, 위에서 꾀하고 아래에서 뇌물을 바친다. 병력에 의지하고 위엄을 보존하며, 희생을 갈라 맹약하여 믿음이 되게 한다. 행적을 드러내어 대중을 기쁘게 하고 살육과 정벌로 이익을 얻는다. 이것은 혼란을 밀어내고 폭정(暴政)으로 바꾼 것이다. 우리가 들은 바는 옛 선비는 치세를 만나면 벼슬을 피하지 않고, 난세를 만나면 구차하게 살려고 하지 않는다고 한다. 이제 천하가 어두워지고 주나라 덕은 쇠해졌다. 주나라와 나란히 어우러져서 나의 몸을 더럽힘은 이를 피하여 나의 행실을 깨끗이 하는 것만 못하다."

수(漢水)의 북쪽, 한강의 북쪽이란 뜻이다. 在南山之陽(詩經). 水北爲陽 山南爲陽(穀梁傳).

319. 주공(周公) 희단(姬旦, 성은 희, 이름은 단). 주공은 무왕의 동생이며 성왕의 숙부이다. 이런 이유로 이름 단(旦) 앞에 숙(叔, 아재비 숙)을 붙였다. 그는 후대 중국 왕조들의 모범이 되어 많은 문헌에 등장한다. 주공 단은 무왕이 즉위한 후 3년 만에 죽자 형의 아들 성왕을 7년 동안 섭정하여 주(周: BC 1,111경~255) 초기에 국가의 기반을 다졌다. 공자는 그를 후세의 중국 황제들과 대신들이 모범으로 삼아야 할 인물로 격찬했다.

두 사람은 북쪽 수양산에 가서 마침내 굶어 죽었다. 백이숙제 같은 사람은 부귀를 구차하게 얻을 수 있어도 반드시 의지하지 않는다. 고고한 절의와 행실로 홀로 자기 뜻을 즐기고, 속세를 섬기지 않는다. 이것이 두 사람의 절개이다.

| 해석과 감상 |

절개가 아니면 죽는다. 백이숙제에 대한 글은 우리 문학사에도 자주 등장한다. 조선시대 사육신의 하나인 성삼문(태종(太宗) 18년 1418 - 세조(世祖) 2년 1456년)의 시조가 대표적이다. "수양산(首陽山) 바라보며 이제(夷齊)를 한(恨)하노라. / 주려 주글진들 채미(採薇)도 하난 것가 / 비록애 푸새엣거신들 긔 뉘 따헤 낫다니."

사마천의『사기열전』70편 중 첫 번째 글이「백이열전」이다. 공자의 제자 70명 중 안연만이 학문을 좋아한다고 칭찬받았지만 가난하게 살다가 젊은 나이에 죽는다. 반면 죄 없는 사람들을 죽이고 그들의 간을 날로 먹은 도척은 수명을 다 누리고 죽었다. 이것이 하늘의 도리라면 옳은 것인가 그른 것인가라고 사마천은 묻는다. 또한 공자의 칭찬이 있고 나서야 백이숙제의 명성이 드러나게 되었다고 기록하고 있다.『사기열전』으로 또한 백이숙제는 더 명성이 드러난다. 조선시대 문신 김득신(1604~1686)은「독수기」에서「백이전」을 1억 1만 3천 번을 읽었다고 기록하고 있다. 지금의 숫자로 보면 11만 3천 번을 읽었다고 한다. 유가 중심의 이데올로기가 만든 절개의 숭상 과정이며 모습이다.

| 필사하기 |

● 樂與政爲政(낙여정위정)하고 樂與治爲治(낙여치위치)니라.

*樂(즐길 락), 與(더불 여), 政(정사 정), 爲(할 위), 治(다스릴 치)

【더불어 정치하는 것을 즐거워하며 정치를 하고, 더불어 다스리는 것을 즐거워하면서 다스린다.】

제29편 도척(盜跖), 공자를 혼내다

이 편은 주인공 이름을 따서 도척이라 하였다. 도척은 전설상의 유명한 도둑이다. 대부분 공자와 도척의 만남을 이야기하고 있는데 도척이 오히려 공자를 도적이라 질타하면서 유가의 위선적 태도를 비판한다. 자장과 만구득, 무족과 지화의 대화를 통해 세속적 명리는 자연에 해당하는 천(天)을 잃을 것이라 경고한다. 소설처럼 흥미롭다.

송나라 소식은「도척(盜跖)」과「어부(漁父)」편을 장자의 글을 제대로 읽지도 못한 후대의 어리석은 자들이 끼워 넣은 작품으로 간주한다. 두 편은 공자를 매우 부정적으로 서술한다.

도척이 공자를 도둑이라며 혼낸 이야기

도척이 도적이 된 것은 나, 도척에게 책임 없다.
아니, 나를 도적이라 하면 공자건 군주건 권력자 또한 도적 아닌가.
남의 것을 빼앗아 내 것으로 만드는 것은 매 한가지로
고시 합격하여 하는 일은 도적 자격증을 받은 것뿐이니
나, 도적연합회도 도척 이름으로 자격증을 발급하면 되는 것 아닌가.
세계를 무력이건 글의 힘이건 양두구육의 언어이건 움켜 쥔 자가
세상의 질서이니 공자, 그대도 나와 다를 바 없다.

그렇더라도 내가 그대를 비웃는 이유를 말해 보자.

요와 순은 천하를 가졌어도 자식에게 줄 땅 하나 없었다.

자로를 설복하여 칼을 버리고 선비가 되어

끝내 위나라에서 몸이 두 토막 나게 한 것은 공자, 그대 탓 아닌가.

일이 터지고 나서 젓갈을 버린다고 죽은 자가 살아나던가

노나라에서 두 번 쫓겨나고 위, 제, 진과 채에서 궁지에 몰려

자신은 물론 제자까지 다스리지 못한 자가

부하들 끼니 걱정은 하지 않게 하는 나, 도척 앞에 설 수 있나.

요는 아들에 사랑이 없었고 순은 효성이 미치지 못했으며

우는 물을 다스리다 과로하여 반신불수가 되었다.

탕은 임금을 배반하고 문왕은 감옥에 갇힌 적이 있다.

백이숙제는 굶어죽고 포초는 나무를 안고 죽었다.

신도적은 돌을 안고 강에 빠져 죽고 개자추는 산속에서 불에 탔다.

미생은 다리 기둥을 안고 죽었다.

어찌 그대는 죽음을 좋아하는 사람들을 떠받드나?

자는 일, 앓는 일, 근심하는 일 등 뺄 것 빼면 한 달에 사오일,

오래 살아야 백 살이니 짧은 기간 자기 뜻을 기쁘게 양생하라.

공자, 그대가 하는 일은 모두 내가 버린 것뿐이다.

공자여, 고개를 조아리며 살 게 뭐 있는가.

나에게도 고개 조아리지 말고 그대 양생(養生)하라.

세상 가진 자들 모두 나보다 못한 도둑 아닌가.

공자, 그대보다 훨씬 오래 전 살았던 나, 도척이

타임머신 타고 온 그대를 만나 준 것은

사람을 꾀는 도둑으로 우리 도둑과 다를 바 없기 때문이니

큰 도둑, 나를 알현한 것만도 기뻐하라.

그대가 나의 형이라고 부르는 유하계도 형이 아니나

그 형도 나를 설득하지 못했노라

그대, 배움이 특기이니 나의 가르침을 배워 실천하라.
삶은 곤궁하나마 유지할 터이니.

| **본문** | 孔子與柳下季爲友(공자여류하계위우), 柳下季之弟(유하계지제), 名曰
盜跖(명왈도척). 盜跖從卒九千人(도척종졸구천인), 橫行天下(횡행천하), 侵暴諸
侯(침폭제후), 穴室樞戸(혈실추호), 驅人牛馬(구인우마), 取人婦女(취인부녀), 貪
得忘親(탐득망친), 不顧父母兄弟(불고부모형제), 不祭先祖(부제선조). 所過之邑
(소과지읍), 大國守城(대국수성), 小國入保(소국입보), 萬民苦之(만민고지). 孔子
謂柳下季曰(공자위류하계왈), “夫爲人父者(부위인부자), 必能詔其子(필능조기
자) ; 爲人兄者(위인형자), 必能教其弟(필능교기제). 若父不能詔其子(약부불능조
기자), 兄不能教其弟(형불능교기제), 則無貴父子兄弟之親矣(칙무귀부자형제지친
의). 今先生(금선생), 世之才士也(세지재사야), 弟爲盜跖(제위도척), 爲天下害(위
천하해), 而弗能教也(이불능교야), 丘竊爲先生羞之(구절위선생수지). 丘請爲先
生往說之(구청위선생왕설지).” 柳下季曰(유하계왈), “先生言爲人父者必能詔其子
(선생언위인부자필능조기자), 爲人兄者必能教其弟(위인형자필능교기제), 若子不
聽父之詔(약자불청부지조), 弟不受兄之教(제불수형지교), 雖今先生之辯(수금선
생지변), 將柰之何哉(장내지하재) ! 且跖之爲人也(차척지위인야), 心如涌泉(심여
용천), 意如飄風(의여표풍), 強足以距敵(강족이거적), 辯足以飾非(변족이식비), 順
其心則喜(순기심칙희), 逆其心則怒(역기심칙로), 易辱人以言(이욕인이언). 先生
必無往(선생필무왕).” 孔子不聽(공자불청), 顏回爲馭(안회위어), 子貢爲右(자공위
우), 往見盜跖(왕견도척). 盜跖乃方休卒徒大山之陽(도척내방휴졸도대산지양), 膾
人肝而餔之(회인간이포지). 孔子下車而前(공자하거이전), 見謁者曰(견알자왈),
“魯人孔丘(노인공구), 聞將軍高義(문장군고의), 敬再拜謁者(경재배알자).”謁者入
通(알자입통), 盜跖聞之大怒(도척문지대로), 目如明星(목여명성), 髮上指冠(발상
지관), 曰(왈), “此夫魯國之巧僞人孔丘非邪(차부로국지교위인공구비사) ? 爲我告
之(위아고지) : '爾作言造語(이작언조어), 妄稱文武(망칭문무), 冠枝木之冠(관지
목지관), 帶死牛之脅(대사우지협), 多辭繆說(다사무설), 不耕而食(불경이식), 不織

而衣(불직이의), 搖脣鼓舌(요순고설), 擅生是非(천생시비), 以迷天下之主(이미천하지주), 使天下學士不反其本(사천하학사불반기본), 妄作孝弟而儌倖於封侯富貴者也(망작효제이교행어봉후부귀자야). 子之罪大極重(자지죄대극중), 疾走歸(질주귀)！不然(불연), 我將以子肝益晝餔之膳(아장이자간익주포지선)！”孔子復通曰(공자부통왈), “丘得幸於季(구득행어계), 願望履幕下(원망리막하).”謁者復通(알자부통), 盜跖曰(도척왈), “使來前(사래전)！”孔子趨而進(공자추이진), 避席反走(피석반주), 再拜盜跖(재배도척). 盜跖大怒(도척대로), 兩展其足(양전기족), 案劍瞋目(안검진목), 聲如乳虎(성여유호), 曰(왈), “丘來前(구래전)！若所言(약소언), 順吾意則生(순오의칙생), 逆吾心則死(역오심칙사).”孔子曰(공자왈), “丘聞之(구문지), 凡天下有三德(범천하유삼덕)：生而長大(생이장대), 美好無雙(미호무쌍), 少長貴賤見而皆說之(소장귀천견이개설지), 此上德也(차상덕야)；知維天地(지유천지), 能辯諸物(능변제물), 此中德也(차중덕야)；勇悍果敢(용한과감), 聚衆率兵(취중솔병), 此下德也(차하덕야). 凡人有此一德者(범인유차일덕자), 足以南面稱孤矣(족이남면칭고의). 今將軍兼此三者(금장군겸차삼자), 身長八尺二寸(신장팔척이촌), 面目有光(면목유광), 脣如激丹(순여격단), 齒如齊貝(치여제패), 音中黃鍾(음중황종), 而名曰盜跖(이명왈도척), 丘竊爲將軍恥不取焉(구절위장군치불취언). 將軍有意聽臣(장군유의청신), 臣請南使吳越(신청남사오월), 北使齊魯(북사제로), 東使宋衛(동사송위), 西使晉楚(서사진초), 使爲將軍造大城數百里(사위장군조대성수백리), 立數十萬戶之邑(립수십만호지읍), 尊將軍爲諸侯(존장군위제후), 與天下更始(여천하갱시), 罷兵休卒(파병휴졸), 收養昆弟(수양곤제), 共祭先祖(공제선조). 此聖人才士之行(차성인재사지행), 而天下之願也(이천하지원야).”盜跖大怒曰(도척대로왈), “丘來前(구래전)！夫可規以利而可諫以言者(부가규이리이가간이언자), 皆愚陋恆民之謂耳(개우루긍민지위이). 今長大美好(금장대미호), 人見而悅之者(인견이열지자), 此吾父母之遺德也(차오부모지유덕야). 丘雖不吾譽(구수불오예), 吾獨不自知邪(오독부자지사)？且吾聞之(차오문지), 好面譽人者(호면예인자), 亦好背而毀之(역호배이훼지). 今丘告我以大城衆民(금구고아이대성중민), 是欲規我以利而恆民畜我也(시욕규아이리이긍민축아야), 安可久長也(안가구장야)！城之

大者(성지대자), 莫大乎天下矣(막대호천하의). 堯舜有天下(요순유천하), 子孫無置錐之地(자손무치추지지) ; 湯武立爲天子(탕무립위천자), 而後世絶滅(이후세절멸) ; 非以其利大故邪(비이기리대고사)？ 且吾聞之(차오문지), 古者禽獸多而人少(고자금수다이인소), 於是民皆巢居以避之(어시민개소거이피지), 晝拾橡栗(주습상률), 暮栖木上(모서목상), 故命之曰有巢氏之民(고명지왈유소씨지민). 古者民不知衣服(고자민부지의복), 夏多積薪(하다적신), 冬則煬之(동칙양지), 故命之曰知生之民(고명지왈지생지민). 神農之世(신농지세), 臥則居居(와칙거거), 起則于于(기칙우우), 民知其母(민지기모), 不知其父(부지기부), 與麋鹿共處(여미록공처), 耕而食(경이식), 織而衣(직이의), 無有相害之心(무유상해지심), 此至德之隆也(차지덕지륭야). 然而黃帝不能致德(연이황제불능치덕), 與蚩尤戰於涿鹿之野(여치우전어탁록지야), 流血百里子以甘辭說子路而使從之(류혈백리자이감사설자로이사종지), 使子路去其危冠(사자로거기위관), 解其長劍(해기장검), 而受敎於子(이수교어자), 天下皆曰孔丘能止暴禁非(천하개왈공구능지폭금비). 其卒之也(기졸지야), 子路欲殺衛君而事不成(자로욕살위군이사불성), 身菹於衛東門之上(신저어위동문지상), 是子敎之不至也(시자교지부지야). 堯舜作(요순작), 立群臣(립군신), 湯放其主(탕방기주), 武王殺紂(무왕살주). 自是之後(자시지후), 以強陵弱(이강릉약), 以衆暴寡(이중폭과). 湯武以來(탕무이래), 皆亂人之徒也(개란인지도야). 今子脩文武之道(금자수문무지도), 掌天下之辯(장천하지변), 以敎後世(이교후세), 縫衣淺帶(봉의천대), 矯言僞行(교언위행), 以迷惑天下之主(이미혹천하지주), 而欲求富貴焉(이욕구부귀언), 盜莫大於子(도막대어자). 天下何故不謂子爲盜丘(천하하고불위자위도구), 而乃謂我爲盜跖(이내위아위도척)？ 子以甘辭說子路而使從之(자이감사설자로이사종지), 使子路去其危冠(사자로거기위관), 解其長劍(해기장검), 而受敎於子(이수교어자), 天下皆曰孔丘能止暴禁非(천하개왈공구능지폭금비). 其卒之也(기졸지야), 子路欲殺衛君而事不成(자로욕살위군이사불성), 身菹於衛東門之上(신저어위동문지상), 是子敎之不至也(시자교지부지야). 子自謂才士聖人邪(자자위재사성인사)？ 則再逐於魯(칙재축어로), 削跡於衛(삭적어위), 窮於齊(궁어제), 圍於陳蔡(위어진채), 不容身於天下(불용신어천하). 子敎子路菹此患(자교자로저차환),

上無以爲身(상무이위신), 下無以爲人(하무이위인), 子之道豈足貴邪(자지도기족귀사)？ 世之所高(세지소고), 莫若黃帝(막약황제), 黃帝尚不能全德(황제상불능전덕), 而戰涿鹿之野(이전탁록지야), 流血百里(류혈백리). 堯不慈(요부자), 舜不孝(순불효), 禹偏枯(우편고), 湯放其主(탕방기주), 武王伐紂(무왕벌주), 文王拘羑里(문왕구유리). 此六子者(차륙자자), 世之所高也(세지소고야), 孰論之(숙론지)? 皆以利惑其真而强反其情性(개이리혹기진이강반기정성), 其行乃甚可羞也(기행내심가수야). 世之所謂賢士(세지소위현사), 伯夷叔齊(백이숙제). 伯夷叔齊辭孤竹之君而餓死於首陽之山(백이숙제사고죽지군이아사어수양지산), 骨肉不葬(골육불장). 鮑焦飾行非世(포초식행비세), 抱木而死(포목이사). 申徒狄諫而不聽(신도적간이불청), 負石自投於河(부석자투어하), 爲魚鼈所食(위어별소식). 介子推至忠也(개자추지충야), 自割其股以食文公(자할기고이식문공), 文公後背之(문공후배지), 子推怒而去(자추로이거), 抱木而燔死(포목이번사). 尾生與女子期於梁下(미생여녀자기어량하), 女子不來(여자불래), 水至不去(수지불거), 抱梁柱而死(포량주이사). 此六子者(차륙자자), 無異於磔犬流豕操瓢而乞者(무리어책견류시조표이걸자), 皆離名輕死(개리명경사), 不念本養壽命者也(불념본양수명자야). 世之所謂忠臣者(세지소위충신자), 莫若王子比干伍子胥(막약왕자비간오자서). 子胥沈江(자서침강), 比干剖心(비간부심), 此二子者(차이자자), 世謂忠臣也(세위충신야), 然卒爲天下笑(연졸위천하소). 自上觀之(자상관지), 至于子胥比干(지우자서비간), 皆不足貴也(개부족귀야). 丘之所以說我者(구지소이설아자), 若告我以鬼事(약고아이귀사), 則我不能知也(즉아불능지야) ; 若告我以人事者(약고아이인사자), 不過此矣(불과차의), 皆吾所聞知也(개오소문지야). 今吾告子以人之情(금오고자이인지정), 目欲視色(목욕시색), 耳欲聽聲(이욕청성), 口欲察味(구욕찰미), 志氣欲盈(지기욕영). 人上壽百歲(인상수백세), 中壽八十(중수팔십), 下壽六十(하수륙십), 除病瘦死喪憂患(제병수사상우환), 其中開口而笑者(기중개구이소자), 一月之中不過四五日而已矣(일월지중불과사오일이이의). 天與地無窮(천여지무궁), 人死者有時(인사자유시), 操有時之具而託於無窮之間(조유시지구이탁어무궁지한), 忽然無異騏驥之馳過隙也(홀연무리기기지치과극야). 不能說其志意(불능설기지의), 養其壽命者(양기수명자), 皆非通道者也(개비통도자야).

丘之所言(구지소언), 皆吾之所棄也(개오지소기야), 亟去走歸(극거주귀), 無復言之(무부언지)! 子之道(자지도), 狂狂汲汲(광광급급), 詐巧虛僞事也(사교허위사야), 非可以全眞也(비가이전진야), 奚足論哉(해족론재)!" 孔子再拜趨走(공자재배추주), 出門上車(출문상거), 執轡三失(집비삼실), 目芒然無見(목망연무견), 色若死灰(색약사회), 據軾低頭(거식저두), 不能出氣(불능출기). 歸到魯東門外(귀도로동문외), 適遇柳下季(적우류하계). 柳下季曰(유하계왈), "今者闕然數日不見(금자궐연수일불견), 車馬有行色(거마유행색), 得微往見跖邪(득미왕견척사)?" 孔子仰天而歎曰(공자앙천이탄왈), "然(연)." 柳下季曰(유하계왈), "跖得無逆汝意若前乎(척득무역여의약전호)?" 孔子曰(공자왈), "然(연). 丘所謂無病而自灸也(구소위무병이자구야), 疾走料虎頭(질주료호두), 編虎須(편호수), 幾不免虎口哉(기불면호구재)!"

공자는 유하계와 친구[320]다. 유하계 동생 이름이 도척(盜跖)[321]이다. 도척은 졸개 구천 명을 거느리고 천하를 횡행했다. 제후를 침략하고 해치며 집에 구멍을 뚫고 문짝을 떼어냈다. 남의 소와 말을 훔치고, 남의 부녀를 납치하고 이득을 탐내어 친척을 잊는다. 부모 형제를 돌아보지 않고, 선조에 제사를 지내지 않았다. 지나는 읍마다 큰 나라는 성을 지키고, 작은 나라는 성안으로 백성을 들여보내 만민이 이를 고통스러워했다. 공자가 유하계에게 일러 말했다.

"대저 남의 아버지가 된 사람은 반드시 아들을 훈계하여 이끌 수 있고, 형이 된 사람은 반드시 그 아우를 가르칠 수 있어야 합니다. 만약 아버지가 그 아들을 훈계하여 이끌 수 없고, 형이 그 아우를 가르칠 수 없다면 부

---

320. 공자보다 80년 전 사람이다. 이로 보아 허구적인 내용임을 알 수 있다.

321. 도척이 유하계보다 이전 사람이다. 도척은 공자보다 100년 전 사람으로 본다.

자와 형제의 친함에 귀함이 없을 것입니다. 지금 선생은 세상의 재능 있는 선비입니다. 아우가 도척으로 천하를 해치고 있는 데 가르칠 수 없다니 구(丘)는 마음속으로 선생을 수치로 여깁니다. 구(丘)는 청컨대 선생을 위해 척(跖)을 찾아가서 설득하겠습니다."

유하계가 말했다.

"선생의 말대로 아버지가 반드시 아들을 훈계하여 이끌 수 있고, 형이 아우를 반드시 지도할 수 있어야 합니다. 만약 아들이 아버지의 가르쳐 지도하는 것을 듣지 않고, 아우가 형의 가르침을 받아들이지 않는다면 비록 지금 선생의 달변인들 장차 이를 어찌하겠습니까? 또한 척(跖)의 사람됨이 마음은 끓는 물 같고, 뜻은 회오리바람 같으며, 강함은 적을 물리치기에 충분하고, 변설은 잘못을 꾸미기에 족합니다. 자기 마음을 따르면 기뻐하고, 자기 마음을 거스르면 성을 내며, 남을 말로 쉽게 모욕합니다. 선생은 절대 가지 마십시오."

공자는 듣지 않았다. 안회를 마부로 삼고 자공을 오른쪽으로 삼아 도척을 찾아가 보았다. 도척은 마침 태산(泰山)의 양지에서 무리들과 쉬면서 사람의 간을 회(膾)로 해서 먹고 있었다. 공자가 수레에서 내려 앞으로 안내인을 보고 나아가 말했다.

"노나라 사람 공구가 장군의 높은 의(義)를 들었습니다."

안내인에게 공경하며 두 번 절을 했다. 안내인이 들어가 말을 전하니 도척이 이를 듣고 크게 노하였다. 눈은 별과 같고, 머리카락은 관을 뚫을 듯 솟구쳤다.

도척이 말했다.

"그는 노나라의 교활한 위선자 공구가 아니냐? 나의 말을 그에게 전해라. '너는 말을 짓고 말을 만들어 문왕과 무왕을 망령되이 칭하고, 나뭇가지의 관을 쓰고 죽은 소의 갈빗대 띠를 두르고 장황한 말과 거짓 설명을 한다. 밭을 갈지 않고 먹으며 베를 짜지 않으며 입는다. 입술을 놀리고 혀를 움직여 옳고 그름을 멋대로 만들어 천하의 주인을 미혹하게 하고, 천하의 배우는 선비에게 그 근본으로 돌아가지 못하게 한다. 제멋대로 효도와 우애를 지어내고, 요행으로 제후에 봉해져 부귀를 바라는 자이니 너의 죄는 매우 크고 무겁다. 빨리 돌아가라. 그렇지 않으면 너의 간을 점심 반찬으로 곁들이겠다."

공자가 다시 (안내인을) 통하여 말했다.

"구(丘)는 계(季)와 친하게 지내고 있습니다. 원하건대 장막 아래에 신발이라도 바라보는 예를 올리고자 합니다."

안내인이 다시 말을 전하자 도척이 말했다.

"앞으로 오라고 해라."

공자는 종종걸음으로 나아가 자리를 피하고 뒤로 물러나 도척에게 두 번 절했다. 도척이 크게 노하여 두 다리를 벌리고 칼을 어루만지며 눈을 부릅뜨고 젖 먹이는 호랑이 같이 말했다.

"구(丘)야, 앞으로 오너라! 만약 너의 말이 내 맘에 맞으면 살고, 내 맘에 거슬리면 죽는다!"

공자가 말했다.

"구(丘)가 듣건대 무릇 천하는 세 가지 덕이 있다고 합니다. 태어나 자라고 용모가 쌍이 없이 아름다워 소년이든 어른이든 귀한 자든 천한 자든 보는 사람이 모두 즐거워하는 것이 최상의 덕(德)입니다[상덕(上德)]. 앎이 하늘과 땅을 벼리로 삼고, 모든 사물을 능히 판단하는 것이 중간 정도의 덕(德)입니다[중덕(中德)]. 용기와 날카로움과 과단성으로 대중을 모으고 병사를 통솔하는 것이 가장 낮은 덕(德)입니다[하덕(下德)]. 대개 사람으로 한

가지 덕을 가져도 남면하여 폐하[322]라고 부르기에 넉넉합니다. 지금 장군
께서는 이 세 가지 덕을 모두 갖추었습니다. 신장은 팔 척 이 촌[323]이요, 얼
굴과 눈에 광채가 나고, 입술은 매우 붉은 단(丹) 같으며, 이는 가지런한 조
개와 같습니다. 목소리는 황금종에 들어맞습니다. 그런데 도척이라 부르
니 구(丘)는 마음속으로 장군을 위하여 부끄럽게 생각하여 그렇게 부르지
않습니다. 장군께서 신의 말을 들어주실 의향이 있으시면 신은 청컨대 남
쪽으로 오(吳)나라와 월(越)나라에 사신으로 가고, 북쪽으로 제(齊)나라와
노(魯)나라, 동쪽으로 송(宋)나라와 위(衛)나라, 서쪽으로 진(晉)나라와 초
(楚)나라에 사신으로 가겠습니다. 장군을 위해 수백 리 큰 성을 쌓고, 수십
만 호의 도읍을 세워 장군을 제후로 높이 받들겠습니다. 다시 천하를 시작
하고 전쟁을 그쳐 군사를 쉬게 하겠으며, 흩어진 형제를 모아 보살피면서
선조의 제사를 공양하겠습니다. 이것이 성인이나 재능 있는 선비의 행실
이며 천하가 바라는 바입니다."

도척이 크게 노하여 말했다.

"구(丘)야, 앞으로 오너라! 대저 이익으로써 바로잡을 수 있고, 말로 고칠
수 있는 사람은 모두 어리석고 더러운 평범한 사람이라고 부를 뿐이다. 지
금 크고 잘생겨서 남들이 보고 좋아하는 것은 내 부모가 남긴 덕(德)이다.
구(丘)가 비록 나를 칭찬하지 않는다 하더라도 나만 홀로 어찌 모르겠느
냐? 또한 내가 듣건대 면전에서 칭찬하기를 좋아하는 자는 반드시 뒤에서
비방하기를 좋아한다고 한다. 지금 구(丘)는 나에게 큰 성과와 많은 백성
을 말하는데 이는 이익으로 나를 규정하고 평범한 백성으로 나를 길들이

---

322. 고(孤, 외로울 고, 왕후의 겸칭).

323. 약 248cm.

는 것이다. 어찌 오래 가겠느냐? 성이 큰 것이라 해도 천하보다 큰 것이 없다. 요순은 천하를 가졌지만 그 자손은 송곳을 꽂을 땅이 없었다. 탕왕과 무왕은 천자가 되었으나 그 후손이 끊어져 없어졌다. 그 이익이 컸기 때문이 아니겠느냐?

나는 또한 이런 말을 들었다. 옛날에는 날짐승과 들짐승은 많고 사람이 적었다. 이때에는 백성이 나무 위 둥지에 살며 짐승을 피했다. 낮에는 상수리와 밤을 줍고, 저물면 나무 위에서 깃들었다(거처했다). 그러므로 이를 유소(有巢)³²⁴씨의 백성이라 이름했다. 옛날 백성은 의복을 알지 못해서 여름에 땔나무(섶)를 많이 쌓아두어 겨울이면 그것으로 불을 때었다. 그래서 이를 삶을 아는 백성이라 명명했다. 신농씨 시대에는 누우면 편안하고, 일어나면 한가했다. 백성은 그 어머니를 알고, 그 아버지는 몰랐다. 사슴과 같은 곳에 지냈고, 밭을 경작해서 먹고 옷을 짜서 입었다. 서로 해치려는 마음이 없어 지극한 덕이 융성했다. 그러나 황제는 덕을 이룰 수 없어 치우(蚩尤)³²⁵와 탁록(涿鹿)의 들에서 싸워 흘린 피가 백 리였다. 요와 순이 일어나 많은 신하들을 세웠다. 탕은 그 군주를 쫓아내고 무왕은 하나라 주(紂)왕을 죽였다. 이후로부터 강자가 약자를 능멸하고, 다수가 소수를 해쳤다. 탕왕과 무왕 이후로 모두가 사람을 어지럽히는 무리이다. 지금 너는 문왕과 무왕의 도(道)를 닦고, 천하의 변론을 장악하여 후세를 가르치고 있다. 소매가 큰 옷을 입고, 좁은 띠를 매고 왜곡된 말과 거짓 행실로 천하의 군주를 현혹하여 부귀를 구하려고 한다. 도둑은 너보다 큰 자가 없다. 천하는 어찌 너를 도둑 구(盜丘)라 부르지 않고 오히려 나를 도둑 척(跖)이라

---

324. 有巢, 있을 유, 집 소, 깃들일 소.

325. 蚩尤, 고조선의 단군의 조상이라는 설이 있다.

부르는가?

너는 달콤한 말로 자로(子路)를 설득하여 따르게 하고, 자로(子路)에게 (용맹함을 보여주는) 관을 버리게 하고,[326] 긴 칼을 풀게 하고서 너에게 가르침을 받게 했다. 천하가 모두 공구는 폭력을 그치고 잘못을 금하게 할 수 있다고 말한다. 결국 자로는 위나라 군주를 죽이려 하다가 일을 이루지 못하고 몸은 위나라 동쪽 문 위에서 죽어 소금에 절여졌다. 이는 너의 가르침이 지극하지 못했기 때문이다. 너는 스스로 재능 있는 선비, 성인이라 이르지만 노나라에서 두 번 쫓겨나고, 위나라에서 발자국을 지웠다. 제나라에서 궁지에 몰렸고, 진나라 채나라에서 포위되었다. 천하에 자기 몸을 용납할 수 없는데 네가 자로를 가르쳤으니 절여서 죽음은 환란이다. 위로 자기 몸을 위할 수 없고, 아래로 남을 위할 수 없으니 너의 도를 어찌 매우 귀하다고 하겠는가?

세상에서 높기는 황제(黃帝)와 같은 이가 없다. 황제는 오히려 덕을 온전히 할 수 없었으니 탁록(涿鹿)의 들에서 흘린 피가 백 리였다. 요(堯)는 인자하지 않고 순(舜)은 효도하지 않고 우(禹)는 지나치게 몸이 말랐고 탕(湯)은 자기 군주를 쫓아냈고 문왕(文王)은 유리(羑里)에 유폐되고 무왕(武王)은 은 주왕(紂王)을 정벌했다. 이 여섯 사람은 세상이 높이는 자들이다. 누가 이에 대해 이론을 달겠는가? 모두 이익으로 그 참됨을 의심하여 억지로 그 성정을 거슬렀으니 그 행실은 심히 수치스럽다.

---

326. 사마천의 『사기열전』「중니제자열전」에는 공자를 만나기 전 자로는 '천성이 거칠고 용맹과 힘을 좋아하며 뜻이 강하고 곧았다. 수탉의 털로 관을 만들어 쓰고 수퇘지의 가죽으로 만든 띠를 두르고 공자를 능멸하고 포악하게 굴었다.'라고 기록하고 있다. 공자가 예의를 다해 바른길로 이끌어 공자의 제자로 삼았다. 자로는 공자보다 아홉 살 아래다.

세상에서 이른바 어진 선비는 백이(伯夷) 숙제(叔弟)라고 한다. 백이와 숙제는 고죽(孤竹)의 군주를 사양하고, 수양산에서 굶어 죽었으니 뼈와 살을 장례도 치르지 못했다. 포초(鮑焦)는 꾸며서 행동하고 세상을 비난하다가 나무를 안고 죽었다. 신도적(申徒狄)은 간언하다가 받아들이지 않자 돌을 안고 황허에 투신하여 물고기와 자라의 밥이 되었다. 개자추(介子推)는 지극한 충신이라 자기 넓적다리를 베어 문공에게 먹였다. 문공이 배신하자 자추(子推)는 분노하여 그를 떠나 나무를 안고 불에 타 죽었다. 미생(尾生)은 여자와 다리 아래에서 약속하였는데 여자가 오지 않아 물이 불어나는데 떠나지 않고 다리 기둥을 잡은 채 죽었다. 이 여섯 사람은 찢긴 개나 떠내려가는 돼지, 바가지를 들고 구걸하는 자와 다를 바 없다. 이들은 모두 이름을 떨치려고 죽음을 가벼이 하였다. 근본은 양생이며 목숨은 하늘의 명인 것을 생각지 않는다. 세상의 이른바 충신이란 왕자 비간(比干)과 오자서(伍子胥) 같은 사람이 없다. 오자서는 강물에 던져졌고, 비간은 가슴이 쪼개졌다. 이 두 사람은 세상에서 충신이라고 이르지만 끝내 천하의 웃음거리가 되었다. 위와 같이 볼 때 자서와 비간에 이르기까지 모두 귀하다고 할 수 없다. 구(丘)가 나를 설득하려는 것도 나에게 귀신의 일을 말한다면 내가 할 수 없으나 만약 내가 사람의 일을 말한다면 내가 말한 것들을 넘지 않는다. 모두 내가 들어서 아는 것이다.

　이제 내가 너에게 사람의 본성에 대해 말해 주겠다. 눈은 아름다운 색을 보려 하고, 귀는 음악을 들으려고 하며, 입은 맛을 살피려 하고, 의지와 기운은 가득하기를 원한다. 사람은 오래 살면 백 세이고, 중간 수명이면 육십이다.[327] 병들어 여의고, 죽어 상을 당하고, 우환이 드는 것을 제외하면

---

327. 오래 살면 100, 중간 수명은 80, 아래 수명은 60이라는 판본도 있다.

그 가운데 입을 벌리고 웃는 것은 한 달 가운데 사오일에 불과할 뿐이다. 하늘과 땅이 끝이 없는데 사람이 죽는 것은 때가 있다. 때가 있는 몸을 가지고 끝이 없는 사이에 의탁한 것은 홀연히 혈통 좋은 말이 (문의 또는 벽의) 틈새를 지나가는 것과 다르지 않다. 자기의 뜻을 기쁘게 하지 못하고 수명을 양생하지 못하면 모두가 도에 통달한 사람이 아니다. 구(丘)가 말한 바는 모두 내가 버린 것들이다. 빨리 떠나 집으로 돌아가라. 다시는 이에 대해 말하지 말라. 너의 도는 미치고 미친 것이다. 기만과 속임수, 허영과 거짓의 일이며 온전한 참됨이 아니다. 어찌 논할 수 있겠느냐?"

공자는 두 번 절하고 황급히 달려 나왔다. 문을 나서 수레에 올라 고삐를 세 번 놓쳤다. 눈은 망연하여 보이지 않고, 안색은 꺼진 재 같았다. 손잡이에 기대어 고개를 떨구고 기운을 낼 수 없었다. 돌아와 노나라 동쪽 문밖에 이르러 유하계를 만났다.

유하계가 말했다.

"요즘 며칠 보이지 않습니다. 수레와 말의 행색을 보니 몰래 가서 척(跖)을 만나셨지요?"

공자는 하늘을 우러러 탄식하며 말했다.

"그렇습니다."

유하계가 물었다.

"척(跖)이 예전에 말했던 것처럼 그대의 뜻을 거역하지 않습니까?"

공자가 말했다.

"그렇습니다. 구(丘)는 이른바 병도 없는데 자청하여 뜸을 뜬 것입니다. 성급하게 달려가서 호랑이 머리를 쓰다듬고 호랑이 수염을 땋으려다 거의 호랑이 입을 면하지 못할 뻔했습니다."

| 해석과 감상 |

도척의 말을 통해 유가의 위선적 태도를 비판한다. 도척과 관련한 성어에 도척지견이 있다. 도척지견(盜跖之犬)은 도척의 개란 뜻이다. 사마천의 『사기열전』「회음후(한신) 열전」에 나오는 말이다. 도척이 기르는 개는 그 주인인 도척을 위해 짖는다. 요임금처럼 어진 이도 도척의 개는 주인이 아니기 때문에 짖는다. 이런 뜻에서 옳고 옳지 않음을 판단하지 않고 밥을 주는 주인을 위해 맹목적으로 복종하며 꼬리치는 이들을 비판할 때 사용한다. 미생지신(尾生之信)이란 '미생이란 사람의 믿음'이란 뜻으로, 미련하도록 약속을 굳게 지키는 것이나 고지식하여 융통성이 없음을 가리키는 말로 쓰인다.

※ **[참고]** 도척지견(盜跖之犬)의 출전, 「회음후(한신) 열전」[328]

한나라 10년에 진희(陳豨)가 모반하였다. 고조가 스스로 장수가 되어 치러 갔다. 한신은 병이 나서 따라가지 않았다. 몰래 진희에 사람을 보내 말했다.

---

328. 漢十年, 陳豨果反. 上自將而往, 信病不從. 陰使人至豨所, 曰, "弟擧兵, 吾從此助公." 信乃謀與家臣夜詐詔赦諸官徒奴, 欲發以襲呂后. 太子. 部署已定, 待豨報. 其舍人得罪於信, 信囚, 欲殺之. 舍人弟上變, 告信欲反狀於呂后. 呂后欲召, 恐其黨已不就, 乃與蕭相國謀, 詐令人從上所來, 言豨已得死, 列侯群臣皆賀. 相國給信曰, "雖疾, 彊入賀." 信入, 呂后使武士縛信, 斬之長樂鍾室. 信方斬, 曰, "吾悔不用蒯通之計, 乃爲兒女子所詐, 豈非天哉!" 遂夷信三族. 高祖已從豨軍來, 至, 見信死, 且喜且憐之, 問, "信死亦何言?" 呂后曰, "信言恨不用蒯通計". 高祖曰, "是齊辯士也." 乃詔齊捕蒯通. 蒯通至, 上曰, "若教淮陰侯反乎?" 對曰, "然, 臣固教之. 豎子不用臣之策, 故令自夷於此. 如彼豎子用臣之計, 陛下安得而夷之乎!" 上怒曰, "亨之." 通曰, "嗟乎, 冤哉亨也!" 上曰, "若教韓信反, 何冤?" 對曰, "秦之綱絶而維弛, 山東大擾, 異姓並起, 英俊烏集. 秦失其鹿, 天下共逐之, 於是高材疾足者先得焉. 蹠之狗吠堯, 堯非不仁, 狗因吠非其主. 當是時, 臣唯獨知韓信, 非知陛下也. 且天下銳精持鋒欲爲陛下所爲者甚衆, 顧力不能耳. 又可盡亨之邪?" 高帝曰, "置之." 乃釋通之罪.

"아우가 군사를 일으키면 내가 이를 쫓아 그대를 돕겠소."

한신은 이에 가신들과 모의하여 밤에 거짓 조서로 모든 관아의 죄수와 노비를 사면하고 여후(呂后)와 태자(太子)를 습격하려고 하였다. 부서가 정해지고 진희의 답을 기다리고 있었다. 가신 중에 한신에게 죄를 얻어 한신이 잡아 그를 죽이려 했다. 가신의 아우가 변고를 상달하여 한신이 여후에게 모반하고자 하는 뜻을 알렸다. 여후가 부르려다가 한신의 무리가 오지 않을 것을 염려하여 소(蕭) 상국과 상의하여 거짓으로 사람을 보내 한 고조를 따라온 것같이 하여 진희가 죽어 열후 군신이 모두 축하한다고 말하게 하였다. 상국(相國)이 한신을 속여 말했다.

"비록 병중이라도 부디 들어와 축하하십시오."

한신이 들어오자 여후는 무사를 시켜 한신을 포박하여 장락궁(長樂宮)의 종실(鍾室)에서 목을 벴다. 한신이 목이 달아나려 하자 말했다.

"내가 괴통(蒯通)의 계책을 쓰지 못한 것이 후회스럽다. 아녀자(兒女子)에게 속은 것이 어찌 운명이 아니랴!"

끝내 한신의 삼족을 죽였다. 한 고조가 진희를 토벌하고 와 한신이 죽은 것을 보았다. 한편으로 기쁘고 한편으로 가엽게 여기면서 물었다.

"한신이 죽을 때 무슨 말을 하던가?"

여후가 말했다.

"한신이 괴통의 계책을 쓰지 않은 것을 한탄한다고 했습니다."

고조가 말했다.

"그는 제나라 변사이다."

이에 제나라에 조서를 내려 괴통을 체포했다. 괴통이 도착하자 고조가 말했다.

"네가 회음후에게 모반하라고 가르쳤느냐?"

그가 대답하여 말했다.

"그렇습니다. 신이 틀림없이 가르쳤습니다. 그 풋내기가 신의 계책을 쓰지 않아 여기에서 자멸하였습니다. 만약 저 풋내기가 신의 계책을 썼다면 폐하가 어찌 그를 죽일 수 있었겠습니까?"

임금이 노하여 말했다.

"저놈을 삶아 죽여라."

괴통이 말했다.

"오호라! 원망스럽구나, 삶아 죽는 것이!"

임금이 말했다.

"네가 한신에게 모반을 가르쳤는데 어찌 원망하느냐?"

괴통이 대답하여 말했다.

"진(秦)나라의 기강이 끊어지자 산동 땅이 크게 어지러워지고, 다른 성씨가 아울러 일어나 영웅호걸이 까마귀처럼 모였습니다. 진나라가 그 사슴[329]을 잃자 천하가 모두 이를 좇았습니다. 이리하여 튼튼한 몸과 발이 빠른 사람이 먼저 얻었습니다. 척(蹠, 도척 盜跖)의 개가 요임금을 보고 짖는 것은 요임금이 어질지 않아서가 아닙니다. 개는 자기 주인이 아니면 짖습니다. 당시에 신은 오직 한신만 알고 폐하를 알지 못했습니다. 또한 천하에는 칼날을 날카롭게 하여 폐하가 한 바를 이루고자 하는 사람이 매우 많았습니다. 또한 이들을 모두 삶아 죽이겠습니까?"

한 고조가 말했다.

"풀어주어라."

이에 괴통의 죄를 용서했다.

---

329. 지록위마(指鹿爲馬)의 사슴을 일컫는다. 여기서 사슴은 황제의 권한을 말한다.

| 필사하기 |

● 好面譽人者(호면예인자)는 亦好背而毁之(역호배이훼지)라.

*好(좋을 호), 面(낯 면), 譽(기릴 예), 亦(또 역), 背(등 배), 毁(헐 훼)

【면전에서 칭찬하기를 좋아하는 사람은 등 뒤에서 욕을 잘한다.】

● 上無以爲身(상무이위신)하고 下無以爲人(하무이위인)하니 子之
道豈足貴邪(자지도기족귀야)리오.

*道(길 도), 豈(어찌 기), 貴(귀할 귀), 邪(간사할 사, 그런가 야)

【위로 자신을 위하지 못하고, 아래로 남을 위하지 못하는데 너의 도가
어찌 귀하다고 하는가?】

● 人上壽百歲(인상수백세)요 中壽八十(중수팔십)이요 下壽六十(하
수육십)이나 除 病瘦死喪憂患(제 병사상수우환)하면 其中開口而
笑者(기중개구이소자)는 一月之中不過四五日而已矣(일월지중불
과사오일이이의)니라.

*壽(목숨 수), 歲(해 세), 除(덜 제), 病(병 병), 瘦(여윌 수), 喪(잃을 상), 憂(근심
할 우), 患(근심 환), 開(열 개), 笑(웃을 소), 過(지날 과)

【사람이 오래 살면 100세이고, 중간 정도 살면 80세이며, 낮은 수준으로
살면 60세인데 병들어 여위거나 죽어 상복을 입거나 우환을 제외하면
그중에 입을 벌리고 웃는 것은 한 달 중에 사오 일에 불과하다.】

■『논어』「자장」子夏曰(자하왈), 仕而優則學(사이우즉학)하고 學
而優則仕(학이우즉사)니라.

*夏(여름 하), 仕(벼슬할 사), 優(넉넉할 우, 뛰어날 우, 여유 있는 모양)

【자하 가로되, 벼슬하면서 여유가 있으면 배우고, 배우고 여유가 있으면
벼슬한다.】

■『논어』「자한」子曰(자왈), 後生可畏(후생가외)니 焉知來者之不

如今也(언지래자지불여금야)리오? 四十五十而無聞焉(사십오십이
무문언)이면 斯亦不足畏也已(사역부족외야이)니라.

*後(뒤 후), 畏(두려워할 외), 焉(어찌 언), 聞(들을 문), 斯(이 사), 亦(또 역)

【공자 가로되, 뒤에 태어난 사람이 가히 두렵다. 어찌 오는 사람들이 지
금과 같지 않음을 알 수 있겠는가? 40, 50이 되어도 이름을 들을 수 없으
면 이 또한 두려워할 것이 못 된다.】

■『논어』「술이」子曰, 三人行에 必有我師焉[330]이니라.

【세 사람이 행하면 반드시 나의 스승이 있다.】

『장자』와 『논어』로 우리 삶의 균형 찾기

꾸민 이야기로 공자의 사상을 심하게 비판하고 있다. 공자가 벼슬을 위
해 유람했던 일들에 대한 풍자가 들어 있다. 주인을 위해 맹목적으로 충성
하는 일을 비판하고 있으나 실제 공자의 언행 속에서 의롭지 않으면 벼슬
을 버린 일이 있음도 주목해야 한다.

제30편 설검(說劍), 왕다운 칼을 쓰라

검에 관해 이야기하는 내용이란 의미로 이름을 삼았다. 천자의 검, 제후
의 검, 서인의 검으로 나누어 이야기한다. 『맹자』「양혜왕 하」에서 맹자가
선왕을 설득하는 것과 유사하다.

---

330. 子曰, "三人行, 必有我師焉, 擇其善者而從之, 其不善者而改之." 공자 가로되 세 사람이
가면 반드시 나의 스승이 있다. 좋은 점을 따르고 좋지 않은 것은 고친다.

천자의 검이란

칼은 날카로움으로 상대를 제압하는 일,
천자의 검은 제후들의 나라가 칼끝과 칼날이 되고
제후의 검은 지혜와 용기, 청렴, 충성 있는 선비로
칼끝, 칼날, 칼등, 칼의 손잡이를 삼는다.
보통 사람의 칼은 고함을 치며 닭싸움하듯 하니
그들은 닭이다.
천자의 검은 칼잡이를 넘어 세상을 바로 잡는다.

| 본문 | 昔趙文王喜劍(석조문왕희검), 劍士夾門而客三千餘人(검사협문이객삼천여인), 日夜相擊於前(일야상격어전), 死傷者歲百餘人(사상자세백여인), 好之不厭(호지불염). 如是三年(여시삼년), 國衰(국쇠), 諸侯謀之(제후모지). 太子悝患之(태자리환지), 募左右曰(모좌우왈), "孰能說王之意止劍士者(숙능설왕지의지검사자), 賜之千金(사지천금)." 左右曰(좌우왈), "莊子當能(장자당능)." (중략) 王曰(왕왈), "子之劍何能禁制(자지검하능금제)？" 曰(왈), "臣之劍(신지검), 十步一人(십보일인), 千里不留行(천리불류행)." 王大悅之(왕대열지), 曰(왈), "天下無敵矣(천하무적의)！" 莊子曰(장자왈), "夫爲劍者(부위검자), 示之以虛(시지이허), 開之以利(개지이리), 後之以發(후지이발), 先之以至(선지이지). 願得試之(원득시지)." 王曰(왕왈), "夫子休就舍(부자휴취사), 待命令設戲請夫子(대명령설희청부자)." 王乃校劍士七日(왕내교검사칠일), 死傷者六十餘人(사상자륙십여인), 得五六人(득오륙인), 使奉劍於殿下(사봉검어전하), 乃召莊子(내소장자). 王曰(왕왈), "今日試使士敦劍(금일시사사돈검)." 莊子曰(장자왈), "望之久矣(망지구의)." 王曰(왕왈), "夫子所御杖(부자소어장), 長短何如(장단하여)？" 曰(왈), "臣之所奉皆可(신지소봉개가). 然臣有三劍(연신유삼검), 唯王所用(유왕소용), 請先言而後試(청선언이후시)." 王曰(왕왈), "願聞三劍(원문삼검)." 曰(왈), "有天子劍(유천자검), 有諸侯劍(유제후검), 有庶人劍(유서인검)." 王曰(왕왈), "天子之劍何如(천자지검하여)？" 曰(왈), "天子

之劍(천자지검), 以燕谿石城爲鋒(이연계석성위봉), 齊岱爲鍔(제대위악), 晉魏爲脊(진위위척), 周宋爲鐔(주송위심), 韓魏爲夾(한위위협) ; 包以四夷(포이사이), 裹以四時(과이사시) ; 繞以渤海(요이발해), 帶以常山(대이상산) ; 制以五行(제이오행), 論以刑德(론이형덕) ; 開以陰陽(개이음양), 持以春夏(지이춘하), 行以秋冬(행이추동). 此劍(차검), 直之無前(직지무전), 擧之無上(거지무상), 案之無下(안지무하), 運之無旁(운지무방), 上決浮雲(상결부운), 下絕地紀(하절지기). 此劍一用(차검일용), 匡諸侯(광제후), 天下服矣(천하복의). 此天子之劍也(차천자지검야)." 王曰(왕왈), "庶人之劍何如(서인지검하여) ? " 曰(왈), "庶人之劍(서인지검), 蓬頭突鬢垂冠(봉두돌빈수관), 曼胡之纓(만호지영), 短後之衣(단후지의), 瞋目而語難(진목이어난). 相擊於前(상격어전), 上斬頸領(상참경령), 下決肝肺(하결간폐). 此庶人之劍(차서인지검), 無異於鬥雞(무리어두계), 一旦命已絕矣(일단명이절의), 無所用於國事(무소용어국사). 今大王有天子之位而好庶人之劍(금대왕유천자지위이호서인지검), 臣竊爲大王薄之(신절위대왕박지)." 王乃牽而上殿(왕내견이상전). 宰人上食(재인상식), 王三環之(왕삼환지). 莊子曰(장자왈), "大王安坐定氣(대왕안좌정기), 劍事已畢奏矣(검사이필주의)." 於是文王不出宮三月(어시문왕불출궁삼월), 劍士皆服斃其處也(검사개복폐기처야).

옛날 조나라 문왕은 검을 좋아했다. 천하의 검사들이 몰려들어 식객이 삼천여 명이었다. 낮이고 밤이고 서로 문왕 앞에서 격투하여 사상자가 한 해에 백여 명이 되었다. 이렇게 싫어하지 않고 좋아하여 삼 년이 되자 나라가 쇠해졌다. 태자 리(悝)[331]가 이를 걱정하여 좌우를 불러 말했다.

"누가 왕의 마음을 설득하여 검사의 격투를 그치게 할 것인가? 상으로 천금을 주겠다."

---

331. 悝. 근심할 리, 농할 회. 태자가 즉위한 기록이 없다거나 사적에 없다는 이유로 가공의 인물로 보기도 한다.

좌우에서 말했다. "장자라면 능히 할 것입니다." (중략)

왕이 말했다. "그대의 검은 몇을 능히 제압할 수 있는가?"

장자가 말했다. "신의 검은 열 걸음에 한 사람을 쓰러뜨리며 천 리를 멈추지 않고 나아갑니다."

대왕은 크게 기뻐하며 말했다. "천하무적이구나!"

장자가 말했다. "대저 검이란 것은 허점을 보여주고 검을 열어 유리하게 하여 늦게 뽑지만 먼저 공격하게 하는 것입니다. 바라건대 시험하게 해 주십시오."

왕이 말했다. "선생은 쉬면서 객사에서 명령을 기다려라! 자리를 만든 후 선생을 청하겠다."

이에 왕은 칠 일 동안 검객들을 대결하게 하여 사상자가 육십여 명이 되었다. 대여섯을 선발하여 궁궐 아래 칼을 받들게 하고 이에 장자를 불렀다.

왕이 말했다. "오늘 검객들로 하여 칼을 다루는 것을 시험하겠다."

장자가 말했다. "기다린 지 오래입니다."

왕이 물었다. "선생이 사용할 칼은 장검인가 단검인가?"

장자가 말했다. "신이 쓸 칼은 모두 가능합니다. 그런데 신은 세 개의 칼이 있는데 왕께서 쓰고자 하는 것으로 하겠습니다. 청컨대 먼저 검에 대해 말하고 그다음에 시험하게 해 주십시오."

왕이 말했다. "세 가지 검에 대해 듣고 싶구려."

장자가 말했다. "천자의 검, 제후의 검, 서인의 검이 있습니다."

왕이 말했다. "천자의 검은 어떤 것인가?

장자가 말했다.

"천자의 검은 연나라의 계곡과 돌로 된 성을 칼끝으로 삼고, 제(齊)나라 대산(岱山)을 칼날로 삼고, 진(晉)나라와 위(衛)나라를 칼등으로 삼고, 주

(周)나라와 송(宋)나라를 칼의 날밑 테로 삼고, 한(韓)나라와 위(魏)나라를 칼자루로 삼고, 사방의 오랑캐로 겉을 싸고 속을 사계절로 채우며, 발해(渤海)로 두르고 상산(常山)으로 띠를 매어 허리에 찹니다. 오행으로 통제하고, 형벌과 덕으로 논의하며, 음양으로 시작하고, 봄과 여름으로 보존하고, 가을 겨울로 운행합니다.

이 칼은 바로 펴면 앞이 없으며 이를 들어 올리면 위가 없습니다. 누르면 아래가 없고, 휘두르면 옆이 없습니다. 위로는 뜬구름을 뚫고 아래로는 땅의 벼리를 끊습니다. 이 칼을 한 번 사용하면 제후를 바로잡고 천하가 복종합니다. 이것이 천자의 검입니다."

(중략)

왕이 물었다. "서인의 검은 어떤가?"

장자가 말했다.

"서인의 검은 쑥처럼 풀어헤친 머리, 돌출한 구레나룻, 눌러쓴 갓, 굵고 긴 갓끈, 뒤가 짧은 옷, 부릅뜬 눈, 거친 소리로 (왕) 앞에서 서로 공격하며, 위로는 목을 베고 아래로는 간과 폐를 도려내니 이는 서인의 검으로 닭싸움과 다를 것이 없습니다. 하루아침에 명이 끊어지는지라 나랏일에 쓸모가 없습니다. 지금 대왕께서는 천자의 자리에 계시면서 서인의 칼을 좋아하시니 신은 남몰래 대왕을 위하여 이를 손해 보는 것[332]으로 생각합니다."

왕은 마침내 (장자를) 이끌고 궁전으로 올라갔다. 요리사가 음식을 올리자 왕이 음식상을 세 번 돌았다. 장자가 말했다.

"대왕께서는 편안히 앉아서 기운을 안정시키십시오. 검 이야기 아뢰는 것은 이미 끝났습니다."

---

332. 박(薄). 엷다, 천하다, 가볍다, 경박하다.

이에 문왕은 석 달 동안 궁을 나가지 않았다. 검을 쓰는 선비들은 모두 그 자리에 엎드려 넘어졌다.[333]

| 해석과 감상 |

천자의 검은 제후를 바로 잡고, 제후의 검은 사방이 복종하며, 서인의 검은 목을 겨누고 간이나 폐를 찌른다. 천자의 검, 제후의 검, 서인의 검 이야기를 듣고 임금은 석 달 동안 궁을 나가지 않았다. 장자의 의도대로 임금은 칼싸움을 중단했다.

| 필사하기 |

● 夫爲劍者(부위검자)는 示[334]之以虛(시지이허)하고 開之以利(개지이리)하여 後之以發(후지이발)이나 先之以至(선지이지)라.

*爲(할 위), 劍(칼 검), 示(보일 시), 虛(빌 허), 開(열 개), 利(이로울 리), 後(뒤 후), 發(필 발), 先(앞 선), 至(이를 지)

【무릇 검이라 하는 것은 허점을 보이고 이익으로 유인하여 늦게 칼을 뽑으나 먼저 공격하는 것이다.[335]】

---

333. 복폐(服斃). 斃(넘어질 폐, 넘어져 죽을 폐). 일부 해석자들은 예우받지 못해 자살했다, 다시 상을 받지 못해 목숨을 바쳤다 등으로 풀이한다. 이는 과도한 해석이다. 그 자리에 '부복해 있었다'라거나 '그 곳을 떠났다.'로 보아야 한다. 왕이 깨달은 것처럼 이들도 깨달았을 수 있다. 또 검을 쓰는 선비들이 필요로 하는 곳으로 갔다고 볼 수 있다. 그들은 칼을 쓰기 위해 이곳을 찾아온 사람들이기 때문에 칼을 찾아 떠나는 것이 자연스럽다.

334. 또는 시(視).

335. 글자 그대로 풀이하면 다음과 같다. 무릇 검이라 하는 것은 허점으로 검을 보이고, 유리함으로 검을 열고, 뽑는 것으로 검을 늦게 하나 이름(도달함)에 검을 먼저 하는 것

제31편 어부(漁父), 허물과 근심을 버리라

공자와 어부의 대화로 이루어져 있어 어부라 이름했다. 공자는 어부에게 배우려 한다. 어부는 공자를 '함께 도에 나아갈 수 없는 사람'으로 규정하고 갈대 사이로 사라진다.

여덟 가지 허물과 네 가지 근심

공자, 그대가 하고 있는 것은 사람의 일이오.
아무 직분도 없이 마음대로 인륜을 정하고
예악으로 백성을 교화하려 하니
이는 분수에 넘치는 일이라오.
8가지 흠과 4가지 걱정을 고치지 않고 배울 수 없으니
공자, 그대는 배울 자격이 없소.
그림자를 미워하는 자가 그림자를 그치게 하는 것은 그늘인데
그대의 인위는 그림자처럼 재촉할 뿐이오.
남들 또한 달리라고 재촉하면 그림자를 미워하는 자처럼 죽소.
만물을 돌려주면 괴롭지 않다오.

| **본문** | 孔子遊乎緇帷之林(공자유호치유지림), 休坐乎杏壇之上(휴좌호행단지상). 弟子讀書(제자독서), 孔子絃歌鼓琴(공자현가고금), 奏曲未半(주곡미반). 有漁父者(유어부자), 下船而來(하선이래), 須眉交白(수미교백), 被髮揄袂(피발유몌), 行原以上(행원이상), 距陸而止(거륙이지), 左手據膝(좌수거슬), 右手持頤以聽(우

이다.

수지이이청). 曲終而招子貢子路(곡종이초자공자로), 二人俱對(이인구대). 客指
孔子曰(객지공자왈), "彼何爲者也(피하위자야)？" 子路對曰(자로대왈), "魯之君子
也(노지군자야)" 客問其族(객문기족). 子路對曰(자로대왈), "族孔氏(족공씨)." 客
曰(객왈), "孔氏者何治也(공씨자하치야)？" 子路未應(자로미응), 子貢對曰(자공대
왈), "孔氏者(공씨자), 性服忠信(성복충신), 身行仁義(신행인의), 飾禮樂(식례락),
選人倫(선인륜), 上以忠於世主(상이충어세주), 下以化於齊民(하이화어제민), 將
以利天下(장이리천하), 此孔氏之所治也(차공씨지소치야)." 又問曰(우문왈), "有土
之君與(유토지군여)？" 子貢曰(자공왈), "非也(비야)." "侯王之佐與(후왕지좌여)？"
子貢曰(자공왈), "非也(비야)." 客乃笑而還(객내소이환), 行言曰(행언왈), "仁則仁
矣(인칙인의), 恐不免其身(공불면기신) ; 苦心勞形以危其眞(고심로형이위기진).
嗚呼(오호), 遠哉其分於道也(원재기분어도야)！" 子貢還(자공환), 報孔子(보공
자). 孔子推琴而起曰(공자추금이기왈), "其聖人與(기성인여)！" 乃下求之(내하구
지), 至於澤畔(지어택반), 方將杖拏而引其船(방장장라이인기선), 顧見孔子(고견
공자), 還鄉而立(환향이립). 孔子反走(공자반주), 再拜而進(재배이진). 客曰(객왈),
"子將何求(자장하구)？" 孔子曰(공자왈), "曩者先生有緒言而去(낭자선생유서언이
거), 丘不肖(구불초), 未知所謂(미지소위), 竊待於下風(절대어하풍), 幸聞咳唾之音
以卒相丘也(행문해타지음이졸상구야)！" 客曰(객왈), "嘻(희)！ 甚矣子之好學也
(심의자지호학야)！" 孔子再拜而起曰(공자재배이기왈), "丘少而脩學(구소이수학),
以至於今(이지어금), 六十九歲矣(륙십구세의), 無所得聞至教(무소득문지교), 敢不
虛心(감불허심)！" 客曰(객왈), "同類相從('동류상종), 同聲相應(동성상응), 固天之
理也(고천지리야). 吾請釋吾之所有而經子之所以(오청석오지소유이경자지소이).
子之所以者(자지소이자), 人事也(인사야). 天子諸侯大夫庶人(천자제후대부서인),
此四者自正(차사자자정), 治之美也(치지미야), 四者離位而亂莫大焉(사자리위이
란막대언). 官治其職(관치기직), 人憂其事(인우기사), 乃無所陵(내무소릉). 故田荒
室露(고전황실로), 衣食不足(의식부족), 徵賦不屬(징부불속), 妻妾不和(처첩불화),
長少無序(장소무서), 庶人之憂也(서인지우야) ; 能不勝任(능불승임), 官事不治(관
사불치), 行不清白(행불청백), 群下荒怠(군하황태), 功美不有(공미불유), 爵祿不持

(작록부지), 大夫之憂也(대부지우야) ; 廷無忠臣(정무충신), 國家昏亂(국가혼란), 工技不巧(공기불교), 貢職不美(공직불미), 春秋後倫(춘추후륜), 不順天子(불순천자), 諸侯之憂也(제후지우야) ; 陰陽不和(음양불화), 寒暑不時(한서불시), 以傷庶物(이상서물), 諸侯暴亂(제후폭란), 擅相攘伐(천상양벌), 以殘民人(이잔민인), 禮樂不節(례락부절), 財用窮匱(재용궁궤), 人倫不飭(인륜불칙), 百姓淫亂(백성음란), 天子有司之憂也(천자유사지우야). 今子既上無君侯有司之勢而下無大臣職事之官(금자기상무군후유사지세이하무대신직사지관), 而擅飾禮樂(이천식례락), 選人倫(선인륜), 以化齊民(이화제민), 不泰多事乎(불태다사호)! 且人有八疵(차인유팔자), 事有四患(사유사환), 不可不察也(불가불찰야). 非其事而事之(비기사이사지), 謂之摠(위지총) ; 莫之顧而進之(막지고이진지), 謂之佞(위지녕) ; 希意道言(희의도언), 謂之諂(위지첨) ; 不擇是非而言(불택시비이언), 謂之諛(위지유) ; 好言人之惡(호언인지악), 謂之讒(위지참) ; 析交離親(석교리친), 謂之賊(위지적) ; 稱譽詐僞以敗惡人(칭예사위이패악인), 謂之慝(위지특) ; 不擇善否(불택선부), 兩容頰適(양용협적), 偸拔其所欲(투발기소욕), 謂之險(위지험). 此八疵者(차팔자자), 外以亂人(외이란인), 內以傷身(내이상신), 君子不友(군자불우), 明君不臣(명군불신). 所謂四患者(소위사환자) : 好經大事(호경대사), 變更易常(변경이상), 以挂功名(이괘공명), 謂之叨(위지도) ; 專知擅事(전지천사), 侵人自用(침인자용), 謂之貪(위지탐) ; 見過不更(견과불경), 聞諫愈甚(문간유심), 謂之很(위지흔) ; 人同於己則可(인동어기칙가), 不同於己(부동어기), 雖善不善(수선불선), 謂之矜(위지긍). 此四患也(차사환야). 能去八疵(능거팔자), 無行四患(무행사환), 而始可教已(이시가교이)." 孔子愀然而歎(공자초연이탄), 再拜而起曰(재배이기왈), "丘再逐於魯(구재축어로), 削跡於衛(삭적어위), 伐樹於宋(벌수어송), 圍於陳蔡(위어진채). 丘不知所失(구부지소실), 而離此四謗者何也(이리차사방자하야)?" 客悽然變容曰(객처연변용왈), "甚矣子之難悟也(심의자지난오야)! 人有畏影惡跡而去之走者(인유외영오적이거지주자), 舉足愈數而跡愈多(거족유삭이적유다), 走愈疾而影不離身(주유질이영불리신), 自以爲尚遲(자이위상지), 疾走不休(질주불휴), 絶力而死(절력이사). 不知處陰以休影(부지처음이휴영), 處靜以息跡(처정이식적), 愚亦甚矣(우역

심의)！ 子審仁義之間(자심인의지간), 察同異之際(찰동리지제), 觀動靜之變(관동정지변), 適受與之度(적수여지도), 理好惡之情(이호오지정), 和喜怒之節(화희로지절), 而幾於不免矣(이기어불면의). 謹脩而身(근수이신), 愼守其眞(신수기진), 還以物與人(환이물여인), 則無所累矣(칙무소루의). 今不脩之身而求之人(금불수지신이구지인), 不亦外乎(불역외호)！"孔子愀然曰(공자초연왈), "請問何謂眞(청문하위진)？"客曰(객왈), "眞者(진자), 精誠之至也(정성지지야). 不精不誠(부정불성), 不能動人(불능동인). 故强哭者雖悲不哀(고강곡자수비불애), 强怒者雖嚴不威(강로자수엄불위), 强親者雖笑不和(강친자수소불화). 眞悲無聲而哀(진비무성이애), 眞怒未發而威(진로미발이위), 眞親未笑而和(진친미소이화). 眞在內者(진재내자), 神動於外(신동어외), 是所以貴眞也(시소이귀진야). 其用於人理也(기용어인리야), 事親則慈孝(사친칙자효), 事君則忠貞(사군칙충정), 飮酒則歡樂(음주칙환락), 處喪則悲哀(처상칙비애). 忠貞以功爲主(충정이공위주), 飮酒以樂爲主(음주이락위주), 處喪以哀爲主(처상이애위주), 事親以適爲主(사친이적위주), 功成之美(공성지미), 無一其跡矣(무일기적의). 事親以適(사친이적), 不論所以矣(불론소이의) ; 飮酒以樂(음주이락), 不選其具矣(불선기구의) ; 處喪以哀(처상이애), 無問其禮矣(무문기례의). 禮者(례자), 世俗之所爲也(세속지소위야) ; 眞者(진자), 所以受於天也(소이수어천야), 自然不可易也(자연불가역야). 故聖人法天貴眞(고성인법천귀진), 不拘於俗(불구어속). 愚者反此(우자반차). 不能法天而恤於人(불능법천이휼어인), 不知貴眞(부지귀진), 祿祿而受變於俗(녹록이수변어속), 故不足(고부족). 惜哉(석재), 子之蚤湛於人僞而晩聞大道也(자지조담어인위이만문대도야)！"孔子又再拜而起曰(공자우재배이기왈), "今者丘得遇也(금자구득우야), 若天幸然(약천행연). 先生不羞而比之服役(선생불수이비지복역), 而身敎之(이신교지). 敢問舍所在(감문사소재), 請因受業而卒學大道(청인수업이졸학대도)."客曰(객왈), "吾聞之(오문지), 可與往者與之(가여왕자여지), 至於妙道(지어묘도) ; 不可與往者(불가여왕자), 不知其道(부지기도), 愼勿與之(신물여지), 身乃無咎(신내무구). 子勉之(자면지)！吾去子矣(오거자의), 吾去子矣(오거자의)！"乃刺船而去(내자선이거), 延緣葦間(연연위간).

공자가 치유(緇帷)[336]의 숲을 유람하던 중 살구나무 단 위에 앉아 쉬었다. 제자들이 책을 읽고, 공자는 거문고를 타면서 노래를 불렀다. 북과 거문고 연주가 절반이 되지 않았을 때 한 어부가 배에서 내려 다가왔다. 수염과 눈썹은 희고 머리카락이 소매에 휘날렸다. 들을 걸어 올라오다가 언덕에서 멈추었다. 왼손은 무릎 위에 놓고, 오른손으로 턱을 괴고 노래를 들었다. 곡이 끝나자 자공과 자로를 불렀다. 두 사람을 대하자 나그네가 공자를 가리키며 말했다.

"저 사람은 무엇을 하는 자인가?"

자로가 대답했다. "노나라의 군자입니다."

나그네가 공자의 가문을 물었다.

자로가 대답했다. "공씨 가문입니다."

나그네가 말했다. "공씨는 어디를 다스리는가?"

자로가 미처 대답을 못 하자 자공이 대답했다.

"공씨는 성품이 충성스럽고 신의가 있으며, 몸이 인과 의를 행하는 분입니다. 예와 악을 꾸미며 인륜을 다스려 위로는 세상의 군주에게 충성하고, 아래로는 백성을 교화하여 천하를 이롭게 하려 합니다. 이것이 공씨의 다스림입니다."

나그네가 또 물었다. "영지를 가진 군주인가?"

자공이 말했다. "아닙니다."

"제후나 왕을 보좌하는가?"

자공이 말했다. "아닙니다."

나그네가 웃으면서 돌아보더니 가면서 말했다.

---

336. 緇帷, 검은 비단 치, 휘장 유.

"인이라면 곧 인이겠지. 아마도 그 몸[337]을 벗어나지 못하겠구나. 마음을 괴롭히고 몸을 수고롭게 하여 그 참됨을 위태롭게 하는구나. 오호! 멀구나! 도(道)에서 떠났다."

자공이 돌아와 공자에게 보고했다. 공자는 거문고를 밀쳐놓고 일어나 말했다.

"그는 성인이다. 내려가서 그를 찾아야겠다."

연못가에 이르자 마침 노를 잡고 배를 끌려고 하고 있었다. 공자를 돌아보고 배에서 내려와 섰다. 공자가 뒤로 물러나 두 번 절하고 앞으로 나아갔다.

나그네가 물었다. "그대는 무엇을 구하려 하는가?"

공자가 말했다.

"조금 전 선생께서 말의 실마리만 꺼내놓고 떠나시니 구(丘)는 불초하여 하신 말씀을 알지 못했습니다. 남몰래 선생의 풍모 아래서 기다렸는데 다행히 선생의 기침 소리를 듣게 되었으니 마침내 구(丘)를 도와주십시오."

나그네가 말했다. "오호, 심하구나! 그대는 배우기 좋아하는구려!"

공자는 재배하고 일어나 말했다.

"구(丘)는 어려서 닦고 배웠으나 지금 예순아홉 살에 이르도록 지극한 가르침을 듣지 못해 감히 마음을 비우지 못했습니다."

나그네가 말했다.

"같은 부류가 서로 따르고 같은 소리가 서로 응답하는 것이 진실로 하늘의 이치이다. 나는 청컨대 내가 가지고 있는 것은 놓아두고 그대가 하는 일을 헤아려보겠다. 그대가 하는 일은 사람의 일이다. 천자, 제후, 대부, 서인 이 넷이 스스로 바르면 다스림의 아름다움이고 이 넷이 자리를 떠나면

---

337. 출세욕.

어지러움이 큰 것이 없다. (중략) 지금 그대는 이미 위로 군주나 제후, 관리의 세력이 없고 아래로 대신과 일의 직분이 있는 관리가 없는데 멋대로 예악을 꾸미고 사람의 윤리를 선별하여 교화하여 제도하려 하니 일이 너무 많지 않은가? 또한 사람은 여덟 가지 흠이 있으며, 군주를 섬기는 데는 네 가지 근심이 있으니 불가불 살펴야 한다. 자기 일이 아닌데 자기 일로 나서는 것을 주제넘게 나댄다[338]고 한다. 돌아보지도 않는데 하는 것을 말 재주꾼[339]이라 한다. 남의 뜻을 받들고 말을 따르는 것을 아첨[340]이라 한다. 시비(是非)를 가리지 않고 말하는 것을 알랑거림[341]이라 한다. 남의 잘못을 말하기 좋아하는 것을 비방 또는 참소[342]라 한다. 교제를 쪼개고 친밀함을 떼어놓는 것을 이간질[343]이라 한다. 거짓을 칭찬하여 남을 악에 빠뜨리는 것을 사특함[344]이라 한다. 선악을 가리지 않고 두 얼굴을 부드럽게 하여 갖고자 하는 것을 훔치고 빼앗는 것을 음험함[345]이라 한다. 이 여덟 가지 흠이 있는 사람은 밖으로 사람을 어지럽히고 안으로 몸을 상할 것이니 군자는 벗으로 삼지 않고 밝은 군주는 신하로 삼지 않는다. 이른바 네 가지 근심이란 큰일을 경륜하는 것을 좋아하고 쉽게 원칙을 변경하여 공명을 드

---

338. 총(摠), 모두 총, 합할 총, 다 총.

339. 녕(佞), 아첨할 녕, 말재주 녕.

340. 첨(諂), 아첨할 첨, 아양떨 첨, 사특할 첨, 부정한 짓을 할 첨.

341. 유(諛), 알랑거릴 유, 상대의 비위를 맞추는 말.

342. 참(讒), 참소할 참, 거짓말할 참.

343. 적(賊), 도둑 적, 해칠 적, 비방할 적.

344. 특(慝), 사특할 특, 간사할 특, 악할 특, 재앙 특.

345. 험(險), 험할 험, 상하게 할 험, 위태로울 험.

러내는 것을 외람되이 탐냄[346]이라 한다. 오로지 앎을 믿고 일을 멋대로 하여 남을 침범하고 자기를 이롭게 하는 것을 탐욕[탐(貪)]이라 한다. 잘못을 보고 고치지 않으며 충고를 듣고 도리어 심해지는 것을 고집스럽게 말 듣지 않음[흔(很)]이라 한다. 자기와 같지 않으면 비록 선한 것도 선하지 않다고 하는 것을 교만[긍(矜)]이라 한다. 이것이 네 가지 근심이다. 여덟 가지 흠을 버리고 네 가지 근심을 행하지 않아야 비로소 가르칠 수 있다."

공자가 수심에 잠겨 탄식하며 두 번 절하고 일어나 말했다.

"구(丘)는 노나라에서 두 번 쫓겨났고 위나라에서 발자국을 지우며 숨어 다녔으며 송나라에서는 나무에 칠 뻔했고 진나라와 채나라에서는 포위되었습니다. 구(丘)는 과실이 있는 바를 모르는데 네 번이나 남의 비방을 만난 것은 어쩐 일입니까?"

나그네가 처연히 얼굴색을 바꾸어 말했다.

"심하구나! 그대는 깨우치기 어렵다. 그림자가 두렵고 발자국이 싫어서 이를 떨쳐버리고 달리는 자가 있었다. 발을 들어 올리는 것이 더욱 잦아질수록 발자국은 더욱 많아지고 더욱 빨리 달려도 그림자는 몸에서 떠나지 않았다. 스스로 오히려 늦다고 여겨서 질주하여 쉬지 않았다. 힘이 다하여 죽고 말았다. 그늘에 처하여 그림자를 쉬게 하고 고요하게 있어 발자국을 쉬게 하는 것을 알지 못했으니 어리석음이 또한 심하다. 그대는 인의(仁義)의 구별을 살피고, 같고 다름의 경계를 살피고, 움직임과 고요함의 변화를 보고, 주고받는 정도를 적절하게 하고, 좋아하고 싫어함의 감정을 다스리고, 기쁨과 노함의 절제를 조화롭게 한다. 그래서 마침내 벗어날 수 없다. 삼가 자기 몸을 닦고 자기의 진실함을 지키고 만물을 사람들에게 돌려

---

346. 도(叨), 탐내다, 함부로, 외람되게, 함부로 차지하다 등.

주면 괴롭히는[347] 것이 없다. 지금 몸을 닦지 않고 남들에게서 구하니 역시 밖(벗어난 것)이 아닌가?"

공자가 초연히 말하여 물음을 청했다. "어떤 것을 참됨이라 말합니까?"

나그네가 말했다.

"참됨이란 정과 성의 지극함이다. 정(精)하지 못하고 성(誠)하지 못하면 사람을 움직일 수 없다. 그러므로 강제로 곡을 하는 것은 비록 슬퍼해도 슬프지 않고, 억지로 성내는 것은 비록 엄해도 위엄이 없고, 억지로 친절한 것은 비록 웃으나 온화하지 않다. 참된 슬픔은 소리가 없어도 슬프고, 참된 성냄은 나타나지 않아도 위엄이 있고, 참된 친함은 웃지 않아도 온화하다. 참됨이 안에 있는 것은 신묘함이 밖에서 움직이니 이것이 귀하고 참된 것이다. 그것을 인간의 도리에 적용하면 어버이를 섬기면 자애와 효행이 되고, 임금을 섬기면 충성과 정절이 되며, 술을 마시면 기쁨과 즐거움이 되고, 상가에 가서는 비통해하고 애통해한다. 충성과 정절은 공을 주인으로 삼고, 술을 마시는 것은 즐거움을 주인으로 삼으며, 상가에 가서는 슬픔을 주인으로 삼고, 어버이를 섬김은 어버이에게 꼭 맞음을 주인으로 삼는다. 공을 이루는 아름다움은 그 자취가 하나가 아니다. 어버이를 섬기는 것은 어버이에게 꼭 맞음으로 하는데 그 까닭을 논하지 않는다. 술을 마실 때 즐거움으로 하는데 그 도구를 가리지 않는다. 상가에 가서 슬퍼하는 것은 그 예절을 묻지 않는다. 예절이란 것은 세속이 만든 것이다. 참됨은 하늘에서 받은 것이며 스스로 그러하여 바꿀 수 없다. 그러므로 성인은 하늘을 본받고 참됨을 귀하게 여기며 세속에 구속되지 않는다. 어리석은 자는 이에 반하여 하늘을 본받을 줄 모르고 사람을 걱정하며 참됨을 귀하게 알지 못하

---

347. 루(累), 얽매이는, 괴롭히는, 번거로운, 두려워하게 되는 등.

고 녹록하게 세속의 변화를 수용하니 만족하지 못한다.[348] 애석하구나! 그
대는 일찍 사람의 거짓에 빠져 큰 도를 듣기에 늦었다."

공자가 또 두 번 절하고 일어나 말했다.

"오늘 구(丘)가 만남을 얻은 것은 하늘이 준 행운인 것 같습니다. 선생께
서는 (저를) 부끄럽게 여기지 않고 제자[349]에 견주어 몸소 가르쳐주셨습니
다. 감히 숙소가 어딘지 묻습니다. 청하여 수업을 받아 끝내 큰 도를 배우
고자 합니다."

나그네가 말했다.

"내가 듣건대 더불어 갈 수 있는 사람은 묘한 도에 함께 이른다. 더불어
갈 수 없는 사람은 그 도를 알지 못하니 삼가 함께하지 말아야 몸에 허물이
없다. 그대는 힘을 쓰게. 나는 그대를 떠나가네. 나는 그대를 떠나가려네."

이에 배를 저어 푸른 물결을 따라 갈대 사이로 떠났다.

| 해석과 감상 |

나그네는 공자가 하는 일이 사람의 일이라며 8가지 흠을 버리고 4가지
근심을 버려야 가르칠 수 있다고 말한다. 공자가 배움을 청하자 나그네는
지금 몸을 닦지 않고 남들에게서 구하니 벗어난 것이라 말한다. 나그네는
참됨을 정과 성의 지극함이라 말한다. 나그네는 공자가 인위에 빠져 큰 도
를 듣기에는 늦었다고 말한다. 장자는 또한 어울려 갈 만한 사람과 어울려
가야 큰 도에 이를 수 있다고 나그네를 통해 말한다. 여덟 가지 흠은 자기

---

348. 부족(不足). 만족하지 못하거나 도가 부족하다 등으로 해석한다. 모두 주체성 없이 끌
려다닌 결과를 말한다.

349. 복역(服役), 문하생, 심부름꾼 등.

일이 아닌데 나대는 것, 스스로 나서는 말 재주꾼, 아첨, 알랑거림, 비방이나 참소, 이간질, 사특함, 음험함 등이다. 군주를 섬기는데 네 가지 근심은 탐냄, 탐욕, 고집, 교만이다.

| 필사하기 |

● 處陰以休影(처음이휴영)하고 處靜以息迹(처정이식적)[350]이라.

*處(살 처), 陰(그늘 음), 休(쉴 휴), 影(그림자 영), 靜(고요할 정), 迹(자취 적)

【그늘에 들어 그림자를 쉬게 하고, 조용히 멈추어 발자국을 쉬게 한다.】

● 眞悲無聲而哀(진비무성이애)요 眞怒未發而威(진노미발이위)요 眞親未笑而和(진친미소이화)니라.

*聲(소리 성), 怒(성낼 노), 發(필 발), 威(위엄 위), 親(친할 친), 笑(웃을 소)

【참된 슬픔은 소리가 없어도 슬프고, 참된 성냄은 나타나지 않아도 위엄이 있으며, 참된 친함은 웃지 않아도 온화하다.】

● 飮酒以樂(음주이락)이라 不選其具矣(불선기구의)니라.

*飮(마실 음), 酒(술 주), 樂(즐거울 락), 選(가릴 선), 具(갖출 구, 그릇 구)

【술을 마시는 것은 즐거움이라 그 그릇을 가리지 않는다.】

● 禮者(예자)는 世俗之所爲也(세속지소위야)요 眞者(진자)는 所以受於天也(소이수어천야)니 自然不可易也(자연불가역야)니라.

*禮(예절 예), 俗(풍속 속), 眞(참 진), 受(받을 수), 然(그러할 연), 易(바꿀 역)

【예라는 것은 세속에서 인위로 만든 것이고, 참이라는 것은 하늘에서 받

---

350. 담양의 식영정(息影亭)은 이 구절의 식과 영을 따서 지은 정자라고 한다. 식영정은 김성원이 1560년에 임억령을 위해 지었다. 정철이 이곳 경치를 즐기면서 지은 「성산별곡」으로 유명하다.

은 것이라 본디 그러하여 바꿀 수 없다.】

■ 『논어』「위정」子曰(자왈), 臨之以莊則敬(임지이장칙경)하고 孝
慈則忠(효자칙충)하고 擧善而敎不能則勸(거선이교불능칙권)이니
라.

*臨(임할 임), 莊(풀 성할 장), 敬(공경할 경), 孝(효도 효), 慈(사랑할 자), 忠(충성
충), 擧(들 거), 善(착할 선), 敎(가르칠 교), 能(능할 능), 勸(권할 권)

【공자 가로되, 장중히 이를 대하면 공경스러워지고, 효성스럽고 자애로
우면 충성할 것이고, 좋은 사람을 등용하고 그렇지 않은 사람을 가르치
면 부지런해질 것이다.】

『장자』와 『논어』로 우리 삶의 균형 찾기

어부를 내세워 인간이 버려야 할 점을 이야기한다. 여덟 가지 흠과 네 가
지 근심은 공자가 벗어나지 못했다기보다 공자조차 실천하기 어려울 것이
라는 의미로 해석할 수 있다.

제32편 열어구(列禦寇), 외모를 버리라

이 편은 주인공 이름을 따서 지었다. 열어구는 열자를 말하며, 외모의 그
럴싸함을 버려야 많은 사람과 함께 할 수 있다는 내용이 중심이다. 송나라
소식은 공자를 신랄하게 비판하고 있는 「도척」, 공자를 비굴하게 묘사하는
「열어구」 편 등을 후대에 끼워 넣은 위작이라 평한다. 어떤 이들은 「열어
구」 편을 장자가 직접 쓴 것으로 평가한다. 평가는 해석을 바탕으로 누구
나 할 수 있다. 최종 평가는 독자의 몫이다. 이 편에는 매우 자주 인용되는
유명한 이야기가 있다.

그대는 치질을 빨았는가

왕의 치질이 백 대의 수레이다.
높은 벼슬은 윗사람의 치질을 빠는 일,
빨아야 하는 것은 빨래이지 치질이 아니다.

│본문│ 宋人有曹商者(송인유조상자), 爲宋王使秦(위송왕사진). 其往也(기왕야),
得車數乘(득거수승) ; 王說之(왕세지), 益車百乘(익거백승). 反於宋(반어송), 見莊
子曰(견장자왈), "夫處窮閭阨巷(부처궁려액항), 困窘織屨(곤군직구), 槁項黃馘者
(고항황괵자), 商之所短也(상지소단야) ; 一悟萬乘之主而從車百乘者(일오만승지
주이종거백승자), 商之所長也(상지소장야)." 莊子曰(장자왈), "秦王有病召醫(진왕
유병소의), 破癰潰痤者得車一乘(파옹궤좌자득거일승), 舐痔者得車五乘(지치자득
거오승), 所治愈下(소치유하), 得車愈多(득거유다). 子豈治其痔邪(자기치기치사),
何得車之多也(하득거지다야) ? 子行矣(자행의) !"

송나라에 조상(曹商)이란 사람이 있는데 송나라 왕을 위해 진(秦)나라에
사신으로 갔다. 갈 때 여러 대의 수레를 얻었는데 (진나라) 왕이 이에 설복되
어 백 대의 마차를 더 보냈다. 송나라에 돌아와 장자를 찾아보고 말했다.

"대저 궁벽한 마을, 막힌 골목에서 괴롭게 고생하며 신발을 짜고, 앙상한
목에 누렇게 뜬 얼굴을 상(商)[351]은 잘할 수 없습니다. 한 번에 만승(萬乘)의
군주를 깨우쳐 주고 백 대의 수레를 받아오는 것이 상(商)의 장기입니다."

장자가 말했다.

"진나라 왕이 병이 나면 의사를 부르지요. 종기를 째고 고름을 빼는 자

---

351. 조상(曹商).

는 수레 한 대를 얻고, 치질을 핥으면 마차 다섯 대를 얻습니다. 치료가 아래로 가면 얻는 수레가 많아집니다. 그대는 어떻게 왕의 치질을 다스렸소? 어떻게 그렇게 많은 수레를 얻었소? 그대는 돌아가시오."

| 해석과 감상 |

위정자에 빌붙어서 출세했다고 거들먹거리는 사람을 풍자한다. 가장 장자다운 글의 하나로 평가받는다.

| 필사하기 |

● 子豈治其痔邪(자기치기치야)오?

*豈(어찌 기), 治(다스릴 치), 痔(치질 치), 邪(간사할 사, 그런가 야)

【그대는 그 치질을 어떻게 다스렸는가?】

■『논어』「위정」子曰(자왈), 多聞闕疑(다문궐의), 愼言其餘(신언기여)면 則寡尤(즉과우)이고 多見闕殆(다견궐태), 愼行其餘(신행기여)면 則寡悔(즉과회)니 言寡尤(언과우), 行寡悔(행과회)면 祿在其中矣(녹재기중의)니라.

*聞(들을 문), 闕(대궐 궐, 빠뜨릴 궐), 疑(의심할 의), 愼(삼갈 신), 餘(남을 여), 寡(적을 과), 尤(허물 우), 殆(위태할 태), 悔(뉘우칠 회), 祿(녹봉 녹)

【공자 가로되, 많이 듣고 의심나는 것을 빼고 그 나머지를 신중히 말하면 허울이 적고, 많이 보고 위태로움을 빼고 그 나머지를 신중히 행하면 뉘우침이 적다. 말에 허물이 적고, 행동에 뉘우침이 적으면 그 가운데 녹봉[352]이 있다.】

---

352. 출세, 이 글은 출세의 방법을 제시한다.

『장자』와 『논어』로 우리 삶의 균형 찾기

장자는 치질을 빨아 수레를 얻었느냐고 묻고, 공자는 말에 허물이 없고 행동에 뉘우침이 없으면 국가에서 주는 봉급을 받을 만하다고 말한다. 장자와 공자 모두 같은 견해이다.

장자의 죽음

온 우주가 죽음의 길을 축하하는데
어찌 사람이 이에 무엇을 덧붙이려 하는가.
하늘에서는 솔개가 영혼을 하늘로 나르고
땅속에서는 땅강아지와 개미가 육신을 정화하니
인간이 후하게 장례 치른다고 그들의 정화를 따르겠나!

| 본문 | 莊子將死(장자장사), 弟子欲厚葬之(제자욕후장지). 莊子曰(장자왈), "吾以天地爲棺槨(오이천지위관곽), 以日月爲連璧(이일월위련벽), 星辰爲珠璣(성진위주기), 萬物爲齎送(만물위재송). 吾葬具豈不備邪(오장구기불비사)? 何以加此(하이가차)!" 弟子曰(제자왈), "吾恐烏鳶之食夫子也(오공오연지식부자야)." 莊子曰(장자왈), "在上爲烏鳶食(재상위오연식), 在下爲螻蟻食(재하위루의식), 奪彼與此(탈피여차), 何其偏也(하기편야)!"

장자가 장차 죽으려 하자, 제자들이 장례를 후하게 치르려 했다.

장자가 말했다.

"나는 하늘과 땅으로 관의 궤[353]를 삼고, 해와 달로 한 쌍의 구슬을 삼고, 별들로 진주를 삼고, 만물로 저승길 선물을 삼았다. 내 장례가 갖추어졌는

---

353. 관곽(棺槨), 시체를 넣는 속 널과 겉 널.

데 어찌 준비하지 않았다고 하느냐? 무엇을 여기다 보태려 하느냐?"

제자가 말했다.

"저희는 까마귀와 솔개가 선생님을 파먹을까 걱정이 됩니다."

장자가 말했다.

"위에 있으면 까마귀와 솔개의 밥이 되고, 아래에 있으면 땅강아지와 개미의 먹이가 된다. 저쪽 것을 빼앗아 이쪽에 주면 그 치우침이 어떠하겠느냐?"

| 해석과 감상 |

장자는 모든 것이 이 세상 자연으로 이미 준비되어 있다고 말한다. 땅에 묻으나 묻지 않으나 다를 바 없다고 덧붙인다. 관의 궤는 관과 관을 감싸는 곽을 말하고, 한 쌍의 구슬이나 진주 등은 죽은 자와 함께 묻는 부장품이다.

| 필사하기 |

● 在上爲烏鳶食(재상위조연식)이요 在下爲螻蟻食(재하위루의식)이니라.

*在(있을 재), 烏(새 조), 鳶(솔개 연), 食(밥 식), 螻(땅강아지 루), 蟻(개미 의)

【위에 있으면 새와 솔개의 밥이 되고, 아래에 있으면 땅강아지와 개미의 밥이 된다.】

제33편 천하(天下), 결론

천하의 도술을 정리한다는 뜻에서 이름이 천하이며, 글의 첫머리가 또한 천하이다. 마무리하는 글로 여러 학파를 설명하고 비판하며 정리하고 있다. 중국의 네 개의 학설을 서술하고 있다. 관윤과 노담은 진인이고, 묵자는 재사이며, 송견과 윤문은 세상을 구할 선비라 자만하며, 팽몽과 전병과 신도는 대강 들은 자로 평한다. 장자는 이들 학설을 비판적으로 계승하여 인간의 절대 자유에 대하여 말한다.

천인(天人), 신인(神人), 지인(至人), 성인(聖人), 군자(君子)

근원에서 벗어나지 않아야 생명의 정수에 머물고
진실에서 벗어나지 않아야 하늘을 근원으로 삼는다.
인간 가운데 조화로우면 군자이다.

| 본문 | 天下之治方術者多矣(천하지치방술자다의), 皆以其有爲不可加矣(개이기유위불가의). 古之所謂道術者(고지소위도술자), 果惡乎在(과오호재)? 曰(왈), "無乎不在(무호부재)." 曰(왈), "神何由降(신하유강)? 明何由出(명하유출)?" "聖有所生(성유소생), 王有所成(왕유소성), 皆原於一(개원어일)." 不離於宗(불리어종), 謂之天人(위지천인). 不離於精(불리어정), 謂之神人(위지신인). 不離於眞(불리어진), 謂之至人(위지지인). 以天爲宗(이천위종), 以德爲本(이덕위본), 以道爲門(이도위문), 兆於變化(조어변화), 謂之聖人(위지성인). 以仁爲恩(이인위은), 以義爲理(이의위리), 以禮爲行(이례위행), 以樂爲和(이락위화), 薰然慈仁(훈연자인), 謂之君子(위지군자).

천하에 방술[354]을 닦는 자들이 많다. 모두 자기가 이룬 것으로써 더 보탤 것이 없다고 생각한다. 옛날의 이른바 도술(道術)이란 과연 어디에 있는가? 이르기를 있지 않은 데가 없다고 한다. 신묘함은 어디서 내려왔는가?

---

354. 도술(道術).

밝음은 어디에서 나왔는가? 성인(聖人)이 생기고 왕업을 이룬 바 있는 것은 모두 근원이 하나이다. 근원[355]에서 벗어나지 않으면 이를 천인(天人)이라 한다. 생명의 정수(精髓)에서 벗어나지 않은 사람을 신인(神人)이라 한다. 진실에서 벗어나지 않은 사람을 지인(至人)이라 한다. 하늘을 근원으로 삼고 덕을 근본으로 삼으며, 도를 문으로 삼고 변화를 점치면 성인(聖人)이라 한다. 어짊으로 은혜를 베풀고 의로움으로 도리를 삼으며, 예를 행동으로 하고 음악으로 조화롭게 하여 훈훈하고 자애롭게 인자하면 군자(君子)라 한다.

| 해석과 감상 |

방술(方術)은 방사의 술법을 말한다. 방사(方士)란 신선의 술법을 배우는 사람이다. 천인(天人), 신인(神人), 지인(至人), 성인(聖人), 군자(君子)가 그들이다. 종(宗)은 가정에서는 가장 근본이 되는 사당, 종묘를 뜻하고, 하늘의 종(宗)은 해와 달과 별이다. 마루란 등성이를 이루는 지붕이나 산 따위의 꼭대기 또는 어떤 사물의 첫째. 또는 어떤 일의 기준을 뜻한다. 임금이 죽으면 부르는 이름에 종(宗)을 많이 붙인다.

| 필사하기 |

● 不離於宗(불리어종)이면 謂之天人(위지천인)이니라.
*離(떠날 리), 宗(마루 종), 謂(이를 위), 天(하늘 천), 人(사람 인)
【기준에서 떠나지 않으면 천인이라 한다.】
■『논어』「위령공」子曰(자왈), 君子義以爲上(군자의이위상)이니 君

---

355. 종(宗, 마루 종, 무위자연의 도).

子有勇而無義(군자유용이무의)면 爲亂(위란)이요 小人有勇而無義(소인유용이무의)면 爲盜(위도)니라.

*義(옳을 의), 勇(날쌜 용), 亂(어지어울 란), 盜(훔칠 도)

【공자 가로되, 군자는 의로움을 상(上)으로 여긴다. 군자는 용기가 있고 의로움이 없으면 난을 일으키고, 소인이 용기가 있고 의로움이 없으면 도적이 된다.】

■『논어』「위령공」子曰(자왈), 君子泰而不驕(군자태이불교), 小人驕而不泰(소인교이불태).

*泰(클 태, 편안하고 자유로울 태), 驕(교만할 교)

【군자는 태연하되 교만하지 않으며, 소인은 교만하되 태연하지 않다.】

「장자」와 「논어」로 우리 삶의 균형 찾기

『장자』에서는 더 높은 차원의 천인, 신인, 지인 등을 말하고, 공자는 천인, 신인, 지인보다 아래인 군자를 소인과 비교하여 설명하며 군자답게 살라 말한다.

옛사람은 도에 순응, 제자백가가 세상을 어지럽히다

처음처럼
처음은 제 자리, 제 모습이다
처음은 하나,
언제나 같은 마음, 같은 태도, 순수 결정체로 맑은 물이다
시서예악 주역과 춘추로 이를 밝혀 놓았으나
학자라 하는 제자백가들이 하나만 옳다 하니
어디 하나가 다른 하나들과 소통하던가!

나누고 가르고 치우치니

제자백가가 그 편벽함에 빠져 그들의 막힘을 도술이라 한다

우물로 깊이 빠져들면 넓디넓은 하늘이 우물 구멍만하고

하늘로 날아올라 세상을 보면 세상은 모두가 모여 하나로 조화롭다

| 본문 | 古之人其備乎(고지인기비호)！ 配神明(배신명), 醇天地(순천지), 育萬物(육만물), 和天下(화천하), 澤及百姓(택급백성), 明於本數(명어본수), 係於末度(계어말도), 六通四辟(육통사벽), 小大精粗(소대정조), 其運無乎不在(기운무호부재). 其明而在數度者(기명이재수도자), 舊法世傳之史尚多有之(구법세전지사상다유지). 其在於詩書禮樂者(기재어시서례락자), 鄒魯之士搢紳先生多能明之(추로지사진신선생다능명지). 詩以道志(시이도지), 書以道事(서이도사), 禮以道行(예이도행), 樂以道和(낙이도화), 易以道陰陽(역이도음양), 春秋以道名分(춘추이도명분). 其數散於天下而設於中國者(기수산어천하이설어중국자), 百家之學時或稱而道之(백가지학시혹칭이도지). 天下大亂(천하대란), 賢聖不明(현성불명), 道德不一(도덕불일), 天下多得一察焉以自好(천하다득일찰언이자호). 譬如耳目鼻口(비여이목비구), 皆有所明(개유소명), 不能相通(불능상통). 猶百家衆技也(유백가중기야), 皆有所長(개유소장), 時有所用(시유소용). 雖然(수연), 不該不遍(불해불편), 一曲之士也(일곡지사야). 判天地之美(판천지지미), 析萬物之理(석만물지리), 察古人之全(찰고인지전), 寡能備於天地之美(과능비어천지지미), 稱神明之容(칭신명지용). 是故內聖外王之道(시고내성외왕지도), 闇而不明(암이불명), 鬱而不發(울이불발), 天下之人各爲其所欲焉以自爲方(천하지인각위기소욕언이자위방). 悲夫(비부), 百家往而不反(백가왕이불반), 必不合矣(필불합의)！ 後世之學者(후세지학자), 不幸不見天地之純(불행불견천지지순), 古人之大體(고인지대체), 道術將爲天下裂(도술장위천하렬).

옛사람은 도[356]를 따랐도다! (도가) 신묘함과 밝음에 짝하여 천지에 순응하고 만물을 길러 천하를 조화롭게 하여 은택이 백성에 미치고, 근본 이치

에 밝았다. (도가) 작은 법도에까지 이어져 천지사방으로 통하고 사계절이 열린다. (도가) 작고 크고 정밀하고 거친 것의 운행에 미치지 않은 곳이 없다. 그것을 밝혀 법도로 있게 한 것은 옛 법을 전하는 역사인데 아직도 많이 남아 있다. 그 중에 시서예악의 기록이 있는데 추와 노나라의 선비들과 띠를 두른 관료들이 많이 이를 밝혀놓았다. 시는 뜻을 진술하고, 서는 정사를 기록하고, 예는 행실을 말하고, 악은 조화를 말하고, 주역은 음양을 말하고, 춘추는 명분을 말한 것이다. 그 근본을 천하에 펴서 중원의 나라에 베푼 것이 제자백가의 학문인데 시절에 따라 혹은 사정에 알맞게 말한 것이다. 천하가 크게 어지러워 현인과 성인이 밝지 않고 도와 덕이 하나가 되지 않으니, 천하가 하나만을 얻어 스스로 만족하는 일이 많아졌다. 비유하면 이목구비가 모두 저마다 밝은 데가 있어 서로 통할 수 없으니 오히려 백가의 여러 학술과 같다. 모두 장점이 있어 때에 따라 쓸모가 있다. 비록 그렇지만 포용하지 않고 두루 미치지 못하니 하나로 굽어진 선비이다. 천지의 아름다움을 판단하고, 만물의 근원을 분석하며 옛사람의 온전함을 살펴 천지의 아름다움을 두루 갖춤과 신명의 모습을 일컬음이 적다. 이런 이유로 안으로 성왕의 도가 밝게 드러나지 못하고 막히어 드러나지 못했다. 천하의 사람들이 각각 하고자 하는 바를 스스로 방술이라 하니 슬프다. 백가가 나아가면서 돌아보지 않으니 반드시 합해지지 못한다. 후세의 학자들은 불행히도 천지의 순수인 옛사람의 큰 도를 보지 못하니 도술이

---

356. 〈제12편 천지(天地), 태초에 무(無)였다〉의 [본문] 8행에 備(갖출 비)에 대한 설명이 나온다. 循於道之謂備(순어도지위비), '도에 순종하는 것'을 備(비)라 설명하고 있으며, 『장자집석』【注】에는 夫道非偏物也(부도비편물야), '무릇 도는 모든 사물이나 사유에 치우치지 않는 것'이라 하였다. 이를 따라 원문 古之人其備乎(고지인기비호)를 위와 같이 옮겼다.

장차 천하를 분열시킬 것이다.

| 필사하기 |

● 後世之學者(후세지학자)는 不幸不見天地之純(불행불견천지지순), 古人之大體(고인지대체)로소니, 道術將爲天下裂(도술장위천하렬)하리라.

【후세의 학자들은 불행히도 천지의 순수인 옛사람의 큰 도를 보지 못하니 도술이 장차 천하를 찢게 할 것이다.】

■ 『논어』「팔일」 天下之無道也久矣(천하지무도야구의)니 天將以夫子爲木鐸(천장이부자위목탁)이시리라.

*久(오랠 구), 將(장차 장), 鐸(방울 탁)

【천하의 도가 없어진 지 오래입니다. 하늘이 장차 선생을 목탁으로 삼으실 것입니다.】

『장자』와 『논어』로 삶의 균형 찾기

『장자』와 『논어』 모두 천하의 도가 없어졌다고 문제를 진단한다. 그 대안으로 나온 사상들이 노장사상이고 유가사상 외에 수많은 제자백가의 사상이다. 장자는 후세의 학자들이 옛 사람의 도를 보지 못해 천하를 찢게 할 것이라 예언하고 있다. 현대가 장자의 예언대로 천하를 찢었는지 판단해 볼 일이다.

묵자와 금골리

검박(儉朴), 절용(節用), 비악(非樂)을 내세워

자식이 태어나도 노래하지 않고

사람이 죽어도 최소한으로 장례를 치른다.

널리 사랑하고 이로움을 추구하니 현대에도 반짝 빛난다.

그러나 기쁠 때 노래방도 가고 잔칫상도 펼쳐야 하지 않는가!

| 본문 | 不侈於後世(불치어후세), 不靡於萬物(불미어만물), 不暉於數度(불휘어수도), 以繩墨自矯而備世之急(이승묵자교이비세지급), 古之道術有在於是者(고지도술유재어시자). 墨翟禽滑釐聞其風而說之(묵적금골리문기풍이설지), 爲之大過(위지대과), 已之大循(이지대순). 作爲非樂(작위비락), 命之日節用(명지왈절용) ; 生不歌(생불가), 死無服(사무복). 墨子汎愛兼利而非鬥(묵자범애겸리이비두), 其道不怒(기도불로) ; 又好學而博(우호학이박), 不異(불리), 不與先王同(불여선왕동), 毁古之禮樂(훼고지례락). 黃帝有咸池(황제유함지), 堯有大章(요유대장), 舜有大韶(순유대소), 禹有大夏(우유대하), 湯有大濩(탕유대호), 文王有辟雍之樂(문왕유벽옹지락), 武王周公作武(무왕주공작무). 古之喪禮(고지상례), 貴賤有儀(귀천유의), 上下有等(상하유등), 天子棺槨七重(천자관곽칠중), 諸侯五重(제후오중), 大夫三重(대부삼중), 士再重(사재중). 今墨子獨生不歌(금묵자독생불가), 死不服(사불복), 桐棺三寸而無槨(동관삼촌이무곽), 以爲法式(이위법식). 以此教人(이차교인), 恐不愛人(공불애인) ; 以此自行(이차자행), 固不愛己(고불애기). 未敗墨子道(미패묵자도), 雖然(수연), 歌而非歌(가이비가), 哭而非哭(곡이비곡), 樂而非樂(낙이비락), 是果類乎(시과류호) ? 其生也勤(기생야근), 其死也薄(기사야박), 其道大觳(기도대곡) ; 使人憂(사인우), 使人悲(사인비), 其行難爲也(기행난위야), 恐其不可以爲聖人之道(공기불가이위성인지도), 反天下之心(반천하지심), 天下不堪(천하불감). 墨子雖獨能任(묵자수독능임), 奈天下何(내천하하) ! 離於天下(리어천하), 其去王也遠矣(기거왕야원의). 墨子稱道曰(묵자칭도왈), "昔禹之湮洪水(석우지인홍수), 決江河而通四夷九州也(결강하이통사이구주야), 名山三百(명산삼백), 支川三千(지천삼천), 小者無數(소자무수). 禹親自操稿耜而九雜天下之川(우친자조고사이구잡천하지천) ; 腓無胈(비무발), 脛無毛(경무모), 沐甚雨(목심우), 櫛疾風(즐

질풍), 置萬國(치만국). 禹大聖也而形勞天下也如此(우대성야이형로천하야여차)."
使後世之墨者(사후세지묵자), 多以裘褐爲衣(다이구갈위의), 以跂蹻爲服(이기교
위복), 日夜不休(일야불휴), 以自苦極(이자고극), 曰(왈), "不能如此(불능여차), 非
禹之道也(비우지도야), 不足謂墨(부족위묵)." 相里勤之弟子五侯之徒(상리근지제
자오후지도), 南方之墨者苦獲(남방지묵자고획)、已齒(이치)、鄧陵子之屬(등릉자지
속), 俱誦墨經(구송묵경), 而倍譎不同(이배휼부동), 相謂別墨(상위별묵) ; 以堅白
同異之辯相訾(이견백동리지변상자), 以觭偶不仵之辭相應(이기우불오지사상응) ;
以巨子爲聖人(이거자위성인), 皆願爲之尸(개원위지시), 冀得爲其後世(기득위기
후세), 至今不決(지금불결). 墨翟禽滑釐之意則是(묵적금골리지의칙시), 其行則非
也(기행칙비야). 將使後世之墨者(장사후세지묵자), 必自苦以腓無胈脛無毛相進而
已矣(필자고이비무발경무모상진이이의). 亂之上也(난지상야), 治之下也(치지하
야). 雖然(수연), 墨子真天下之好也(묵자진천하지호야), 將求之不得也(장구지부득
야), 雖枯槁不舍也(수고고불사야). 才士也夫(재사야부) !

후세에 사치하지 않고, 만물을 낭비하지 않으며, 여러 법도를 빛나게 하
지 않고, 먹줄로 스스로를 바로 잡으며, 세상의 위급을 대비한다. 옛 도술
(道術)에 이러한 것이 있었다.

묵적과 금골리[357]는 그런 기풍을 듣고 이를 기뻐하였다. 이를 행할 때는
크게 지나쳤고, 이를 금지할 때는 크게 심했다. 비악(非樂)을 짓고 이를 절
용(節用)이라 하였다. 살아서 노래하지 않고, 죽어서 상복을 입지 않았다.

---

357. 禽滑釐에서 滑은 '미끄러울 활, 어지러울 골'이다. 이러한 까닭에 '금활리' 또는 '금골리'
라고 읽는다. 지명이나 인명은 흔히 두 발음 중에서 덜 일상적인 음을 취하는 경우가
많다. 이런 까닭으로 여기서는 금골리라 한다.

묵자는 누구나 사랑하고, 두루 이롭고, 싸움을 거부했다.[358] 그의 도는 노여워하지 않고, 또한 배우기 좋아하고, 널리 차별이 없다. 선왕과 같지 않고, 옛 예악(禮樂)을 훼손했다.

황제는 함지(咸池), 요는 대장(大章), 순은 대소(大韶), 우는 대하(大夏), 탕은 대호(大濩), 문왕은 벽옹(辟雍)이라는 음악을, 무왕과 주공은 무(武)를 지었다. 옛날의 상례(喪禮)는 귀천의 의식이 있고, 상하의 등급이 있었다. 천자는 관곽이 일곱 겹, 제후는 다섯 겹, 대부는 세 겹, 사(士)는 두 겹이다. 지금 묵자는 홀로 살아서는 노래하지 않고, 죽어서는 상복을 입지 않으며, 세 치 오동나무 관으로 겉 관을 없애고자 한다. 이로써 법도를 삼아 다른 사람을 가르치는 것은 아마도 남을 사랑함이 없고, 이로써 스스로 실행한다면 진실로 자기를 사랑하지 않는 것이다. 묵자의 도를 부수려는 것[359]이 아니다. 비록 그렇더라도 노래할 때 노래하지 않고, 곡을 할 때 곡을 하지 않고, 즐거워할 때 즐거워하지 않는 것이 과연 같은 무리[360]인가? 그는 살아서 근면하고 죽어서는 야박하다. 그의 도는 크게 각박하고, 사람을 걱정하게 하고 사람을 슬프게 하니 그 실행이 어렵다. 아마도 성인의 도라고 말할 수 없다. 천하의 인심을 거슬러 천하가 감당할 수 없다. 묵자가 비록 홀로 수행한다고 할지라도 이에 천하가 어찌할 것인가? 천하에서 벗어났으니 왕으로 가는 것과 거리가 멀다.

묵자는 도(道)에 대해 다음과 같이 말했다.

"옛날 우임금이 홍수를 막기 위해 양쯔강과 황하를 터서 사방의 오랑캐

---

358. 범애(汎愛), 겸리(兼利), 비투(非鬪).

359. 패(敗). 깨트리다, 패하다, 부수다, 무너뜨리다.

360. 류(類). 무리, 비슷함. 과연 인정에 가깝게 비슷한가?

지역과 아홉 지역을 통하게 했다. 명산이 삼백이요, 강의 지류가 삼천이며, 작은 것은 수도 없었다. 우임금은 손수 삼태기와 따비를 들고 아홉 번이나 천하의 하천을 뚫었다. 장딴지가 살이 없게 여위고 정강이가 털이 없게 닳았으며 소낙비에 목욕하고 세찬 바람에 빗질하며 만국을 세웠다. 우는 큰 성인으로 이와 같이 천하를 위해 육체를 수고롭게 했다."

후세의 묵가로 하여 털가죽과 거친 베옷을 입고 나막신이나 짚신을 신으며, 낮과 밤에 쉬지 않고 스스로 고통스럽게 하여 근본[361]으로 삼게 했다. 그들은 말한다.

"이와 같이 할 수 없다면 우임금의 도(道)가 아니며, 묵가라 하기에 부족하다."

상리근(相里勤)의 제자와 오후(五侯)의 무리는 남방의 묵가이고 고획(苦獲), 기치(己齒), 등릉자(鄧陵子)의 무리는 함께 묵자의 경전을 암송하면서 다르고 바뀌어 같지 않고 서로 이단 묵가[362]라 불렀다. 단단한 것과 흰 것이 같은가 다른가에 대한 논쟁으로 서로 헐뜯는다. 홀수와 짝수로서 짝이 맞지 않다는 말로 서로 응수한다. 거자(巨子)를 성인이라고 하고 모두 그를 주인으로 삼고자 한다. 그 후세가 되기를 바라는데 지금까지 결말이 나지 않았다.

묵적과 금골리의 뜻은 옳으나 그 실행은 아니다. 장차 후세의 묵가로 하여 반드시 스스로 고통스럽게 했기 때문이다. 장딴지에 살이 없게 여위고 정강이에 털이 없이 닳을 때까지 나아가기만 할 따름으로, 어지러움이 위이고 다스림은 아래이다. 비록 그렇더라도 묵자(墨子)는 참으로 천하의 좋

---

361. 극(極). 다하다, 근본, 극.

362. 별묵, 別墨.

은 사람이며, 장차 구하는 것을 얻지 못하면 야위더라도 포기하지 않으니 재사(才士)구나!

| 해석과 감상 |

묵적과 금골리는 뜻은 옳으나 후세의 묵가에게 고통스럽게 하였지만 포기하지 않아 재사(才士)라 할 만하다. B.C. 5세기 말 묵적(묵자)은 공자의 첫 경쟁자로 등장한다. 금골리는 그의 수제자이다. B.C. 209년 진이 몰락한 이후 잠깐 부활하지만 이후에는 묵가는 유가와 관련해서만 언급된다. 이 부분은 묵가가 생명을 잃어가고 있는 시기의 흐름을 반영한 것으로 보인다. 위 글은 묵가의 열 가지 학설 중 음악의 거부와 비용의 절약에 대해서 비판한다. 『묵자(墨子)』에 「절용(節用)」「비악(非樂)」편이 있다. 묵가는 겸애설, 비전론, 경제의 평등, 검소 등을 주장했으나 진나라 이후 쇠퇴했다.

| 필사하기 |

● 墨子汎愛兼利而非鬪(묵자범애겸리이비투)라.

*墨(먹 묵), 汎(넓을 범), 愛(사랑 애), 兼(겸할 겸), 利(이로울 리), 鬪(싸움 투)

【묵자는 두루 사랑하고 아울러 이롭고 싸우지 않는다.】

■『논어』「태백」子曰(자왈), 興於詩(흥어시)하며 立於禮(입어례)하며 成於樂(성어악)이니라.

*興(일 흥), 詩(시 시), 禮(예도 례), 成(이룰 성), 樂(풍류 악)

【공자 가로되, 시에서 일어나고, 예에서 세우고, 음악에서 이룬다.[363]】

■『논어』「위령공」子曰, 君子矜而不爭(군자긍이불쟁)하고 羣而

---

363. 시에서 감흥을 돋우고, 예에서 규범을 세우며, 음악에서 품성을 완성한다.

不黨(군이부당)이니라.】

*矜(불쌍히 여길 궁, 공경할 궁), 爭(다툴 쟁), 羣(무리 군), 黨(무리 당)

【공자 가로되, 군자는 공경하며 다투지 않고, 무리를 짓되 무리(당파)를 짓지 않는다.[364]】

■『논어』「위령공」子曰(자왈), 道不同(도부동)이면 不相爲謀(불상 위모)니라.

*道(길 도), 同(같을 동), 相(서로 상), 爲(할 위), 謀(꾀할 모)

【공자 가로되, 도는 같지 않으면 서로 꾀하지 않는다.】

『장자』와 『논어』로 우리 삶의 균형 찾기

묵자는 두루 사랑하라 말하고, 공자는 무리를 짓지 당파를 만들지 않으며 도가 같지 않으면 서로 어울리지 않는다고 말한다. 묵자는 보편적 사랑을 말하고, 공자는 당파를 짓지 않는다고 말하지만 도가 같은 사람끼리라는 테두리를 짓는다.

관윤과 노담

고집 없음으로 나를 지키고
항상 남 뒤를 따를 뿐이니 관윤은 이름도 뒤에서 따른다.
관윤에게 오천 자를 남긴 노담,
몸을 행하지만 낭비가 없으니
천하의 골짜기가 되어 이들이 세상의 진인이다.

---

364. 앞의 무리는 화목한 무리, 뒤의 무리는 편당(偏黨)을 가르는 무리.

| **본문** | 以本爲精(이본위정), 以物爲粗(이물위조), 以有積爲不足(이유적위부), 澹然獨與神明居(담연독여신명거), 古之道術有在於是者(고지도술유재어시자). 關尹老聃聞其風而悅之(관윤노담문기풍이열지), 建之以常無有(건지이상무유), 主之以太一(주지이태일), 以濡弱謙下爲表(이유약겸하위표), 以空虛不毀萬物爲實(이공허불훼만물위실). 關尹曰(관윤왈), "在己無居(재기무거), 形物自著(형물자저). 其動若水(기동약수), 其靜若鏡(기정약경), 其應若響(기응약향). 芴乎若亡(홀호약망), 寂乎若淸(적호약청), 同焉者和(동언자화), 得焉者失(득언자실). 未嘗先人而常隨人(미상선인이상수인)." 老聃曰(노담왈), "知其雄(지기웅), 守其雌(수기자), 爲天下谿(위천하계); 知其白(지기백), 守其辱(수기욕), 爲天下谷(위천하곡)." 人皆取先(인개취선), 己獨取後(기독취후), 曰受天下之垢(왈수천하지구); 人皆取實(인개취실), 己獨取虛(기독취허), 無藏也故有餘(무장야고유여), 巋然而有餘(규연이유여). 其行身也(기행신야), 徐而不費(서이불비), 無爲也而笑巧(무위야이소교); 人皆求福(인개구복), 己獨曲全(기독곡전), 曰苟免於咎(왈구면어구). 以深爲根(이심위근), 以約爲紀(이약위기), 曰堅則毁矣(왈견칙훼의), 銳則挫矣(예칙좌의). 常寬容於物(상관용어물), 不削於人(불삭어인), 可謂至極(가위지극). 關尹老聃乎(관윤노담호)! 古之博大真人哉(고지박대진인재)!

근본을 정미(精微)[365]하다라고 하고, 만물을 조잡하다고 한다. 쌓아 놓은 것으로 만족하지 않고, 담담히 홀로 신명(神明)과 더불어 산다. 옛 도술(道術)에 이와 같은 것이 있다. 관윤(關尹)과 노담(老聃)이 이런 기풍을 듣고 기뻐하였다. 그것을 세워 자연의 변함없는 있지 않음[無有]에 이르고, 이를 주인으로 삼아 태일(太一)[366]에 이르고자 했다. 부드러움과 유약함, 겸손함과 아래를 표면으로 삼고, 공허함으로 만물을 훼손하지 않는 것을 내실로

---

365. 정(精). 정미하다, 자세하다, 근본, 진실, 꽃.

366. 太一, 근본.

삼았다.

관윤이 말했다.

"몸이 머무름 없이 존재하나 형체 있는 만물이 저절로 드러난다. 그 움직임은 물과 같고, 그 고요함은 거울과 같다. 그 반응은 메아리 같고, 희미하니 없는 것 같고, 적막하니 맑은 것 같다. 이에 동화하면 조화롭고 이를 얻으려면 잃는다. 남을 앞서지 말고, 항상 남을 따르라."

노담이 말했다.

"수컷을 알고 암컷을 지키면 천하의 골짜기가 된다. 순백을 알고 욕됨을 지키면 천하의 계곡이 된다."

사람들은 모두 앞을 취하는데 자기만 홀로 뒤를 취하면서 "천하의 수치를 받는다."고 (노담은) 말한다. 사람들은 모두 실을 취하는데 자기는 홀로 허를 취한다. 저장하지 않기에 남음이 있고, 홀로 우뚝 솟아 남음이 있으니, 몸을 행함이 느리지만 낭비하지 않는다. 작위가 없으니 교묘함을 웃는다. 사람들은 모두 복을 구하지만 자기는 홀로 굽어 온전해진다. (노담은 이를) "다만 허물을 면한다."고 말한다. 깊음을 뿌리로 삼고, 검약을 벼리로 삼으니 "단단하면 부서지고, 날카로우면 무디어진다."고 (노담은) 말한다. 항상 만물을 너그럽게 대하고 남을 깎아내리지 않으니 가히 지극하다 이를 것이다. 관윤과 노담이여, 옛날의 넓고 큰 진인이구나!

| 해석과 감상 |

관윤과 노담(노자)을 『장자』에서 유일하게 진인(眞人)이라 평가한다. 사마천은 『사기열전』에 공자가 노자를 찾아보고 와서 제자들에게 "내가 오늘 노자를 만났는데 마치 용과 같았다."라고 기록한다. 공자를 세가에 넣어 왕처럼 기록한 사마천의 표현이다. 노자를 비판하는 글을 찾기는 쉽지 않다. '수컷을 알고 암컷을 지키면 천하의 골짜기가 된다.'는 표현은 『도덕경』의 중심을 이룬다.

| 필사하기 |

● 在己無居(재기무거)하나 形物自著(형물자저)니라.

*在(있을 재), 居(있을 거), 形(모양 형), 物(만물 물), 著(드러날 저, 분명할 저)

【몸이 머무름 없이 존재하나 형체 있는 만물이 저절로 드러난다.】

● 常寬容於物(상관용어물)하고 不削於人(불삭어인)이니라.

*常(항상 상), 寬(너그러울 관), 容(얼굴 용, 용납할 용), 削(깎을 삭)

【항상 만물을 너그럽게 대하고, 남을 깎아 내리지 않는다.】

장자

자취가 없어 삶도 없고 죽음도 없다.
절대 자유의 삶을 우언, 중언, 치언으로 펼치니
장자는 세상에 글 쓰는 자들의 선생이다.
위로 천지와 더불어 노는 진인이다.
다만, 만물에 대한 나머지 해명은 후대로 남겨 놓았구나!

| 본문 | 芴漠無形(홀막무형), 變化無常(변화무상), 死與生與(사여생여), 天地並與(천지병여), 神明往與(신명왕여)! 芒乎何之(망호하지), 忽乎何適(홀호하적), 萬物畢羅(만물필라), 莫足以歸(막족이귀), 古之道術有在於是者(고지도술유재어시자). 莊周聞其風而悅之(장주문기풍이열지), 以謬悠之說(이류유지설), 荒唐之言(황당지언), 無端崖之辭(무단애지사), 時恣縱而不儻(시자종이부당), 不以觭見之也(불이기견지야). 以天下爲沈濁(이천하위침탁), 不可與莊語(불가여장어), 以巵言

爲曼衍(이치언위만연), 以重言爲眞(이중언위진), 以寓言爲廣(이우언위광). 獨與天地精神往來而不敖倪於萬物(독여천지정신왕래이불오예어만물), 不譴是非(불견시비), 以與世俗處(이여세속처). 其書雖瑰瑋而連犿無傷也(기서수괴위이련변무상야). 其辭雖參差而諔詭可觀(기사수참차이숙궤가관). 彼其充實不可以已(피기충실불가이이), 上與造物者遊(상여조물자유), 而下與外死生無終始者爲友(이하여외사생무종시자위우). 其於本也(기어본야), 弘大而辟(홍대이벽), 深閎而肆(심굉이사), 其於宗也(기어종야), 可謂稠適而上遂矣(가위조적이상수의). 雖然(수연), 其應於化而解於物也(기응어화이해어물야), 其理不竭(기리불갈), 其來不蛻(기래불태), 芒乎昧乎(망호매호), 未之盡者(미지진자).

적막하여 형체가 없고 변화가 일정함이 없다. 죽음인가, 삶인가? 천지가 나란히 있는가? 신명이 가고 있는가? 아득하구나, 어디로 가는가? 홀연히 어디로 가는가? 만물을 모두 망라하고 있지만 돌아가 만족하지 못한다. 옛날 도술 중에 이런 것이 있었다. 장주가 이런 기풍을 듣고 기뻐하였다.

현실과 동떨어진 공허한 말과 황당한 말, 끝없는 사설은 때로 제멋대로이면서 한쪽으로 치우치지 않았으며 기이한 것을 보여 주려는 것이 아니다. 천하가 혼탁함에 잠겨 있어 정중한 언어로 말할 수 없기 때문이다. 치언(巵言)으로 길게 끌어 넓히고,[367] 중언(重言)으로 참이 되게 하고, 우언(寓言)으로 넓게 한다.

홀로 천지(天地)와 더불어 정신(精神)이 왕래하고, 오만하게 만물을 나누지 않는다. 옳다 그르다를 꾸짖지 않으며, 속세와 더불어 머물렀다. 그의 글은 비록 이어지고 빙빙 돌아 기이하고 독특하지만 해침이 없다. 그 사설

---

367. 만연(曼衍), 널리 퍼지게 하여 넓히다. 길게 끌어 확충하다. 앞뒤가 맞지 않는 말로 길게 끌어 의미를 넓힌다.

이 비록 차이가 나지만 골계[368]가 볼 만하다. 이것은 꽉 찬 것을 다 말할 수 없기 때문이다.

위로는 조물주와 더불어 노닐고 아래로는 죽음과 삶을 도외시한다. 끝과 시작이 없는 자는 벗으로 하였다. 그것이 근본으로 하는 것은 광대하고, 열리고, 깊고 크게 뻗어나갔으며 그것이 으뜸으로 하는 것은 조화롭고 적합하여 높은 곳에 도달했다고 말할 수 있다. 비록 그렇지만 그가 조화에 응답하여 만물을 해명함은 그 조리가 미진하고(다함이 없고), 그 유래가 벗겨지지 않았다. 망연하구나! 애매하구나! 미진한 사람이여!

| 해석과 감상 |

장자는 치언, 중언, 우언으로 높은 곳에 도달하였다고 말할 수 있지만 아직은 미진하다. 이 글은 장자를 사상가보다 문학가 측면에서 바라보고 있다. 찬탄과 유보, 비판과 긍정 등 시각이 다양하다. 장자를 비판한 글로 보이지만 일부 학자들은 그렇게 생각하지 않는다. '비록 그렇지만~' 이후를 '그는 베일에 가려져 있고 불가사의해서 완전히 이해된 적이 없는 자이다'로 해석하면서 긍정적으로 이해하려고 한다.

| 필사하기 |

● 以卮言爲曼衍(이치언위만연)하며 以重言爲眞(이중언위진)하며 以寓言爲廣(이우언위광)하니라.

*卮(술잔 치), 言(말씀 언), 爲(할 위), 曼(길 만, 뻗을 만), 衍(넘칠 연), 重(무거울 중), 眞(참 진), 寓(머무를 우, 부칠 우), 廣(넓을 광)

---

368. 숙궤, 諔詭, 속일 숙, 익살 숙, 속일 궤.

【치언(巵言)으로 길게 끌어 넓히고, 중언(重言)으로 참이 되게 하고, 우언(寓言)으로 넓게 한다.】

혜시, 순수 논리의 명가

하늘은 땅보다 낮고 오늘 가서 어제 왔다.
개는 양이고 개구리에 꼬리가 있다.
공손룡이 흰 개는 검다거나 개는 개가 아니라며 가세한 자,
아킬레스는 거북이를 따라잡을 수 없다는 고대 헬라스 소피스트,
혜자는 말로 이기고 만물로 돌아오지 못하여 가슴으로 무너진다.

| 본문 | 惠施多方(혜시다방), 其書五車(기서오거), 其道舛駁(기도천박), 其言也不中(기언야부중). 厤物之意(역물지의), 曰(왈), "至大無外(지대무외), 謂之大一(위지대일) ; 至小無內(지소무내), 謂之小一(위지소일). 無厚(무후), 不可積也(불가적야), 其大千里(기대천리). 天與地卑(천여지비), 山與澤平(산여택평). 日方中方睨(일방중방예), 物方生方死(물방생방사). 大同而與小同異(대동이여소동리), 此之謂小同異(차지위소동리) ; 萬物畢同畢異(만물필동필리), 此之謂大同異(차지위대동리). 南方無窮而有窮(남방무궁이유궁), 今日適越而昔來(금일적월이석래). 連環可解也(련환가해야). 我知天下之中央(아지천하지중앙), 燕之北越之南是也(연지북월지남시야). 氾愛萬物(범애만물), 天地一體也(천지일체야)." 惠施以此爲大(혜시이차위대), 觀於天下而曉辯者(관어천하이효변자), 天下之辯者相與樂之(천하지변자상여락지). 卵有毛(난유모), 雞三足(계삼족), 郢有天下(영유천하), 犬可以爲羊(견가이위양), 馬有卵(마유란), 丁子有尾(정자유미), 火不熱(화불열), 山出口(산출구), 輪不蹍地(윤부전지), 目不見(목불견), 指不至(지부지), 至不絕(지부절), 龜長於蛇(귀장어사), 矩不方(구불방), 規不可以爲圓(규불가이위원), 鑿不圍枘(착불위예), 飛鳥之景未嘗動也(비조지경미상동야), 鏃矢之疾而有不行不止之時(족시지질이

유불행부지지시), 狗非犬(구비견), 黃馬驪牛三(황마려우삼), 白狗黑(백구흑), 孤駒
未嘗有母(고구미상유모), 一尺之捶(일척지추), 日取其半(일취기반), 萬世不竭(만
세불갈). 辯者以此與惠施相應(변자이차여혜시상응), 終身無窮(종신무궁). 桓團公
孫龍辯者之徒(환단공손룡변자지도), 飾人之心(식인지심), 易人之意(역인지의), 能
勝人之口(능승인지구), 不能服人之心(불능복인지심), 辯者之囿也(변자지유야). 惠
施日以其知與人之辯(혜시일이기지여인지변), 特與天下之辯者爲怪(특여천하지변
자위괴), 此其柢也(차기저야). 然惠施之口談(연혜시지구담), 自以爲最賢(자이위최
현), 日天地其壯乎(왈천지기장호)！ 施存雄而無術(시존웅이무술). 南方有倚人焉
日黃繚(남방유의인언왈황료), 問天地所以不墜不陷(문천지소이불추불함), 風雨雷
霆之故(풍우뢰정지고). 惠施不辭而應(혜시불사이응), 不慮而對(불려이대), 遍爲萬
物說(편위만물설), 說而不休(설이불휴), 多而無已(다이무이), 猶以爲寡(유이위과),
益之以怪(익지이괴). 以反人爲實而欲以勝人爲名(이반인위실이욕이승인위명), 是
以與衆不適也(시이여중부적야). 弱於德(약어덕), 強於物(강어물), 其塗隩矣(기도
오의). 由天地之道觀惠施之能(유천지지도관혜시지능), 其猶一蚊一虻之勞者也(기
유일문일맹지로자야). 其於物也何庸(기어물야하용)！ 夫充一尚可(부충일상가),
曰愈貴道(왈유귀도), 幾矣(기의)！ 惠施不能以此自寧(혜시불능이차자녕), 散於萬
物而不厭(산어만물이불염), 卒以善辯爲名(졸이선변위명). 惜乎(석호)！ 惠施之才
(혜시지재), 駘蕩而不得(태탕이부득), 逐萬物而不反(축만물이불반), 是窮響以聲
(시궁향이성), 形與影競走也(형여영경주야). 悲夫(비부)！

　　혜시는 방술(方術)이 많고, 그의 책이 다섯 수레이다. 그러나 그 도(道)는
어지럽고 치우쳤으며, 그 말은 맞지 않았다. 그러나 사물의 뜻을 두루 편
력했다.

　　그가 말했다. "지극히 커서 밖이 없는 것을 일러 큰 하나[大一]라 하고, 지
극히 작아서 안이 없는 것을 작은 하나[小一]라고 한다. 두께가 없어 쌓을
수 없는 것은 그 크기가 큰 천 리이다. 하늘은 땅과 더불어 낮고, 산과 연못

은 함께 평평하다. 해가 바야흐로 중천에 뜨면서 동시에 기울고, 만물이 바야흐로 나면서 동시에 죽는다. 크게 같음은 작게 같음과 다르다. 이를 일러 '작게 같고 다름[小同異]'이라 한다. 만물은 모두 같기도 하고 모두 다르기도 하다. 이를 일러 '크게 같고 다름[大同異]'이라 한다. 남방은 끝이 없으나 끝이 있다. 오늘 월나라를 간 것은 어제 돌아옴이다. 고리를 이으면 풀 수 있다. 나는 천하의 중앙을 안다. 연나라의 북쪽이며, 월나라의 남쪽으로 이것이 중앙이다. 만물을 두루 사랑하면 천지는 하나의 몸이다." 혜시는 이로써 천하에 크게 달관하게 되어 변론가의 효시가 되었다. 천하의 변론가들은 서로 그의 말을 즐겼다. 달걀은 털이 있고, 닭은 발이 셋이다. 영(郢, 초나라 서울)에 천하가 있다. 개를 양이 되게 할 수 있다. 말도 알이 있다. 개구리는 꼬리가 있다. 불은 뜨겁지 않다. 산은 입에서 나온다.[369] 수레바퀴는 땅을 밟지 않는다. 눈은 볼 수 없다. 가리킴은 도달하지 못하고, 도달하면 (소리가) 끊어지지 않는다. 거북이는 뱀보다 길다. 곱자(모난 자)는 모나지 않는다. 그림쇠(원을 그리는 자)는 원을 만들 수 없다. 구멍은 자루를 감쌀 수 없다. 날아가는 새의 그림자는 움직이지 않는다. 화살촉이 빠른 것은 움직이지 않고 정지하지 않은 때이다. 강아지는 개가 아니다. 누런 말과 검은 소는 셋이다. 흰 개는 검다. 어미 잃은 망아지는 일찍이 어미가 있은 적이 없다. 한 자[370]의 채찍에서 날마다 그 반을 취하면 만세까지 없어지지 않는다.[371]

---

369. 山出口, 또는 말을 한다.

370. 척(尺, 자, 30.3cm).

371 ① 알에 털이 없다면 어떻게 닭이나 새에 깃털이 생기겠느냐는 반론이다. 또한 알에서 닭으로 변화하는 시간은 없는 것과 같기 때문에 닭의 알에 털이 있다는 주장이다.
② 닭의 두 다리와 닭의 발이라는 말을 합치면 닭의 다리는 셋이다. 『공손룡자』 「명

변론가들은 이것으로 혜시와 서로 응대하여 종신토록 끝이 없었다. 환단(桓團)과 공손룡(公孫龍)은 변론가의 무리이다. 사람의 마음을 속이고 사람의 뜻을 바꾸어 사람의 입을 이길 수 있으나 사람의 마음을 감복시킬 수 없다. 이것이 변론가의 전부[372]이다.

혜시는 날마다 앎으로써 남들과 변론하였다. 특히 천하의 변론가들보다 괴이한데, 이것이 그의 근본 뿌리이다. 그러나 혜시는 자기의 담론이 스스로 가장 현명하다고 여겼고, 스스로 말했다.

"천지에 장대하지 않은가? 시(施, 혜시)[373]는 웅장하나 방술이 없다."

실) ③ 크고 넓은 천하와 비하면 대소의 차이는 없으니 바꾸어 말할 수도 있다. ④ 개와 양은 네 발 달린 짐승으로 같다. 단지 이름은 절대적인 것이 아니라서 바꾸어 부를 수 있다. ⑤ 말이든 조류든 같은 동물이라는 점에서 알을 깐다고 할 수 있다. ⑥ 무한한 우주의 시간으로 보면 개구리에 꼬리가 있다는 말은 같다. 개구리와 올챙이는 이름은 다르나 실질은 같다. 그러므로 개구리에 꼬리가 있다는 주장도 가능하다. ⑦ 불이 뜨겁다는 것은 인간의 감각 작용으로 주관적 판단이다. ⑧ 무한대의 우주 공간에서 보면 거대한 산도 사람의 입에서 나올 수 있다. 산이란 이름은 사람의 입에서 나오므로 산은 사람의 입에서 나온다. ⑨ 수레바퀴가 땅에 붙어 있다면 바퀴는 구를 수 없다. ⑩ 눈이 보는 것이 아니라 지각 작용하는 정신이 본다. ⑪ 손가락으로 가리키는 방향은 어느 한 지점에서 끝나지 않아 무한하다. ⑫ 사물의 길이는 무한한 길이에서 보면 상대적이어서 무시될 수 있다. ⑬ 직각과 원의 개념을 현실에 구현할 수 없다. 자는 상대적으로 불확실하다. ⑭ 구멍 속 자루가 도는 것을 구멍이 막을 수 없으니 둘러싸고 있는 것이 아니다. ⑮ 빛에 의해 지면에 투사되는 그림자는 매순간의 정지일 뿐이다. 제논의 궤변과 같다. ⑯ 한 순간 한 순간은 간다고도 멈춘다고도 할 수 있다. ⑰ 강아지와 개는 이름이 다른 이상 같을 수 없다. ⑱ '닭은 발이 셋이다'와 같은 명제이다. 황색 말과 검은 소는 동물이며, 황색 말이 하나이고, 검은 소가 하나이다. 따라서 셋이다. ⑲ 흰 개와 검은 개는 개로써 같다. ⑳ 어미 없는 망아지이므로 어미가 있던 적이 없다. ㉑ 아킬레우스가 거북이를 추월하지 못한다는 제논의 궤변과 같다. 공간의 무한분할을 전제한다.

372. 유(囿, 동산, 담장, 구역, 영토).

373. 施, 혜시, 자신을 일컬을 때 성을 빼고 이름만 쓰고 있다.

남방에 기이한 사람이 있는데 황요(黃繚)라고 불렸다. 그는 천지가 추락하지도 않고 함몰되지도 않는 까닭과 비바람이 불고 천둥과 번개가 치는 이유를 물었다. 혜시는 사양하지 않고 응대하고 생각 없이 대답하여 두루 만물을 설명하였다. 설명이 쉼이 없이 많고 끝이 없었다. 오히려 부족하게 여기고, 괴이함으로 설명을 더했다. 이로써 남을 거스름으로써 열매를 얻고, 남을 이김으로써 이름을 얻고자 한다. 이로써 대중과 함께 가지 못한다. 덕(德)을 쇠약하게 하고 외물을 늘어놓아 그것을 진흙 물굽이처럼 호도했다. 천지의 도로 혜시의 재능을 본다면 그것은 오히려 한 마리 모기와 한 마리 등에의 수고로움이니 그것이 어찌 사물에 쓰일 수 있겠는가? 대저 하나에 충실한 것은 오히려 옳다며 "도를 더욱 귀하게 할 기회가 있었다"라고 말한다. 혜시는 이것으로 스스로 편안할 수 없었으니 만물을 흩어지게 하고 싫증 내지 않음으로써 끝내 변론을 잘한다는 이름을 얻었다.

애석하구나! 혜시의 재능은 방탕하여 얻지 못하고 만물을 쫓아다니다 돌아오지 못했다. 이것은 목소리로 메아리를 그치게 하는 것이고, 형체와 그림자가 경주하는 것이다. 슬프구나!

| 해석과 감상 |

혜시는 '다섯 수레' 분량의 저서가 있다고 하나 현재 전하는 것은 이 글뿐이다. 혜시는 생전에 많은 추종자들이 있었으며, 공직자로서 크게 성공하였다. 혜왕은 한때 혜시에게 왕위를 물려주려 했다. 이 글에서 혜시는 남들과 변론하여 가장 현명하다고 여겼으나 만물을 쫓아다니다가 돌아오지 못했다. 혜시가 변론했다는 위의 '역물십사(歷物十事)'라 불리는 10개의 모순된 명제를 이 글에서는 증명 없이 서술하고 있다. '아킬레스(아킬레우스, 『일리아스』속 장수)는 거북을 따라잡을 수 없다.'는 약 2500년 전 고대 그리

스 철학자인 제논이 주장한 역설(Paradox)이다. 혜시의 명제는 이와 유사
하다.

| 필사하기 |

● 至大無外(지대무외)를 謂之大一(위지대일)하고, 至小無內(지소
무내)를 謂之小一(위소일)하니라.
【지극히 커서 밖이 없는 것을 큰 하나라 하고, 지극히 작아 안이 없는 것
을 작은 하나라 한다.】

인 물	내 용
천황씨(天皇氏)	형제 열두 사람이 각각 일만 팔천 년씩 임금으로써 나라를 다스렸다.
지황씨(地皇氏)	형제 열 한 사람이 각각 일만 팔천 년씩 임금으로써 나라를 다스렸다.
인황씨(人皇氏)	형제 아홉 사람이 아홉 주로 나누어 왕이 되어 150대(代, 世)로 총 45,600년을 다스렸다.
수인씨(燧人氏)	인황씨 이후 유소씨가 나무로 집을 짓고 나무 열매를 먹더니, 수인씨에 이르러 마찰로 불을 일으켜 화식을 가르쳤다.
태호 복희씨 (太昊伏羲氏)	뱀의 몸에 사람의 머리 형상으로 팔괘와 결승문자, 혼인 제도를 만들고 사냥과 고기잡이를 가르쳤다.
염제 신농씨 (炎帝神農氏)	강씨 성으로 사람의 몸에 소의 머리 형상으로 나무 보습, 나무 가래를 만들고, 의약, 교역을 가르쳤다. 진에 도읍하였다가 곡부로 옮겼다. 8대 520년을 이었다. 삼황(三皇)은 수인씨, 복희씨, 신농씨를 말한다.
황제 헌원씨 (黃帝軒轅氏)	성은 공손이다. 무기 쓰는 법을 익혀 제후를 정벌하여 염제와 판천의 들에서 싸워 이겼다. 지남차를 만들어 치우와 탁록의 들에서 싸워 사로잡고 천자가 되었다. 율려(음악), 문장, 배, 수레를 만들고 주변 오랑캐로부터 조공을 받았다.
제요도당씨 (帝堯)陶唐氏)	요임금은 제곡의 아들이다. 그 어짊은 하늘과 같고 그 지혜는 신과 같다. 천하를 다스리기 50년에 미복으로 함포고복을 확인하였다. 제요도당씨(帝堯)陶唐氏)라 하며 제곡의 아들이다. 유가(儒家)에서 말하는 옛날의 성왕(聖王)이 이제 삼왕(二帝三王)이다. 두 명의 황제는 요(堯)와 순(舜)이고 세 명의 왕은 하나라 우왕(禹王), 은나라 탕왕(湯王), 주(周)의 문왕(文王)과 무왕(武王, 문왕의 아들)을 말한다. 문왕과 무왕을 하나로 센다. 요(堯)는 70년 동안 나라를 다스리다 순임금을 발탁하여 3년 동안 섭정하고 제위(帝位)를 물려주고 28년을 더 살다가 붕(崩)하였다고 한다. 이것이 이른바 선양(禪讓)의 설화(說話)이다. 그 어짊은 하늘과 같고 그 지혜는 신과 같다. 천하를 다스리기 50년에 미복으로 함포고복을 확인하였다.

제순 유우씨 (帝舜有虞氏)	순임금의 이름은 중화로 고수의 아들이다. 아버지가 후처에 빠져 작은아들 상(象)을 사랑하고 순을 죽이고자 하였다. 순은 효도하고 아우를 사랑하는 도리를 다하였다. 그가 사는 곳이 마을을 이루고, 읍을 이루고, 도시를 이루었다. 요임금이 순임금을 발탁하고 두 딸 아황과 여영을 아내로 삼게 하였다. 거문고를 타고 시를 노래하며 천하를 다스렸다. 아들 상균이 변변치 못해 우(禹)를 천거하고 순행 중 창오의 들에서 죽었다. 일반적으로 오제는 황제(黃帝) 전욱(顓頊, 황제의 손자) 곡(嚳, 전욱의 아들) 요(堯) 순(舜)를 이른다.
하(夏)나라 우(禹) BC 약 2070년~ BC 약 1600년	하(夏)나라 임금. 성이 사(姒)로 곤의 아들, 전욱의 손자이다. 곤이 홍수를 막거늘 순임금이 우를 천거하여 곤을 대신하게 하였다. 우는 마름과 몸을 다하여 집 밖에서 지내는 13년 동안 집 앞을 지나면서도 들어가지 않았다. 남쪽 지방을 순행하다가 회계산에 이르러 돌아가니 아들 계가 어질어 우임금의 뒤를 이었다. 황제 세습이 시작된다.
하나라 걸(桀) 미상~BC 1600년 추정	정복당한 유시씨가 바친 말희(妹喜)와 상(商)나라의 대신인 이윤(伊尹)의 계책으로 하(夏)나라 멸망한다.
은(殷,商)나라 탕왕(湯) 미상~BC 1588년 추정	성은 자(子), 이름은 이(履)다. 선조는 설이니 제곡의 아들이다. 설은 요임금과 우임금 때에 벼슬을 하였으며 상(商)이라는 나라의 왕으로 삼았다. 후에 탕의 덕이 지극하고 이윤이 탕의 재상이 되어 걸(桀)을 쳐서 남소로 쫓으니, 제후가 탕을 천자로 삼았다. 구일신(苟日新) 일일신(日日新) 우일신(又日新)이라는 말을 목욕통에 새기고 생활한 임금이다.
은(殷,商)나라 주왕(紂王) 미상~BC 1100년 추정	은(殷,商)나라 최후의 임금으로 변설에 능하고 빠르고 날래었으며, 손으로 맹수를 쳤다. 지혜는 간언을 막음에 족하고, 말은 그를 것을 꾸미는데 족하였다. 주는 달기를 총애하였다. 주지육림에서 술을 마시고, 포락지형으로 형벌을 무겁게 했다. 이복형 미자가 여러 번 간했으나 듣지 않으므로 물러갔다. 비간이 사흘 동안 간하면서 물러가지 않으므로 주가 노하여 성인의 심장에는 일곱 구멍이 있다며 가슴을 갈라 그 심장을 보았다. 기자(箕子)는 거짓 미쳐서 남의 종이 되니 주는 그를 잡아 가두었다. 주의 발에게 목야에서 패하여 보옥을 몸에 감고 스스로 불에 타 죽었다. 주지육림(酒池肉林), 포락지형(炮烙之刑)의 고사가 있다.
주(周)나라 문왕(文王) BC 1152~ BC 1056	주나라의 터전을 닦은 사람이다. 부친이 사후에 서백(西伯)의 자리를 계승하여 서백창(西伯昌)으로 일컫는다. BC 1046년에 아들 주무왕(周武王) 희발(姬發)이 상(商)나라를 멸망시킨 후에 그를 주문왕(周文王)으로 추존했다.

주(周)나라 무왕(武王)	무왕(BC 1087년~BC 1043년 추정), BC 11세기에 상(商)나라를 멸망시키고, 서주 왕조를 건립했다. 춘추시대 BC 770(동주 낙읍으로 서울을 옮긴 때)~BC 403, 춘추전국시대란 동주(東周)의 왕실이 약해지자 제후들이 일어나 패권을 차지하기 위해 싸우던 시기를 말한다. 주나라 망하고 진나라가 통일한다. 춘추오패는 진, 제, 초, 오, 월나라이다.
호메로스 BC 750년경	고대 그리스의 이오니아 지방에서 활동하던 이른바 유랑시인으로서, 『일리아스』와 『오디세이아』를 썼다.
노자(老子) 약 BC 571년~ BC 471년 추정 (100세) 춘추시대 초나라 말기	노자는 초나라 고현 사람이다. 성은 이(李), 이름은 이(耳), 자는 백양 또는 담(聃)으로, 주나라 수장(守藏, 도서관)의 관리였다. 공자가 물으니 노자는 '좋은 장사꾼은 깊이 갈무리해 두므로 빈 것 같고, 군자는 덕을 담아 용모는 어리석은 것 같다.'라고 하였다. 공자가 돌아가 제자들에게 '지금 노자를 보니 그는 용과 같지 않은가' 하였다. 노자가 주나라의 쇠퇴함을 보고 물러나 관에 이르니 관의 영인 윤희가 말하기는 '그대는 장차 은거하려고 하는 군요, 나를 위해 글을 지어 주시오.' 하므로 도덕경 오천여 글을 써 주고 사라졌다. 그의 마친 바를 아는 이가 없다. (십팔사략)
공자(孔子) BC 551~BC 479 (73세)	중국의 산둥성 취푸(曲阜) 동남쪽에서 하급 귀족 무사인 아버지 숙량흘(叔梁紇)과 어머니 안(顔)씨 사이에서 태어났다. 이름은 구(丘)이고 자(字)는 중니(仲尼)이다. 저서로 《춘추(春秋)》가 있다. 공자가 자신을 말할 때는 구(丘)라 칭하고 장자는 공자의 자(字)인 중니(仲尼)를 사용한다. 제자들은 공경하는 의미로 부자(夫子), 또는 공자(孔子)라 말한다.
안회(顔回) BC 521년~ BC 481년 (40세)	노(魯)나라 곡부(曲阜) 사람으로 자는 자연(子淵), 안연(顔淵), 안자(顔子) 혹은 '복성(復聖)', '아성(亞聖)'으로 부른다. 춘추(春秋) 말기 공자(孔子)가 가장 아끼는 수제자였으나, 요절했다. 안빈낙도(安貧樂道) 단사표음(簞食瓢飮)
열자(列子) BC 4세기경	포전(圃田), 지금의 허난(河南)성 정저우(鄭州)시 사람이다. 본명은 열어구(列御寇)이다. 도가학파(道家學派)의 선구자이며, 우화가, 문학가로 높이 평가받는다. 당 현종 때 '충허진인(沖虛眞人)'으로 봉해졌고, 송 휘종 때 '충허관묘진군(沖虛觀妙眞君)'으로 봉해졌다. 우공이산(愚公移山), 조삼모사(朝三暮四), 기우(杞憂), 남존여비(男尊女卑)
전국시대 BC 403~ BC 221 (진시황제의 통일)	전국 칠웅은 진, 제, 초, 연, 한, 위, 조나라이다.

맹자(孟子) BC 371경~BC 289경 (82세)	본명은 가(軻), 자는 자여(子與) 자거(子車 또는 子居), 시호는 추공(鄒公). 공자의 손자 자사의 문하생으로 정통유학을 계승 발전시키고, 아성(亞聖)으로 불린다. 백성에 대한 통치자의 의무를 강조하고, 성선설(性善說)을 주장했다.
장자(莊子) BC 369년 ~ BC 289년경 (80세)	본명 주(周). 송(宋)에서 태어나 맹자와 동시대에 노자를 계승한 것으로 알려져 있다. 《열자(列子)》 8편이 전해진다.
혜자 BC 370년? ~ BC 310년? (60세)	이름은 혜시(惠施). 송나라 사람으로, 위나라 혜왕(惠王) 때 재상이 되어 위나라 제나라 초나라가 연합해서 진나라와 맞서는 합종(合縱; 세로 연합)을 주장했다. 연횡(連衡; 가로 연합)을 주장하는 장의(張儀)와 불화하여, 위나라에서 쫓겨난 뒤에 고향인 송나라로 돌아가서 장자(莊子)와 벗이 되었다. 혜왕이 죽은 뒤에 장의가 권력을 잃자 혜시가 다시 위나라로 복귀해서 합종책을 추진했다. 공손룡(公孫龍)과 함께 제자백가 중 명가(名家)의 대표 인물이다.

● **감배(堪坏):** 곤륜산의 산신으로 사람의 얼굴에 짐승의 몸을 가진 반인반수의 신

● **개자추:** 한식의 유래가 된다. 한식(寒食)은 동지로부터 105일째 되는 날로 양력으로는 4월 5일이나 6일쯤이다. 춘추시대 진나라에 개자추는 태자 문공이 망명 시절에 자기 허벅지 살을 베어 바칠 정도였다. 그런데 간신의 모함으로 문공이 개자추를 의심하자 개자추는 면산에 숨어 버렸다. 훗날 왕이 된 문공은 개자추에 대한 의심이 오해였음을 알고 산에서 나오게 하려고 불을 질렀으나 개자추는 끝내 나오지 않고 타 죽었다. 이후 개자추를 기리기 위해 한식날에는 불을 때지 않고 찬밥을 먹는다. 한식(寒食)은 차가운 밥이란 뜻이다.

● **거량(據梁):** 옛날 힘센 사람

● **거백옥(蘧伯玉):** BC 119년에 활약한 공자가 칭찬한 위나라 대부. 성은 거(蘧), 이름은 원(瑗), 백옥(伯玉)은 자(字).

● **견오(肩吾):** 가공의 인물. 어깨 견(肩)은 거들먹거리는 경망한 사람 정도의 우의적 의미로 해석할 수 있다.

● **공손룡(公孫龍):** 중국 명가 철학의 대표적 인물이다. 중국 고대의 유일한 논리적 서적『공손룡자(公孫龍子)』는 원래 14개의 장이나 지금은 6개의 장이 전해온다. 백마비마론(白馬非馬論), 견백동이론(堅白同異論)으로 유명하다. 백마비마론은 하얀 말은 하얀 특수한 말의 종류로 보편적 말의 개념이 아니기 때문에 하얀 말은 말이 아니라는 주장이다.

● **관윤:** 중국 주나라와 전국시대 진나라의 도가(道家) 철학자. 함곡관 관령 윤회로 노자에게 부탁하여『도덕경』5,000자를 받았다. 관윤(關尹)은 노자의 제자가 된다.

● **관이오(管夷吾):** 자(字)는 중(仲). 춘추시대 환공 아래 제나라 재상. 포숙(鮑叔)의 추천으로 재상이 되어 제를 춘추시대의 5대 강국으로 만들었다.

● **금골리(禽滑釐):** 전국시대 초기 사람이다. 처음에 자하에게 배우고 후에 묵자의 제자가 되었다.

● **금자(禽子, 날짐승 금):** 묵자(墨刺)의 제자 금골희(禽骨釐).

● **기자:** 은나라 주왕의 무도함을 말리다가 노예가 된 사람.

● **기타:** 무광 옆집에 살던 사람으로 무광의 소식을 듣고 탕이 다음에 자기에게 찾아올 것으로 생각하여 미리 제자들과 함께 관수(窾水)에 빠져 죽은 사람.

● **남곽자기(南郭子綦):** 성의 남쪽에 사는 자기라는 사람. 남곽(南郭)은 연암 박지원의「호질」속의 북곽 선생과 같이 사는 장소를 일컫는다. 성의 안은 성으로 보호받는 귀족이 살고, 곽(郭, 성곽, 둘레)의 안에는 평민이 살며, 곽 바깥에는 하층민이 산다. 그중에서 남곽은 최하층민이 사는 곳이다.

● **남백자기(南伯子綦):**「齊物論(제물론)」의 남곽자기(南郭子綦)와 동일 인물로 보는 학자들이 많다.

● **노반공 공수:** 요(堯) 임금 때의 공수(工倕)와 춘추시대의 공수반(公輸班)으로 모두 이름난 장인(匠人)이었다. *倕(사람 이름 수).

● **도척(盜跖):** 황제 때의 큰 도적이라는 등 도척이 어느 때의 인물인지는 일정하지 않다. 공자, 유하혜, 도척은 같은 시대 사람이 아니다. 우언으로 꾸며낸 이야기일 뿐이다. 도척은 사마천의『사기열전』중「백이열전」,『장자』「도척편」에 나온다.

● **맹손재:** 실존 인물로 노나라 맹손씨의 후손으로 추정한다. 맹손씨는 대대로 효행으로 유명한 집안인 듯하다.

● **무광:** 은나라 탕 임금이 천하를 물려주려고 하자 돌을 짊어지고 여수(濾水)에 빠져 죽은 사람.

- **무장(無莊)**: 옛날의 미인

- **묵적(墨翟)**: 중국 춘추전국시대 노나라의 사상가(BC 480~BC 390). 성은 묵(墨), 이름은 적(翟)이다. 묵가(墨家)의 시조로, 유가(儒家)에게 배웠으나 겸애(兼愛)를 설파하여 유가와 함께 큰 학파를 이루었다. 유가가 가진 자를 대변한다면 묵가는 서민을 대변한다.

- **문공(文公)**: 진나라 제후. 춘추시대(BC 770~403) 오패 중의 하나. 춘추오패는 제(齊) 환공, 진(晉) 문공, 초(楚) 장왕, 오(吳) 합려, 월(越) 구천이다.

- **문혜군(文惠君)**: 『맹자』에 나오는 양혜왕(梁惠王, BC 370~319)으로 추정한다.

- **민자(閔子)**: 자(字)는 자건(子騫). 노(魯)나라 사람. 안연 다음으로 덕이 훌륭한 사람으로 지목되었던 사람이다. 민자건의 건은 절름발이의 뜻이며, 그의 이름 손(損)은 신체적 결손을 의미한다.

- **백성자고(伯成子高)**: 요임금 시절 제후라고 하나 알려지지 않은 인물이다.

- **백아(伯牙)**: 춘추시대 거문고를 잘 타기로 유명한 사람. 자기 음악을 잘 알아주던 종자기가 죽자 거문고 줄을 끊고 통곡했다고 한다.

- **백이, 숙제**: 의를 위해 수양산에서 굶어 죽은 사람.

- **백혼무인(伯昏無人)**: 꾸며낸 인물. 「田子方(전자방)」, 「列禦寇(열어구)」에는 伯昏瞀人(백혼무인)으로 표기하고 있으며 열자의 스승으로 등장한다.

- **부열(傅說)**: 은나라 고종의 신하

- **사광(師曠)**: 춘추시대 진(晉)나라의 악사(樂師). 거문고에 뛰어났다.

- **상계(常季)**: 공자의 제자. 평범한 막내란 뜻이다. 가공의 인물로 추정한다.

- **서여**: 기자, 비간, 오자서 등 다양한 설만 존재할 뿐 알 수 없는 사람.

- **서왕모**: 여신으로 『산해경』에 '서왕모의 모습은 사람과 같으며 표범의 꼬리에 범의 이빨을 지니고 있으며 휘파람을 잘 불고 쑥대강이 모양으로 머리를 장

식하였다'라고 기록되어 있다.

●**석(石):** 장인(匠人) 석(石)이라는 사람.

●**섭공(葉公) 자고(子高):** 초(楚)나라 장왕(莊王)의 현손(玄孫). 성(姓)은 심(沈), 자(字)는 자고(子高), 이름은 제량(諸梁). BC479년 백공의 반란을 진압하였다.

●**송나라(BC 11세기~BC 286):** 송나라는 중국 역사에 세 번 있었다. 여기 송나라는 중국 주나라 때에, 무왕이 은나라 주왕의 서형(庶兄) 미자계(微子啓)에게 은나라 유민을 통치하게 하기 위하여 세운 나라. BC 286년에 제, 위, 초의 세 나라에 멸망하였다. 송나라 사람들이 어리석다는 내용의 고사들이 많이 전해온다. 송양지인(宋襄之仁)은 쓸데없는 인정을 베풀거나 불필요한 동정이나 배려를 하는 어리석은 행동을 비유하는 말이다. 수주대토(守株待兔)는 한 가지 일에만 얽매여 발전을 모르는 어리석음을 비유적으로 이른다. 조장(助長)은 일이나 경향이 더 심해지도록 도움. 주로 부정적인 뜻으로 쓴다.

●**송영자(宋榮子):** 송나라 사상가. 이름(또는 字)은 牼(경).

●**수인씨(燧人氏):** 인황씨 이후 유소씨가 나무로 집을 짓고 나무 열매를 먹더니, 수인씨에 이르러 마찰로 불을 일으켜 화식을 가르쳤다.

●**숙산 무지(無趾):** 숙산 지방에 사는 무지(無趾)라는 절름발이. 무지(無趾)는 발가락이 잘려서 없는 사람이란 뜻이다.

●**시위씨(豨韋氏):** 전설 속의 제왕, 은나라 패자 중 한 사람인 시위가 후손일 것으로 추정한다. '하나라의 곤오, 상나라의 대팽과 시위, 주나라의 제환공과 진문공을 오패라 한다.'(『맹자집주』) 豨韋氏는 시위씨 또는 희위씨라고 읽으며 시위(豕韋)로도 표기한다.

●**신도직:** 은(殷) 주왕(紂王) 때 천하가 어지러워지자 또는 하(夏) 탕왕(湯王)이 천하를 차지하자 돌을 끌어안고 강에 빠져 죽었다고 한다. 기타 옆집에 살던

사람으로 기타의 소식을 듣고 하수에 빠져 죽은 사람으로 나온다.

- **안성자유(顔成子游):** 안성은 안성(安城)의 가차로 성안에 편안히 살아가는 자유(子游)라는 사람을 말한다. 스승인 남곽자기가 최하층민이라면 제자인 안성자유는 귀족이다. 우언(寓言)의 방법으로 이야기하려고 꾸며낸 인물이다.

- **안자(晏子 ?~BC 500):** 이름은 안영(晏嬰), 자는 평중(平仲)이며 춘추시대 제나라 이유(夷維 지금의 산동성 高密) 출신이다. 관중 이후 제나라가 배출한 재상으로 무려 57년 동안 제나라를 위해 충성을 다했다. 그의 정치사상은 '인의치국(仁義治國), 화평외교(和平外交)'이다. 『안자춘추』를 저술했다.

- **안합(顔闔):** 위나라 영공(BC 534~493) 때의 노나라 현인.

- **앎(知, 지):** 지식이나 지혜를 의인화하였다. 『장자』에서 말하는 '지(知)'는 단순한 지식을 넘어서고 긍정적인 의미의 지혜에는 미치지 못하기 때문에 그냥 '앎'이라고 번역한다. 장자는 '지(知)'를 도(道)의 경지에 이르는 데 방해가 되는 부정적인 것으로 본다.

- **애공:** 춘추시대(春秋時代) 말기(末期) 노나라 제후로 BC 494~BC 468년을 다스렸다.

- **애태타(哀駘它):** 슬플 애, 둔한 말 태, 다를 타: 슬플 정도로 낙타처럼 등이 굽은 사람. 꾸며낸 인물.

- **약(若):** 북해의 신선

- **양주(楊朱):** 중국 전국시대(BC 475~221) 초기 위나라 사람으로 도가 철학자. 양자 양자거 양생이라고도 한다. 중국 역사에서 철저한 개인주의, 쾌락주의자로 비판받았으며 특히 맹자는 "털 하나를 뽑아 온 천하가 이롭게 된다고 하더라도 그렇게 하지 않는다"라고 양주를 위아설로 비판했다. 그러나 양주는 자연주의자로 지나친 탐닉과 남의 일에 끼어드는 것을 경계했다.

- **여우:** 남자라고 주장하는 학자도 있다. 옛날 도를 지니고 있던 여인. 여우(女

偶)=여왜(女媧, 여와) *여와(女媧): 중국 전설 속의 창조주.

● **연숙(連叔):** 가공의 인물. 이어져 있는 사람이란 뜻으로 근원의 세계와 생각이 연결된 사람의 의미를 포함한다.

● **열자의 스승:** 관윤자(關尹子), 호구자(壺丘子), 노상씨(老商氏), 지백고자(支伯高子).

● **열자의 친구:** 백고자(伯高子).

● **영공의 태자:** 훗날의 위나라 장공(莊公)이 된 괴외(蒯聵)로 폭정을 저지른 인물.

● **옹앙대영(甕盎大癭):** 인명. 항아리만한 큰 혹이 붙어 있다는 뜻으로 꾸며낸 인물.

● **왕태(王駘):** 꾸며낸 인물로 성은 왕(王)이고 이름은 태(駘)로 둔하다 또는 어리석다의 뜻이다.

● **용봉(龍逢):** 하(夏)나라 걸왕(桀王)의 신하 관용봉(關龍逢). 임금에게 간(諫)하다가 죽임을 당하였으므로, 은(殷)나라 주왕(紂王)의 신하 비간(比干)과 함께 충간지사(忠諫之士)의 비유로 쓰인다.

● **용성씨, 대정씨, 백황씨, 중앙씨, 율륙씨, 여축씨, 헌원씨, 혁서씨, 준로씨, 축융씨, 복희씨, 신농씨:** 중국 전설상의 인물들.

● **우강(禺強):** 사람의 얼굴에 새의 몸을 가진 북해의 신.

● **원헌(原憲):** 공자의 제자 중 가장 가난했다. 자(字)는 자사(子思).

● **위왕(魏王):** 『맹자』에 등장하는 위(魏)나라 혜왕(惠王)으로 추정.

● **유하계(柳下季):** 노나라 전획으로 추정하며, 공자보다 80여 년 전에 태어났다.

● **이주(離朱):** 중국 고대 선설상의 인물. 백 리 밖에서도 털끝을 볼 수 있을 정도로 눈이 아주 밝았다고 전해진다.

- **인기지리무신(闉 구부러질 인, 跂 육발이 기, 支離, 無脈: 절름발이, 꼽추, 언청이):** 장자가 만든 가공의 상징적인 인물.

- **자공(子貢):** 공자(孔子)의 제자. 위(衛)나라 출신. 성(姓)은 단목(端木), 이름은 사(賜). 자공(子貢)은 자(字). 『장자』「天地」편에 등장. 언변이 뛰어나고 돈벌이를 잘했다.

- **자금장:** 거문고의 당겨진 줄이란 뜻. 『맹자』에 '금장, 증석, 목피 같은 사람이 공자께서 말씀하신 광자들이다'라고 하였다.

- **자로(子路):** 이름이 중유(仲由, BC 542~480년)로 중국 춘추시대 노나라의 학자이자 정치가로, 자는 자로(子路) 또는 계로(季路)이다. 자로는 공자(孔子)의 제자 중 가장 나이가 많다. 위나라에서 벼슬을 하다가 왕실 계승 분쟁에 휘말려 괴외의 난 때 죽어 그 시신을 젓갈로 담았다. 이후 공자는 젓갈을 모두 버렸다고 한다. 정사(政事)에 뛰어나고, 공자를 제일 잘 섬겼다.

- **자사(子祀):** 『회남자』에 나오는 자구(子求)와 동일 인물로 추정한다. 『회남자』「정신훈」편에 곱사등이에 대한 묘사와 조물주, 또는 조화가 나를 구부러지게 했다는 내용이 거의 유사하다.

- **자산(子産):** 정나라 재상. 성(姓)은 공손(公孫), 이름은 僑(교), 자(字)는 자산(子産), 자산(子産)은 춘추시대(春秋時代) 후기(後期)의 뛰어난 정치가.

- **자서(子胥):** ?~BC 484년. 중국 춘추시대 오나라의 정치가로, 자서(子胥)는 자이며, 이름은 운(員)이다.

- **장려자(長廬子):** 초나라 사람으로 어진 사람. 저서로 『장려자』9편이 있다.

- **전성자(田成子):** 진성자(陳成子) 혹은 전성자(田成子)라 한다. BC 485년, 아버지 전걸이 죽고 아들 전상이 아버지의 대를 이어받았다, 전상은 제나라에서 큰 세력을 구축한 전(田)씨들을 대표하는 사람으로 BC 476년에 제나라 정권을 완전히 장악했다.

- **전욱(顓頊):** 전설 속의 제왕, 북방의 신으로 소호, 제곡, 제요, 제순과 함께 오제(五帝) 중의 한 명

- **접여(接輿):** 춘추시대(春秋時代) 때 초나라의 은사(隱士). 성은 육(陸)이고 이름은 통(通), 자(字)는 접여(接輿)이다. 미친 척하며 살았다. 공자를 만난 적이 있다.

- **제해(齊諧):** 사람 이름 또는 책 이름으로 의견이 분분하다.

- **조나라 문왕:** 조문왕(趙文王)은 조혜문왕(趙惠文王)으로 전국시대 사람이다. 장자보다 350년 뒤의 인물이므로 후대에 꾸며 넣은 이야기다.

- **종자기(鍾子期):** 백아의 친구.

- **주공(周公) 희단(姬旦, 성은 희, 이름은 단):** 주공은 무왕의 동생이며 성왕의 숙부이다. 이런 이유로 이름 단(旦) 앞에 숙(叔, 아재비 숙)을 붙였다. 그는 후대 중국 왕조들의 모범이 되어 많은 문헌에 등장한다. 주공 단은 무왕이 즉위한 후 3년 만에 죽자 형의 아들 성왕을 7년 동안 섭정하여 주(周: BC 1,111경~255) 초기에 국가의 기반을 다졌다. 공자는 그를 후세의 중국 황제들과 대신들이 모범으로 삼아야 할 인물로 격찬했다.

- **증삼:** 증자(曾子, BC 505~435년)는 중국 전국시대의 유가(儒家) 사상가이다. 이름은 참(參 참 또는 삼으로 읽는다), 자는 자여(子輿)이며, 증자는 존칭이다. 공자 사상의 계승자로 후에 증자의 학통은 자사, 맹자로 이어졌다.

- **지리소(支離疏):** 꾸며낸 인물. 지(支)는 지리는 사지가 지리멸렬한 사람. 疏(소)는 이름. 여기 내용으로 보면 심각한 수준의 지체장애인(肢體障碍人)이다.

- **팽조(彭祖):** 인명. 요(堯) 임금 이래로 은(殷(商))나라 때까지 7백세 또는 8백세를 살았다는 전설적 인물로 우리 고전 문학 작품에 오래 산 사람으로 자주 등장한다. 옛날 전욱의 현손이며 요임금 시대부터 주(周) 나라 시대까지 오래

산 사람으로 유명하다. 동진(東晉) 시대 갈홍이 신선들의 기록을 모아 놓은
『신선전(神仙傳)』에 전해온다.

- **포숙아(鮑叔牙):** 관중과 어려서부터 친한 친구.

- **포정(庖丁, 부엌과 사람이란 뜻으로 '요리사 정씨'):** 백정, 장자가 꾸며낸
  인물.

- **포초(鮑焦):** 주나라의 은자로 직접 농사를 지어 먹고 살면서 아내가 지어 준
  옷이 아니면 입지를 않았다. 언젠가 산속에서 배가 고파 대추를 따 먹었는데
  어떤 사람이 '이 대추도 그대가 심은 것인가?'하고 말하자 구토하고 먹지 않아
  말라 죽었다 한다.

- **풍이(馮夷):** 황하의 신 하백(河伯)

- **하곡(河曲)의 지수(智叟, 지혜 지. 늙은이 수):** 황하의 지혜가 많다는 영감.

- **허유(許由):** 가공(架空)의 인물. 전국시대에 그 이름이 나타나기 시작한 중국
  고대의 은자(隱者). 「天地(천지)」편에는 요(堯)의 스승. 허유(許由)가 요(堯)의
  선양을 거절하면서 귀를 더럽혔다 하여 귀를 씻은 세이(洗耳) 전설이 후대 중
  국인의 정신사(精神史)에 커다란 영향을 미쳐 사마천의 『사기열전』의 첫 번째
  글인 「백이열전」에 등장한다.

- **호구자림:** 열자의 스승. 열자는 그 스승을 호자라 부른다.

- **호불해:** 요임금이 천하를 물려주려 하자 하수(河水)에 몸을 던져 죽은 사람.

- **호자(壺子):** 열자의 스승

- **혼돈(渾沌):** 꾸며낸 우화적 인물. 나뉘지 않은 상태. 나누어지기 이전의 무위
  자연의 상태를 상징.

- **홀(忽):** 꾸며낸 우화적 인물. 빠르다의 뜻. 인간의 작위성, 유한성 상징. 숙홀
  지간(倏忽之間)은 짧은 시간을 말한다.

[부록 3] 「논어」에 등장하는 제자들

* ○는 공문십철(孔門十哲)　　　　* ◎는 일문삼현(一門三賢, 1집안 3제자)

이 름	자(字)	다른 이름	출 신	공자와 나이 차이	능 력	「논어」출처
○◎ 염경 (冉耕)	백우 (伯牛)	염자 (冉子)	노(魯)	-7 BC 544년 ~ 미상	덕행	「옹야」8
○ 중유 (仲由)	자로 (子路), 계로 (季路)	계로 (季路)	노(魯)	-9 BC 542~ BC 480	탁월한 정치가 용맹, 실천력. 위나라에 서 소금에 절여짐	「위정」17 「공야장」 6, 7, 13, 25 「옹야」12, 26 「술이」10 「선진」 14, 17, 25 「양화」23
○ 민손 (閔損)	자건 (子騫)	민자 (閔子)	노(魯)	-15 미상~ 미상	덕행, 효자	「옹야」7 「선진」2, 4, 12, 13
염옹 (冉雍)	중궁 (仲弓)		노(魯)	-29 BC 522 ~ 미상	덕행	「공야장」4 「옹야」1, 4 「안연」2 「자로」2
○◎ 염구 (冉求)	자유 (子有)	염유 (冉有), 염자 (冉子)	노(魯)	-29 BC 522~ BC 489	탁월한 정치가 실리적	「공야장」7 「옹야」6. 10 「선진」 16, 21, 25
○ 재여 (宰予)	자아 (子我), 재아 (宰我)		노(魯)	-29 BC 522~ BC 458	언변, 실리적 공자와 3년상 논쟁	「팔일」21 「공야장」9 「양화」21

○ 안회 (顔回)	자연 (子淵) 안연 (顔淵)	복성 (復聖)	노(魯)	-30 BC 521~ BC 490	덕행, 치밀함. 31세 사망	「위정」9 「옹야」2, 5, 9 「술이」10 「자한」19 「선진」3, 18 「안연」1
○ 단목사 (端木賜)	자공 (子貢)	사(賜)	위(衛)	-31 BC 520~ BC 456	언변, 성공한 상인	「팔일」17 「술이」15 「선진」18 「자장」20~25
유약 (有若)	자유 (子有)	자유 (子有), 유자 (有子)	노(魯)	-33 BC 518~ BC 458	증삼과 학파 형성. 공자 닮음	「학이」 2, 12, 13 「안연」9
○ 복상 (卜商)	자하 (子夏)	복자 (卜子)	위 또는 진	-44 BC 507~ BC 420	문학 강직 위 문후 스승	「위정」8 「팔일」8 「옹야」11 「자로」17 「자장」 3~11, 13
○ 언언 (言偃)	자유 (子游)	언유 (言游), 언자 (言子)	오(吳)	-45 BC 506~ 미상	문학 공자가 아낀 제자 - 안회, 자하, 자유	「위정」7 「이인」26 「옹야」12 「양화」4 「자장」 12, 14, 15
증삼 (曾參)	자여 (子輿)	증자 (曾子)	노(魯)	-46 BC 505~ BC 436	『효경』『대학』저자 설(說) 사성(四聖) - 안자, 자사, 맹자, 증자	「이인」26 「술이」4, 9 「태백」3~7 「선진」17
전손사 (顓孫師)	자장 (子張)		진(陳)	-48 BC 503~ 미상	외모 신경. 의욕적, 의협심 강함	「위정」18 「선진」15 「안연」6, 10, 14, 20 「자장」12

[부록 4] 춘추전국시대 지도

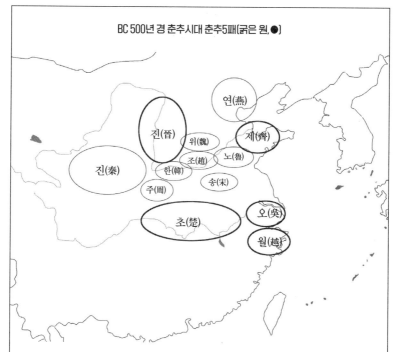

BC 500년 경 춘추시대 춘추5패(굵은 원, ●)

◆주(周)(나라(BC 1046-BC 256, BC 771년 이전을 서주, 이후를 동주라 한다.) *관광지-낙양(동주의
수도). 룽먼 석굴

○노(魯)나라(BC 1055-BC 249. 주나라 무왕이 아우 주공 단에게 내린 봉토. 주나라의 혈족국가. 초
나라에 멸망): 공자, 안연, 자하, 자사, 맹자, 묵자 *관광지-태산, 곡부(공자 고향)

○송(宋)나라(BC 11C-BC 286, 주나라 제후국. 송의 시조는 상나라의 왕족): 장자, 혜자

●진(晉)나라(BC 1042-BC 349. 주의 제후국. BC 403년 한, 위, 조로 분리하여 삼진(三晉)이라 하며
이로 인해 전국시대가 시작된다.)

○■위(魏)나라(BC 403-BC 225): 신릉군

○■한(韓)나라(BC 403-BC 230): 한비자, 산불해

○■조(趙)나라(BC 403-BC 228): 공손룡, 순자, 신도. 인상여와 염파. 평원군

○■연(燕)나라(BC 1046-BC 222, 주나라 제후국)

●■제(齊)나라(BC 1046?-BC 221. 주나라 문왕이 강태공에게 봉토로 내린 땅): 손자, 도형, 전형

●■초(楚)나라(BC 9C 이전-BC 223): 이사, 굴원. 춘신군 *관광지-형주고성과 적벽대전

○■진(秦)나라(BC 770-BC 207): 상앙(법치주의, 진시황 *관광지-함곡관(노자가 도덕경을 써 주고
떠난 곳), 함양(진나라 수도), 시안(장안)

●오(吳)나라(BC 11C-BC 473, 주나라 혈족 국가, 월나라에 멸망): 합려, 부차의 복수. 손무. 오자서.
범려의 계략에 말려들어 오나라의 멸망으로 부차 자살

●월(越)나라(? -BC 306, 초나라에 멸망): *관광지-저장성 사오싱 시의 우임금 무덤, 저장성은 유방
의 출신지

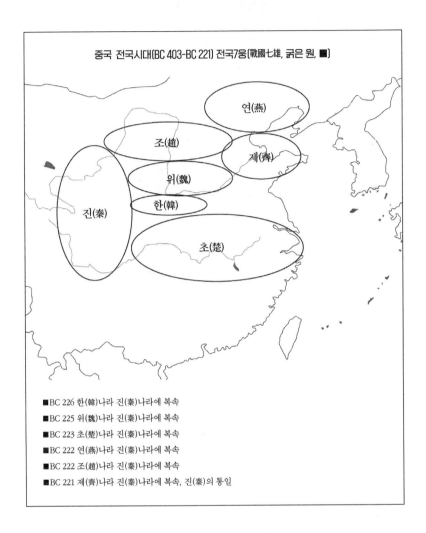

중국 전국시대(BC 403-BC 221) 전국7웅(戰國七雄, 굵은 원, ■)

연(燕)
조(趙)
제(齊)
위(魏)
한(韓)
진(秦)
초(楚)

■BC 226 한(韓)나라 진(秦)나라에 복속
■BC 225 위(魏)나라 진(秦)나라에 복속
■BC 223 초(楚)나라 진(秦)나라에 복속
■BC 222 연(燕)나라 진(秦)나라에 복속
■BC 222 조(趙)나라 진(秦)나라에 복속
■BC 221 제(齊)나라 진(秦)나라에 복속, 진(秦)의 통일

치유의 언어 -하 권-
논어와 함께 노자, 열자, 장자 읽기

발행일 1쇄 2024년 6월 20일
지은이 최기재
펴낸이 여국동

펴낸곳 도서출판 인간사랑
출판등록 1983. 1. 26. 제일-3호
주소 경기도 고양시 일산동구 백석로 108번길 60-5 2층
물류센타 경기도 고양시 일산동구 문원길 13-34(문봉동)
전화 031)901-8144(대표) | 031)907-2003(영업부)
팩스 031)905-5815
전자우편 igsr@naver.com
페이스북 http://www.facebook.com/igsrpub
블로그 http://blog.naver.com/igsr
인쇄 하정인쇄 **출력** 현대미디어 **종이** 세원지업사

ISBN 978-89-7418-618-0   04080
      978-89-7418-611-1   (세트)